Übergang stiller Reserven im Steuerrecht
der Kapitalgesellschaft

Europäische Hochschulschriften
Publications Universitaires Européennes
European University Studies

Reihe II
Rechtswissenschaft

Série II Series II
Droit
Law

Bd./Vol. 2319

PETER LANG
Frankfurt am Main · Berlin · Bern · New York · Paris · Wien

Isabel Reinhardt

Übergang stiller Reserven im Steuerrecht der Kapitalgesellschaft

PETER LANG
Europäischer Verlag der Wissenschaften

Die Deutsche Bibliothek - CIP-Einheitsaufnahme

Reinhardt, Isabel:

Übergang stiller Reserven im Steuerrecht der Kapitalgesellschaft / Isabel Reinhardt. - Frankfurt am Main ; Berlin ; Bern ; New York ; Paris ; Wien : Lang, 1998
(Europäische Hochschulschriften : Reihe 2, Rechtswissenschaft ; Bd. 2319)
Zugl.: Bamberg, Univ., Diss., 1997
ISBN 3-631-32951-2

D 473
ISSN 0531-7312
ISBN 3-631-32951-2

Vorwort

„Übergang stiller Reserven im Steuerrecht der Kapitalgesellschaft".

Die Thematik ist so vielfältig, wie es der Titel der Dissertation vermuten läßt. Gerade deshalb war die Auseinandersetzung mit diesem Thema – wenn auch gelegentlich anstrengend – dennoch immer interessant und hat meine Freude am Steuerrecht weiter gefördert.

Prof. Dr. Georg Crezelius danke ich dafür, daß er mich auf dieses Thema aufmerksam gemacht hat und den Fortgang der Arbeit betreut hat. Mein Dank gilt auch Prof. Dr. Peter Kupsch für die Übernahme des Zweitgutachtens.

Die Arbeit wurde im Frühjahr 1997 von der wirtschaftswissenschaftlichen Fakultät der Otto-Friedrich-Universität Bamberg als Dissertation angenommen. Rechtsprechung und Literatur sind bis Mai 1997 eingearbeitet.

Isabel Reinhardt

Inhaltsverzeichnis

Zu den **Abkürzungen** vgl. grundsätzlich:

Kirchner, Hildebert, Abkürzungsverzeichnis der Rechtssprache, 4. Aufl., Berlin/New York 1993

Darüber hinaus:

bzw.	beziehungsweise
ders.	derselbe
dies.	dieselbe
FinMin.	Finanzministerium
gem.	gemäß
ggf.	gegebenenfalls
GrS	Großer Senat
GuV	Gewinn- und Verlustrechnung
Hrsg.	Herausgeber
HS	Halbsatz
insbes.	insbesondere
JDStJG	Jahrbuch der Deutschen Steuerjuristischen Gesellschaft
m.E.	meines Erachtens
RStBl.	Reichssteuerblatt
sog.	sogenannt
StMBG	Gesetz zur Bekämpfung des Mißbrauchs und zur Bereinigung des Steuerrechts
TDM	Tausend-Deutsche-Mark
u.a.	unter anderem; und andere
usw.	und so weiter
v.	vom
z.B.	zum Beispiel
ZbF	Zeitschrift für betriebswirtschaftliche Forschung
zit.	Zitiert

1. Teil: Einführung und Gang der Untersuchung

Anstoß zu den Untersuchungen zur ertragsteuerlichen Behandlung des intersubjektiven Übergangs stiller Reserven, also der Übertragung stiller Reserven von einem auf ein anderes Rechtssubjekt, gab das BFH-Urteil vom 8.4.1992[1]. In diesem Urteil hatte sich die Rechtsprechung mit der Kapitalerhöhung einer GmbH auseinanderzusetzen, anläßlich derer stille Reserven von Gesellschaftsanteilen, die durch Sacheinlage gemäß § 20 Abs. 1 UmwStG erworben worden waren, unentgeltlich auf junge, nicht durch Sacheinlage erworbene Anteile eines Dritten übergingen. Die Kapitalerhöhung stand ihrerseits in engem Zusammenhang mit einer zeitlich vorangehenden Einbringung in die GmbH gegen Gewährung von Gesellschaftsrechten.

Bei beiden Vorgängen, der Einbringung und der Kapitalerhöhung, kam es zu einem Übergang stiller Reserven auf ein anderes Rechtssubjekt. Beide Male soll nach Auffassung des BFH Auswirkung dieses Übergangs sein, daß die stillen Reserven auch nach ihrer Übertragung bei dem neuen Inhaber unabhängig von dessen tatsächlicher Besteuerungssituation steuerverhaftet bleiben.

Die Einbringungsgestaltung ist ein Anwendungsfall des intersubjektiven Übergangs stiller Reserven, der sich wie viele andere dadurch auszeichnet, daß im Zeitpunkt des Übergangs zwar ein gesetzlich geregelter - wenngleich auch nicht typischer - Veräußerungstatbestand erfüllt ist. Allerdings weist der Vorgang bestimmte Besonderheiten auf, aufgrund derer gem. § 20 UmwStG von der eigentlich notwendigen Aufdeckung der stillen Reserven abgesehen und ausnahmsweise und u.a. unter der Bedingung der fortgesetzten Steuerverhaftung ein Übergang stiller Reserven auf ein anderes Rechtssubjekt zugelassen werden kann.

Obige Gestaltung der Kapitalerhöhung, der bislang noch keine gesetzliche Regelung zuteil wurde, erfüllt dagegen - so auch die Feststellung der Rechtsprechung - keinen der steuergesetzlich geregelten Aufdeckungstatbestände. Es fragt sich deshalb, ob auch für diese Gestaltung die nach dem Übergang fortgesetzte Steuerverhaftung der stillen Reserven die der geltenden Steuersystematik adäquate Behandlung darstellt oder ob das Streben der Finanzverwaltung und Rechtsprechung Oberhand gewonnen hat, stille Reserven keinesfalls aus der Steuerverstrickung zu entlassen.

Ein anderes Urteil des BFH vom 8.4.1992[2] beschäftigt sich ebenfalls mit einer Variante des intersubjektiven Übergangs stiller Reserven, dem kein

---

[1] I R 128/88, BStBl. II 1992, 761; ähnl. BFH v. 8.4.1992, I R 162/90, BStBl. II 1992, 764; letztgenanntem Urteil liegt zwar ein vergleichbarer Sachverhalt zugrunde, es handelt sich aber nicht um einen Anwendungsfall des **intersubjektiven** Übergangs stiller Reserven, da die stillen Reserven nur auf andere Anteile des **nämlichen** Gesellschafters übergehen.

[2] I R 160/90, BStBl. II 1992, 763

gesetzlich geregelter Aufdeckungstatbestand vorangeht. Ein Gesellschafter war seiner im Rahmen einer Kapitalerhöhung entstehenden Einlageverpflichtung durch Sacheinlage zum Buchwert gem. § 20 UmwStG nachgekommen. Die jungen Anteile des Einbringenden werden von der Steuerverhaftung des § 21 UmwStG erfaßt. Nach dem Willen des BFH sollen nun aber auch junge Anteile, die ein Mitgesellschafter anläßlich dieser Kapitalerhöhung **gegen Bareinlage** erworben hat, nach § 21 UmwStG steuerverhaftet werden. Als Grund dafür wurde angesehen, daß durch die Sacheinlage auch auf die Anteile des Mitgesellschafters stille Reserven übergegangen seien, die zuvor einem anderen Steuersubjekt, dem Einbringenden, zugeordnet waren.

Ohne Mühe lassen sich eine Vielzahl weiterer Fälle nennen, in denen entweder ein gesetzlich geregelter Besteuerungstatbestand erfüllt ist, aus bestimmten Gründen aber dennoch auf die Aufdeckung der stillen Reserven verzichtet wird, so daß sie auf ein anderes Rechtssubjekt übergehen. Oder es ist gerade kein gesetzlich geregelter Besteuerungstatbestand erfüllt, aber gleichwohl werden stille Reserven von einem auf ein anderes Steuersubjekt übertragen. Für all diese Fallgruppen sind Gesetzgeber, Rechtsprechung und Finanzverwaltung bestrebt, den Steuerzugriff auf die stillen Reserven zu erhalten.

So wird z.B. für die unentgeltliche Übertragung eines Betriebs, Teilbetriebs oder Mitunternehmeranteils durch § 7 Abs. 1 EStDV festgelegt, daß die stillen Reserven nicht aufgedeckt, sondern beim Rechtsnachfolger steuerverstrickt bleiben. Vom Wortlaut des § 7 Abs. 1 EStDV nicht erfaßt wird die unentgeltliche Übertragung eines betrieblichen Kapitalgesellschaftsanteils, obwohl gerade 100%-ige betriebliche Beteiligungen an einer Kapitalgesellschaft sonst als Teilbetrieb gelten (§ 16 Abs. 1 Nr. 1 HS 2 EStG)[1]. Derartige Übertragungen führen vielmehr zur steuerwirksamen Aufdeckung der stillen Reserven. Ähnliche Ungleichbehandlungen bezüglich der übergehenden stillen Reserven ergeben sich bei der teilentgeltlichen Übertragung eines betrieblichen Kapitalgesellschaftsanteils bzw. eines Betriebs, Teilbetriebs oder Mitunternehmeranteils.

Ein Übergang stiller Reserven auf ein anders Rechtssubjekt findet immer auch in Zusammenhang mit den verschiedenen Formen der Umwandlung einer Kapitalgesellschaft in eine Personengesellschaft bzw. ein Einzelunternehmen oder umgekehrt statt (z.B. Vermögensübergang §§ 3 ff. UmwStG, Formwechsel §§ 14 und 25 UmwStG, Verschmelzung §§ 11 ff. UmwStG, Spaltung §§ 15 f. UmwStG). Obwohl jede dieser Umwandlungsformen grundsätzlich einen gesetzlich geregelten Gewinnrealisierungs- oder Gewinnausweistatbestand erfüllt[2], gestattet das Umwandlungssteuergesetz unter bestimmten Voraussetzungen von der an sich erforderlichen Aufdeckung der stillen Reserven im

---

[1]Vgl. dazu ausführlich Abschn. „Sachliches Element“, S. 93

[2]Vgl. dazu Abschn. „Konstellationen des Überspringens stiller Reserven“, S. 79

Übertragungszeitpunkt abzusehen. Statt dessen sollen die stillen Reserven beim übernehmenden Rechtssubjekt steuerverhaftet bleiben.

Für den Übergang stiller Reserven auf ein anderes Rechtssubjekt von besonderem Interesse ist auch das von der Rechtsprechung entwickelte Rechtsinstitut der Betriebsaufspaltung[1]. Bei Begründung der (echten) Betriebsaufspaltung werden stille Reserven vom Besitzunternehmen auf das Betriebsunternehmen übertragen. Obgleich die Begründung einer Betriebsaufspaltung nach allgemeinen steuerlichen Grundsätzen einen steuerlichen Aufdeckungstatbestand erfüllt, soll die Übertragung nach überwiegender Auffassung in Rechtsprechung und Literatur erfolgsneutral vonstattengehen können, da die stillen Reserven auch künftig steuerverhaftet bleiben.

In Zusammenhang mit der Betriebsaufspaltung findet auch dann ein intersubjektiver Übergang stiller Reserven statt, wenn an der Betriebs-Kapitalgesellschaft (nahestehende) dritte Personen beteiligt werden, die nicht zugleich auch Gesellschafter des Besitzunternehmens sind und die kein Aufgeld für ihnen zuwachsende stille Reserven zu leisten haben. Für derartige Fälle will insbesondere die Finanzverwaltung[2] keine steuerneutrale Gestaltung mit Fortführung der stillen Reserven beim übernehmenden Rechtssubjekt zulassen, sondern sie ordnet ihre Aufdeckung im Übertragungszeitpunkt an, obschon kein gesetzlicher Aufdeckungstatbestand gegeben ist.

Auch in Fällen der Vermögensübertragung zwischen der Kapitalgesellschaft und ihren Gesellschaftern, die unentgeltlich oder zu einem unangemessen niedrigen Preis stattfinden (verdeckte Einlage, verdeckte Gewinnausschüttung), können stille Reserven auf ein anderes Rechtssubjekt übergehen. Bei den verschiedenen Konstellationen, die in diesem Zusammenhang denkbar sind, wird je nach Gestaltung die Aufdeckung der stillen Reserven im Übertragungszeitpunkt oder ihre fortdauernde Steuerverhaftung beim Vermögensübernehmer festgelegt.

Während ein Teil der genannten Gestaltungen insbesondere im UmwStG bereits eine gesetzliche Regelung erfahren hat, wurde die Behandlung anderer Anwendungsfälle bislang nur durch die Rechtsprechung, Finanzverwaltung und Literatur festgelegt. Zwar läßt sich, insgesamt betrachtet, die Tendenz erkennen, daß stille Reserven im Zeitpunkt des Übergangs trotz Erfüllung eines Besteuerungstatbestandes nicht steuerwirksam aufgedeckt werden müssen, was sicherlich in Hinblick auf die Flexibilität der Rechtsformen zu begrüßen ist. Dennoch wird - insbesondere auch in Hinblick auf Gestaltungen, denen kein Aufdeckungstatbestand vorangeht - nicht ohne weiteres ein einheitliches Konzept erkenntlich, mit dem sich die Behandlung der verschiedenen Fälle des intersub-

---

[1]Zur Betriebsaufspaltung vgl. ausführlich und mit Nachweisen Abschn. „Betriebsaufspaltung", S. 205

[2]BMF v. 22.1.1985 - IV B 2 - S 1909 - 2/85, BStBl. I 1985, 97; OFD Münster v. 16.8.1990 - S 1978 - 69 - St 11 - 31, DB 1990, 1797

jektiven Übergangs stiller Reserven rechtfertigen ließe und das für künftige Anwendungsfälle nutzbar gemacht werden könnte. Vielmehr besteht die Gefahr, daß derartige Sachverhalte, losgelöst von der dem Einkommen- und Körperschaftsteuergesetz immanenten Systematik, nur vor dem Hintergrund beurteilt werden, die Besteuerung der stillen Reserven für den Fiskus sicherzustellen. Als Instrumente dazu dienen - scheinbar willkürlich gewählt - einmal die Aufdeckung der stillen Reserven im Zeitpunkt ihres Übergangs auf ein anderes Steuersubjekt, ein andermal die fortgesetzte Steuerverstrickung der stillen Reserven bei ihrem neuen Inhaber.

Um ein solches einheitliches Konzept zu erarbeiten, müssen zunächst in Teil 3 der Arbeit anhand typischer Merkmale der verschiedenen Anwendungsfälle Kategorien des intersubjektiven Übergangs stiller Reserven gebildet werden. Im Vorgriff kann angemerkt werden, daß sich die Kategorien danach unterscheiden werden, ob ein - wenn auch nicht typischer – Gewinnrealisierungstatbestand, ein Gewinnausweistatbestand oder überhaupt kein gesetzlich geregelter Aufdeckungstatbestand erfüllt ist. Für jede einzelne dieser Kategorien muß die der Systematik des Steuergesetzes entsprechende steuerliche Behandlung ermittelt werden.

Anschließend müssen in Teil 4 der Arbeit die einzelnen Anwendungsfälle - so z.B. der oben dargestellte Kapitalerhöhungssachverhalt oder der Einbringungssachverhalt - einer der zuvor ermittelten Kategorien zugeordnet werden. Für gesetzlich noch nicht geregelte Fälle - wie die eingangs erwähnte Gestaltung der Kapitalerhöhung - muß festgestellt werden, ob die Behandlung durch Rechtsprechung und Literatur vor dem Hintergrund der in Teil 3 der Arbeit erzielten Ergebnisse steuersystematisch gerechtfertigt ist. Ist dies nicht der Fall, soll in Anlehnung an Teil 3 der Arbeit die zutreffende steuerliche Behandlung dargestellt werden.

Doch auch auf bereits gesetzlich geregelte Fälle soll eingegangen werden, zunächst weil mit der Arbeit ein möglichst umfassender Überblick über mögliche Anwendungsfälle des intersubjektiven Übergangs stiller Reserven vermittelt werden soll. „Umfassend“ muß in diesem Zusammenhang einerseits bedeuten, daß nicht nur eine bestimmte Kategorie herausgegriffen wird[1]. Andererseits soll der Überblick in dem Sinne „umfassend“ sein, daß auch für Ausnahmefälle, die bereits eine gesetzliche Regelung erfahren haben, geprüft wird, inwieweit die für sie anwendbare Vorschrift die in Teil 3 der Arbeit erzielten Erkenntnisse widerspiegelt, so daß sie letztlich mit der Systematik des Steuergesetzes in Einklang steht, und wie Abweichungen zu beurteilen sind. Außerdem weisen - wie das eingangs erwähnte BFH-Urteil zeigt - die gesetzlich nicht geregelten Fälle oft

---

[1]So z.B. Luckey (StuW 1979, 129), der insbesondere die Anwendungsfälle des intersubjektiven Übergangs stiller Reserven betrachtete, bei denen im Zeitpunkt des Übergangs ein - wenn auch nicht unbedingt typischer - Veräußerungstatbestand erfüllt war.

eine enge Verbindung mit bereits gesetzlich geregelten Gestaltungen des intersubjektiven Übergangs stiller Reserven auf, so daß allein aus Verständnisgründen letztere nicht aus der Betrachtung ausgeschlossen werden können.

Bevor man allerdings in medias res geht und Fragen des intersubjektiven Übergangs stiller Reserven erörtert, muß in Teil 2 der Arbeit vorgeschaltet festgehalten werden, wie es im Steuerrecht überhaupt zur Bildung stiller Reserven kommen kann. Dabei kann hier schon darauf hingewiesen werden, daß das Steuerrecht diesbezüglich auf dem Handelsrecht aufbaut, weshalb zunächst Erörterungen über die Bildung stiller Reserven im Handelsrecht von Nöten sind.

Als Basis für die Darstellung des intersubjektiven Übergangs stiller Reserven können Kenntnisse über die steuerlichen Möglichkeiten der Bildung stiller Reserven nicht genügen. Vielmehr ist es in diesem Zusammenhang von entscheidender Bedeutung, auch die steuerliche Systematik ihrer Aufdeckung ausführlich abzubilden (vgl. ebenfalls Teil 2 der Arbeit).

Da die Vielzahl der möglichen Anwendungsfälle des intersubjektiven Übergangs stiller Reserven den Rahmen dieser Arbeit überschreiten würde, müssen gezwungenermaßen gewisse Einschränkungen vorgenommen werden. Zunächst sollen sich die Untersuchungen auf Inlandsfälle beschränken, d.h. es sind nur die Anwendungsfälle von Interesse, anläßlich derer stille Reserven von einem oder auf ein unbeschränkt steuerpflichtiges Rechtssubjekt übertragen werden.

Zum anderen erscheint insbesondere das Umfeld einer Kapitalgesellschaft für Untersuchungen zum intersubjektiven Übergang stiller Reserven von Interesse. Denn im Unterschied zur Personengesellschaft, die für Fragen der Zuordnung stiller Reserven kein selbständiges Steuersubjekt darstellt [1], kann bei einer Kapitalgesellschaft nicht nur ein Übergang stiller Reserven zwischen den Gesellschaftern stattfinden. Vielmehr können stille Reserven auch von der Gesellschaft selbst auf ihre Gesellschafter oder umgekehrt übergehen. Es werden folglich nur Gestaltungen betrachtet, bei denen die Kapitalgesellschaft selbst stille Reserven überträgt oder übernimmt oder bei denen Anteile an der Kapitalgesellschaft und damit verbundene stille Reserven übertragen werden.

---

[1] Vgl. im Unterschied dazu aber die Steuerrechtssubjekteigenschaften der Personengesellschaft bezüglich der Feststellung, ob der Tatbestand einer Einkunftsart verwirklicht ist und bei der Ermittlung der Einkünfte daraus (BFH v. 25.6.1984 - GrS 4/82, BStBl. II 1984, 751, 761).

2. Teil: Stille Reserven im Handels- und Steuerrecht

Die Diskussion von Fragen des Übergangs stiller Reserven auf ein anderes Steuersubjekt erfordert zunächst grundlegende Überlegungen zur Entstehung, Funktion und vor allem Auflösung stiller Reserven. Aufgrund der Ableitung der Steuerbilanz aus der Handelsbilanz muß Ausgangspunkt derartiger Überlegungen das Handelsrecht sein.

A. Stille Reserven im Handelsrecht

I. Einordnung und Begriff der stillen Reserve

Um einen reibungslosen Betriebsablauf zu gewährleisten und in wirtschaftlichen Krisen bestehen zu können, wird jedes Unternehmen bestrebt sein, Vermögensgegenstände und Kapital über den betriebsnotwendigen Umfang hinaus zurückzulegen. Für die vorliegenden Untersuchungen sind lediglich die Kapitalreserven, sog. Rücklagen, von Interesse[1]. Sie zählen zum variablen Eigenkapital einer Kapitalgesellschaft und können in offene und stille Rücklagen eingeteilt werden[2]. „Offene Rücklagen" ist die Bezeichnung der Literatur[3] für Eigenkapitalteile, die aus Sonderzahlungen der Anteilseigner oder Dritter (sog. Kapitalrücklage §§ 266 Abs. 3 Pos. A. II, 272 Abs. 2 HGB) bzw. aus einbehaltenen Gewinnen (sog. Gewinnrücklage §§ 266 Abs. 3 Pos. A. III, 272 Abs. 3 HGB) gebildet wurden. Sie werden explizit in der Bilanz ausgewiesen und sind deshalb auch für externe Adressaten erkennbar.

Damit erklärt sich von selbst, daß mit dem Begriff „stille Rücklagen" Eigenkapitalteile gemeint sind, die der Bilanzleser nicht unmittelbar der Bilanz entnehmen kann. Allerdings muß ihre Existenz nicht zwingend verborgen sein, sondern darf externen Adressaten durchaus z.B. aufgrund einer Anhangsangabe bekannt sein[4]. Um Unklarheiten zu vermeiden, soll der Begriff „Rücklage" für offen in der Bilanz ausgewiesene, der Begriff „Reserve" für nicht offen ersichtliche Eigenkapitalteile verwendet werden. Wie die Gewinnrücklagen sind die

---

[1]Coenenberg, Jahresabschluß, S. 152 f.; Reich, Die Realisation stiller Reserven im Bilanzsteuerrecht, S. 3; Weilbach, Stille Reserven - nur ein Vorteil?, S. 9

[2]Die Sonderposten mit Rücklageanteil können weder den offenen noch den stillen Rücklagen eindeutig zugerechnet werden und nehmen - wie der Name schon sagt - einen Sonderstatus ein.

[3]Das Bilanzrecht selbst spricht nicht von „offenen Rücklagen", sondern nur von Kapital- bzw. Gewinnrücklagen.

[4]Coenenberg, Jahresabschluß, S. 152 ff.; Reich, Die Realisation stiller Reserven im Bilanzsteuerrecht, S. 4

stillen Reserven Mittel, die im Unternehmen selbst gebildet werden, wohingegen die Kapitalrücklagen dem Unternehmen von außen zugeführt werden[1].

Stille Reserven entstehen durch bilanzrechtliche Bewertungskonventionen, die dazu führen, daß der Bilanzierende zwingend oder freiwillig - falls es sich um Bewertungs**wahlrechte** handelt - bestimmte Bilanzpositionen nicht mit ihren tatsächlichen Werten, sondern mit davon abweichenden Buchwerten ansetzt. Die Differenz zwischen diesen Buchwerten und den tatsächlichen Werten bezeichnet man als stille Reserve[2].

Stille Reserven bilden sich auf der Aktivseite der Bilanz durch Unterbewertung von Aktiva, durch Nichtaktivierung aktivierungsfähiger Wirtschaftsgüter oder durch Unterlassen der Zuschreibungen von Wertsteigerungen. Auf der Passivseite können stille Reserven durch die Überbewertung von Passiva oder durch den (verbotenen) Ansatz fiktiver Passiva entstehen[3]. Daraus ergibt sich, daß stille Reserven i.d.R. an bestimmte Vermögens- oder Fremdkapitalteile gebunden sind, wohingegen offene Rücklagen keinem besonderen Gegenposten auf der Aktivseite der Bilanz zugeordnet werden können, sondern durch sämtliche Vermögenswerte gedeckt sind. Damit sind die stillen Reserven auch nur vorübergehender Natur und eng mit dem Schicksal des Bilanzpostens verbunden, durch dessen Über- oder Unterbewertung sie entstanden sind[4].

II. Arten stiller Reserven im Handelsrecht

Von den verschiedenen, in der Literatur zur Einteilung stiller Reserven angebotenen Möglichkeiten[5] erscheint für Untersuchungen bezüglich der Bildung und Auflösung stiller Reserven diejenige am sinnvollsten, die sich am Einfluß des Kaufmanns auf die Entstehung der stillen Reserven orientiert. Danach

---

[1]Heinen, Handelsbilanzen, S. 307 f.; Heinhold, Der Jahresabschluß, S. 126 und 425 f.

[2]Stellvertretend Federmann, Bilanzierung nach Handelsrecht und Steuerrecht, S. 275; Heinen, Handelsbilanzen, S. 323; Reich, Die Realisation stiller Reserven im Bilanzsteuerrecht, S. 4 f.

[3]Coenenberg, Jahresabschluß, S. 169; Lück, in: Deutsches Steuerberaterinstitut e.V., Steuerberater-Handbuch 1994, S. 399; Mellerowicz/Brönner, Rechnungslegung und Gewinnverwendung der Aktiengesellschaft, S. 255

[4]Vgl. dazu Abschn. „Aufdeckung stiller Reserven im Handelsrecht", S. 28; Mellerowicz/ Brönner, Rechnungslegung und Gewinnverwendung der Aktiengesellschaft, S. 256; Reich, Die Realisation stiller Reserven, S. 5; Wöhe, Die Handels- und Steuerbilanz, S. 189

[5]Vgl. u.a. Busse von Colbe, Bilanzen, S. 34; Coenenberg, Jahresabschluß, S. 169; Mellerowicz/Brönner, Rechnungslegung und Gewinnverwendung der Aktiengesellschaft, S. 257 ff.; Wöhe, ZbF 1966, 98, 101

sind Zwangsreserven, Ermessensreserven, Schätzungsreserven und Willkürreserven zu unterscheiden[1].

Der Begriff *„Zwangsreserven"* legt bereits nahe, daß ein Unternehmen diese Art der stillen Reserven nicht vermeiden und auch keinen Einfluß auf ihre Höhe nehmen kann. Solche Reserven entstehen, wenn bei Erstellung der Bilanz die **zwingenden** gesetzlichen Bilanzierungs- und Bewertungsregeln befolgt werden[2]. Die gesetzlichen Vorschriften leiten sich ihrerseits aus dem Vorsichtsprinzip ab, das den Kaufmann anhält, vorsichtig zu bilanzieren und zu bewerten und alle vorhersehbaren Risiken und Verluste, die bis zum Abschlußstichtag entstanden sind, zu berücksichtigen[3]. Insbesondere eine spezielle Ausprägung des Vorsichtsprinzips, das Realisationsprinzip, ist in diesem Zusammenhang von Bedeutung.

In seiner engen Fassung[4], die hier zugrundegelegt werden soll, besagt das Realisationsprinzip, daß Gewinne erst dann ausgewiesen werden dürfen, wenn sie realisiert wurden[5]. Damit ist es Ziel des Realisationsprinzips, den Gewinnausweis zu einem Zeitpunkt, in dem die Gewinne nur aus rein subjektiven Erwartungen oder Chancen bestehen, zu verhindern[6].

Die Einhaltung des Realisationsprinzips wird durch § 253 Abs. 1 S. 1 HGB - das sog. Anschaffungswertprinzip - erreicht, demzufolge Vermögensgegenstände höchstens mit den Anschaffungs- bzw. Herstellungskosten (§ 255 Abs. 1

---

[1]So z.B. auch Coenenberg, Jahresabschluß, S. 169; Heinhold, Der Jahresabschluß, S. 427 f.; Wöhe, ZbF 1966, 98, 101

[2]Coenenberg, Jahresabschluß, S. 169; Heinen, Handelsbilanzen, S. 324; Wöhe, ZbF 1966, 98, 101

[3]Zum Vorsichtsprinzip vgl. stellvertretend Adler/Düring/Schmaltz, Rechnungslegung, Tz. 61 ff.; Brönner/Bareis, Die Bilanz nach Handels- und Steuerrecht, S. 52 und 173 f.; Budde/Geißler, Beck'scher Bilanzkommentar, § 252 Rz. 31; Crezelius, Steuerrecht II, S. 132; Hofbauer/Kupsch/Wohlgemuth, Bonner Handbuch, § 252 Rz. 32 jeweils m.w.N.

[4]Neben dieser engen Fassung findet sich in der Literatur noch eine weite Fassung des Realisationsprinzips, die darauf aufbaut, daß sich das Realisationsprinzip auf Gewinne **und** Verluste bezieht. Das Imparitätsprinzip muß dann das Realisationsprinzip bezüglich der Verluste einschränken (vgl. dazu Baetge, Bilanzen, S. 69 ff.; Heymann/ Emmerich/Jung, Handelsgesetzbuch, § 252 Rz. 17 f.). Bei der engen Fassung dagegen bezieht sich das Realisationsprinzip nur auf Gewinne, das Imparitätsprinzip nur auf Verluste. Obwohl wegen der gleichzeitigen Gültigkeit beider Prinzipien beide Fassungen zum gleichen Ergebnis kommen, soll in der vorliegenden Arbeit der engen Fassung der Vorzug gegeben werden, da hier durch die Trennung eine eindeutige und unmißverständliche Zuweisung erfolgt (so auch Leffson, Die Grundsätze ordnungsmäßiger Buchführung, S. 315).

[5]Crezelius, Steuerrecht II, S. 132; Federmann, Bilanzierung nach Handelsrecht und Steuerrecht, S. 147 f.; Leffson, Die Grundsätze ordnungsmäßiger Buchführung, S. 353

[6]Crezelius, Bilanzrecht, S. 34; Federmann, Bilanzierung nach Handelsrecht und Steuerrecht, S. 148; Raupach, JbFASt. 1973/74, S. 112, 116

bzw. Abs. 2 und 3 HGB) in der Bilanz angesetzt werden dürfen[1]. Da die tatsächlichen Marktwerte zumeist schnell über die Anschaffungs- oder Herstellungskosten steigen, das Anschaffungswertprinzip aber verbietet, daß der Bilanzierende mit seinem Wertansatz in der Bilanz dieser Wertsteigerung folgt, entstehen in Höhe der Differenz zwischen Anschaffungs- bzw. Herstellungskosten und Marktwert sog. gesetzliche Zwangsreserven[2].

Auch die Aktivierungsverbote für originäre immaterielle Vermögensgegenstände (§ 248 Abs. 2 HGB) und für den originären Geschäftswert (§ 255 Abs. 4 S. 1 HGB) sowie die Tatsache, daß bei Verbindlichkeiten eine Minderung des Rückzahlungsbetrags während ihrer Laufzeit nicht berücksichtigt werden darf, sind Ausfluß des Vorsichts- bzw. Realisationsprinzips und rufen stille Zwangsreserven hervor[3].

Ermessensreserven entstehen, sobald dem Kaufmann durch Bilanzierungs- und Bewertungs**wahlrechte** ein Ermessen eingeräumt wird, zwischen Aktivierung und Nichtaktivierung bzw. zwischen unterschiedlichen Wertansätzen zu wählen[4].

So kann der Kaufmann beispielsweise im Rahmen der *Aktivierungswahlrechte* das Wahlrecht des § 255 Abs. 4 HGB wahrnehmen und durch Verzicht auf die Aktivierung des derivativen Geschäftswerts Ermessensreserven legen[5].

Eine Fülle von Möglichkeiten zur Bildung von Ermessensreserven bieten die *Bewertungswahlrechte,* die sich ihrerseits in Wertansatz- und Bewertungsmethodenwahlrechte untergliedern. Beispielhaft sei hier nur auf das Wahlrecht zur Abschreibung auf den niedrigeren steuerlichen Wert (§ 254 HGB)[6], auf das Wahlrecht zur Sofortabschreibung geringwertiger Wirtschaftsgüter oder auf das Wahlrecht, Bewertungsvereinfachungsverfahren anzuwenden (§ 256 HGB) hingewiesen[7].

---

[1]Vgl. stellvertretend Adler/Düring/Schmaltz, Rechnungslegung, § 253 Tz. 45; Crezelius, Steuerrecht II, S. 132; Hofbauer/Kupsch/Wohlgemuth, Bonner Handbuch, § 252 Rz. 35

[2]Coenenberg, Jahresabschluß, S. 169; Heinhold, Grundfragen der Bilanzierung, S. 165

[3]Coenenberg, Jahresabschluß, S. 169 und 188 f.; Federmann, Bilanzierung nach Handelsrecht und Steuerrecht, S. 146; Heinhold, Der Jahresabschluß, S. 427

[4]Heinhold, Der Jahresabschluß, S. 428; Lück, in: Deutsches Steuerberaterinstitut e.V., Steuerberater-Handbuch 1994, S. 400; Wöhe, Bilanzierung und Bilanzpolitik, S. 630; ders., ZbF 1966, 98, 102

[5]Hier ist der Unterschied zum originären Geschäftswert augenfällig, den der Kaufmann nicht aktivieren kann, so daß er Zwangsreserven bildet.

[6]Hierbei handelt es sich eigentlich um originär steuerlich begründete stille Reserven (vgl. dazu ausführlich auch Abschn. „Umkehrung des Maßgeblichkeitsprinzips", S. 37).

[7]Vgl. zu möglichen Bewertungswahlrechten ausführlich Heinen/Kupsch, Industriebetriebslehre, S. 1458

In der Literatur findet sich die Auffassung, daß sich das Vorsichtsprinzip nicht im Realisations- und Imparitätsprinzip erschöpft, sondern als eine weitere Ausprägung das sog. Prinzip vorsichtiger Schätzung - auch Vorsichtsprinzip im engeren Sinne genannt - umfaßt[1]. Dieses Prinzip ist immer dann von Bedeutung, wenn Werte oder Risiken nicht exakt quantifizierbar sind und es darum geht, Schätzgrößen festzulegen, z.B. bei der Bemessung der Nutzungsdauer von abnutzbaren Vermögensgegenständen des Anlagevermögens oder bei der Bemessung einer Rückstellung. In einer Situation unsicherer Zukunftserwartungen kann selten ein eindeutiger zukünftiger Wert, sondern nur eine bestimmte Bandbreite angegeben werden, innerhalb derer der Wert liegen muß. Das Prinzip vorsichtiger Schätzung gebietet nun, für Aktivposten eher einen Wert im unteren, für Passivposten einen Wert im oberen Bereich des Schätzungsrahmens zu wählen[2]. Doch selbst wenn es dem Kaufmann gelingen sollte, vor dem Hintergrund des Prinzips vorsichtiger Schätzung objektive Schätzgrößen zu ermitteln, bleiben diese Werte nur Wahrscheinlichkeitsaussagen[3]. Deshalb ist es möglich, daß unbeabsichtigt falsche Zukunftsprognosen abgegeben werden und dadurch stille *Schätzungsreserven* auftreten[4].

Die Bezeichnung „*Willkürreserven*" suggeriert nicht ganz zutreffend, daß diese Art der stillen Reserven willkürlich gebildet wird. Denn kennzeichnend ist nicht die willkürliche, sondern vielmehr die planmäßige und wohl überlegte Bildung dieser Reserven in Hinblick auf bilanzpolitische Zielsetzungen. Man könnte sie deshalb besser als unternehmenspolitische stille Reserven bezeichnen[5].

---

[1] Adler/Düring/Schmaltz, Rechnungslegung, § 252 HGB Tz. 67 ff.; Hofbauer/ Kupsch/Streim, Bonner Handbuch, § 264 HGB Rz. 41; Leffson, Die Grundsätze ordnungsmäßiger Buchführung, S. 421

[2] Adler/Düring/Schmaltz, Rechnungslegung, § 252 HGB Tz. 67 ff.; Heinhold, Der Jahresabschluß, S. 448 ff.; Hofbauer/Kupsch/Wohlgemuth, Bonner Handbuch, § 252 HGB Rz. 50 ff.

[3] Leffson, Die Grundsätze ordnungsmäßiger Buchführung, S. 424

[4] Die hier als „Schätzungsreserven" bezeichneten stillen Reserven werden von manchen Autoren (Baetge, Bilanzen, S. 271; Coenenberg, Jahresabschluß, S. 169; Mellerowicz/ Brönner, Rechnungslegung und Gewinnverwendung der Aktiengesellschaft, S. 258 f.; Weilbach, Stille Reserven - nur ein Vorteil?, S. 15 f.) der Gruppe der Ermessensreserven zugeordnet. Die hier vorgenommene Differenzierung in Schätzungsreserven und Ermessensreserven (so auch Lück, in: Deutsches Steuerberaterinstitut e.V., Steuerberater-Handbuch 1994, S. 400; Wöhe, Bilanzierung und Bilanzpolitik, S. 630) erscheint jedoch eindeutiger. Denn während Schätzungsreserven auf dem Unvermögen beruhen, zukünftige Werte exakt anzugeben, setzen Ermessensreserven voraus, daß gesetzliche Vorschriften dem Kaufmann die Möglichkeit einräumen, zwischen Aktivierung und Nichtaktivierung bzw. zwischen zwei oder mehreren Wertansätzen zu wählen.

[5] Mellerowicz/Brönner, Rechnungslegung und Gewinnverwendung der Aktiengesellschaft, S. 259

Willkürreserven entstehen immer dann, wenn der Kaufmann allein zur Verwirklichung seiner bilanzpolitischen Zielsetzungen und ohne gesetzliche Grundlage, also willkürlich, den bekannten oder schätzweise ermittelten Wert eines zu aktivierenden Vermögensgegenstandes unterschreitet oder überhöhte Passiva ansetzt[1]. Es wurde gesetzlich noch nie als zulässig erachtet, stille Reserven willkürlich zu bilden, was schon das Gebot der Willkürfreiheit zum Ausdruck bringt[2]. Die Zulässigkeit stiller Reserven orientierte sich vielmehr an der Frage, „wieweit sie im Hinblick auf die Gesamtlage des Unternehmens kaufmännisch vertretbar ist“[3].

Dennoch sind Bereiche, in denen Werte nur schätzweise ermittelt werden können, von der Gefahr der willkürlichen Bildung stiller Reserven besonders bedroht. Dem Kaufmann müßte im Einzelfall eine bewußte Fehlschätzung und damit Willkürreserven nachgewiesen werden. Er wird sich aber regelmäßig auf das Unvermögen, durch Schätzung den „richtigen“ Zukunftswert zu treffen, berufen können. Allenfalls allzu offensichtliche Abweichungen geben einen deutlichen Hinweis auf Willkürreserven[4].

Um also bei Vorschriften, die auf Schätzungen angewiesen sind (z. B. § 253 Abs. 3 S. 3 und Abs. 4 HGB), die Bildung von Willkürreserven auszuschließen, wurden Formulierungen wie „nach vernünftiger kaufmännischer Beurteilung“ in den Gesetzeswortlaut aufgenommen. Da diese Begriffe jedoch weit auslegt werden können und erhebliche Bewertungsspielräume offen lassen, wurde das Ziel wohl verfehlt und man kann weiterhin nur in Fällen deutlich erkennbarer bewußter Fehlschätzungen Willkürreserven als solche identifizieren[5]. Auch Versuche in der Literatur[6], die Formulierung „im Rahmen vernünftiger kaufmännischer Beurteilung“ mit Inhalt zu füllen, bleiben in vagen Umschreibungen verhaftet und sind so wiederum interpretationsbedürftig, weshalb sie kaum zur Konkretisierung oder Einschränkung des Interpretationsspielraums beitragen.

---

[1]Adler/Düring/Schmaltz, Rechnungslegung, § 252 Tz. 73; Coenenberg, Jahresabschluß, S. 169 f.; Heinhold, Grundfragen der Bilanzierung, S. 166; Wöhe, Bilanzierung und Bilanzpolitik, S. 631

[2]Baetge, Bilanzen, S. 203 f.; Crezelius, Bilanzrecht, S. 88; Heinen, Handelsbilanzen, S. 203 f.; Leffson, Die Grundsätze ordnungsmäßiger Buchführung, S. 420 f.

[3]RG v. 26.6.1936, JW 1936, 3188

[4]Mellerowicz/Brönner, Rechnungslegung und Gewinnverwendung der Aktiengesellschaft, S. 259; Wöhe, Die Handels- und Steuerbilanz, S. 147 f.

[5]Baetge, Bilanzen, S. 272 f.; Heinhold, Der Jahresabschluß, S. 237 f. und 448 ff.; Wöhe, Die Handels- und Steuerbilanz, S. 147 f.

[6]Adler/Düring/Schmaltz, Rechnungslegung, § 253 HGB Tz. 531; Küting/Weber/Döring, Handbuch der Rechnungslegung, § 253 Rn. 194

III. Eingeschränkte Möglichkeit der Bildung stiller Reserven für Kapitalgesellschaften

Aufgrund der Haftungsbeschränkung und der institutionellen Trennung von Geschäftsführung und Eigentum mit einem zumeist größeren Gesellschaftskreis besteht bei Kapitalgesellschaften ein verstärktes Interesse und Schutzbedürfnis außenstehender Personen, so daß an den Jahresabschluß einer Kapitalgesellschaft strengere Anforderungen zu stellen sind als an den anderer Kaufleute. Deshalb werden die für alle Kaufleute geltenden Regelungen der §§ 238 - 263 HGB durch die ausschließlich für Kapitalgesellschaften geltenden Sondervorschriften der §§ 264 - 335 HGB ergänzt[1].

Zudem müssen Kapitalgesellschaften den Jahresabschluß nicht nur nach den Grundsätzen ordnungsgemäßer Buchführung erstellen (§ 243 Abs. 1 HGB), sondern ihr Jahresabschluß hat „ein den tatsächlichen Verhältnissen entsprechendes Bild der Vermögens-, Finanz- und Ertragslage“ (§ 264 Abs. 2 HGB) zu vermitteln[2].

Grundsätzlich gelten die zuvor dargestellten Möglichkeiten der Bildung stiller Reserven auch für Kapitalgesellschaften. Um jedoch der Generalnorm des § 264 Abs. 2 HGB Genüge zu tun und Manipulationsmöglichkeiten zu verhindern, sollen Ermessensspielräume bei der Bildung stiller Reserven für Kapitalgesellschaften eingeschränkt und der Umfang der gebildeten stillen Reserven für die Adressaten des Jahresabschlusses offenkundig gemacht werden[3]. Deshalb findet man in §§ 279 ff. HGB für Kapitalgesellschaften gewisse Abweichungen in der Bildung stiller Reserven:

Aufgrund der Interpretationsspielräume, die es eröffnet, birgt das Wahlrecht des § 253 Abs. 4 HGB, stille Reserven durch vernünftige kaufmännische Unterbewertung von Vermögensgegenständen zu bilden, eine besondere Gefahr für die Erfüllung der Generalnorm des § 264 Abs. 2 HGB. Deshalb verbietet § 279 Abs. 1 S. 1 HGB für Kapitalgesellschaften die Anwendung des § 253 Abs. 4 HGB[4].

---

[1]Coenenberg, Jahresabschluß, S. 17 ff.; Hofbauer/Kupsch, Bonner Handbuch, 3 Einführung B Rz. 155 ff.

[2]Die nur für Kapitalgesellschaften geltende Generalnorm des § 264 Abs. 2 HGB fand durch die Umsetzung des „True and Fair View“-Grundsatzes der 4. EG-Richtlinie Eingang in das Bilanzrecht (Wöhe, Die Handels- und Steuerbilanz, S. 82).

[3]Adler/Düring/Schmaltz, Rechnungslegung, § 279 HGB Tz. 9 f.; Heinhold, Der Jahresabschluß, S. 195 ff. und 238; Küting/Weber/Herrmann/Knischewski, Handbuch der Rechnungslegung, I Rn. 55

[4]Adler/Düring/Schmaltz, Rechnungslegung, § 279 HGB Tz. 6 ff.; Heinen, Handelsbilanzen, S. 267; Heinhold, Der Jahresabschluß, S. 195 ff.; Hofbauer/Kupsch/Wohlgemuth, Bonner Handbuch, § 279 Rz. 1 f.

Des weiteren dürfen Kapitalgesellschaften gem. § 279 Abs. 1 S. 2 HGB bei einer nur vorübergehenden Wertminderung des Anlagevermögens **nur** auf Vermögensgegenstände, die **Finanzanlagen** sind, Abschreibungen vornehmen. Auf diese Weise wird § 253 Abs. 2 S. 3 HGB eingeschränkt. Für das Bilanzbild würde das bedeuten, daß nur bei Finanzanlagen durch unrichtige Zukunftsprognosen zu niedrige Werte ermittelt werden und daraus Schätzungsreserven entstehen könnten.

Die Vorschrift des § 279 Abs. 1 S. 2 HGB läuft jedoch in der Praxis leer. Grund dafür ist, daß eine nur vorübergehende Wertminderung des abnutzbaren **Sachanlagevermögens** statt über § 253 Abs. 2 S. 3 HGB ebensogut über die auch für Kapitalgesellschaften geltende Vorschrift des § 254 S. 1 HGB erfaßt werden kann, wenn der niedrigere Wert steuerrechtlich als Teilwert anerkannt wird. Es greift § 6 Abs. 1 Nr. 1 EStG, der den Ansatz des niedrigeren Teilwertes auch bei einer nur vorübergehenden Wertminderung nicht ausschließt[1]. Zudem kann nicht immer zweifelsfrei entschieden werden, ob eine Wertminderung dauerhafter oder vorübergehender Natur ist, so daß im Einzelfall unter Beachtung des Vorsichtsprinzips wohl eher von einer dauerhaften Wertminderung auszugehen ist, die über § 253 Abs. 2 S. 3 HS 2 HGB erfaßt werden muß[2]. Folglich ist aus § 279 Abs. 1 S. 2 HGB praktisch keine Einschränkung der Bildung stiller Reserven für Kapitalgesellschaften ableitbar.

Auch die Vorschriften der §§ 279 Abs. 2 HGB und des § 280 Abs. 1 HGB, die für Kapitalgesellschaften die Möglichkeiten zur Bildung stiller Ermessensreserven beschränken sollen, werden über die sog. umgekehrte Maßgeblichkeit faktisch ausgehebelt[3]. Damit sind die meisten Beschränkungen zur Bildung stiller Reserven bei Kapitalgesellschaften nur formeller Natur.

IV. Aufdeckung stiller Reserven im Handelsrecht

Für die Auflösung der stillen Reserven im Handelsrecht spielt - wie bereits bei ihrer Bildung - das Realisationsprinzip eine wichtige Rolle[4]. Gemäß dem Realisationsprinzip sind Gewinne erst dann auszuweisen, wenn sie durch einen Umsatzakt am Markt verwirklicht werden. Solange also Wertsteigerungen des Vermögens nicht durch einen marktmäßigen Umsatzakt sicher nachgewiesen

---

[1] Vgl. zu § 254 HGB und der umgekehrten Maßgeblichkeit Abschn. „Umkehrung des Maßgeblichkeitsprinzips“, S. 37

[2] Adler/Düring/Schmaltz, Rechnungslegung, § 279 HGB Tz. 19 ff.; Hofbauer/ Kupsch/Wohlgemuth, Bonner Handbuch, § 279 Rz. 14

[3] Vgl. dazu und zur umgekehrten Maßgeblichkeit ausführlich und mit Nachweisen Abschn. „Umkehrung des Maßgeblichkeitsprinzips“, S. 37

[4] Vgl. zur Rolle des Realisationsprinzips bei der Aufdeckung stiller Reserven auch noch ausführlich Abschn. „Konkretisierung in sachlicher Hinsicht“, S. 50

sind, dürfen sie nicht als Bilanzgewinn in Erscheinung treten, sondern ruhen als stille Reserven im Unternehmen[1]. Erst wenn die auf diese Weise unterbewerteten Vermögensgegenstände des Anlage- oder Umlaufvermögens am Markt veräußert werden, sind auch die stillen Reserven aufzudecken und zwar in Höhe der Differenz zwischen Buchwert des Vermögensgegenstandes und Veräußerungspreis[2]. Die mit der Veräußerung automatisch verbundene Auflösung der stillen Reserven ist solange freiwillig, als nicht wirtschaftliche oder sonstige Gründe das Unternehmen zu einer Veräußerung zwingen[3].

Daneben - und für die hier zu untersuchende Problematik von untergeordneter Bedeutung - sind andere Formen der Aufdeckung zu nennen, wie z.B. die Möglichkeit überbewertete Passivposten dem niedrigeren Wert anzupassen, sie aufzulösen oder unterbewertete Aktivposten durch Zuschreibungen aufzuwerten[4].

Im hier vorrangig interessierenden Fall der Veräußerung werden stille Reserven offen - also für den Bilanzleser aus dem Jahresabschluß ersichtlich - aufgelöst[5]. Mit der offenen Auflösung geht wegen der Erfolgswirksamkeit des Vorgangs eine Erhöhung des handelsrechtlichen Jahresüberschusses (bzw. eine Verminderung des Jahresfehlbetrags) und so eine Erhöhung des verteilungsfähigen Gewinns einher. Bei der Bildung stiller Reserven wurde dagegen der Jahresüberschuß gemindert (bzw. ein Verlust erhöht). Folglich kann über Bildung und Auflösung stiller Reserven - zumindest soweit sie freiwillig geschieht - das Ergebnis des Unternehmens gesteuert und so Bilanzpolitik betrieben werden[6].

V. Bedeutung stiller Reserven

Da ein Unternehmen Einfluß auf die Bildung und Auflösung stiller Reserven nehmen kann, muß der Frage nachgegangen werden, welche Funktionen stille

---

[1]Crezelius, Bilanzrecht, S. 33 f.; Federmann, Bilanzierung nach Handelsrecht und Steuerrecht, S. 148

[2]Coenenberg, Jahresabschluß, S. 170; Heinen, Handelsbilanzen, S. 328; Lück, in: Deutsches Steuerberaterinstitut e.V., Steuerberater-Handbuch 1994, S. 400

[3]Heinen, Handelsbilanzen, S. 328

[4]Coenenberg, Jahresabschluß, S. 170; Heinen, Handelsbilanzen, S. 328; Lück, in: Deutsches Steuerberaterinstitut e.V., Steuerberater-Handbuch 1994, S. 400

[5]Stille Reserven lösen sich z.B. dann versteckt - also nicht aus dem Jahresabschluß ersichtlich - auf, wenn sie in früheren Perioden durch Wertsteigerungen entstanden und nun durch eine Wertminderung wieder zum Verschwinden gebracht werden. Vgl. dazu Heinen, Handelsbilanzen, S. 328; Heinhold, Grundfragen der Bilanzierung, S. 170 ff.; Mellerowicz/Brönner, Rechnungslegung und Gewinnverwendung der Aktiengesellschaft, S. 265

[6]Vgl. dazu Abschn. „Bedeutung stiller Reserven“, S. 29

Reserven erfüllen und welche Wirkungen sie auf die Aufgaben des Jahresabschlusses haben. Bedenkt man zudem, daß stille Reserven als Gegenstück zu den offenen Rücklagen zu sehen sind, kommt der Frage, welchen Stellenwert die **Stille** von Reserven insbesondere für den Jahresabschluß von Kapitalgesellschaften einnimmt, besondere Bedeutung zu[1]. Schon vorgreifend kann gesagt werden, daß den unbestritten vorhandenen Vorteilen stiller Reserven mindestens ebenso gravierende Nachteile gegenüberstehen, so daß eine eindeutige Beurteilung im Sinne ihrer unumschränkten Befürwortung oder ihrer generellen Ablehnung nicht getroffen werden kann.

Die betriebswirtschaftliche Literatur[2] stellt immer wieder die Relevanz stiller Reserven für die Innenfinanzierung in Form der *stillen Selbstfinanzierung* der Unternehmung in den Vordergrund. Von stiller Selbstfinanzierung spricht man dann, wenn eigentlich realisierte Gewinne nicht ausgewiesen und damit sowohl der Ausschüttung als auch der Besteuerung entzogen werden.

Die stille Selbstfinanzierung wird oftmals unternehmenserhaltende, wachstumsfördernde oder besonders innovative und deshalb wagnisbehaftete Investitionen erst ermöglichen, da sie auch von solchen Unternehmen und für solche Investitionen in Anspruch genommen werden kann, für die sich die Alternative der Außenfinanzierung nicht eröffnet. Die Selbstfinanzierung ist auch insofern vorteilhaft, da keine zusätzlichen Fremd- oder Eigenkapitalgeber auftreten und das Unternehmen für diese Finanzmittel, über die es frei, d.h. ohne Einflußnahme von Anteilseignern oder Kreditgebern entscheiden kann, keine Zinszahlungen zu leisten hat[3]. Da somit die regulierende Wirkung des Kapitalmarktes fehlt, könnten mit diesem Finanzierungspotential allerdings auch weniger rentable Investitionen finanziert werden[4].

Stille Reserven entfalten zudem nur vorübergehend, nämlich bis zu ihrer jeweiligen Auflösung, eine Finanzierungswirkung. Um dauerhaft stille Selbstfinanzierung zu betreiben, sollte das Unternehmen bestrebt sein, durch ständige Neubildung stiller Reserven einen gewissen „Bodensatz" an stillen Reserven zu schaffen[5].

---

[1] Stützel, in: Barz, u.a., Das Frankfurter Publizitätsgespräch, 1962, S. 246 f.

[2] Perridon/Steiner, Finanzwirtschaft der Unternehmung, S. 401 ff.; Rehkugler/Schindel, Finanzierung, S. 59 ff.; Schneider, Investition, Finanzierung und Besteuerung, S. 58; Wöhe, Einführung in die allgemeine Betriebswirtschaftslehre, S. 961 ff.

[3] Federmann, Bilanzierung nach Handelsrecht und Steuerrecht, S. 297 f.; Heinen, Handelsbilanzen, S. 331 f.; Perridon/Steiner, Finanzwirtschaft der Unternehmung, S. 404 f.; Reich, Die Realisation stiller Reserven im Bilanzsteuerrecht, S. 22 f.

[4] Heinhold, Der Jahresabschluß, S. 432; Perridon/Steiner, Finanzwirtschaft der Unternehmung, S. 405

[5] Rehkugler/Schindel, Finanzierung, S. 61

Das geltende Bilanzrecht ist auf nominelle Kapitalerhaltung ausgerichtet, weshalb nach der Theorie der Substanzerhaltung Scheingewinne ausgewiesen werden. Stille Reserven stellen folglich eine willkommene Möglichkeit dar, um einen unter den Gesichtspunkten der *Substanzerhaltung* richtigen Gewinnausweis und damit eine insofern angemessene Ausschüttung und Besteuerung zu erreichen, als trotz Nominalwertrechnung die Substanz des Unternehmens nicht angriffen wird[1].

In der Literatur kontrovers diskutiert wird die Bedeutung stiller Reserven für die *Informationsfunktion* des Jahresabschlusses und damit letztlich für den *Gläubigerschutz*. Die durch vorsichtige Bilanzierung und Bewertung entstehenden stillen Reserven sollen nicht nur den Kaufmann selbst, sondern vor allem die Gläubiger und die interessierte Öffentlichkeit - also potentielle Gläubiger und Transaktionspartner der Kapitalgesellschaft - vor einer zu optimistischen Einschätzung der wirtschaftlichen Lage des Unternehmens bewahren[2].

Gegen einen wirksamen Gläubigerschutz durch die Bildung stiller Reserven spricht aber zum einen, daß die als „Schuldendeckungspotential" angesehenen stillen Reserven im Insolvenzfall, in dem das Vermögen zu Zerschlagungswerten anzusetzen ist, nicht realisiert werden können[3].

Der Gläubigerschutzfunktion stiller Reserven steht weiter entgegen, daß der Jahresabschluß eine Informationsfunktion erfüllen soll, indem er internen sowie externen Adressaten Aufschluß über die wirtschaftliche Lage des Unternehmens gibt. Stille Reserven verschleiern aber die wirtschaftliche Lage, da für externe Adressaten aus dem ihnen aufgrund der Offenlegungsvorschriften der §§ 325 ff. HGB zur Verfügung stehenden Material das Ausmaß der stillen Reserven nur schwer abschätzbar ist.

Stille Reserven führen ferner zu einer - möglicherweise sogar bewußten – Verzerrung der Periodenergebnisse und so zu einem Informationsverlust. Denn in der Periode ihrer Entstehung wird der Jahresüberschuß gemindert bzw. der Jahresfehlbetrag erhöht und zum Zeitpunkt ihrer ergebniswirksamen Auflösung ein Verlustausweis verhindert oder sogar ein Gewinnausweis bewirkt[4]. Letzteres kann dazu führen, daß Unternehmenskrisen nicht erkannt und somit Gegenmaß-

---

[1]Federmann, Bilanzierung nach Handelsrecht und Steuerrecht, S. 296; Mellerowicz/Brönner, Rechnungslegung und Gewinnverwendung der Aktiengesellschaft, S. 257; Reich, Die Realisation stiller Reserven im Bilanzsteuerrecht, S. 17 f.; Wöhe, Die Handels- und Steuerbilanz, S. 131 f.

[2]Leffson, Die Grundsätze ordnungsmäßiger Buchführung, S. 420 f.

[3]Schildbach, Der handelsrechtliche Jahresabschluß, S. 121 ff.

[4]Aus diesem Grund werden stille Reserven auch als Verlustverschleierungspotential bezeichnet. Vgl. Baetge, Bilanzen, S. 71 f.; Coenenberg, Jahresabschluß, S. 170 f.; Federmann, Bilanzierung nach Handelsrecht und Steuerrecht, S. 296; Heinen, Handelsbilanzen, S. 331; Heinhold, Der Jahresabschluß, S. 432 f.; Wöhe, Bilanzierung und Bilanzpolitik, S. 626 f.

nahmen nicht rechtzeitig ergriffen werden, weil das Jahresergebnis durch Leistungen verbessert wird, die nicht in der Abrechnungsperiode, sondern in früheren Perioden erwirtschaftet wurden[1].

Zusammenfassend ist festzustellen, daß die Bildung stiller Reserven im Interesse externer Adressaten erfolgen soll. Da jedoch in der Realität für den Kaufmann der Schutz der Gläubiger und Minderheitsgesellschafter eher sekundäre Ziele sein dürften, werden stille Reserven in erster Linie als ein Mittel der Bilanzpolitik eingesetzt und dienen so Zielen, die dem Gläubigerschutz und dem Schutz anderer Personengruppen entgegengerichtet sind[2].

Durch die Bildung und Auflösung stiller Reserven hat die Geschäftsleitung die Möglichkeit, bereits bei Bilanzerstellung Einfluß auf die Höhe des später in der Bilanz auszuweisenden Gewinns zu nehmen (Ergebnisregulierung)[3]. Diese Größe liegt den Entscheidungen der Anteilseigner zur Gewinnverwendung zugrunde (vgl. §§ 58, 254 Abs. 1 AktG). Indem die Geschäftsleitung durch Bildung stiller Reserven bereits den auszuweisenden Gewinn verkürzt, könnten stille Reserven - Literaturmeinungen zufolge[4] - zur Abwehr möglicherweise überzogener Ausschüttungsforderungen herangezogen werden und so zur Unternehmenssicherung beitragen. Diese Haltung ist nicht unproblematisch.

Zunächst wird dabei unterstellt, daß die Geschäftsleitung ausschließlich zum Wohle der Anteilseigner tätig wird. In der Realität wird die Geschäftsführung ihre Entscheidungen jedoch nur in eigenem Interesse treffen, ein Phänomen, das als „Prinzipal-Agent-Problem" bezeichnet wird und das aus der Trennung von Kapital und Verfügungsmacht entsteht[5]. Wenn nun die Unternehmensleitung über die Bildung bzw. Auflösung stiller Reserven ein Instrument erhält, den Gewinnausweis und damit die Basis, aufgrund derer durch die Anteilseigner Ausschüttungen beschlossen werden können, in ihrem Interesse zu steuern, so wird der Eigner des Unternehmens zum Spielball der geschäftsführenden Organe. Er ist darauf angewiesen, daß die Geschäftsleitung in seinem Interesse entscheidet. Falls die Geschäftsleitung ihre eigenen Ziele jedoch nicht zurückstellt, können Ausschüttungen, die möglicherweise im Interesse der Anteilseigner stehen, unterbunden werden.

---

[1]Baetge, Bilanzen, S. 202; Coenenberg, Jahresabschluß, S. 170 f.; Reich, Die Realisation stiller Reserven im Bilanzsteuerrecht, S. 21 f.

[2]Wöhe, Bilanzierung und Bilanzpolitik, S. 626 f.

[3]Hofbauer/Kupsch, Bonner Handbuch, 3 Einf. B Rz. 158; Reich, Die Realisation stiller Reserven im Bilanzsteuerrecht, S. 21 f.

[4]Heinen, Handelsbilanzen, S. 331; Mellerowicz/Brönner, Rechnungslegung und Gewinnverwendung der Aktiengesellschaft, S. 257; Moxter, BB 1985, 1101, 1103

[5]Schneider, Betriebswirtschaftslehre. Bd. 1. Grundlagen, S. 43 f. m.w.N.; vgl. dazu auch Schildbach, Der handelsrechtliche Jahresabschluß, S. 32 ff.

Fraglich ist zudem, ob die Gefahr, daß Anteilseigner überzogene Ausschüttungen fordern, wirklich in dem Umfang besteht, daß deshalb ihre Einflußmöglichkeiten - und hier insbesondere die der Minderheitsgesellschafter - beschnitten werden müßten. Stellt ein Aktionär dem Unternehmen Kapital zur Verfügung, so wird er dies nicht unbedingt kurzfristig tun, um in einer Periode sehr hohe Ausschüttungen zugeteilt zu bekommen, sondern er will längerfristig an der Ertragskraft des Unternehmens partizipieren. Um dies zu erreichen, darf er nicht durch überzogene Ausschüttungsforderungen die Ertragskraft der Gesellschaft schwächen. Außerdem partizipiert der Anteilseigner am Ertrag der Gesellschaft nicht allein über Ausschüttungen, sondern auch über Kursgewinne.

B. Stille Reserven im Steuerrecht

I. Gründe für die Entstehung stiller Reserven im Steuerrecht

Will die Besteuerung an den Gewinn eines Unternehmens anknüpfen, wäre es denkbar, den durch die Handelsbilanz ermittelten Gewinn - und somit auch die zuvor vorgestellten handelsbilanziellen stillen Reserven - zu übernehmen. Doch der rein an den Zielen handelsrechtlicher Rechnungslegung - Rechenschaftslegung und Information - ausgerichtete handelsbilanzielle Gewinn entspricht nicht den Anforderungen des Steuerrechts, zum Zwecke der Besteuerung und unter Beachtung des Grundsatzes der Gleichmäßigkeit der Besteuerung weder einen zu hohen noch einen zu niedrigen, sondern den wirklichen Gewinn des Unternehmens zu ermitteln[1].

Deshalb legt § 5 Abs. 1 EStG fest, daß die handelsrechtliche Gewinnermittlung der steuerlichen als Basis dient. Diese Norm gilt über § 8 Abs. 1 KStG insbesondere auch für Kapitalgesellschaften, die als Formkaufleute (§ 6 Abs. 2 HGB) bereits nach handelsrechtlichen Regeln (§§ 238 ff. HGB) zur Rechnungslegung verpflichtet sind[2]. Doch muß die Handelsbilanz - wie auch die handelsrechtlichen stillen Reserven - noch für Besteuerungszwecke korrigiert werden. In den folgenden Untersuchungen ist von Interesse, inwieweit das Steuerrecht stille Reserven aus der Handelsbilanz übernimmt, eigene Möglichkeiten der Reservenbildung kennt und über diese gegebenenfalls die Reservenbildung in der Handelsbilanz beeinflußt. Die dafür ausschlaggebenden Vorschriften sind das Maßgeblichkeitsprinzip und seine Umkehrung.

---

[1] Knobbe-Keuk, Bilanz- und Unternehmenssteuerrecht, S. 18 f.; Wöhe, Die Handels- und Steuerbilanz, S. 22; zur Konkurrenz der Ziele von Handels- und Steuerbilanz vgl. ausführlich Heinen/Kupsch, Industriebetriebslehre, S. 1449 ff.

[2] Crezelius, Steuerrecht II, S. 124 f.; Heinen/Kupsch, Industriebetriebslehre, S. 1336; Knobbe-Keuk, Bilanz- und Unternehmenssteuerrecht, S. 20; Wöhe, Bilanzierung und Bilanzpolitik, S. 172 f.

1. Maßgeblichkeitsprinzip und stille Reserven in der Steuerbilanz

Im Verhältnis zwischen Handels- und Steuerbilanz von ausschlaggebender Bedeutung ist das Maßgeblichkeitsprinzip, welches seine gesetzliche Verankerung in § 5 Abs. 1 S. 1 EStG gefunden hat. Über § 8 Abs. 1 KStG gilt § 5 Abs. 1 S. 1 EStG auch für Kapitalgesellschaften. Dem Maßgeblichkeitsprinzip zufolge ist in der Steuerbilanz „das Betriebsvermögen anzusetzen (§ 4 Abs. 1 Satz 1 EStG), das nach den handelsrechtlichen Grundsätzen ordnungsmäßiger Buchführung auszuweisen ist". Bei unbefangener Betrachtung könnte man daraus entnehmen, daß die Handelsbilanz, so wie sie sich nach HGB darstellt, mit allen dort gelegten stillen Reserven der Besteuerung zugrundegelegt werden soll. Diese einfachste Auslegung des Maßgeblichkeitsgrundsatzes kann jedoch aufgrund der unterschiedlichen Zwecksetzung beider Rechenwerke nicht uneingeschränkt gelten[1].

Dem Wortlaut zufolge (es ist „... das Betriebsvermögen anzusetzen ...") gilt das Maßgeblichkeitsprinzip zunächst jedenfalls für die **Bilanzierung dem Grunde nach**. Das wiederum bedeutet, daß bei zutreffender[2] Aktivierung oder Passivierung einer Position in der Handelsbilanz dieser Ansatz unmittelbar für die Steuerbilanz maßgeblich ist[3]. Damit gelten grundsätzlich alle handelsrechtlichen Bilanzierungsgebote und -verbote auch für die Steuerbilanz[4]. Für den Umfang der stillen Reserven in der Steuerbilanz ist dies insofern entscheidend, als stille Zwangsreserven der Handelsbilanz, die sich aus handelsrechtlichen Aktivierungsverboten (z.B. Verbot der Aktivierung unentgeltlich erworbener immaterieller Wirtschaftsgüter nach § 248 Abs. 2 HGB) ergeben, grundsätzlich in die Steuerbilanz zu übernehmen sind.

Bei strenger Anwendung des Maßgeblichkeitsprinzips wäre man im Steuerrecht auch an die Ausübung handelsrechtlicher Bilanzierungswahlrechte gebunden, wodurch eine weitgehende Identität von Handels- und Steuerbilanz und

---

[1]Die Ausführungen zur Maßgeblichkeit und ihrer Umkehrung sollen sich dabei auf Gesichtspunkte beschränken, die für die Frage nach dem Gleichklang stiller Reserven in Handels- und Steuerbilanz von Bedeutung sind.

[2]Ausgangspunkt für die Maßgeblichkeit kann nur eine ordnungsgemäß erstellte Handelsbilanz sein. Wurde also z. B. ein Vermögensgegenstand nicht aktiviert und wurden so unzulässigerweise Willkürreserven gebildet, kann dies die Steuerbilanz nicht binden. Die Steuerbilanz wäre insofern zu berichtigen. Gleiches gilt für die Bewertung (Brönner/Bareis, Die Bilanz nach Handels- und Steuerrecht, S. 442 und 448). Willkürreserven sind damit nicht zu übernehmen.

[3]Vgl. stellvertretend Crezelius, Bilanzrecht, S. 38; Hofbauer/Kupsch, Bonner Handbuch, Rz. 19; Schneeloch, DStR 1990, 51

[4]Handelsrechtliche Bilanzierungsgebote und -verbote wären dann nicht bindend, wenn das Steuerrecht in § 5 Abs. 2 ff. EStG eine **zwingende** Spezialregel enthält (vgl. Crezelius, Bilanzrecht, S. 38). Diese Fallgestaltung ist aber für die Frage nach dem Gleichklang stiller Reserven in Handels- und Steuerbilanz nicht von Bedeutung.

damit die Identität handels- und steuerrechtlicher stiller Reserven geschaffen wäre. Dies wird aber durch die sog. Wahlrechtsrechtsprechung des BFH verhindert[1], wobei der BFH die Intention verfolgt, im Steuerrecht Manipulationsspielräume zu unterbinden, die nicht mit dem Grundsatz der Gleichmäßigkeit der Besteuerung vereinbar sind. Deshalb wurde festgelegt, daß handelsrechtliche Aktivierungswahlrechte ein steuerliches Aktivierungsgebot und handelsrechtliche Passivierungswahlrechte ein steuerliches Passivierungsverbot hervorrufen[2].

Die Wahlrechtsrechtsprechung ist für den Gleichklang der stillen Reserven in Handels- und Steuerbilanz insoweit interessant, als das handelsrechtliche Aktivierungswahlrechte des § 250 Abs. 3 HGB betroffen ist, da diesbezüglich die Möglichkeiten, in der Steuerbilanz stille Ermessensreserven zu legen, eingeschränkt werden. Für das Aktivierungswahlrecht des § 250 Abs. 1 S. 2 HGB ergibt sich das Aktivierungsgebot bereits aus der steuerlichen Spezialregel des § 5 Abs. 5 S. 2 EStG[3].

In Bezug auf die handelsrechtlichen Bilanzierungshilfen der §§ 269, 274 Abs. 2 HGB wird die Wahlrechtsrechtsprechung nicht konsequent durchgehalten[4]. Nach herrschender Meinung führt das handelsrechtliche Aktivierungswahlrecht in diesen Fällen nicht zu einem steuerlichen Aktivierungsgebot. Vielmehr besteht steuerlich ein Aktivierungs**verbot**, denn bei Bilanzierungshilfen handelt es sich weder um ein Wirtschaftsgut noch um einen Rechnungsabgrenzungsposten. Nur solche dürfen aber in den steuerlichen Betriebsvermögensvergleich einbezogen werden[5]. Während handelsrechtlich die Bildung stiller Reserven also nur wahlweise erfolgt, entstehen in der Steuerbilanz zwingend stille Reserven.

---

[1]BFH v. 3.2.1969 - GrS 2/68, BStBl. II 1969, 291

[2]BFH v. 26.2.1975 - I R 72/73, BStBl. II 1976, 13, 14; vgl. dazu auch Hofbauer/Kupsch, Bonner Handbuch, 3 Einf. B Rz. 19

[3]Crezelius, Steuerrecht II, S. 127; Knobbe-Keuk, Bilanz- und Unternehmenssteuerrecht, S. 23

[4]Zwar ist nach herrschender handelsrechtlicher Meinung der Geschäftswert nicht als Vermögensgegenstand einzuordnen (vgl. dazu mit ausführlichen Literaturhinweisen Knobbe-Keuk, Bilanz- und Unternehmenssteuerrecht, S. 95), so daß auch die Vorschrift des § 255 Abs. 4 HGB als Bilanzierungshilfe anzusehen ist. Dennoch besteht steuerlich für den entgeltlich erworbenen Geschäftswert kein Aktivierungsverbot, da die Steuerrechtsprechung (BFH v. 25.11.1981 - I R 54/77, BStBl. II 1982, 189) den Geschäftswert - im Gegensatz zum Handelsrecht - als immateriellen Vermögensgegenstand einstuft und so aus § 5 Abs. 2 EStG eine Aktivierungspflicht ableitet.

[5]Federmann, Bilanzierung nach Handelsrecht und Steuerrecht, S. 184 und 189; Schmidt/Weber-Grellet, EStG, § 5 Rz. 49; aA Crezelius, Bilanzrecht, S. 40, mit dem Hinweis, daß die Bilanzierungshilfe zur Fiktion eines Vermögensgegenstandes bzw. Wirtschaftsgutes führt.

Obwohl in § 5 Abs. 1 EStG nur von „anzusetzen“ die Rede ist, gilt das Maßgeblichkeitsprinzip nach herrschender Meinung[1] grundsätzlich auch für die **Bewertung**. Diese Auffassung wird nicht zuletzt dadurch gestützt, daß sich die als Satz 2 in § 5 Abs. 1 EStG eingefügte umgekehrte Maßgeblichkeit auf die Bilanzierung **und** Bewertung erstreckt[2]. Bestehen allerdings spezielle steuerliche Bewertungsbestimmungen (z.B. §§ 6, 7 EStG), die eine Bildung stiller Reserven in anderem Umfang vorsehen, greift der steuerliche Bewertungsvorbehalt des § 5 Abs. 6 EStG, so daß für die Steuerbilanz die steuerlichen Sonderregeln den handelsrechtlichen Regelungen vorgehen. In solchen Konfliktfällen weicht damit der handelsrechtliche vom steuerrechtlichen Ansatz ab; der Umfang der stillen Reserven in beiden Rechenwerken ist unterschiedlich[3].

In der Literatur umstritten ist, ob die in Zusammenhang mit der Bilanzierung beschriebene Wahlrechtsrechtsprechung des BFH[4] auch für handelsrechtliche **Bewertungs**wahlrechte gilt[5]. Hält man die Wahlrechtsrechtsprechung des BFH auch im Bereich der Bewertung für anwendbar, resultiert daraus - bezogen auf die für die Bildung stiller Reserven interessierenden Aktivierungswahlrechte - eine Aktivierungspflicht für die Steuerbilanz. Ermessensreserven der Handelsbilanz könnten also nicht in die Steuerbilanz übernommen werden. Folgt man der Auffassung, daß die Wahlrechtsrechtsprechung des BFH für den Bereich der Bewertung keine Gültigkeit besitzt, so hätte man infolge der Maßgeblichkeit auch in der Steuerbilanz ein Bewertungswahlrecht. Dadurch würde die Möglichkeit, Ermessensreserven zu bilden, ins Steuerrecht übertragen.

Für letztere Auffassung hat zudem die sog. formelle Maßgeblichkeit Bedeutung. Danach ist nicht nur die abstrakte handelsrechtliche Vorschrift (materielle Maßgeblichkeit), sondern auch der konkrete handelsrechtliche Ansatz für die Steuerbilanz maßgeblich. Das bedeutet, daß Wahlrechte in der Handelsbilanz und in der Steuerbilanz nicht unterschiedlich ausgeübt werden können[6]. Bezüglich des Umfangs der stillen Reserven wäre insofern der Gleichlauf von Handels- und Steuerbilanz hergestellt.

---

[1] Federmann, Bilanzierung nach Handelsrecht und Steuerrecht, S. 170 f.; Herrmann/Heuer/Raupach, EStG/KStG, § 5 EStG Anm. 49 g; Hofbauer/Kupsch, Bonner Handbuch, 3 Einführung B Rz. 20; Knobbe-Keuk, Bilanz- und Unternehmenssteuerrecht, S. 21; Schmidt/Weber-Grellet, EStG, § 5 Rz. 50

[2] Vgl. dazu auch Abschn. „Umkehrung des Maßgeblichkeitsprinzips“, S. 37

[3] Budde/Karig, Beck'scher Bilanzkommentar, § 243 Anm. 119

[4] BFH v. 3.2.1969 - GrS 2/68, BStBl. II 1969, 291

[5] Zustimmend Döllerer, BB-Beilage 12/1987, 14; Schmidt/Weber-Grellet, EStG, § 5 Rz. 50; ablehnend Knobbe-Keuk, Bilanz- und Unternehmenssteuerrecht, S. 170 f.; Schneeloch, DStR 1990, 51, 58 jeweils m.w.N.

[6] Knobbe-Keuk, Bilanz- und Unternehmenssteuerrecht, S. 21; Robisch, DStR 1993, 998

Im Ergebnis werden also über die in § 5 Abs. 1 S. 1 EStG konstituierte Maßgeblichkeit, die für den **Ansatz und die Bewertung** gilt, auch die in der Handelsbilanz gebildeten stillen Reserven weitgehend in die Steuerbilanz übernommen. Einen völligen Gleichklang kann die Maßgeblichkeit allerdings u.a. infolge der Regelungen zu steuerlich unzulässigen handelsrechtlichen Wahlrechten oder infolge der Wahlrechtsrechtsprechung des BFH nicht schaffen.

2. Umkehrung des Maßgeblichkeitsprinzips

Während die Maßgeblichkeit dafür verantwortlich ist, inwieweit die in der Handelsbilanz gebildeten stillen Reserven Eingang in die Steuerbilanz finden, muß nun untersucht werden, ob das Steuerrecht eigene Möglichkeiten zur Schaffung stiller Reserven kennt und ob diese gegebenenfalls Rückwirkungen auf die Handelsbilanz entfalten.

In diesem Zusammenhang fällt zunächst auf, daß die steuerlichen Gewinnermittlungsvorschriften eine Reihe von Wahlrechten zur Vornahme erhöhter Abschreibungen und Sonderabschreibungen[1] aufweisen, die sich im Handelsrecht in dieser Form nicht finden[2]. Diese Abschreibungen sollen **nicht** „tatsächliche" Entwertungen eines Wirtschaftsgutes auffangen. Ihre Inanspruchnahme führt somit zu Wertansätzen, die weit unter den tatsächlichen Werten liegen, d.h. zur Bildung stiller Reserven und so zu einer Minderung des steuerlichen Gewinns. Die daraus resultierenden steuerlichen Vergünstigungen gewährt das Steuerrecht vielmehr, um struktur-, konjunktur-, arbeitsmarkt- oder umweltpolitische Zielsetzungen zu erreichen[3].

Aufgrund der Maßgeblichkeit der Handels- für die Steuerbilanz würde die Ausübung dieser steuerlichen Wahlrechte eine entsprechende Bewertung in der Handelsbilanz voraussetzen[4]. Da das Handelsbilanzrecht aber keine gleichartigen Wahlrechte kennt, den Unternehmen trotzdem der Zugang zu den genannten steuerlichen Vergünstigungen nicht verwehrt werden sollte, wurde mit dem sog.

---

[1]Eine Auflistung findet man z.B. bei Adler/Düring/Schmaltz, Rechnungslegung, § 254 Tz. 15 ff.; Knobbe-Keuk, Bilanz- und Unternehmenssteuerrecht, S. 203

[2]Zu diesen steuerlichen Wahlrechten, die sich so nicht im Handelsbilanzrecht finden, zählen auch Vorschriften, die eine Bildung steuerfreier Rücklagen ermöglichen. Diese können aber im folgenden außer Betracht bleiben. Zum einen werden diesbezüglich - wenn überhaupt - nur stille Schätzungsreserven in geringem Umfang gebildet. Außerdem gelten die zu den erhöhten steuerlichen Abschreibungen und Sonderabschreibungen getroffenen Aussagen zur umgekehrten Maßgeblichkeit weitgehend entsprechend auch für steuerfreie Rücklagen.

[3]Hofbauer/Kupsch, Bonner Handbuch, § 254 Rz. 12; Robisch, DStR 1993, 998, 1000; Wöhe, ZbF 1966, 98, 100

[4]Vgl. stellvertretend Coenenberg, Jahresabschluß, S. 74; Hofbauer/Kupsch, Bonner Handbuch, § 254 Rz. 5 ff.; Robisch, DStR 1993, 998, 1000

Restantengesetz[1] dem § 5 Abs. 1 EStG ein Satz 2 angefügt, der das Maßgeblichkeitsprinzip umkehrt. § 5 Abs. 1 S. 2 EStG besagt, daß steuerliche Wahlrechte bei der Gewinnermittlung (also Bilanzierungs- **und** Bewertungswahlrechte) in Übereinstimmung mit der Handelsbilanz auszuüben sind[2]. Durch die gesetzliche Regelung wurden zuvor bestehende Zweifel an der Existenz einer allgemeinen umgekehrten Maßgeblichkeit beigelegt[3].

Praktisch umgesetzt wird die umgekehrte Maßgeblichkeit, indem die steuerlichen Vergünstigungen über sog. Öffnungsklauseln (z.B. § 254 HGB) Eingang in die Handelsbilanz finden. Anschließend können sie über das Maßgeblichkeitsprinzip in der Steuerbilanz geltend gemacht werden. Damit wird zum einen deutlich, daß die umgekehrte Maßgeblichkeit nur zur (formellen) Maßgeblichkeit zurückführt. Denn auch in Fällen der umgekehrten Maßgeblichkeit ist erst der konkrete handelsbilanzielle Ansatz ausschlaggebend für den Ansatz in der Steuerbilanz[4]. Zutreffend wird die umgekehrte Maßgeblichkeit deshalb auch als „Kehrseite der formellen Maßgeblichkeit", nämlich diese betrachtet aus der Sicht der Handelsbilanz, bezeichnet[5]. Zum anderen erkennt man, daß stille Reserven, die sich in der Handelsbilanz finden, ihren Ursprung auch im Steuerrecht haben können.

§ 5 Abs. 1 S. 2 EStG gilt jedoch nicht nur für steuerliche Wahlrechte, die in Widerspruch zu den handelsrechtlichen GoB stehen, sondern auch für solche, die sich im Rahmen des nach GoB Zulässigen halten (z.B. §§ 6 Abs. 1 Nr. 1 S. 4 oder Nr. 2 S. 3 EStG). Dies zeigt sich darin, daß der Gesetzeswortlaut des § 5 Abs. 1 S. 2 EStG keine Einschränkung auf GoB-widrige Wahlrechte vornimmt[6]. Wenn § 5 Abs. 1 S. 2 EStG besagt, daß steuerliche Wahlrechte in Übereinstimmung mit dem handelsrechtlichen Jahresabschluß ausgeübt werden müssen, ist eindeutig festgelegt, daß der konkrete handelsrechtliche Ansatz für das steuerliche Wahlrecht maßgeblich ist und so die steuerlichen mit den handelsrechtlichen stillen Reserven konform sind[7].

---

[1] Wohnungsbauförderungsgesetz v. 22.12.1989, BGBl. I 1989, 2408; BStBl. I 1989, 505

[2] Crezelius, Steuerrecht II, S. 127 f.; Döllerer, BB-Beil. 12/1987, S. 15 f.; Robisch, DStR 1993, 998, 1000; Schmidt/Weber-Grellet, EStG, § 5 Rz. 29; Stobbe, DStR 1991, 162, 163 f. jeweils m.w.N.

[3] Vgl. dazu ausführlich Knobbe-Keuk, Bilanz- und Unternehmenssteuerrecht, S. 29 f.; Robisch, DStR 1993, 998, 1000

[4] Budde/Karig, Beck'scher Bilanzkommentar, § 243 Rz. 121; Crezelius, Steuerrecht II, S. 127 f.; Henscheid, BB 1992, 98, 101

[5] Schmidt/Weber-Grellet, EStG, § 5 Rz. 28 f. m.w.N.

[6] Robisch, DStR 1993, 998, 1001 m.w.N.; Schmidt/Weber-Grellet, EStG, § 5 Rz. 58; zweifelnd Stobbe DStR 1991, 162, 165

[7] Knobbe-Keuk, Bilanz- und Unternehmenssteuerrecht, S. 28

In Bezug auf Kapitalgesellschaften sind einige Besonderheiten zu erwähnen. So erfahren die für alle Kaufleute geltenden Öffnungsklauseln (§§ 247 Abs. 3, 254 HGB) für Kapitalgesellschaften eine Einschränkung, die allerdings nur formeller Natur ist. So beispielsweise § 279 Abs. 2 HGB, demzufolge Abschreibungen gemäß § 254 HGB nur dann vorgenommen werden dürfen, wenn das Steuerrecht die Zulässigkeit der steuerrechtlichen Abschreibung in der Steuerbilanz von der gleichzeitigen Anerkennung in der Handelsbilanz - also von der umgekehrten Maßgeblichkeit - abhängig macht. Damit sollten in der Bilanz einer Kapitalgesellschaft die infolge steuerrechtlicher Wahlrechte gebildeten stillen Reserven auf das unvermeidliche Mindestmaß reduziert werden[1]. Da jedoch mit Einführung des § 5 Abs. 1 S. 2 EStG die umgekehrte Maßgeblichkeit generell gesetzlich festgeschrieben wurde, ist die Einschränkung des § 279 Abs. 2 HGB gegenstandslos geworden[2].

In Hinblick auf den Einfluß des Steuerrechts auf den Umfang der stillen Reserven in der Handelsbilanz einer Kapitalgesellschaft ist auch die nur für Kapitalgesellschaften geltende Sondervorschrift des § 280 Abs. 1 HGB von Bedeutung. § 280 Abs. 1 HGB sieht **zwingend** eine Wertaufholung vor, falls die Gründe für eine außerplanmäßige Abschreibung nicht mehr bestehen. Damit würde die Bildung stiller Reserven in der Handelsbilanz für Kapitalgesellschaften vermieden. Gleichzeitig würde dieses Zuschreibungsgebot aber über die Maßgeblichkeit auch in der Steuerbilanz zu einer Zuschreibung zwingen, selbst wenn das Steuerrecht Beibehaltungswahlrechte kennt.

Zu beachten ist jedoch § 280 Abs. 2 HGB, der vorsieht, daß eine Zuschreibung dann unterbleiben kann, wenn das Steuerrecht die Beibehaltung des niedrigeren Wertansatzes erlaubt. Dies ist für nicht-abnutzbare Anlagegüter und für das Umlaufvermögen in § 6 Abs. 1 Nr. 2 S. 3 EStG, für abnutzbare Anlagegüter in § 6 Abs. 1 Nr. 1 S. 4 EStG vorgesehen[3]. Gleichzeitig ist Bedingung für die Beibehaltung in der Steuerbilanz, daß auch in der Handelsbilanz von einer Zuschreibung abgesehen wird. Diese Forderung ist durch die umgekehrte Maßgeblichkeit des § 5 Abs. 1 S. 2 EStG erfüllt, da steuerliche Wahlrechte immer in Übereinstimmung mit der Handelsbilanz auszuüben sind.

Durch das umfassende steuerliche Beibehaltungswahlrecht des § 6 Abs. 1 Nr. 2 S. 3 und Nr. 1 S. 4 EStG sowie die umgekehrte Maßgeblichkeit des § 5

---

[1] Vgl. dazu Hofbauer/Kupsch/Wohlgemuth, Bonner Handbuch, § 279 Rz. 33

[2] Coenenberg, Jahresabschluß, S. 167; Schneeloch, DStR 1990, 51, 59; Wöhe, Die Handels- und Steuerbilanz, S. 148

[3] Für Wirtschaftsgüter des abnutzbaren Anlagevermögens gibt es das Wertaufholungswahlrecht erst seit dem Wohnungsbauförderungsgesetz v. 22.12.1989 (BGBl. I 1989, 2408; BStBl. I 1989, 505). Zuvor galt hier das „Prinzip des strengen Wertzusammenhangs" demzufolge der letzte Bilanzansatz nicht überschritten werden durfte (vgl. dazu Coenenberg, Jahresabschluß, S. 77).

Abs. 1 S. 2 EStG wird erreicht, daß beide Anwendungsvoraussetzungen des § 280 Abs. 2 HGB regelmäßig erfüllt sind. Folglich steht dem Bilanzierenden (fast) immer ein Wertaufholungswahlrecht zu; § 280 Abs. 1 HGB kommt - bis auf wenige Ausnahmen[1] - keine Bedeutung zu[2]. Auf diese Weise finden aber stille Reserven, die durch Ausnutzung des Beibehaltungswahlrechts gebildet werden können und die das Handelsbilanzrecht über § 280 Abs. 1 HGB für Kapitalgesellschaften gerade vermeiden wollte, durch steuerliche Sondervorschriften nicht nur Eingang in die Steuerbilanz, sondern aufgrund der umgekehrten Maßgeblichkeit auch in die Handelsbilanz[3].

Zusammenfassend kann man feststellen, daß das Steuerrecht nicht nur handelsbilanzielle stille Reserven übernimmt, sondern auch eigene steuerliche Wahlrechte kennt, welche die Bildung stiller Reserven ermöglichen. Diese steuerlichen Wahlrechte und damit auch originär steuerliche stille Reserven werden aus bereits genannten Gründen über die umgekehrte Maßgeblichkeit in die Handelsbilanz übernommen, selbst wenn sie dem eigentlichen Konzept des HGB zuwiderlaufen.

II. Bedeutung (steuerlich begründeter) stiller Reserven für die Ziele der Steuerbilanz und Rückwirkungen auf die Handelsbilanz

Die Tatsache, daß die Steuerbilanz die stillen Reserven der Handelsbilanz - wenngleich auch nicht vollständig - übernimmt und zudem eigene Vorschriften zur Bildung stiller Reserven kennt, wirft die Frage auf, welche Bedeutung der Bildung stiller Reserven in der Steuerbilanz einer Kapitalgesellschaft gemessen an steuerlichen Zielsetzungen zukommt.

Da stille Reserven den Gewinn der Periode mindern, läuft ihre Bildung in der Steuerbilanz eigentlich dem Ziel, den „vollen Gewinn"[4] zum Zwecke der Besteuerung zu ermitteln, und damit dem Interesse des Fiskus an periodenmaximalen Einnahmen zuwider. Dennoch läßt das System der steuerlichen Gewinnermittlung, das über die Maßgeblichkeit an dem des Handelsrechts anknüpft, die Bildung stiller Reserven zu. Ursache dafür ist ein Zusammenspiel von Leistungsfähigkeitsprinzip und Verhältnismäßigkeitsprinzip, wonach die

---

[1]Die Ausnahmen, für die nach § 280 Abs. 1 HGB für Kapitalgesellschaften eine Zuschreibungspflicht besteht, beschränken sich auf Fälle, in denen eine der Zuschreibung vorangegangene außerplanmäßige Abschreibung in der Handelsbilanz steuerlich nicht anerkannt wurde und folglich auch die spätere handelsrechtliche Zuschreibung keine Auswirkung auf die Steuerbilanz hat (Beispiele bei Coenenberg, Jahresabschluß, S. 78 f.).

[2]Coenenberg, Jahresabschluß, S. 76 ff.; Henscheid, BB 1992, 98, 104; Schneeloch, DStR 1990, 51, 56 f.

[3]Ähnl. Henscheid, BB 1992, 98, 104

[4]BFH v. 3.2.1969 - GrS 2/68, BStBl. II 1969, 291, 293

Besteuerung nicht in die wirtschaftliche Substanz des Unternehmens eingreifen soll[1]. Substanzerhaltung bedeutet aber Sicherung des Fortbestandes des Unternehmens, also gleichzeitig auch Sicherung des Fortbestandes einer Einkunftsquelle des Fiskus. Da somit stille Reserven den Erhalt der Einkunftsquelle gewährleisten, dienen sie letztlich auch den Zielsetzungen des Fiskus.

Darüber hinaus kann die Bildung stiller Reserven nur vorübergehend, nicht endgültig eine Gewinnminderung und damit eine Steuerersparnis bewirken. Bei Auflösung der stillen Reserven in späteren Perioden erhöht sich der zu versteuernde Gewinn und die Besteuerung wird nachgeholt. Das Unternehmen hat damit keine Vorteile durch zusätzliches Finanzierungspotential, sondern nur einen Liquiditätsvorteil, der um so größer ist, je später sich die stillen Reserven auflösen. Der eigentliche Finanzierungsvorteil besteht in der zinslosen Steuerstundung, dessen Bedeutung ebenfalls von der Bindungsdauer der stillen Reserven im Unternehmen abhängt[2]. Damit unterliegt letztlich auch immer der „volle" Gewinn der Besteuerung.

Die auf diese Weise allerdings eintretende Abweichung von einer periodengerechten Gewinnermittlung kann mit den übergeordneten Aufgaben der stillen Reserven (Substanzerhaltung, Finanzierung, Förderung wirtschaftspolitischer Ziele[3]) begründet werden[4].

Über die umgekehrte Maßgeblichkeit finden originär steuerlich begründete stille Reserven auch Eingang in die Handelsbilanz und erhöhen somit das handelsrechtliche Reservenpotential. In diesem Zusammenhang wird immer wieder angeprangert, daß Folge der Kodifizierung der umgekehrten Maßgeblichkeit für wirtschaftsfördernde Steuervergünstigungen eine GoB-widrige Bilanzierung und Bewertung in der Handelsbilanz ist. Die „Institution Handelsbilanz" würde durch den „ungeheuerlichen Übergriff des Steuerrechts" völlig überflüssig deformiert. Es wäre nicht erforderlich, die Steuervergünstigungen davon abhängig zu machen, daß in der Handelsbilanz entsprechend bilanziert wird[5]. Die Frage stellt sich, inwieweit diese Kritik berechtigt ist.

Originär steuerliche Wahlrechte für erhöhte Abschreibungen oder Sonderabschreibungen gestatten gerade eine von den handelsrechtlichen GoB abweichende Bilanzierung und werden gewährt, um ein bestimmtes wirtschaftspolitisch erwünschtes Verhalten der Unternehmen zu fördern. Zur Erreichung dieser

---

[1]Vgl. dazu ausführlich Abschn. „Konkretisierung in sachlicher Hinsicht", S. 50

[2]Perridon/Steiner, Finanzwirtschaft der Unternehmung, S. 402; Rehkugler/Schindel, Finanzierung, S. 60 f.

[3]Vgl. dazu Abschn. „Umkehrung des Maßgeblichkeitsprinzips", S. 37

[4]Wöhe, Bilanzierung und Bilanzpolitik, S. 627 f.

[5]Knobbe-Keuk, Bilanz- und Unternehmenssteuerrecht, S. 31; kritisch zur umgekehrten Maßgeblichkeit auch Henscheid, BB 1992, 98, 105; Robisch, DStR 1993, 998, 1001 ff. jeweils m.w.N.

Ziele erscheint es aber weder notwendig noch sinnvoll, die Inanspruchnahme des Wahlrechts von einem kongruenten Vorgehen in der Handelsbilanz, die gerade den GoB entsprechen soll, abhängig zu machen[1]. Zudem könnten die mit den steuerlichen Sondervorschriften verfolgten Ziele ebensogut über offene staatliche Subventionen (Zulagen, Zuschüsse) erreicht werden, womit die umgekehrte Maßgeblichkeit ohnehin entbehrlich würde[2].

Neben einer GoB-widrigen Bilanzierung hat die umgekehrte Maßgeblichkeit noch andere Negativeffekte für die Handelsbilanz. Schon für die Bildung stiller Reserven, die ihre Ursachen in rein handelsrechtlichen Vorschriften haben, wurde festgestellt, daß sie nicht unbedingt in Einklang mit den Zielsetzungen der Handelsbilanz - Rechenschaftslegung und Information - stehen. Die möglichen negativen Auswirkungen handelsrechtlicher stiller Reserven auf die verschiedenen Adressaten des Jahresabschlusses wurden ausführlich dargestellt[3]. Wird nun der Umfang der stillen Reserven in der Handelsbilanz zusätzlich infolge der umgekehrten Maßgeblichkeit durch rein steuerlich motivierte stille Reserven erhöht, so verstärken sich auch diese negativen Effekte[4].

Dadurch sind insbesondere die Kapitalgesellschaften betroffen. Die Aufnahme des § 264 Abs. 2 S. 1 HGB, veranlaßt durch das „true and fair view"-Konzept der 4. EG-Richtlinie, verpflichtet vor allem die Kapitalgesellschaften dafür zu sorgen, daß ihr Jahresabschluß ein den tatsächlichen Verhältnissen entsprechendes Bild der Vermögens-, Finanz- und Ertragslage vermittelt[5]. Mit dieser Intention kollidiert die umgekehrte Maßgeblichkeit, da sie alle Versuche, die Bildung stiller Reserven bei Kapitalgesellschaften einzudämmen und so eine verbesserte Aussagefähigkeit des Jahresabschlusses zu erreichen, weitestgehend aushebelt. Statt dessen führt sie zu zusätzlichen, originär steuerlichen stillen Reserven in der Handelsbilanz[6].

Deshalb werden gerade Kapitalgesellschaften verpflichtet, der Verminderung des Aussagegehalts der Handelsbilanz infolge ausschließlich steuerlich begründeter stiller Reserven durch zusätzliche Anhangsangaben gegenzusteuern (§ 264 Abs. 2 S. 2 HGB, insbesondere z.B. §§ 281 Abs. 2 S. 1 oder 285 Nr. 5 HGB)[7].

---

[1]Knobbe-Keuk, Bilanz- und Unternehmenssteuerrecht, S. 31; Robisch, DStR 1993, 998, 1002; ähnl. Schildbach, Der handelsrechtliche Jahresabschluß, S. 148 ff.

[2]Schildbach, Der handelsrechtliche Jahresabschluß, S. 148 ff.

[3]Vgl. dazu Abschn. „Bedeutung stiller Reserven", S. 29

[4]Vgl. dazu auch Robisch, DStR 1993, 998, 1003

[5]Heinhold, Der Jahresabschluß, S. 195 ff.; Hofbauer/Kupsch, Bonner Handbuch, Einf. B Rz. 11; Knobbe-Keuk, Bilanz- und Unternehmenssteuerrecht, S. 43 f.; Wöhe, Die Handels- und Steuerbilanz, S. 82

[6]Robisch, DStR 1993, 998, 1002; vgl. dazu auch Abschn. „Umkehrung des Maßgeblichkeitsprinzips", S. 37

[7]Henscheid, BB 1992, 98, 105; Wöhe, Bilanzierung und Bilanzpolitik, S. 633

Sämtliche Anhangsangaben sind hinsichtlich ihrer Aussagefähigkeit allerdings mit Problemen behaftet, sei es, daß sie sich nur auf das aktuelle Geschäftsjahr beziehen oder nur in mehr oder weniger aufschlußreichen Saldogrößen bestehen oder Verzerrungen nur verbal charakterisieren, so daß auch sie letztlich nicht in dem gewünschten Maße zur tatsächlichen Darstellung der Vermögens-, Finanz- und Ertragslage beitragen[1]. Originär steuerliche stille Reserven, die über die umgekehrte Maßgeblichkeit Eingang in die Handelsbilanz finden, bleiben also problematisch.

Angesichts solcher Probleme fragt es sich, warum der Gesetzgeber mit § 5 Abs. 1 S. 2 EStG überhaupt die umfassende umgekehrte Maßgeblichkeit gesetzlich verankerte. Als Rechtfertigung wird häufig angeführt, daß auf diese Weise parallel zum Gewinn in der Steuerbilanz auch der für die Bemessung der Ausschüttung ausschlaggebende handelsrechtliche Gewinn gekürzt werden soll. Nur so könne man verhindern, daß die durch Inanspruchnahme der subventionellen Steuervergünstigungen erreichte Steuerermäßigung als zusätzliches Ausschüttungspotential verwendet wird, und erreichen, daß sie tatsächlich der vom Gesetzgeber gewünschten Verwendung, der Finanzierung des Unternehmens, zugeführt wird[2].

Hierzu muß aber angemerkt werden, daß die mittels der umgekehrten Maßgeblichkeit angestrebte Ausschüttungssperre nur bei Kapitalgesellschaften wirksam wird. Während Personengesellschafter oder Einzelunternehmer jederzeit Entnahmen tätigen können, ist den Gesellschaftern einer Kapitalgesellschaft ein derartiger Zugriff auf das Betriebsvermögen verwehrt und sie sind auf die ergebnisabhängige Ausschüttung angewiesen[3]. Eine derartige rechtsformabhängige Ungleichbehandlung ist in Hinblick auf den Grundsatz gleichmäßiger Besteuerung jedenfalls bedenklich[4].

Ferner kann die handelsrechtliche Ausschüttungssperre nur bei nicht abnutzbaren, auf Dauer im Unternehmen verbleibenden Vermögensgegenständen und unter Annahme der „ewigen" Unternehmensfortführung endgültig wirksam werden oder dann, wenn es dem Unternehmen gelingt, durch immer neue Bildung steuerlich motivierter Reserven einen „Bodensatz" an stillen Reserven zu schaffen. In allen anderen Fällen werden in späteren Perioden durch niedrigere Abschreibungen oder erhöhte Veräußerungsgewinne die stillen Reserven aufgedeckt und die Ausschüttung kann auf der Basis erhöhter Gewinne nachgeholt werden[5].

---

[1]GlA Henscheid, BB 1992, 98, 105; Schildbach, Der handelsrechtliche Jahresabschluß, S. 148 ff.

[2]Vgl. dazu mit detaillierten Nachweisen Henscheid, BB 1992, 98, 105

[3]BFH v. 24.4.1985 - I R 65/80, BStBl. II 1986, 324, 327

[4]Crezelius, Steuerrecht II, S. 128; Robisch, DStR 1993, 998, 1002

[5]Robisch, DStR 1993, 998, 1002

Es findet sich also kein Gesichtspunkt, der für die in § 5 Abs. 1 S. 2 EStG geregelte umgekehrte Maßgeblichkeit spricht. Was bleibt, sind die bereits erwähnten Negativeffekte. Damit erscheint die eingangs angeführte Kritik gerechtfertigt, die häufig sogar in der Forderung nach Abschaffung der umgekehrten Maßgeblichkeit gipfelt[1].

III. Aufdeckung stiller Reserven im Steuerrecht

Aus der Sicht des Zivilrechts hat sich die Kapitalgesellschaft als juristische Person von ihren Mitgliedern gelöst und ist selbständiges Rechtssubjekt, das wie eine natürliche Person am Rechtsverkehr teilnehmen, insbesondere selbständig Träger von Rechten und Pflichten sein kann[2]. Sie besitzt eine eigenständige Vermögenssphäre, die völlig von der ihrer Gesellschafter getrennt ist (sog. Trennungsprinzip). Die ihr durch das Zivilrecht zugestandene Rechtsfähigkeit erkennt auch das Steuerrecht an, so daß die Kapitalgesellschaft für Besteuerungszwecke selbständig Steuersubjekt ist[3].

Als selbständige Steuersubjekte sind Kapitalgesellschaften grundsätzlich nach den auf die Besonderheiten juristischer Personen zugeschnittenen Vorschriften des Körperschaftsteuergesetzes zu besteuern[4]. Da aber das Körperschaftsteuerrecht für den Begriff des Einkommens und dessen Ermittlung auf einkommensteuerliche Vorschriften zurückgreift (§ 8 Abs. 1 KStG)[5], müssen für die nachfolgende Betrachtung der steuerlichen Aufdeckung stiller Reserven bei Kapitalgesellschaften die Vorschriften der Einkunftsermittlung im Einkommensteuergesetz herangezogen werden.

1. § 4 Abs. 1 EStG als Ausgangspunkt zur Aufdeckung stiller Reserven

Der Dualismus der Einkunftsarten, d.h. die Unterscheidung in Gewinn- und Überschußeinkunftsarten, die im Einkommensteuergesetz vorgenommen wird, setzt sich in einem Dualismus der Einkunftsermittlung fort. Während bei den Überschußeinkunftsarten der Überschuß der Einnahmen über die Werbungskosten der Besteuerung zugrundeliegt (§ 2 Abs. 2 Nr. 2 EStG), erfolgt bei den

---

[1]Herrmann/Heuer/Raupach, EStG/KStG, § 5 Anm. 49j (für GoB-widrige steuerliche Wahlrechte); Robisch, DStR 1993, 998, 1004

[2]Kübler, Gesellschaftsrecht, S. 27 f., K. Schmidt, Gesellschaftsrecht, S. 189 f.

[3]Blümich/Freericks, EStG, § 1 KStG Rz. 4 ff.; Crezelius, Steuerrecht II, S. 239 f.; Frotscher/Maas, KStG, § 8 Anm. 21

[4]Ruppe, in: Herrmann/Heuer/Raupach, EStG/KStG, Einf. ESt Anm. 400 f.

[5]Blümich/Freericks, EStG, § 8 KStG Rz. 2; Kläschen/Zenthöfer, Körperschaftsteuer, § 8 Rz. 4; Schmidt-Troje, in: Klein/Lauber/Schöberle, Handbuch des Körperschaftsteuerrechts, § 8 Anm. 1a; Wrede, in: Herrmann/Heuer/Raupach, EStG/KStG, § 8 KStG Anm. 3

Gewinneinkunftsarten die Besteuerung nach Maßgabe des Gewinnes (§ 2 Abs. 2 Nr. 1 EStG). Vorgreifend kann gesagt werden, daß dieser Dualismus der Einkunftsermittlung einschneidende Folgen hat. Bei den Gewinneinkunftsarten sind die zur Einkunftserzielung eingesetzten Wirtschaftsgüter steuerverstrickt, so daß Wertsteigerungen derselben unter bestimmten Voraussetzungen der Besteuerung unterliegen. Im Unterschied dazu sind bei den Überschußeinkunftsarten Wertsteigerungen des eingesetzten Vermögens - abgesehen von den Ausnahmefällen der §§ 17 und 23 EStG - nicht steuerbar[1].

Daß die zu besteuernden Einkünfte als **Gewinn** zu ermitteln sind, wird für die verschiedenen Varianten der Einkunftsermittlung innerhalb der Gewinneinkunftsarten (Vermögensvergleich gem. § 4 Abs. 1 EStG bzw. § 5 EStG, Überschußrechnung nach § 4 Abs. 3 EStG[2]) durch § 4 Abs. 1 EStG als gemeinsames Merkmal festgelegt. Die Gewinnermittlungsarten der §§ 4 Abs. 3 und 5 EStG stehen dazu in einem logischen Abhängigkeitsverhältnis[3]. Der hier relevante, da für die Kapitalgesellschaft maßgebliche, besondere Vermögensvergleich für Gewerbetreibende nach § 5 EStG[4] nimmt sogar explizit auf den allgemeinen Gewinnbegriff des § 4 Abs. 1 EStG Bezug.

Unterzieht man nun den für alle Gewinnermittlungsarten geltenden Gewinnbegriff des § 4 Abs. 1 EStG einer näheren Betrachtung, ist festzustellen, daß sich - dem Wortlaut des § 4 Abs. 1 EStG zufolge - der Gewinn durch einen Vergleich des Vermögens an zwei verschiedenen Stichtagen ergibt. Damit beeinflußt grundsätzlich jede Vermögensänderung zwischen den Stichtagen, sei es Vermögensmehrung oder -minderung, die Höhe des Gewinns. Fraglich ist nun, ob auch jede Vermögensänderung als Bestandteil des Gewinns der Besteuerung unterliegt.

Dazu fällt auf, daß von „Betriebsvermögen" gesprochen wird. Dabei muß „Betriebsvermögen" im Sinne von Betriebs**rein**vermögen oder Eigenkapital aufgefaßt werden[5]. Entscheidend ist jedoch, daß nur das Eigenkapital **des Betriebs** von Interesse ist, woraus man folgern kann, daß das Augenmerk nur

---

[1]Crezelius, Steuerrecht II, S. 33 f. und 172; Herrmann/Heuer/Raupach, EStG/KStG, § 2 EStG Anm. 522

[2]Die Gewinnermittlung nach Durchschnittssätzen gem. § 13 a EStG kann, weil sie als Pauschalbesteuerung nicht den tatsächlichen Gewinn ermittelt und darüber hinaus noch personensteuerfremde Elemente besitzt, als Sonderregelung außer Betracht bleiben (Stoll, JDStJG 1981, S. 207, 237).

[3]Stoll, JDStJG 1981, S. 207, 236; ähnl. Lang, JDStJG 1981, S. 45, 51; Schmidt/Heinicke, EStG, § 4 Rz. 1

[4]Da als Vollkaufleute kraft Rechtsform grundsätzlich buchführungspflichtig, sind bei Kapitalgesellschaften gem. § 8 Abs. 2 KStG alle Einkünfte als Einkünfte aus Gewerbebetrieb zu behandeln.

[5]Biergans, Einkommensteuer, S. 168 f.; Schmidt/Heinicke, EStG, § 4 Rz. 42; Tipke/Lang, Steuerrecht, S. 320

auf solche Vermögensänderungen gerichtet werden muß, die in einem Zusammenhang mit dem Betrieb stehen.

Dies läßt sich auch daraus ableiten, daß dem Unterschiedsbetrag zwischen dem Betriebsvermögen an zwei verschiedenen Stichtagen der Wert der Entnahmen zugerechnet und der Wert der Einlagen abgerechnet werden muß (§ 4 Abs. 1 S. 1 EStG). Während Entnahmen alle Wirtschaftsgüter sind, die der Steuerpflichtige dem Betrieb für sich, seinen Haushalt oder andere betriebsfremde Zwecke entzogen hat (§ 4 Abs. 1 S. 2 EStG), werden bei einer Einlage Wirtschaftsgüter dem Betrieb durch den Steuerpflichtigen zugeführt (§ 4 Abs. 1 S. 5 EStG). Folglich sind nur solche Vermögensänderungen einkommensteuerpflichtig, die in Zusammenhang mit dem Betrieb stehen. Vermögensmehrungen, die keine originäre Verbindung zum Betrieb aufweisen, wie die Einlagen, müssen damit von der Besteuerung ausgenommen werden. Dagegen sind Entnahmen als ursprünglich in Zusammenhang mit dem Betrieb stehende Vermögensmehrungen, die nur zu einem späteren Zeitpunkt in eine betriebsfremde Sphäre überführt wurden, mittels Zurechnung zum Unterschiedsbetrag der Besteuerung zu unterwerfen[1]. Der sich nach Vornahme dieser Korrekturen ergebende Gewinn darf nur noch Vermögensänderungen, insbesondere Vermögensmehrungen umfassen, die ihre Ursache originär in der betrieblichen Sphäre haben.

Ob eine Vermögensänderung in Zusammenhang mit dem Betrieb steht, orientiert sich an der betrieblichen Veranlassung. Eine Vermögensänderung kann nur dann Bestandteil des steuerpflichtigen Gewinns sein, wenn sie betrieblich veranlaßt ist. So selbstverständlich dies klingt, die Probleme beim Versuch das Kriterium der betrieblichen Veranlassung zu konkretisieren, sind vielfältig.

Zunächst wird der Begriff „Betrieb" (betrieblich) weder im Einkommensteuergesetz noch in der Literatur definiert und auch nicht einheitlich verstanden. Das Meinungsspektrum reicht dabei vom Gewinn des einzelnen Betriebs (enger Betriebsbegriff) über den Gewinn aller Betriebe einer Einkunftsart (mittlerer Betriebsbegriff) bis hin zum Verständnis des Betriebes lediglich als Abgrenzung zum Privatbereich (weiter Betriebsbegriff)[2]. Die Rechtsprechung folgt nicht einheitlich einer der verschiedenen Auffassungen, sondern stellt für die Auslegung des Betriebsbegriffs insbesondere vor dem Hintergrund der finalen Entnahmetheorie[3] auf den jeweiligen Zusammenhang ab[4]. Selbst wenn man die Mehrdeutigkeit des Ausdrucks „für betriebsfremde Zwecke" in Betracht

[1]Blümich/Wacker, EStG, § 4 EStG, Rz. 171; Crezelius, Steuerrecht II, S. 157; Meurer, in: Lademann/Söffing/Brockhoff, EStG, § 4 Anm. 41; Schmidt/Heinicke, EStG, § 4 Rz. 43

[2]Herrmann/Heuer/Raupach, EStG/KStG, § 4 EStG Anm. 4r; Schmidt/Heinicke, § 4 Rz. 25; Stoll, JDStJG 1981, S. 207, 214 ff.; Tipke/Lang, Steuerrecht, S. 352

[3]Vgl. Abschn. „Gewinnausweistatbestände", S. 56

[4]BFH v. 7.10.1974 - GrS 1/73, BStBl. II 1975, 168, 170

zieht, erscheint es allerdings nicht gerechtfertigt, je nach Bedarf von einem anderen Verständnis des Betriebsbegriffs auszugehen[1].

Hat man sich folglich für eine der verschiedenen Interpretationen zu entscheiden, ist zunächst der weite Betriebsbegriff[2] abzulehnen, da es eben nicht genügt, die Wirtschaftsgüter festzulegen, deren Veräußerung steuerpflichtig ist und so das Betriebsvermögen unabhängig von der jeweiligen betrieblichen Tätigkeit nur gegen das Privatvermögen abzugrenzen. Vielmehr soll das Betriebsvermögen dazu dienen, den Gewinn einkunftsartbezogen i.S.d. § 2 Abs. 1, 2 EStG zu ermitteln[3]. Der weite, im Sinne eines über die einkunftsartenbezogene Abgrenzung des Betriebsvermögens hinausgehende Betriebsbegriff ist also abzulehnen.

Für den mittleren Betriebsbegriff könnte man ins Feld führen, daß rein vom steuerlichen Ergebnis her keine Notwendigkeit besteht, zwischen verschiedenen Einzelbetrieben des Steuerpflichtigen, die derselben Einkunftsart unterfallen, zu unterscheiden[4]. Es interessiert lediglich der aus einer Einkunftsart insgesamt erzielte Gewinn (§ 2 Abs. 2 Nr. 1 EStG).

Dabei wird vernachlässigt, daß nicht nur gemessen am Wortlaut - § 4 Abs. 1 EStG spricht von „**dem** Betrieb" - sondern auch in Hinblick auf andere Vorschriften, die systematisch mit § 4 Abs. 1 EStG in Zusammenhang stehen (z.B. §§ 6 und 16 EStG), nicht vom Betriebsvermögen einer Einkunftsart ausgegangen wird[5]. Vielmehr geht es um die Gewinnermittlung für einen bestimmten, genau abgegrenzten Bereich, d.h. für den Betrieb als selbständige Wirtschaftseinheit. Somit geht die h.M. zurecht vom engen Betriebsbegriff aus[6].

Weitere Probleme wirft aufgrund unterschiedlicher Meinungen in Literatur und Rechtsprechung das Kriterium der Veranlassung bezüglich seiner inhaltlichen Bestimmung auf. Grundsätzlich soll das Veranlassungsprinzip im Bereich der Betriebsausgaben/Werbungskosten und bezüglich der Frage, ob ein Wirtschaftsgut als Betriebsvermögen zu qualifizieren ist, die Abgrenzung zwischen

---

[1]So auch Blümich/Müller-Gatermann, EStG, § 4 EStG Rz. 127; Friauf, StbJb. 1975/76, S. 369, 376

[2]Vertreten von Vangerow, StuW 1961, Sp. 123, 134; Vogel, StbJb. 1962/63, S. 269, 272

[3]Wasmer, Zurechnung von Einkünften, S. 16

[4]So Herrmann/Heuer/Raupach, EStG/KStG, § 4 EStG Anm. 4s, die dem mittleren Betriebsbegriff folgen; ähnl. Speich, DB 1969, 2103, 2105

[5]Vgl. Friauf, StbJb. 1975/76, S. 369, 372; Wasmer, Zurechnung von Einkünften, S. 17

[6]Blümich/Müller-Gatermann, EStG, § 4 EStG Rz. 127; Friauf, StbJb. 1975/76, S. 369, 373; Hartmann/Böttcher/Nissen/Bordewin, EStG, §§ 4-5 Rz. 79; Knobbe-Keuk, Bilanz- und Unternehmenssteuerrecht, S. 273; Lang, JDStJG 1981, S. 45, 69 (Fn. 90); Nieland, in: Littmann/Bitz/Hellwig, Einkommensteuerrecht, §§ 4, 5 Rn. 51 ff.; Schmidt/Heinicke, EStG, § 4 Rz. 25; Stoll, JDStJG 1981, S. 207, 215 ff.; Uelner, in: IDW (Hrsg.), Bericht über die Fachtagung 1980 des IDW, S. 131, 142; Wasmer, Zurechnung von Einkünften, S. 18; Wollny, DStR 1967, 6, 11

betrieblicher und betriebsfremder Sphäre ermöglichen. Aufgrund der Tatsache, daß der Inhalt des Veranlassungsprinzips bis heute noch nicht abschließend geklärt ist, sollen sich die Ausführungen zum Veranlassungsprinzip auf einige allgemeingültige, wohl weitgehend anerkannte Aussagen beschränken[1].

Eine Veranlassung durch den Betrieb liegt immer dann vor, wenn die Vermögensänderung in einem tatsächlichen oder wirtschaftlichen (sachlichen) Zusammenhang mit dem Betrieb steht; ein allein rechtlicher Zusammenhang ist nicht ausreichend. Auch die subjektive Entscheidung des Betriebsinhabers kann einen solchen Zusammenhang nicht herstellen. Entscheidend ist im Einzelfall, daß das auslösende Moment für die Vermögensänderung im betrieblichen Bereich liegt[2].

Was jedoch die so herausgefilterten, betrieblich veranlaßten Vermögensmehrungen angeht, sind diese, da jeweils das gesamte betriebliche Vermögen zu zwei verschiedenen Stichtagen verglichen werden soll (§ 4 Abs. 1 EStG), **ohne Ausnahme** der Einkommensbesteuerung zu unterwerfen. Die Literatur bezeichnet diese Tatsache auch als Totalitätsprinzip[3].

2. Konkretisierung des Gewinnbegriffs des § 4 Abs. 1 EStG

Essenz der vorangegangenen Überlegungen ist, daß der für alle Gewinnermittlungsarten geltende Gewinnbegriff des § 4 Abs. 1 EStG grundsätzlich **alle** betrieblich veranlaßten Änderungen des Vermögens, insbesondere alle Vermögensmehrungen, umfaßt (Totalitätsprinzip)[4].

---

[1] Insbesondere soll darauf verzichtet werden, das Veranlassungsprinzip hinsichtlich seiner einzelnen Anwendungsbereiche (Qualifikation von Aufwendungen als Betriebsausgaben bzw. Werbungskosten, Einstufung von Wirtschaftsgütern als Betriebsvermögen) näher auszuführen (vgl. dazu z.B. Crezelius, Steuerrecht II, S. 196 ff.; Schmidt/Heinicke, EStG, § 4 Rz. 27 ff. und 100 ff.; Tipke/Lang, Steuerrecht, S. 283 ff.; Wassermeyer, JDStJG 1980, S. 315, 321 ff.).

[2] Crezelius, Steuerrecht II, S. 196 ff.; Herrmann/Heuer/Raupach, EStG/KStG, § 4 EStG Anm. 46g; Knobbe-Keuk, Bilanz- und Unternehmenssteuerrecht, S. 65; Schmidt/ Heinicke, EStG, § 4 Rz. 27 ff. und 142 ff.

[3] Gutachten der Steuerreformkommission 1971, Bd. I S. 27 Rdnr. 43; Kemmer, Teilentgeltliche Rechtsgeschäfte, S. 18 ff.; Lang, JDStJG 1981, S. 45, 52; ders., Bemessungsgrundlage, S. 169 ff.; Meincke, in: Littmann/Bitz/Hellwig, Einkommensteuerrecht, § 2 Rn. 71; Thiel, R., StKongrRep. 1968, S. 273, 279; Thiel, J., JDStJG 1981, S. 183, 187 und 204.

[4] Das Totalitätsprinzip wird gelegentlich mit dem Universalitätsprinzip gleichgesetzt (vgl. Thiel, JDStJG 1981, S. 183, 187 und 204; Tipke, StuW 1971, 2, 7). Differenzierter ist dagegen die Betrachtung von Lang (Bemessungsgrundlage, S. 168 f.), der das Universalitätsprinzip als übergeordnet in dem Sinne erachtet, daß **alle** Steuersubjekte ihr **gesamtes** Einkommen versteuern müssen und der das Totalitätsprinzip dagegen als Durchführung lediglich der objektbezogenen Komponente des Universalitätsprinzips - also der Erfassung des gesamten Einkommens - versteht.

Fraglich ist jedoch, wann, unter welchen Voraussetzungen und bei wem diese Vermögensmehrungen zu erfassen sind. Deshalb muß der Grundsatz - jede Vermögensänderung ist Bestandteil des Gewinnes - eine Konkretisierung unter zeitlichen, sachlichen und persönlichen Gesichtspunkten erfahren. Jede Konkretisierung ist zunächst isoliert auf den allgemeinen Grundsatz zu beziehen, daß alle Vermögensmehrungen steuerrelevant sind. Des weiteren ist zu prüfen, inwieweit die einzelnen Konkretisierungen sich eventuell gegenseitig bedingen oder einander zu ihrer Durchführung bedürfen.

a) Konkretisierung in zeitlicher Hinsicht

Sowohl die Einkommensteuer als auch die Körperschaftsteuer sind Jahressteuern (§ 2 Abs. 7 S. 1 EStG bzw. § 7 Abs. 3 S. 1 KStG). Beide bemessen sich nach dem Einkommen, welches das Steuersubjekt innerhalb eines bestimmten Besteuerungsabschnitts, dem Kalenderjahr (§ 2 Abs. 7 S. 2 EStG bzw. § 7 Abs. 3 S. 2 KStG), erzielt hat. Dieses Zeitelement wiederholt sich bei den für die Kapitalgesellschaft maßgebenden Vorschriften der Gewinnermittlung, wenn § 4 Abs. 1 S. 1 EStG fordert, daß der Gewinn als „Unterschiedsbetrag zwischen dem Betriebsvermögen am Schluß des **Wirtschaftsjahres** und dem Betriebsvermögen am Schluß des vorangegangenen **Wirtschaftsjahres**[1]" zu ermitteln ist[2].

Daraus läßt sich folgern, daß der Einkommen- bzw. Körperschaftsteuer nicht alle Vermögensmehrungen im Sinne eines Totalgewinns von Beginn bis zum Ende der Lebensdauer eines Betriebes, sondern nur alle einem bestimmten Besteuerungsabschnitt zuzuordnenden Vermögensmehrungen zu unterwerfen sind.

Für die Zuordnung zu einem bestimmten Besteuerungsabschnitt ist - wie man im folgenden sehen wird - jedoch nicht notwendig der Zeitpunkt des Entstehens der Vermögensmehrung entscheidend. Vielmehr bestimmt erst die sachliche Komponente, in welchem Besteuerungsabschnitt eine bestimmte Vermögensmehrung zu besteuern ist, so daß die zeitliche Komponente zu ihrer Durchführung der sachlichen Konkretisierung bedarf.

---

[1] Hervorhebung durch den Verfasser. Der Gewinnermittlungszeitraum des Wirtschaftsjahres entspricht gem. dem in § 2 Abs. 7 EStG normierten Jahressteuerprinzip grundsätzlich dem Kalenderjahr. Jedoch kann sich aufgrund der Vorschrift des § 4 a EStG, die für Gewerbetreibende sowie Land- und Forstwirte vom Kalenderjahr abweichende Wirtschaftsjahre zuläßt, oder durch Änderungen der Steuerpflicht (§ 2 Abs. 7 S. 3 EStG) ein vom Kalenderjahr abweichender Einkünfteermittlungszeitraum ergeben (vgl. dazu Lang, JDStJG 1981, S. 45, 52 Fn. 18; Wasmer, Zurechnung von Einkünften, S. 12).

[2] Charlier, StbJb. 1969/70, S. 361, 368 f.

b) Konkretisierung in sachlicher Hinsicht

(i) Konkretisierung durch das Realisationsprinzip

Um eine sachliche Konkretisierung vornehmen zu können, muß wieder zur grundlegenden Vorschrift des Vermögensvergleichs (§ 4 Abs. 1 EStG) zurückgegangen werden. Betrachtet man ausschließlich den Wortlaut des § 4 Abs. 1 EStG, ist anzunehmen, daß alle Vermögensmehrungen bereits im Zeitpunkt ihres Entstehens steuerlich relevant sind. Darauf basierend wäre auch die von verschiedenen Autoren angesprochene Wertzuwachsbesteuerung vertretbar, die davon ausgeht, daß Vermögensmehrungen (Wertzuwächse) bereits im Entstehungszeitpunkt die Leistungsfähigkeit steigern und daher Einkommen darstellen. Sie müßten deshalb bei ihrer Entstehung steuerlich erfaßt werden[1].

Diese Auffassung wäre dann unproblematisch, würde nicht eine weiterführende Konkretisierung des Totalitätsprinzips über das Realisationsprinzip erfolgen, welches als originär handelsrechtliche Vorschrift (§ 252 Abs. 1 Nr. 4 HS 2 HGB) über die Maßgeblichkeit gem. § 5 Abs. 1 S. 1 EStG Eingang ins Steuerrecht gefunden hat. Es besagt, daß Gewinne erst dann in der Bilanz ausgewiesen werden dürfen, wenn sie tatsächlich verwirklicht (realisiert) sind[2]. Darüber hinaus hat sich das Realisationsprinzip sowohl handelsrechtlich als auch steuerrechtlich im Anschaffungswertprinzip (§ 253 Abs. 1 HGB bzw. § 6 Abs. 1 Nr. 1 und 2 EStG) niedergeschlagen. Das Anschaffungswertprinzip fordert - unabhängig von der tatsächlichen Wertentwicklung - eine Bewertung der Wirtschaftsgüter des Betriebsvermögens maximal mit den Anschaffungs- oder Herstellungskosten, wodurch indirekt der Ausweis unrealisierter Gewinne untersagt wird[3].

Vermögensmehrungen sind demzufolge nicht schon dann als Gewinn zu erfassen und der Besteuerung zu unterwerfen, wenn sie entstanden, sondern erst wenn sie nach der Vorstellung des Realisationsprinzips verwirklicht sind. Fallen diese beiden Zeitpunkte nicht zusammen, ruhen bereits eingetretene, aber noch nicht realisierte Vermögensmehrungen als stille Reserve im Unternehmen[4]; ihre Aufdeckung und steuerliche Erfassung ist abhängig von der Realisation. Von Realisation wiederum kann erst ausgegangen werden, wenn aufgrund eines

---

[1] Lang, JDStJG 1981, S. 45, 59; Thiel, JDStJG 1981, S. 183, 187; Tipke, JDStJG 1981, S. 1, 2 f.

[2] Vgl. auch Abschn. „Arten stiller Reserven im Handelsrecht", S. 22

[3] Hofbauer/Kupsch, Bonner Handbuch, 3 Einführung B Rz. 121; Coenenberg, Jahresabschluß, S. 29 und 90; Luckey, StuW 1979, 129, 133; Kemmer, Teilentgeltliche Rechtsgeschäfte, S. 23

[4] Crezelius, Bilanzrecht, S. 33 f.; Federmann, Bilanzierung nach Handelsrecht und Steuerrecht, S. 148; Kemmer, Teilentgeltliche Rechtsgeschäfte, S. 25

Geschäftsvorfalls (Umsatzaktes) am Markt tatsächlich ein wirtschaftlicher Erfolg eingetreten ist[1].

Fraglich ist nur, wie eine solche Konkretisierung oder Einschränkung des Totalitätsprinzips und damit das Abgehen von der Wertzuwachsbesteuerung gerechtfertigt werden kann.

Zunächst könnte man argumentieren, daß hinsichtlich des noch nicht realisierten Vermögens dem Steuerpflichtigen keine liquiden Mittel zur Verfügung stünden, um die Steuerzahlung zu begleichen, weshalb eine Besteuerung nicht in Frage käme. Dagegen wird im Interesse der Wertzuwachsbesteuerung eingewandt, daß der Steuerpflichtige diese Einkommensbestandteile jedenfalls beleihen könnte. Dieser Gesichtspunkt ist auch hinsichtlich des Leistungsfähigkeitsprinzips durchaus vertretbar[2].

Auch läßt sich die Konkretisierung durch das Realisationsprinzip nicht allein als Ausfluß der Rechtssicherheit rechtfertigen[3]. Denn obwohl der Gesetzgeber die Besteuerung an möglichst sichere Werte knüpfen soll, steht die reine Existenz einer Vermögensmehrung in den seltensten Fällen erst mit dem Umsatzakt am Markt fest. Nur deren Höhe wird sich vor Realisierung in der Regel nicht mit der erforderlichen Genauigkeit ermitteln lassen. Dies allein rechtfertigt jedoch nicht einen Besteuerungsverzicht; es ist lediglich darauf zu achten, daß ein gemessen am Vorsichtsprinzip hinreichend sicherer Wert auszuwählen ist[4].

Wenn nach diesen Überlegungen die Entscheidung für eine Wertzuwachsbesteuerung nahezuliegen scheint, so wurde noch nicht ausreichend berücksichtigt, daß die Einkommensbesteuerung durch ein Zusammenspiel von Leistungsfähigkeitsprinzip **und** Verhältnismäßigkeitsprinzip geprägt ist. Zwar steigern auch nicht-realisierte Vermögensmehrungen die Leistungsfähigkeit des Steuerpflichtigen, jedoch geht die Idee des Einkommensteuergesetzes dahin, nur solche Leistungsfähigkeitssteigerungen zu besteuern, „die den Steuerpflichtigen in die Lage versetzen, zu konsumieren“[5]. Die Erfassung auch der nicht-realisierten Wertsteigerungen käme einem Verstoß gegen das aus dem Übermaßverbot (Art. 14 GG) abgeleitete Gebot zur grundsätzlich eigentumsschonenden Besteuerung (Verhältnismäßigkeitsprinzip) gleich. Dem Steuerpflichtigen wären in einem solchen Fall mangels Umsatzakt keine liquiden Mittel zur Befriedigung des Steueranspruchs zugegangen, so daß eine Besteuerung mit Eingriffen in die

---

[1]BFH v. 29.11.1973 - IV R 181/71, BStBl. II 1974, 202, 204; Lang, Bemessungsgrundlage, S. 171 und 344; Leffson, Die Grundsätze ordnungsmäßiger Buchführung, S. 179 ff. und 185 ff.; Wöhe, Bilanzierung und Bilanzpolitik, S. 357

[2]Thiel, JDStJG 1981, S. 183, 187 f.; Tipke, JDStJG 1981, S. 1, 2 f. jeweils m.w.N.

[3]So insbesondere auch Tipke, JDStJG 1981, S. 1, 4

[4]Lang, Bemessungsgrundlage, S. 174; Tipke, JDStJG 1981, S. 1, 4

[5]Crezelius, Steuerrecht II, S. 172

wirtschaftliche Substanz verbunden wäre[1]. Folglich muß das Leistungsfähigkeitsprinzip, das die Erfassung auch nicht-realisierter Vermögensmehrungen fordert, durch das Verhältnismäßigkeitsprinzip eingeschränkt werden[2].

Die Besteuerung erst der durch Umsatzakt realisierten Vermögensmehrungen kann jedoch nicht als Privileg[3] oder Subventionsmaßnahme[4] verstanden werden. Vielmehr stellt das Realisationsprinzip eine sachgerechte Konkretisierung des allgemeinen Grundsatzes - jede Vermögensmehrung ist zu besteuern - dar, die in Anbetracht einer „gleichmäßigen und wirtschaftlich maßvollen Besteuerung nach der Leistungsfähigkeit“[5] vorgenommen werden muß. Vor diesem Hintergrund ist auch die angesprochene Wertzuwachsbesteuerung als nicht sachgerecht abzulehnen.

Das Realisationsprinzip wird auch als Ausprägung der sog. Markteinkommenstheorie verstanden[6], welche nur die Erfolge einer erwirtschaftenden Betätigung am Markt als Einkünfte erfassen will[7]. Diese Auffassung steht in Einklang mit obigen Ausführungen, denen zufolge das Realisationsprinzip als sachliche Konkretisierung gebietet, nur die durch marktmäßigen Umsatzakt verwirklichten Vermögensmehrungen zu erfassen. Damit hat die Markteinkommenstheorie grundsätzlich aber auch nur insoweit Geltung, als das Realisationsprinzip Anwendung findet.

(ii) Gewinnrealisierungstatbestände

Nachdem festgestellt wurde, daß das Realisationsprinzip die angemessene sachliche Konkretisierung des Totalitätsprinzips in dem Sinne darstellt, daß nur solche Vermögensmehrungen als Gewinn ausgewiesen werden dürfen, die durch Umsatzakt am Markt verwirklicht wurden, muß das Kriterium „Umsatzakt am Markt“ näher beleuchtet werden.

Ein solcher marktmäßiger Umsatzakt ist dadurch gekennzeichnet, daß ein Gewinn „durch Leistungsaustausch realisiert worden und damit zu einer Markt-

---

[1] Kemmer, Teilentgeltliche Rechtsgeschäfte, S. 26 f.; Kirchhof, StuW 1980, 366; ders., StuW 1985, 319, 327; Lang, Bemessungsgrundlage, S. 173 f.; Tipke, JDStJG 1981, S. 1, 4 ff.

[2] Tipke, JDStJG 1981, S. 1, 6

[3] Ruppe, JDStJG 1981, S. 275, 276

[4] In diesem Sinne Tipke, JDStJG 1981, S. 1, 2 ff.

[5] Knobbe-Keuk, Bilanz- und Unternehmenssteuerrecht, S. 254 f.; glA Lang, Bemessungsgrundlage, S. 173

[6] So insbesondere Lang, Bemessungsgrundlage, S. 171; ders., JDStJG 1981, S. 45, 54 f.; Tipke/Lang, Steuerrecht, S. 343 f.

[7] Der Begriff des Markteinkommens geht zurück auf Ruppe, JDStJG 1978, S. 7, 15 ff. und soll zumindest die meisten Einkunftsquellen des Einkommensteuerrechts verbinden (vgl. dazu auch Abschn. „Markteinkommenskonzept“, S. 87).

einkommensrealität geworden ist"[1]. Zwei Formen des Umsatzaktes am Markt können dabei unterschieden werden: *die Veräußerung und der Tausch.*

Steuerrechtlich versteht man unter **„Veräußerung"** die Übertragung der wirtschaftlichen Verfügungsmacht über Sachen oder Rechte von einer Person auf eine andere, wobei die Gegenleistung in Geld oder in der Einräumung einer auf Geld gerichteten Forderung besteht. Die steuerliche Begriffsbestimmung beschränkt sich auf die **entgeltliche** Übertragung, weil nur diese eine Gewinnrealisation auslösen kann. Dadurch wird das zivilrechtliche Verständnis der Veräußerung, das die entgeltliche **und** die unentgeltliche Übertragung umfaßt, eingeengt[2].

Von **Tausch** spricht man, wenn als Gegenleistung nicht Geld, sondern Sachwerte gewährt werden. Da die Einkunftsermittlung auf monetäre Größen abstellt, muß der Sachwert in einen Geldwert umgeformt werden[3]. Zu diesem Zweck und zur Überlegung, in welcher Höhe stille Reserven realisiert wurden, wird der sog. gemeine Wert herangezogen[4].

Die bei beiden Formen des marktmäßigen Umsatzaktes aufgedeckten stillen Reserven belaufen sich auf die Höhe der Differenz zwischen Buchwert und höheren Veräußerungspreis des ausgeschiedenen Wirtschaftsgutes bzw. bei Tauschgeschäften auf die Höhe der Differenz zwischen Buchwert und höherem gemeinem Wert des hingegebenen Gutes. Sie sind als realisierter Gewinn steuerpflichtig[5].

Diese beiden grundlegenden steuerlichen Realisationstatbestände könnten weiter nach *Einzel- und Gesamtrealisierungen* unterschieden werden[6].

Unter die **Einzelrealisierungen** ist zunächst die Veräußerung bzw. der Tausch von Wirtschaftsgütern des Anlage- und Umlaufvermögens einzuordnen. Da die dabei vonstattengehenden Austauschgeschäfte in der Regel in mehreren, zeitlich auseinanderfallenden Stufen ablaufen, kommen verschiedene Realisationszeitpunkte (z.B. Zeitpunkt des Vertragsabschlusses, Liefer- bzw. Leistungs-

---

[1]Lang, Bemessungsgrundlage, S. 171

[2]BFH v. 21.10.1976 - IV R 210/72, BStBl. II 1977, 145, 146; Uelner, DStR 1964, 667, 668 f.; Wollny, Unternehmens- und Praxisübertragungen, S. 177

[3]Albach, StbJb. 1970/71, S. 287, 302 f.; Lang, Bemessungsgrundlage, S. 346; ders. JDStJG 1981, S. 45, 86 f.

[4]Vgl. Tauschgutachten des BFH v. 16.12.1958 - I D 1/57 S, BStBl. III 1959, 30; Knobbe-Keuk, Bilanz- und Unternehmenssteuerrecht, S. 166; Winkeljohann, in: Herrmann/Heuer/Raupach, EStG/KStG, § 6 EStG Anm. 324 ff. mit ausführlichen Hinweisen auf die Rechtsprechung

[5]BFH v. 8.7.1964 - I 119/63 U, BStBl. III 1964, 561, 564; Albach, StbJb. 1970/71, S. 287 ff.; Knobbe-Keuk, Bilanz- und Unternehmenssteuerrecht, S. 262; Luckey, StuW 1979, 129, 131

[6]So bei Beisse, JDStJG 1981, S. 13, 21 ff.

zeitpunkt, Zahlungszeitpunkt) in Betracht. Durch Konvention wurde von den in Frage kommenden Zeitpunkten handels- und steuerrechtlich einheitlich derjenige der Leistungsbewirkung als „richtiger“ Realisationszeitpunkt festgelegt[1].

Im Unterschied dazu hält die neuere BFH-Rechtsprechung einen Gewinn erst dann für realisiert, wenn der Vertrag „wirtschaftlich erfüllt“ ist, was bei beweglichen Sachen mit der Verschaffung zumindest des wirtschaftlichen Eigentums der Fall ist[2]. Da das wirtschaftliche Eigentum nicht unbedingt zeitgleich mit der Preisgefahr übergehen muß, steht die BFH-Rechtsprechung bezüglich der Festlegung des Gewinnrealisierungszeitpunkts in Konflikt mit der herrschenden Lehre[3]. Hinsichtlich weiterer Probleme in Zusammenhang mit dem Realisationszeitpunkt soll auf die Literatur verwiesen werden[4].

Aufgrund ihrer gesetzlichen Sonderstellung in § 16 Abs. 1 EStG auch differenziert behandelt werden müssen die sog. **Gesamtrealisierungen**[5]. Von Gesamtrealisierung kann man sprechen, wenn nicht einzelne Wirtschaftsgüter, sondern eine Vermögensgesamtheit, also beispielsweise ein ganzer Gewerbebetrieb (§ 16 Abs. 1 Nr. 1 EStG) übertragen wird.

Aber auch ein Teilbetrieb kann nach § 16 Abs. 1 Nr. 1 EStG eine solche Vermögensgesamtheit ausmachen. Da es in der Praxis im Einzelfall oft zweifelhaft sein wird, ob tatsächlich ein Teilbetrieb vorliegt, muß es bestimmte Anforderungen geben, die an die Existenz eines Teilbetriebs zu stellen sind. Laut Rechtsprechung[6] muß ein Teilbetrieb ein organisch geschlossener, mit einer gewissen Selbständigkeit versehener Teil eines Gesamtbetriebs sein, der für sich gesehen allein lebensfähig ist. Die zum Teilbetrieb gehörigen Wirtschaftsgüter müssen dabei eine Untereinheit nach Art eines selbständigen Zweigbetriebs bilden, so daß sie als eigenes Unternehmen geführt werden könnten.

---

[1] BFH v. 15.1.1963 - I 259/61 S, BStBl. III 1963, 256; Adler/Düring/Schmaltz, Rechnungslegung, § 252 HGB Tz. 81; Brönner/Bareis, Die Bilanz nach Handels- und Steuerrecht, II Rz. 308; Knobbe-Keuk, Bilanz- und Unternehmenssteuerrecht, S. 245; Leffson, Die Grundsätze ordnungsmäßiger Buchführung, S. 239 ff. und 243 f.

[2] BFH v. 29.4.1987 - I R 192/82, BStBl. II 1987, 797, 798; BFH v. 12.5.1993 - XI R 1/93, BStBl. II 1993, 786, 787

[3] Schmidt/Weber-Grellet, EStG, § 5 Rz. 608 ff. m.w.N.

[4] Vgl. z.B. Clemm, JDStJG 1981, S. 117 ff.; Crezelius, in: Festschrift Döllerer, S. 81, 85 ff.; Federmann, Bilanzierung nach Handelsrecht und Steuerrecht, S. 148 f.; Knobbe-Keuk, Bilanz- und Unternehmenssteuerrecht, S. 247 ff.; Küting/Weber/Selchert, Handbuch der Rechnungslegung, § 252 Rn. 82 f.; Lüders, DB 1986, 1944; Luik, JDStJG 1981, S. 97 ff.; insbesondere auch zur Gewinnrealisierung bei langfristigen Liefergeschäften Hofbauer/Kupsch/Wohlgemuth, Bonner Handbuch, § 252 Rz. 39 ff.

[5] So auch Beisse, JDStJG 1981, S. 13 und 25 ff.

[6] Vgl. z.B. BFH v. 3.10.1984 - I R 119/81, BStBl. II 1985, 245, 246; BFH v. 12.4.1989 - I R 105/85, BStBl. II 1989, 643, 644; der durch die Rechtsprechung geprägte Teilbetriebsbegriff wurde auch in Abschn. 139 Abs. 3 EStR übernommen.

Voraussetzung für die Existenz eines Teilbetriebs ist also dessen eigenständige Funktionsfähigkeit sowie eine gewisse Selbständigkeit. Als Indizien dafür werden beispielsweise die organisatorische Selbständigkeit, die räumliche Trennung vom Hauptbetrieb, eigenes Personal, eigener Kundenstamm, gesonderte Gewinnermittlung oder Kalkulation angesehen[1]. Den genannten Abgrenzungsmerkmalen kommt im Einzelfall unterschiedliches Gewicht zu, je nachdem, ob es sich z.B. um einen Fertigungs-, Handels- oder Dienstleistungsbetrieb handelt; entscheidend ist jeweils das Gesamtbild der Verhältnisse[2]. Ein lediglich unselbständiger Betriebsteil liegt dagegen vor, wenn ein Unternehmen, das unterschiedliche Leistungen erbringt, nur organisatorisch nach örtlichen und fachlichen Gesichtspunkten aufgeteilt ist[3].

Auch genügt nicht die bloße Möglichkeit, einen Teilbetrieb zu schaffen. Vielmehr ist es notwendig, daß die Teilbetriebsmerkmale bereits beim Veräußerer im Zeitpunkt der Veräußerung vorliegen[4]. Eine „gewisse Selbständigkeit" ist jedoch für § 16 Abs. 1 Nr. 1 EStG ausreichend, da eine völlig selbständige Organisation schon einen eigenen Gesamtbetrieb darstellen würde[5].

Die Gesamtrealisierungen stellen wie die Einzelrealisierungen marktmäßige Umsatzakte dar, deren Folge die Gewinnrealisierung und damit verbunden die steuerwirksame Aufdeckung stiller Reserven ist. Die Höhe der aufgedeckten stillen Reserven, die den Gewinn ausmachen, ergibt sich für Veräußerungen aus § 16 Abs. 2 EStG. Es handelt sich dabei um den Betrag, um den der Veräußerungspreis nach Abzug der Veräußerungskosten den Wert des Betriebsvermögens übersteigt.

Die Rechtsfolge des § 16 Abs. 1 EStG ist bereits aus der allgemeinen Gewinnermittlungsvorschrift des § 4 Abs. 1 EStG ableitbar, so daß § 16 EStG insoweit lediglich eine deklaratorische Funktion zukommt. Die eigentliche

---

[1]Vgl. hierzu BFH v. 15.3.1984 - IV R 189/81, BStBl. II 1984, 486 m.w.N.; Biergans, Einkommensteuer, S. 747 f.; Dehmer, UmwG/UmwStG, § 20 UmwStG Rn. 64 ff.; Erdweg, in: Herrmann/Heuer/Raupach, § 16 EStG Anm. 109 f.; Schmidt, EStG, § 16 Rz. 148

[2]BFH v. 19.2.1976 - IV R 179/72, BStBl. II 1976, 415; BFH v. 12.9.1979 - I R 146/76, BStBl. II 1980, 51, 53

[3]BFH v. 26.6.1975 - VIII R 39/74, BStBl. II 1975, 832, 833 m.w.N.

[4]BFH v. 16.7.1970 - IV R 227/68, BStBl. II 1970, 738; BFH v. 27.6.1978 - VIII R 26/76, BStBl. II 1978, 672; Biergans, Einkommensteuer, S. 747; Schmidt, EStG, § 16 Rz. 149 ff.

[5]BFH v. 24.4.1969 - IV R 202/68, BStBl. II 1969, 397; BFH v. 15.3.1984 - III R 189/81, BStBl. II 1984, 486; Crezelius, Steuerrecht II, S. 74; Blümich/Stuhrmann, EStG, § 16 EStG Rz. 52; Schmidt, EStG, § 16 Rz. 148

Bedeutung dieser Norm liegt in den steuerlichen Vergünstigungen (§§ 16 Abs. 4, 34 EStG), die ihr nachgeschaltet sind[1].

Im Bereich der Kapitalgesellschaften ist § 16 Abs. 1 EStG ferner deshalb interessant, da die im Betriebsvermögen gehaltene 100%-igen Beteiligung an einer Kapitalgesellschaft einem Teilbetrieb gleichgestellt wird (§ 16 Abs. 1 Nr. 1 HS 2 EStG). Die Gleichstellung wird damit begründet, daß sich Teilbetriebsveräußerung und Veräußerung der 100%-igen Beteiligung wirtschaftlich gesehen entsprechen und so auch die Veräußerungsgewinne mit den gleichen einkommensteuerlichen[2] Vergünstigungen (§§ 16 Abs. 4, 34 EStG) bedacht werden sollen[3].

Abschließend ist festzuhalten, daß die sachliche Konkretisierung durch die Gewinnrealisierungstatbestände zum einen ausschlaggebend dafür ist, welche der Vermögensmehrungen, die alle potentielles Einkommen darstellen, tatsächlich und in welcher Höhe als Gewinn zu erfassen sind. Gleichzeitig wird aber auch festgelegt, zu welchem Zeitpunkt dies erfolgen muß, so daß die steuerlichen Gewinnrealisierungstatbestände nicht nur der sachlichen, sondern gleichzeitig auch der Durchführung der zeitlichen Konkretisierung des Totalitätsprinzips dienen.

(iii) Gewinnausweistatbestände

Ausgangspunkt war die Überlegung, daß grundsätzlich alle Vermögensmehrungen der Besteuerung zu unterwerfen sind. Durch das originär handelsrechtliche Realisationsprinzip mußte eine sachliche Konkretisierung dahingehend vorgenommen werden, daß nur die Vermögensmehrungen zu erfassen sind, die infolge eines Umsatzvorgangs am Markt realisiert wurden. Will das Steuerrecht vom Realisationsprinzip abgehen und ausnahmsweise stille Reserven, die unentgeltlich - also ohne marktmäßigen Umsatzakt - übertragen werden, aufdecken, bedarf es dazu gesetzlicher Sondervorschriften, wie sie die sog.

---

[1]BFH v. 2.3.1989 - IV R 128/86; BStBl. II 1989, 543, 544; BFH v. 26.5.1993 - X R 101/90, BStBl. II 1993, 710, 714; Crezelius, Steuerrecht II, S. 72 f.; Herrmann/Heuer/ Raupach, EStG/KStG, § 16 EStG Anm. 4; Knobbe-Keuk, Bilanz- und Unternehmenssteuerrecht, S. 778; Kirchhof/Söhn/Reiß, EStG, § 16 Rz. A 24; Schmidt, EStG, § 16 Rz. 4

[2]Da die 100%-ige Beteiligung nur für die Anwendung des § 16 EStG mittels gesetzlicher Fiktion als Teilbetrieb **gilt**, ist der Gewinn aus ihrer Veräußerung - im Unterschied zum Veräußerungsgewinn eines ganzen Gewerbebetriebs, Teilbetrieb oder Mitunternehmeranteils - nicht von der Gewerbesteuer befreit (vgl. Schmidt, EStG, § 16 Rz. 8 und 161).

[3]Erdweg, in: Herrmann/Heuer/Raupach, EStG/KStG, § 16 Anm. 116; Knobbe-Keuk, Bilanz- und Unternehmenssteuerrecht, S. 778; Schmidt, EStG, § 16 Rz. 161

Gewinnausweistatbestände der Entnahme oder Betriebsaufgabe darstellen[1]. In der Literatur[2] werden auch die Begriffe „Ersatzrealisierungstatbestände" oder „R2-tatbestände" verwendet, eine Begrifflichkeit, die vernachlässigt, daß eine Gewinnrealisierung i.S.d. Realisationsprinzips gerade fehlt.

Wird ein Wirtschaftsgut unentgeltlich vom Betriebsvermögen in das Privatvermögen eines Steuerpflichtigen oder jedenfalls in einen betriebsfremden Bereich überführt, bezeichnet man diesen Vorgang als *Entnahme* (§ 4 Abs. 1 S. 2 EStG). § 6 Abs. 1 Nr. 4 EStG ordnet die Bewertung der Entnahme mit dem Teilwert an. Durch den Ansatz des Teilwertes als fiktiver Verkaufswert werden in Höhe der Differenz zum Buchwert trotz fehlendem marktmäßigem Umsatzakt stille Reserven steuerwirksam aufgedeckt und so die Entnahme einer Veräußerung gleichgestellt[3].

Diese steuerlichen Folgen können nur eintreten, wenn tatsächlich der Entnahmetatbestand erfüllt ist. Dazu muß ein Wirtschaftsgut i.S.d. § 4 Abs. 1 S. 2 EStG[4] in einen betriebsfremden Bereich transferiert werden, wobei für die Abgrenzung des betrieblichen zum betriebsfremden Bereich wieder der enge Betriebsbegriff heranzuziehen ist[5]. Zusätzlich ist eine den Veranlassungszusammenhang mit der betrieblichen Tätigkeit lösende Entnahmehandlung erforderlich. Eine bestimmte Form ist nicht vorgeschrieben, so daß beispielsweise schlüssiges Verhalten ausreicht[6]. Außerdem kann in besonders gelagerten Fällen ein Rechtsvorgang die Entnahmehandlung ersetzen[7]. Letzteres wird in der Literatur für nicht unproblematisch gehalten[8].

Für den zweiten Gewinnausweistatbestand, die *Betriebsaufgabe*, ist kennzeichnend, daß die gewerbliche Tätigkeit endgültig eingestellt wird und, nach-

---

[1]Herrmann/Heuer/Raupach, EStG/KStG, § 5 EStG Anm. 49u; Kemmer, Teilentgeltliche Rechtsgeschäfte, S. 28; Luckey, Gewinnrealisierung, S. 39 ff.; Stoll, JDStJG 1981, 207, 212

[2]Beisse, JDStJG 1981, S. 13, 20 f.; Knobbe-Keuk, Bilanz- und Unternehmenssteuerrecht, S. 269

[3]Beisse, JDStJG 1981, S. 13, 29; Hartmann/Böttcher/Nissen/Bordewin, EStG, §§ 4-5 Rz. 158c; Knobbe-Keuk, Bilanz- und Unternehmenssteuerrecht, S. 269 f.; Lang, JDStJG 1981, S. 45, 66; Thiel, StKongRep. 1968, S. 273, 278 f.

[4]Zur Frage, was im einzelnen Gegenstand einer Entnahme sein kann, vgl. z.B. Herrmann/Heuer/Raupach, EStG/KStG, § 4 EStG Anm. 42a; Schmidt/Heinicke, EStG, § 4 Rz. 301 ff. jeweils m.w.N.

[5]Vgl. dazu Abschn. „§ 4 Abs. 1 EStG als Ausgangspunkt zur Aufdeckung stiller Reserven", S. 44

[6]BFH v. 31.1.1985 - IV R 130/82, BStBl. II 1985, 395, 396 f. m.w.N.

[7]BFH v. 7.10.1974 - GrS 1/73, BStBl. II 1975, 168, 171 m.w.N.; Beispiele eines Rechtsvorgangs vgl. Schmidt/Heinicke, EStG, § 4 Rz. 319

[8]Vgl. dazu ausführlich und m.w.N. Knobbe-Keuk, Bilanz- und Unternehmenssteuerrecht, S. 281 ff.

dem alle wesentlichen Betriebsgrundlagen in einem einheitlichen Vorgang veräußert und/oder ins Privatvermögen überführt wurden, der Betrieb aufhört als selbständiger Organismus am Wirtschaftsleben teilzunehmen[1]. Durch die Aufgabe der betrieblichen Tätigkeit geht notwendigerweise auch der Veranlassungszusammenhang zur betrieblichen Tätigkeit verloren. Die Wirtschaftsgüter verlieren dadurch ihre Eigenschaft als Betriebsvermögen; sie gelten als zu betriebsfremden Zwecken verwendet[2]. Folglich ist die Ansicht gerechtfertigt, die Betriebsaufgabe als Sonderform der Entnahme („Totalentnahme") anzusehen[3]. Damit müssen aber auch - abgesehen von einigen den Betriebsaufgabetatbestand kennzeichnenden Besonderheiten - alle Voraussetzungen des Entnahmetatbestandes vorliegen. So ist insbesondere auch eine Betriebsaufgabehandlung erforderlich, die jedoch auch hier durch einen Rechtsvorgang substituiert werden kann.

Wird für die Entnahme durch die Bewertungsbestimmung des § 6 Abs. 1 Nr. 4 EStG ein entgeltlicher marktmäßiger Umsatzakt mit der Folge der Gewinnrealisierung fingiert, erreicht man dieses Ziel im Falle der Betriebsaufgabe durch die Gleichstellung mit der Betriebsveräußerung (§ 16 Abs. 3 S. 1 EStG). Soweit bei der Betriebsaufgabe die Wirtschaftsgüter tatsächlich veräußert werden, sind folglich die Veräußerungspreise maßgeblich (§ 16 Abs. 3 S. 3 EStG). Bei Übernahme in das Privatvermögen werden dagegen die Wirtschaftsgüter mit den gemeinen Werten (§ 16 Abs. 3 S. 4 EStG) angesetzt[4]. In Höhe der Differenz von Veräußerungspreis bzw. gemeinem Wert zum Buchwert werden auch hier stille Reserven trotz fehlendem marktmäßigen Umsatzakt steuerwirksam aufgedeckt. Wie der Veräußerungsgewinn wird aber auch der dadurch entstehende Betriebsaufgabegewinn durch die Vorschriften der §§ 16 Abs. 4 und 34 Abs. 2 Nr. 1 EStG begünstigt.

Obwohl § 16 Abs. 3 EStG anders als § 16 Abs. 1 Nr. 1 EStG dies nicht explizit erwähnt, ist die Aufgabe eines Teilbetriebs oder einer 100%-igen Beteiligung ebenso zu behandeln wie die Aufgabe eines ganzen Gewerbebetriebs[5].

---

[1]Blümich/Stuhrmann, EStG, § 16 Rz. 195; Lademann/Söffing/Brockhoff, EStG, § 16 Anm. 102 ff.; Schmidt, EStG, § 16 Rz. 173

[2]Kirchhof/Söhn/Reiß, EStG, § 16 Rdnr. F 4; Wasmer, Zurechnung von Einkünften, S. 20

[3]BFH v. 13.12.1983 - VIII R 90/81, BStBl. II 1984, 474, 478; Hörger, in: Littmann/Bitz/Hellwig, Einkommensteuerrecht, § 16 Rn. 67; Lademann/Söffing/Brockhoff, EStG, § 16 Anm. 101; Schmidt, EStG, § 16 Rz. 172; Stoll, JDStJG 1981, S. 207, 233 f.

[4]Der Ansatz des gemeinen Wertes anstatt wie bei der Entnahme des Teilwertes ist deshalb notwendig, weil aufgrund der Aufgabe des Betriebs der Teilwert nicht mehr feststellbar ist (vgl. Thiel, StKongRep. 1968, S. 273, 279 f.).

[5]BFH v. 24.6.1982 - IV R 151/79, BStBl. II 1982, 751, 753; BFH v. 15.9.1988 - IV R 75/87, BStBl. 1991, 624; Blümich/Stuhrmann, EStG, § 16 EStG Rz. 199 f.; Crezelius, Steuerrecht II, S. 74 f.; Erdweg, in: Herrmann/Heuer/Raupach, EStG/KStG, § 16 EStG Anm. 410 f.; Kirchhof/Söhn/Reiß, § 16 Rdnr. F 72; Schmidt, EStG, § 16 Rz. 205

Sowohl bei einer Entnahme als auch bei einer Betriebsaufgabe wird durch die den Gewinnausweistatbeständen eigenen Bewertungsvorschriften der Grundsatz, daß nur durch einen Umsatzakt am Markt realisierte Vermögensmehrungen zu besteuern sind, durchbrochen. Die Ursache dieser Durchbrechung liegt in dem Ziel, das der Einkunftsermittlungsvorschrift des § 4 Abs. 1 EStG zugrundeliegt und das darin besteht, den Gewinn eines bestimmten, genau abgegrenzten Bereichs - des Betriebs[1] - zu ermitteln. Zu diesem Zweck wurde durch das Totalitätsprinzip festgelegt, daß grundsätzlich jede betrieblich veranlaßte Vermögensmehrung steuerlich zu erfassen ist. Dadurch steht bereits fest, daß jede Vermögensmehrung dem Grunde nach Einkommen darstellt, welches nur noch der näheren Konkretisierung bedarf[2]. Diese Konkretisierung erfolgt in sachlicher Hinsicht zunächst durch das Realisationsprinzip.

Man könnte es für die sachliche Konkretisierung beim Realisationsprinzip bewenden lassen. Die Erfassung von stillen Reserven, die zwar aufgrund ihrer Erwirtschaftung durch den Betrieb bereits potentieller Bestandteil des Gewinns sind, deren Konkretisierung mangels Umsatzakt am Markt lediglich noch nicht erfolgt ist, wäre dann aber innerhalb der betrieblichen Gewinnermittlung nicht mehr gewährleistet. Für Fälle, in denen Vermögensmehrungen ohne marktmäßigen Umsatzakt übertragen werden, würde somit die Gewinnermittlung verfälscht[3].

Über die Gewinnausweistatbestände wird folglich sichergestellt, daß im Bereich des Betriebsvermögens entstandene, aber noch nicht durch marktmäßigen Umsatzakt realisierte Vermögensmehrungen im aus der Sicht der betrieblichen Gewinnermittlung letztmöglichen Zeitpunkt erfaßt werden. Indem die Gewinnausweistatbestände so den betrieblichen vom betriebsfremden Bereich abgrenzen, dienen sie der Ermittlung des aus betrieblicher Sicht „richtigen" Gewinns und stellen zugleich eine sachliche Konkretisierung des Totalitätsprinzips dar.

Sinn und Zweck von Entnahme und Betriebsaufgabe soll es einzig sein, die steuerliche Erfassung der stillen Reserven sicherzustellen. Ausgehend von dieser Vorstellung verstand man die Gewinnausweistatbestände lange Zeit als Ausfluß eines allgemeinen Prinzips, das den Zugriff auf die stillen Reserven immer dann anordnet, wenn diese der (deutschen) Besteuerung endgültig zu entgehen drohen (Entstrickungprinzip). Erst mit Urteil vom 9.2.1972[4] hat der BFH die Existenz eines solch allgemeinen Entstrickungsprinzips ausdrücklich abgelehnt.

---

[1] "Betrieb" ist hier im Sinne des engen Betriebsbegriff zu verstehen (vgl. Abschn. „§ 4 Abs. 1 EStG als Ausgangspunkt zur Aufdeckung stiller Reserven", S. 44).

[2] Kemmer, Teilentgeltliche Rechtsgeschäfte, S. 31

[3] Ähnlich auch Schmidt/Heinicke, EStG, § 4 Rz. 300; Thiel, StKongRep. 1968, S. 273, 278 f.; Tipke/Lang, Steuerrecht, S. 352 ff.

[4] I R 205/66, BStBl. II 1972, 455, 457

Dennoch fanden die Grundgedanken dieses Prinzips ihre Fortsetzung im sog. finalen Entnahmebegriff[1]. Wiederum vor dem Hintergrund, daß es alleiniger Zweck der Entnahme sei, die Besteuerung der stillen Reserven sicherzustellen, lautete die Überlegung nicht mehr: „Wenn der Tatbestand einer Entnahme gegeben ist, sind die stillen Reserven zu versteuern", sondern vielmehr: „Wenn stille Reserven der Besteuerung zu entgehen drohen, liegt eine Entnahme vor"[2].

Sowohl bei der Anwendung des allgemeinen Entstrickungsprinzips als auch der finalen Entnahmetheorie ging es lediglich darum, fiskalischen Interessen gerecht zu werden, indem man verhinderte, daß stille Reserven dem Zugriff des (deutschen Fiskus) entzogen wurden. Da auf beide Gedanken detailliert auch noch an späterer Stelle [3]näher einzugehen sein wird, soll hier im Vorgriff und ohne nähere Begründung nur festgehalten werden, daß sie als nicht mit den gesetzlichen Regelungen konform abzulehnen sind[4].

Spricht man von der Aufdeckung stiller Reserven ohne marktmäßigen Umsatzakt, muß ferner die sowohl im Handelsrecht als auch im Steuerrecht bekannte Möglichkeit der Aufdeckung stiller Reserven durch rein buchmäßige Vorgänge (im Steuerrecht z.B. durch Wertaufholung nach vorausgegangener Teilwertabschreibung § 6 Abs. 1 Nr. 2 S. 3 EStG) Erwähnung finden. Derartige Buchvorgänge haben ebenfalls einen Gewinnausweis zur Folge[5].

c) Konkretisierung bezüglich der Person

(i) Subjektprinzip als zentraler Grundsatz

Obwohl juristische Personen nicht dieselben persönlichen Eigenschaften wie natürliche Personen aufweisen können, finden auch bei der Körperschaftsteuer persönliche Verhältnisse Beachtung, wie die Unterscheidung von unbeschränkter und beschränkter Steuerpflicht (§§ 1, 2 KStG) zeigt[6]. Damit kann man die

---

[1]BFH v. 21.12.1977 - I R 247/74, BStBl. II 1978, 305, 306 m.w.N.

[2]Friauf, StbJb. 1975/76, S. 369, 385

[3]Abschn. „Zwingende Aufdeckung stiller Reserven im Zeitpunkt des Übergangs?", S. 112

[4]Auch von der h.M. wird sowohl ein allgemeines Entstrickungsprinzip als auch die finale Entnahmetheorie abgelehnt (vgl. Crezelius, Steuerrecht, S. 174 ff.; Kirchhof/Söhn/Plückebaum, EStG, § 4 Rdnr. B 230 f.; Knobbe-Keuk, Bilanz- und Unternehmenssteuerrecht, S. 277 ff.; Schmidt/Heinicke, EStG, § 4 Rz. 56 und 326 ff. jeweils m.w.N.).

[5]Beisse, JDStJG 1981, S. 13, 24

[6]Crezelius, Steuerrecht II, S. 9 f.

Körperschaftsteuer entsprechend der Einkommensteuer den Personen- oder Subjektsteuern zuordnen[1].

Für Subjektsteuern ist kennzeichnend, daß sie sich nicht damit begnügen, Einkünfte an sich zu besteuern, sondern daß die Einkünfte immer in Verbindung mit einem bestimmten Steuersubjekt zu sehen sind, um so die Leistungsfähigkeit dieses Steuersubjekts zu ermitteln[2]. Aus dem Subjektsteuercharakter ergibt sich, daß es nicht genügt, das Totalitätsprinzip in zeitlicher und sachlicher Hinsicht zu konkretisieren, sondern daß auch eine Konkretisierung in personeller Hinsicht erfolgen muß. Für diese personelle Konkretisierung, die eine Verbindung zwischen den zu besteuernden Einkünften und dem Steuersubjekt herstellen soll, kennt das Steuerrecht das sog. Subjektprinzip[3]. Diesem Subjektprinzip zufolge muß jedes Steuersubjekt seine eigenen Einkünfte, bei den Gewinneinkunftsarten also seinen eigenen Gewinn (§§ 2 Abs. 2 Nr. 1, 4 Abs. 1 S. 1 EStG) versteuern[4].

Der Gewinn eines Steuerpflichtigen wiederum umfaßt nach dem noch unkonkretisierten Totalitätsprinzip, von dem auch hier zunächst auszugehen ist, alle betrieblich veranlaßten Vermögensmehrungen. Das Subjektprinzip konkretisiert diesen Grundsatz in personeller Hinsicht nun derart, daß alle Vermögensmehrungen zu irgendeinem Zeitpunkt bei demjenigen steuerlich zu erfassen sind, auf dessen wirtschaftliche Aktivität sie zurückgehen und in dessen Betriebsvermögen sie gebildet wurden[5]. Das ist aus Sicht des Subjektprinzips spätestens dann der Fall, wenn Vermögensmehrungen auf ein anderes Steuersubjekt übertragen werden[6].

Nachdem seine grundsätzliche Bedeutung geklärt wurde, ist noch zu prüfen, auf welche Weise das Subjektprinzip auch tatsächlich durchgesetzt wird. Dazu

---

[1]Crezelius, Steuerrecht II, S. 9 f.; Rose, Die Ertragsteuern, S. 25; Schneeloch, Besteuerung und betriebliche Steuerpolitik, S. 16; Selchert, Grundlagen der betriebswirtschaftlichen Steuerlehre - Übersichtsdarstellungen, S. 24 und 40; Wöhe, Die Steuern des Unternehmens, S. 19

[2]Vgl. Charlier, StbJb. 1969/70, S. 361, 371; Reiss, StuW 1986, 232, 241; Schmitt, Übertragung stiller Reserven, S. 8; Schneeloch, Besteuerung und betriebliche Steuerpolitik, S. 16

[3]Beisse, JDStJG 1981, S. 13, 14; Crezelius, Steuerrecht II, S. 77; Tipke, JDStJG 1981, S. 1, 10; Wasmer, Zurechnung von Einkünften, S. 25; als Grundsatz der Individualbesteuerung bezeichnet durch Kirchhof/Söhn, EStG, § 2 Rdnr. A 84; Littmann/Bitz/Hellwig, Einkommensteuerrecht , § 2 Rn. 73; Tipke/Lang, Steuerrecht, S. 218 f.; ähnl. Herrmann/Heuer/Raupach, EStG/KStG, § 2 EStG Anm. 158

[4]Vgl. Tipke/Lang, Steuerrecht, S. 218 f.; Wasmer, Zurechnung von Einkünften, S. 25

[5]Biergans, FR 1982, 525, 526

[6]Hier ist anzumerken, daß dieses personelle Element der Gewinnermittlung - wie zuvor schon die Gewinnausweistatbestände - eine Besonderheit des Steuerrechts ist. Das Handelsrecht kennt keine Subjektbindung stiller Reserven. Ausschließlich beurteilt nach Handelsrecht sind stille Reserven bei Übertragung auf ein anderes Rechtssubjekt nur dann aufzudecken, wenn das Realisationsprinzip dies gebietet.

wird an die verschiedenen Möglichkeiten der Übertragung betrieblicher Wirtschaftsgüter angeknüpft.

Wirtschaftsgüter und die mit ihnen verbundenen nicht-realisierten Vermögensmehrungen können zunächst in Verbindung mit einem marktmäßigen Umsatzakt auf ein anderes Steuersubjekt übertragen werden. An dieser Stelle kann nicht mehr ausschließlich die personale Konkretisierung des Totalitätsprinzips betrachtet werden, sondern es ist gleichzeitig auch die sachliche Konkretisierung durch die Gewinn**realisierungs**tatbestände heranzuziehen. Einerseits sind also alle Vermögensmehrungen bei dem zu erfassen, bei dem sie gebildet wurden (Subjektprinzip), andererseits sind nur die in der Periode realisierten Vermögensmehrungen relevant (Realisationsprinzip). Diese beiden Seiten bilden jedoch keinen Widerspruch, vielmehr stehen in Fällen der Übertragung von Wirtschaftsgütern durch einen marktmäßigen Umsatzakt, d.h. der entgeltlichen Übertragung, Realisationsprinzip und Subjektprinzip miteinander in Einklang. Denn wird z.B. ein Wirtschaftsgut veräußert, gebietet sowohl das Realisationsprinzip - aufgrund der Verwirklichung durch einen marktmäßigen Umsatzakt - als auch das Subjektprinzip - wegen der Übertragung auf ein anderes Rechtssubjekt - die Aufdeckung der mit dem übergehenden Wirtschaftsgut verbundenen stillen Reserven. Dabei darf nicht übersehen werden, daß sich der Zwang zur Aufdeckung letztlich aus den Gewinnrealisierungsvorschriften und nicht aus dem Subjektprinzip ableitet. So übernehmen diese Vorschriften zusätzlich die Funktion, die Einhaltung des Subjektprinzips zu gewährleisten.

Schwieriger gestaltet sich der Fall, daß ein Wirtschaftsgut, mit dem stille Reserven verbunden sind, ohne marktmäßigen Umsatzakt, also unentgeltlich, auf ein anderes Rechtssubjekt übertragen wird. Auch hier gebietet das Subjektprinzip infolge der intersubjektiven Übertragung die Aufdeckung und Besteuerung der stillen Reserven. Mangels Veräußerung oder Tausch erfolgt aber keine Aufdeckung der stillen Reserven über das Realisationsprinzip. Das Realisationsprinzip kann demzufolge nicht gleichzeitig der Durchführung des Subjektprinzips dienen, es verbietet sogar die Aufdeckung. Damit stehen Realisations- und Subjektprinzip in solchen Fällen im Widerspruch[1].

Um diesen Widerspruch zu lösen, muß man sich vor Augen führen, daß Realisationsprinzip und Subjektprinzip gleichrangige Konkretisierungen des Ausgangsgrundsatzes „alle betrieblich veranlaßten Vermögensmehrungen sind zu besteuern" darstellen. Solange es nur um die sachliche Konkretisierung des Totalitätsprinzips ging, erschien die durch das Realisationsprinzip herbeigeführte Beschränkung des Steuerzugriffs ausschließlich auf realisierte Vermögensmehrungen vor dem Hintergrund der Verhältnismäßigkeit sachgerecht[2]. Wird nun auch die Konkretisierung des Totalitätsprinzips in personeller Hinsicht

---

[1]Kirchhof/Söhn/Reiß, EStG, § 16 Rdnr. B 80

[2]Vgl. Abschn. „Konkretisierung in sachlicher Hinsicht", S. 50

betrachtet, gilt es zu berücksichtigen, daß auch die nicht-realisierten Vermögensmehrungen dem Grunde nach Einkünfte sind und daß die Erfassung der individuellen Leistungsfähigkeit grundlegendes Charakteristikum der Subjektsteuern ist. Deshalb muß der durch das Realisationsprinzip gewährte Steueraufschub spätestens dann enden, wenn ansonsten durch die Übertragung stiller Reserven auf ein anderes Steuersubjekt die Besteuerung nach der individuellen Leistungsfähigkeit gefährdet ist[1]. Folglich gebührt in Fällen der unentgeltlichen Übertragung, in denen Realisations- und Subjektprinzip in Widerspruch stehen, dem Subjektprinzip der Vorrang.

Im Ergebnis gebietet also das Subjektprinzip, die noch nicht realisierten Vermögensmehrungen, die von einem bestimmten Steuerpflichtigen gebildet wurden, zu irgendeinem Zeitpunkt zu versteuern, spätestens jedoch dann, wenn sie auf ein anderes Rechtssubjekt übertragen werden. In diesem Zusammenhang wird auch vom „Prinzip der Personenidentität stiller Reserven"[2] gesprochen. Dies wird in Literatur und Rechtsprechung weitgehend anerkannt[3].

In der Literatur finden sich Vorstellungen des Inhalts, die stillen Reserven hafteten nicht an der Person des Betriebsinhabers, sondern an den Wirtschaftsgütern des Betriebsvermögens, weshalb ihr Ausweis im Zeitpunkt der unentgeltlichen Übertragung stiller Reserven auf ein anderes Steuersubjekt nicht notwendig ist[4]. Auf diese Weise wird völlig die Tatsache verdrängt, daß Einkommen- und Körperschaftsteuer Personen- und nicht Objektsteuern sind, die eine personale und nicht sachliche Bindung ihrer Einkünfte verlangen[5]. Obgleich die Wirtschaftsgüter als Medium der Einkunftserzielung fungieren, sind sie dennoch

---

[1]Kemmer, Teilentgeltliche Rechtsgeschäfte, S. 34

[2]Vgl. insbesondere Biergans, Einkommensteuer, S. 1070

[3]BFH v. 25.5.1962 - I 155/59 U, BStBl. III 1962, 351, 353; BFH v. 14.5.1969 - I R 77/67, BStBl. II 1969, 598, 600; FG Düsseldorf v. 9.11.1982 - VIII (XI) 238/73 K, EFG 1983, 409; Biergans, Einkommensteuer, S. 1069 f.; Dürr, FR 1974, 25, 26; Hübl, JbFASt. 1973/74, S. 130, 133; Hügel, JDStJG 1994, S. 69, 89; Kemmer, Teilentgeltliche Rechtsgeschäfte, S. 34 f.; Luckey, StuW 1979, 129, 136; ders., Gewinnrealisierung, S. 119 f.; Raupach, JbFASt. 1977/78, S. 177, 186; Reiss, StuW 1986, 232, 241; Schmitt, Übertragung stiller Reserven, S. 45 f.; Stoll, Ertragsbesteuerung, S. 116 f.; Tipke, StuW 1978, 193, 201; Trzaskalik, StuW 1979, 97, 106 f.; ders., JDStJG 1981, S. 145, 159; Wasmer, Zurechnung von Einkünften, S. 53

im Ergebnis ablehnend: Albach, StbJb. 1970/71, S. 287, 314 f.; Felix, StKongRep. 1980, S. 129, 146; Knobbe-Keuk, Bilanz- und Unternehmenssteuerrecht, S. 820; Schuhmann, StBp. 1983, 269, 275; Woerner, DStZ 1977, 299, 307; ders., JbFASt. 1977/78, S. 150, 171

[4]Albach, StbJb. 1970/71, S. 287, 314 f.; Knobbe-Keuk, Bilanz- und Unternehmenssteuerrecht, S. 820; Schuhmann, StBp. 1983, 269, 275

[5]Crezelius, Steuerrecht II, S. 9; Hübl, JbFASt. 1973/74, S. 130, 132 f.; Trzaskalik, StuW 1979, 97, 107; Wasmer, Zurechnung von Einkünften, S. 53 m.w.N.

nicht derart verselbständigt und vom Rechtsträger abspaltbar, daß ihnen die erwirtschafteten Einkünfte zugerechnet werden könnten.

Auch kann man die Existenz des Grundsatzes der Personenidentität stiller Reserven nicht allein deshalb leugnen, weil das Gesetz Ausnahmen zu diesem Grundsatz vorsieht[1].

In den bisherigen Ausführungen wurde immer von einem übergeordneten Grundsatz ausgegangen, demzufolge alle Vermögensmehrungen zu erfassen sind, und zu dem Realisations- und Subjektprinzip gleichwertige Konkretisierungen darstellen. Versteht man demgegenüber den Gewinnbegriff als vom Realisationsprinzip beherrscht, muß man das Prinzip der Personenidentität stiller Reserven ablehnen[2]. Die Ablehnung ergibt sich zum einen daraus, daß man zu keiner Abwägung zwischen zwei gleichwertigen Prinzipien kommen kann, sondern in jedem Fall das Realisationsprinzip als vorrangig ansehen muß. Zum anderen kann man den nicht-realisierten Vermögensmehrungen auch keine Einkunftsqualität dem Grunde nach zusprechen, weil Einkünfte erst als erzielt gelten, wenn sich die Vermögensmehrung realisiert hat, und nicht schon gemäß dem übergeordneten Grundsatz, wenn sie entstanden ist.

Widersprüchlich ist es dann aber, in Verbindung mit stillen Reserven von einer „Besteuerungsanwartschaft"[3] zu sprechen. Denn wo eine Besteuerungsanwartschaft besteht, müssen zumindest dem Grunde nach Einkünfte vorliegen[4]. Gegen die Überlegung, daß Vermögensmehrungen erst mit Realisation Einkommensqualität erlangen, sprechen aber auch die gesetzlichen Gewinnausweistatbestände[5]. Nur wenn auch stille Reserven potentielles Einkommen darstellen, ist die Existenz des Entnahme- und Betriebsaufgabetatbestandes gerechtfertigt.

(ii) Durchführung des Subjektprinzips bei unentgeltlichen Übertragungen

Auf die steuerlich normierten Gewinnausweistatbestände kann auch zurückgegriffen werden, um in Fällen, in denen die Übertragung der stillen Reserven nicht mit einem marktmäßigen Umsatzakt in Verbindung steht, die Einhaltung des Subjektprinzips zu gewährleisten.

---

[1]AA Herzig, DB 1986, 1401, 1406; Ott, Realteilung einer Kapitalgesellschaft, S. 113 ff.; Woerner, JbFASt. 1977/78, S. 188; ders., DStZ 1977, 299, 307

[2]Felix, StKongRep. 1980, S. 129, 141 und 146 f.; ähnl. Ott, Realteilung einer Kapitalgesellschaft, S. 113

[3]Felix, StKongRep. 1980, S. 129, 146

[4]Wasmer, Zurechnung von Einkünften, S. 51 f.

[5]Vgl. Abschn. „Gewinnausweistatbestände", S. 56

Fälle der unentgeltlichen Übertragung eines einzelnen Wirtschaftsgutes könnten demzufolge als Entnahme angesehen werden[1]. Denn wird aus privaten Gründen auf eine Gegenleistung verzichtet, tritt eine außerbetrieblich veranlaßte Vermögensminderung ein. Im Interesse der korrekten betrieblichen Gewinnermittlung ist diese Vermögensminderung durch die Entnahmeregeln zu korrigieren, so daß die mit dem Wirtschaftsgut verbundenen stillen Reserven aufzudecken und bei dem Steuersubjekt, das sie erwirtschaftet hat, zu versteuern sind. Ferner muß man die insgesamt einheitliche Übertragung auf ein anderes Steuersubjekt als Entnahme des Wirtschaftsgutes zunächst ins Privatvermögen desselben Steuerpflichtigen mit anschließender unentgeltlicher Übertragung aus dem Privatvermögen an den Übernehmer auffassen. So kann auch der Einwand entkräftet werden, die Anwendung der Entnahmevorschriften bei unentgeltlichen Übertragungsvorgängen scheitere an der Personenunterschiedlichkeit[2].

Unentgeltliche Übertragungen eines ganzen Betriebs dagegen könnten als Betriebsaufgabe i.S.d. § 16 Abs. 3 EStG verstanden werden, was schon aus dem Verständnis der Betriebsaufgabe als Totalentnahme[3] ableitbar wäre. Literatur[4] und Rechtsprechung[5] dagegen sehen die unentgeltliche Übertragung eines ganzen Betriebs oder Teilbetriebs und damit auch den Tod des Betriebsinhabers[6] nicht als Betriebsaufgabe an, sondern wollen die Vorschrift des § 16 EStG nur auf entgeltliche Übertragungen anwenden[7]. Als Begründung dafür wird angeführt, daß Kennzeichen der Betriebsaufgabe i.S.d. § 16 Abs. 3 EStG ist, daß der Betrieb fortan nicht mehr als selbständiger Organismus am Wirtschaftsleben

---

[1]BFH v. 14.7.1993 - X R 74-75/90, BStBl. II 1994, 15, 17; Biergans, Einkommensteuer, S. 388; Wasmer, Zurechnung von Einkünften, S. 19

[2]AA Raupach, JbFASt. 1977/78, S. 188

[3]Vgl. Abschn. „Gewinnausweistatbestände", S. 56

[4]Beisse, JDStJG 1981, S. 13, 33; Blümich/Stuhrmann, EStG, § 16 EStG Rz. 33; Erdweg, in: Herrmann/Heuer/Raupach, EStG/KStG, § 16 EStG Anm. 421; Hörger, in: Littmann/Bitz/Hellwig, Einkommensteuerrecht, § 16 Rn. 20; Knobbe-Keuk, Bilanz- und Unternehmenssteuerrecht, S. 803; Lademann/Söffing/Brockhoff, EStG, § 16 Anm. 129; Schmidt, EStG, § 16 Rz. 177 und 178; Schulze zur Wiesche, Betriebsveräußerung, Rz. 331; Wassermeyer, DStR 1986, 771, 774

[5]BFH v. 23.4.1971 - IV 201/65, BStBl. II 1971, 686; BFH v. 19.2.1981 - IV R 116/77, BStBl. II 1981, 566, 567; BFH v. 30.3.1989 - IV R 45/87, BStBl. II 1989, 509, 510; BFH v. 29.4.1993 - IV R 16/92, BStBl. II 1993, 716, 717; BFH v. 14.7.1993 - X R 74-75/90, BStBl. II 1994, 15, 18

[6]Erwerb von Todes wegen ist eine unentgeltliche Übertragung (vgl. Schmidt, EStG, § 16 Rz. 25).

[7]So sehr deutlich z.B. Erdweg, in: Herrmann/Heuer/Raupach, EStG/KStG, § 16 EStG Anm. 57; Kruse, JbFASt. 1982/83, S. 165, 171

teilnimmt[1]. Bei der unentgeltlichen Übertragung dagegen bleibe der Betrieb unverändert bestehen[2].

Eine solche Betrachtung, die ausschließlich auf das Objekt Betrieb abstellt, übersieht gänzlich, daß Einkommen- und Körperschaftsteuer Personensteuern sind, also letztlich Tätigkeit und Merkmale des Steuersubjekts, d.h. des Betriebsinhabers, entscheidend sind. Demzufolge kommt es für die Wertung der unentgeltlichen Übertragung eines Betriebs als Betriebsaufgabe - analog der Betriebsverpachtung, bei der ebenfalls der Betrieb in seiner bisherigen Form fortgeführt wird[3] - lediglich darauf an, daß die tatbestandlichen Voraussetzungen des § 15 Abs. 2 EStG, insbesondere das Merkmal der Teilnahme am allgemeinen wirtschaftlichen Verkehr, nicht mehr vorliegen und folglich keine gewerbliche Tätigkeit mehr ausübt wird.

Diese Bedingung ist für die unentgeltliche Übertragung unter Lebenden deshalb erfüllt, weil der Betriebsinhaber seine gewerbliche Tätigkeit (in Zusammenhang mit diesem Betrieb) endgültig einstellt, so daß eine Betriebsaufgabe i.S.d. § 16 Abs. 3 EStG vorliegt[4]. Damit wird aber auch der Tod eines Betriebsinhabers zutreffend als intensivste Form der Betriebsaufgabe[5] beurteilt, da mit dem Tod nicht nur die gewerbliche Tätigkeit in Zusammenhang mit diesem Betrieb, sondern die gewerbliche Tätigkeit des Steuerpflichtigen überhaupt beendet wird. Es fehlt im Todesfall auch nicht an einer Betriebsaufgabehandlung[6], weil diese durch einen Rechtsvorgang, nämlich den Tod des Betriebsinhabers, ersetzt wird[7].

Die Annahme einer Betriebsaufgabe im Falle der unentgeltlichen Übertragung von Todes wegen wird auch mit Hinweis auf die dabei stattfindende Gesamtrechtsnachfolge abgelehnt, derzufolge der Übernehmer als (Gesamt-) Rechtsnachfolger in die Rechtsstellung des Übergebers einrückt und dessen

---

[1]Vgl. Abschn. „Gewinnausweistatbestände", S. 56

[2]BFH v. 23.4.1971 - IV 201/65, BStBl. II 1971, 686, 687; Blümich/Stuhrmann, EStG, § 16 EStG Rz. 33; Kirchhof/Söhn/Reiß, EStG, § 16 Rdnr. 79; Lademann/Söffing/Brockhoff, EStG, § 16 Anm. 129; Wassermeyer, DStR 1986, 771, 774;

[3]Verpachtung eines ganzen Gewerbebetriebs erfüllt den Tatbestand der Betriebsaufgabe gem. § 16 Abs. 3 EStG, vgl. Crezelius, Steuerrecht II, S. 88; Erdweg, in: Herrmann/Heuer/Raupach, EStG/KStG, § 16 EStG Anm. 428; Knobbe-Keuk, Bilanz- und Unternehmenssteuerrecht, S. 793; Schmidt, EStG, § 16 Rz. 690

[4]BFH v. 23.8.1979 - IV R 95/75, BStBl. II 1980, 8, 9; Biergans, Einkommensteuer, S. 732; Wasmer, Zurechnung von Einkünften, S. 22

[5]Crezelius, Steuerrecht II, S. 77

[6]So Wassermeyer, DStR 1986, 771, 774

[7]Vgl. Abschn. „Gewinnausweistatbestände", S. 56

Tätigkeit fortführt[1]. Doch das zivilrechtliche Prinzip der Gesamtrechtsnachfolge ist dem vom Subjektprinzip getragenen Einkommen- und Körperschaftsteuerrecht grundsätzlich fremd. Darauf weist bereits die Tatsache hin, daß der BFH - obwohl er sich für die Geltung der Gesamtrechtsnachfolge auch im Steuerrecht ausspricht[2] - dem Rechtsnachfolger nicht die Fortsetzung aller Besteuerungsmerkmale seines Rechtsvorgängers zugesteht[3].

Zudem steht die Fortsetzung der Person des Übergebers durch den Übernehmer nicht mit dem sich im Subjektprinzip widerspiegelnden höchstpersönlichen Charakter von Einkommen- und Körperschaftsteuer in Einklang[4]. Bei Übergeber und Übernehmer handelt es sich um zwei verschiedene, getrennt zu betrachtende Steuersubjekte. Mit der unentgeltlichen Übertragung ist die gewerbliche Tätigkeit des Übergebers beendet. Die sich daran notwendig anschließende Betriebsaufgabe mit Aufdeckung der übergehenden stillen Reserven kann nicht mit der Fortsetzung der Tätigkeit durch ein anderes Rechtssubjekt verhindert werden. Folglich gilt der Grundsatz, daß stille Reserven bei dem Steuersubjekt zu versteuern sind, von dem sie erwirtschaftet wurden, unabhängig davon, ob sie durch Einzel- oder Gesamtrechtsnachfolge übertragen werden.

Ein anderes Ergebnis läßt sich auch nicht aus § 45 AO ableiten[5], denn Gegenstand dieser Regelung sind nur „Forderungen und Schulden aus dem Steuerschuldverhältnis", also bereits vollständig erfüllte Ansprüche. Nicht erfaßt werden dagegen Steueranwartschaften, wie sie auf stille Reserven, die nur potentielles Einkommen darstellen, bestehen[6].

Als Ergebnis bleibt festzuhalten, daß die unentgeltliche Übertragung einer Vermögensgesamtheit sowohl unter Lebenden als auch von Todes wegen als

---

[1] BFH v. 21.5.1970 - IV 344/64, BStBl. II 1970, 747, 749; Kruse, JbFASt. 1982/83, S. 165, 172; Schmidt, EStG, § 16 Rz. 25

[2] Vgl. BFH v. 21.3.1969 - VI R 208/67, BStBl. II 1969, 520; BFH v. 28.3.1973 - I R 100/71, BStBl. II 1973, 545; BFH v. 25.8.1983 - IV R 99/80, BStBl. II 1984, 31, 32

[3] Höchstpersönliche Rechte des Rechtsvorgängers (Beispiele und weitere Ausführungen bei Wasmer, Zurechnung von Einkünften, S. 41 ff.; Trazaskalik, StuW 1979, 97) sollen der Gesamtrechtsnachfolge nicht zugänglich sein (BFH v. 17.5.1972 - I R 126/70, BStBl. II 1972, 621). Die Höhe der Steuer soll sich nach den Verhältnissen (Familienstand, Progression) des Rechtsnachfolgers und nicht des Vorgängers bemessen (BFH v. 22.6.1962 - VI 49/61 S, BStBl. III 1962, 386).

[4] GlA Kemmer, Teilentgeltliche Rechtsgeschäfte, S. 97 ff.; Schmitt, Übertragung stiller Reserven, S. 55 ff.; Tipke/Lang, Steuerrecht, S.218 f.; Trazaskalik, StuW 1979, 97, 106; Wasmer, Zurechnung von Einkünften, S. 44 f.

[5] AA Kruse, JbFASt. 1982/83, S. 165, 172, der § 45 AO als zu eng gefaßt, aber dennoch als Indiz dafür sieht, daß das Gesamtrechtsnachfolgeprinzip auch im Steuerrecht gilt; Wassermeyer, DStR 1986, 771, 772

[6] Wasmer, Zurechnung von Einkünften, S. 44; ähnl. Schmitt, Übertragung stiller Reserven, S. 59 ff.

Betriebsaufgabe mit notwendiger Folge der Aufdeckung aller stillen Reserven einzustufen ist[1]. Diese Auffassung wird zudem durch die Existenz der Regelung des § 7 Abs. 1 EStDV belegt. § 7 Abs. 1 EStDV wäre vollkommen überflüssig, würde man ihn wie manche Autoren[2] nur als Durchführungsvorschrift zu § 16 EStG begreifen, der seinerseits nur entgeltliche Übertragungen erfassen soll[3].

Damit kommt auch den Gewinnausweisvorschriften eine Doppelfunktion zu. Zum einen dienen sie der Abgrenzung der betrieblichen von der betriebsfremden Sphäre zum Zwecke der Erfassung der stillen Reserven durch die betriebliche Gewinnermittlung (Konkretisierung in sachlicher Hinsicht). Zum anderen führen sie das Subjektprinzip durch, indem sie in Fällen der unentgeltlichen Übertragung sicherstellen, daß die stillen Reserven bei demjenigen erfaßt werden, bei dem sie entstanden sind[4].

Zusammenfassend ist nochmals hervorzuheben, daß das Subjektprinzip den allgemeinen Grundsatz, daß alle Vermögensmehrungen zu erfassen sind, insoweit konkretisiert, als eine Vermögensmehrung spätestens dann aufzudecken ist, wenn sie auf ein anderes Steuersubjekt übertragen wird. Verwirklicht wird der Gedanke des Subjektprinzips durch die Gewinnrealisierungs- bzw. die Gewinnausweistatbestände, die insofern eine zusätzliche Funktion erfüllen.

IV. Besonderheiten bezüglich der Aufdeckung stiller Reserven bei Kapitalgesellschaften

1. Abweichungen zur einkommensteuerlichen Gewinnermittlung auf Gesellschaftsebene

Eine erste Besonderheit bezüglich der Aufdeckung stiller Reserven bei Kapitalgesellschaften ergibt sich bereits bei der Gewinnermittlung, also auf Gesellschaftsebene. Zwar sind auch bei der Kapitalgesellschaft für die Aufdeckung der stillen Reserven grundsätzlich einkommensteuerliche Gegebenheiten maßgeblich (§ 8 Abs. 1 KStG). Dennoch können trotz aller Gemeinsamkeiten natürliche und juristische Personen nicht völlig gleich behandelt werden. Dieser Tatsache muß das Körperschaftsteuergesetz durch einige, dem Einkom-

---

[1]GlA Beisse, JDStJG 1981, S. 13, 33; Biergans, Einkommensteuer, S. 732 und 740 f.; Crezelius, Steuerrecht II, S. 77; ders., JDStJG 1994, S. 135, 157; Kemmer, Teilentgeltliche Rechtsgeschäfte, S. 99; Schmitt, Übertragung stiller Reserven, S. 91 ff.; Trazaskalik, StuW 1979, 97, 106 f.; Wasmer, Zurechnung von Einkünften, S. 21 f.

[2]Erdweg, in: Herrmann/Heuer/Raupach, EStG/KStG, § 16 EStG Anm. 16; Kruse, JbFASt. 1982/83, S. 165, 171

[3]Kemmer, Teilentgeltliche Rechtsgeschäfte, S. 39; Wasmer, Zurechnung von Einkünften, S. 22 f.; zur steuersystematischen Einordnung des § 7 Abs. 1 EStDV vgl. ausführlich Abschn. „Gewinnausweistatbestand als Ausgangspunkt", S. 102

[4]Ähnl. auch Raupach, JDStJG 1979, S. 87, 104

mensteuergesetz vorrangige Sondervorschriften - auch bezüglich der Aufdeckung stiller Reserven - Rechnung tragen.

In diesem Zusammenhang ist zunächst die Abgrenzung des Vermögens für den Vermögensvergleich gem. §§ 4 Abs. 1, 5 Abs. 1 EStG interessant. Während bei natürlichen Personen das Privatvermögen streng vom Betriebsvermögen zu trennen ist und nur letzteres in den Betriebsvermögensvergleich gem. § 4 Abs. 1 EStG einbezogen werden darf, ist eine derartige Unterscheidung für Kapitalgesellschaften unzulässig. Die Annahme einer Privatsphäre ist nicht mit dem körperschaftlichen Charakter der Kapitalgesellschaft vereinbar, so daß das gesamte, im Eigentum der Kapitalgesellschaft stehende Vermögen ohne weitere sachliche Prüfung als Betriebsvermögen auszuweisen ist[1]. Folglich sind auch alle Wertänderungen dieses Vermögens, insbesondere die Vermögensmehrungen, für die Gewinnermittlung der Kapitalgesellschaft von Bedeutung[2].

Dies ergibt sich für die als Vollkaufleute stets bilanzierungspflichtigen Kapitalgesellschaften bereits aus §§ 242 Abs. 1, 246 Abs. 1 HGB. Über die in § 5 Abs. 1 S. 1 EStG vorgeschriebene Maßgeblichkeit der Handels- für die Steuerbilanz kann die Kapitalgesellschaft auch steuerrechtlich nur Betriebsvermögen haben, welches in dieser Eigenschaft vollständig dem Vermögensvergleich gem. §§ 5 Abs. 1, 4 Abs. 1 EStG unterfällt[3]. Jede Vermögensänderung, insbesondere jede Vermögensmehrung wird somit bilanziell erfaßt.

Dieser Vermögensvergleich wird bei Einzel- und Personenunternehmen durch die Hinzurechnung von Entnahmen korrigiert, um den betrieblichen vom betriebsfremden Bereich desselben Steuerpflichtigen abzugrenzen[4]. Eine solche Abgrenzung ist auch bei der Kapitalgesellschaft nötig. Jedoch kann es bei ihr, da sie nur Betriebsvermögen haben kann und ihr vermögensmäßig keine Privatsphäre zugestanden wird, nur darum gehen, die Gesellschafts- von der Gesellschaftersphäre zu trennen[5]. Die Notwendigkeit der Abgrenzung resultiert aus dem kapitalgesellschaftsrechtlichen Trennungsprinzip, demzufolge allgemeinschuldrechtliche Verträge zwischen Gesellschaft und Gesellschafter zwar grundsätzlich anerkannt werden. Allerdings kommt es häufig vor, daß eine Kapitalgesellschaft ihrem Gesellschafter einen Vermögensvorteil zuwendet, der

---

[1]Zu Fragen der Privatsphäre einer Kapitalgesellschaft vgl. insbesondere BFH v. 7.11.1963 - IV 117/60, BStBl. III 1964, 181; BFH v. 4.3.1970 - I R 123/68, BStBl. II 1970, 470; Crezelius, Steuerrecht II, S. 253 ff.; Frotscher/Maas, KStG, § 8 Anm. 23 f.; Knobbe-Keuk, Bilanz- und Unternehmenssteuerrecht, S. 577; Schmidt/Heinicke, EStG, § 4 Rz. 171; Wassermeyer, DB 1987, 1113

[2]Crezelius, Steuerrecht II, S. 265 f.

[3]Frotscher/Maas, KStG, § 8 Anm. 22; Wassermeyer, DB 1987, 1113, 1114

[4]Vgl. Abschn. „Gewinnausweistatbestände", S. 56

[5]Blümich/Freericks, EStG, § 8 KStG Rz. 64 f.; Knobbe-Keuk, Bilanz- und Unternehmenssteuerrecht, S. 642 f.

seine Ursache nicht in dem vorgeschobenen Rechtsgeschäft, sondern im Gesellschaftsverhältnis hat[1]. Solche Vermögenszuwendungen sind nichts anderes als Gewinnausschüttungen, die verdeckt erfolgen. Doch auch eine verdeckte Gewinnausschüttung ist als Gewinnverwendung, also als Bestandteil des körperschaftsteuerlichen Einkommens einzustufen. Da aber der Gewinn das Ergebnis vor Ausschüttung ist, muß der ursprüngliche Einfluß der verdeckten Gewinnausschüttung auf den Gewinn korrigiert werden. Dies wird durch § 8 Abs. 3 S. 2 KStG geregelt.

§ 8 Abs. 3 S. 2 KStG erwähnt zwar, daß eine verdeckte Gewinnausschüttung das Einkommen der Gesellschaft nicht mindert, definiert sie aber nicht. Die derzeit gültige, durch die Rechtsprechung[2] aufgestellte Umschreibung sieht in der verdeckten Gewinnausschüttung bei der Kapitalgesellschaft eine Vermögensminderung oder verhinderte Vermögensmehrung, die durch das Gesellschaftsverhältnis veranlaßt ist, sich auf die Höhe des Einkommens auswirkt und in keinem Zusammenhang mit einer offenen Ausschüttung steht.

Da die verdeckte Gewinnausschüttung das Einkommen nicht mindert, ist der Betrag der verdeckten Gewinnausschüttung bei der Ermittlung des Einkommens hinzuzurechnen, wobei ohne Bedeutung ist, ob und wann sie dem Gesellschafter zufließt. Ferner muß sie im Zeitpunkt des Abfließens für das Anrechnungsverfahren ebenso behandelt werden wie eine offene Gewinnausschüttung, so daß die Ausschüttungsbelastung nach § 27 Abs. 1 KStG herzustellen ist. Damit ändert sich nicht nur die Körperschaftsteuer des betreffenden Veranlagungszeitraums, sondern auch die Struktur des verwendbaren Eigenkapitals[3].

Eine verdeckte Gewinnausschüttung bringt jedoch bei Zufluß auch Rechtsfolgen auf der Ebene der Gesellschafter mit sich. So hat der Gesellschafter in Höhe der verdeckten Gewinnausschüttung Einnahmen nach § 20 Abs. 1 Nr. 1 S. 2 EStG und muß zusätzlich wie bei einer offenen Ausschüttung das Anrechnungsguthaben nach § 20 Abs. 1 Nr. 3 EStG versteuern. Gleichzeitig kann er jedoch das Anrechnungsguthaben auf seine Steuerschuld anrechnen (§ 36 Abs. 2 Nr. 3 EStG)[4].

---

[1] Crezelius, Steuerrecht II, S. 252 f.; Döllerer, Verdeckte Gewinnausschüttung, S. 41 ff.; Kläschen, KStG, § 8 Rz. 65

[2] BFH v. 22.2.1989 - I R 44/85, BStBl. II 1989, 475; BFH v. 22.2.1989 - I R 9/85, BStBl. II 1989, 631

[3] Crezelius, Steuerrecht II, S. 257; detailliert zu den Folgen auf Gesellschaftsebene Knobbe-Keuk, Bilanz- und Unternehmenssteuerrecht, S. 658 f. und 664 ff.; Döllerer, Verdeckte Gewinnausschüttung, S. 125 ff.

[4] Crezelius, Steuerrecht II, S. 258; Wrede, in: Herrmann/Heuer/Raupach, EStG/KStG, § 8 KStG Anm. 46; detailliert zu den Folgen auf Gesellschafterebene Knobbe-Keuk, Bilanz- und Unternehmenssteuerrecht, S. 659 ff. und 669 ff.; Döllerer, Verdeckte Gewinnausschüttung, S. 148 ff.

Die verdeckte Gewinnausschüttung soll folglich im Unterschied zur Entnahme nicht nur den Gewinn im Interesse einer korrekten Abgrenzung korrigieren, sondern muß auch die aus dem gespaltenen Körperschaftsteuersatz resultierenden Folgen der Gewinnverwendung berücksichtigen[1]. Daraus erklärt sich, warum mit der verdeckten Gewinnausschüttung eine eigene körperschaftsteuerliche Regelung geschaffen wurde, die diese Besonderheiten berücksichtigt und die der grundsätzlich über § 8 Abs. 1 KStG auch im Körperschaftsteuerrecht gültigen Entnahmevorschrift vorgeht[2].

Da die Betriebsaufgabe (§ 16 Abs. 3 EStG) als Totalentnahme einzustufen ist[3], verdrängen die Regeln zur verdeckten Gewinnausschüttung **in ihrem Anwendungsbereich** auch die Betriebsaufgabevorschriften.

Ferner findet sich im Körperschaftsteuerrecht mit § 11 KStG, der Vorschrift über die Auflösung und Abwicklung (Liquidation) einer Kapitalgesellschaft, eine weitere Sonderregelung zum Gewinnausweistatbestand der Betriebsaufgabe gemäß § 16 Abs. 3 EStG. Auch mit ihr sollen noch nicht besteuerte stille Reserven im aus Sicht der Gewinnermittlung letztmöglichen Zeitpunkt der Besteuerung unterworfen werden.

Der Anwendungsbereich des § 16 Abs. 3 EStG wird für Kapitalgesellschaften durch die vorrangigen körperschaftsteuerlichen Sondervorschriften der Liquidation und der verdeckten Gewinnausschüttung auf einige wenige Fälle reduziert. § 16 Abs. 3 EStG behält für Kapitalgesellschaften z.B. nur noch Bedeutung bei der Aufgabe eines Teilbetriebs, anläßlich derer die einzelnen Bestandteile an mehrere verschiedene Erwerber veräußert werden. Daneben bleiben die §§ 16 Abs. 4, 34 EStG interessant, da das Körperschaftsteuergesetz für die Liquidation keine eigenen Steuervergünstigungen kennt. So wird der körperschaftsteuerpflichtige Schlußgewinn, der einem Gewinn i.S.v. § 16 Abs. 3 EStG gleichzusetzen ist, von der sachlichen Steuerbefreiung des § 16 Abs. 4 S. 1 bis 2 EStG erfaßt[4]. Dagegen kann die Tarifermäßigung des § 34 EStG, für deren Anwendung die **Einkommensteuer**pflicht Voraussetzung ist, von Körperschaftsteuersubjekten nicht beansprucht werden[5].

---

[1]Knobbe-Keuk, Bilanz- und Unternehmenssteuerrecht, S. 643 f.; Wrede, in: Herrmann/Heuer/Raupach, EStG/KStG, § 8 KStG Anm. 46

[2]BFH v. 26.10.1987 - GrS 2/86, BStBl. II 1988, 348, 354

[3]Vgl. Abschn. „Gewinnausweistatbestände", S. 56

[4]BFH v. 8.5.1991 - I R 33/90, BStBl. II 1992, 437; glA Knobbe-Keuk, Bilanz- und Unternehmenssteuerrecht, S. 936; Schmidt, EStG, § 16 Rz. 575

[5]Blümich/Lindberg, EStG, § 34 Rz. 29; Schmidt/Seeger, EStG, § 34 Rz. 3

2. Besonderheiten der steuerlichen Erfassung stiller Reserven auf Gesellschafterebene

a) Dualismus der Einkunftsarten und seine Folgen für die Behandlung stiller Reserven in Kapitalgesellschaftsanteilen

Eine weitere Besonderheit bezüglich der Aufdeckung stiller Reserven bei der Kapitalgesellschaft ergibt sich daraus, daß die Kapitalgesellschaft als selbständiges Steuersubjekt eine von der ihrer Gesellschafter getrennte Vermögenssphäre besitzt[1]. Deshalb werden im Unterschied zur Personengesellschaft die Wirtschaftsgüter mit den damit verbundenen stillen Reserven nicht den Gesellschaftern, sondern unmittelbar der Gesellschaft selbst zugerechnet. Die Kapitalgesellschaft besitzt folglich ein eigenes Vermögen und damit verbunden auch ein eigenständiges, von dem der Gesellschafter unabhängiges Potential an stillen Reserven. Zur Vermögenssphäre der Gesellschafter zählen dagegen diejenigen stillen Reserven, die in den Anteilen an der Kapitalgesellschaft ruhen. Demzufolge müßte für Bildung und Aufdeckung stiller Reserven bei der Kapitalgesellschaft eine 2-Ebenen-Betrachtung - Gesellschaftsebene und Gesellschafterebene - vorgenommen werden[2].

Wenn in den Ausführungen zur Bildung stiller Reserven die Gesellschafterebene vernachlässigt wurde, dann deshalb, weil sich - zumindest was die Anteile an einer Kapitalgesellschaft angeht, die einem Betriebsvermögen des Gesellschafters zuzurechnen sind - stille Reserven bilden, sobald die Buchwerte der Anteile unter den tatsächlichen Werten liegen. Die Erläuterungen zur Bildung stiller Reserven[3] gelten insoweit entsprechend.

Auch hinsichtlich der Aufdeckung stiller Reserven sind es nicht die betrieblichen Kapitalgesellschaftsanteile, sondern die privaten Anteile an einer Kapitalgesellschaft, die sich aufgrund gravierender Unterschiede zu den betrieblichen Anteilen nicht in die bisherige Systematik einordnen lassen und eine 2-Ebenen-Betrachtung notwendig machen.

Die Unterschiede zwischen der Behandlung betrieblicher und privater Kapitalgesellschaftsanteile entstehen daraus, daß das Einkommensteuergesetz seine verschiedenen Einkunftsarten bezüglich der Einkunftsermittlung in Gewinn- und Überschußeinkünfte einteilt. Wesentliche Konsequenz dieses Dualismus ist, daß grundsätzlich nur bei den Gewinneinkunftsarten (§ 2 Abs. 2 Nr. 1 EStG) die zur Einkunftserzielung eingesetzten Wirtschaftsgüter steuerverstrickt sind. Ihre Wertsteigerungen müssen steuerlich berücksichtigt werden[4]. Bis zu ihrer Reali-

---

[1]Crezelius, Steuerrecht II, S. 239; Frotscher/Maas, KStG, § 8 Anm. 21

[2]Widmann, JDStJG 1981, S. 163, 164

[3]Vgl. Abschn. „Gründe für die Entstehung stiller Reserven im Steuerrecht", S. 33

[4]Beisse, JDStJG 1981, S. 13, 14 f.; Crezelius, Steuerrecht II, S. 34 f. und 172 f.; Herrmann/Heuer/Raupach, EStG/KStG, § 2 EStG Anm. 522; Lang, Bemessungsgrundlage, S. 219 ff.

sierung durch marktmäßigen Umsatzakt bzw. ihrer Aufdeckung infolge Erfüllung eines gesetzlichen Gewinnausweistatbestandes ruhen die Wertsteigerungen allerdings als stille Reserven im Unternehmen. Neben der Funktion der sachlichen Konkretisierung dienen die Gewinnrealisierungs- und Gewinnausweistatbestände gleichzeitig auch der Durchführung des Subjektprinzips.

Die hier nochmals kurz zusammengefaßte Behandlung der Gewinneinkunftsarten wurde bereits ausführlich dargestellt[1] und kann ohne weiteres auf Anteile an einer Kapitalgesellschaft, die zu einem Betriebsvermögen zählen, übertragen werden. Diese sind steuerverstrickt und die mit ihnen verbundenen Wertsteigerungen müssen in den unter Abschn. „Aufdeckung stiller Reserven im Steuerrecht" (S. 44) beschriebenen Fällen steuerwirksam aufgedeckt werden. Als Besonderheit ist zu beachten, daß die in einem Betriebsvermögen geführte 100%-ige Beteiligung bezüglich der Besteuerung eines Veräußerungs- und auch eines Liquidationsgewinns einem Teilbetrieb gleichgestellt ist (§ 16 Abs. 1 Nr. 1 HS 2 EStG)[2].

Im Unterschied zu den Gewinneinkunftsarten sind bei den Überschußeinkunftsarten die zur Einkunftserzielung eingesetzten Wirtschaftsgüter keiner Steuerverstrickung unterworfen. Denn hier „sei entweder kein Vermögen eingesetzt (nichtselbständige Arbeit) oder es würden allein die Erträge des Vermögens besteuert (Kapitalvermögen, Vermietung und Verpachtung), so daß es auf eine Veränderung des Wertes der Vermögensgegenstände nicht ankomme"[3]. Folglich werden auch bei Kapitalanteilen des Privatvermögens, die grundsätzlich zu den Überschußeinkunftsarten zählen, nur die Erträge aus den Anteilen, nicht jedoch deren Wertsteigerungen als Einnahmen i.S.d. §§ 2 Abs. 2 Nr. 2, 8 EStG erfaßt. Die Wertsteigerungen privater Kapitalgesellschaftsanteile sind damit grundsätzlich steuerlich unbeachtlich.

Daraus ergibt sich aber auch, daß das für das gesamte Einkommensteuergesetz gültige Subjektprinzip, welches fordert, das jeder Steuerpflichtige sein eigenes **Einkommen** (hier i.S.v. Einnahmen) zu versteuern hat, auf Wertsteigerungen des Privatvermögens grundsätzlich nicht anwendbar ist. Also können im Bereich der Überschußeinkunftsarten Wertsteigerungen der Anteile an einer Kapitalgesellschaft grundsätzlich steuerlich unbeachtlich auf andere Rechtssubjekte übertragen werden. Einzige Ausnahme dazu bilden die nachfolgend dargestellten Fallkonstellationen der §§ 17 und 23 EStG, die unter bestimmten Vor-

[1] Vgl. Abschn. „Aufdeckung stiller Reserven im Steuerrecht", S. 44

[2] BFH v. 15.9.1988 - IV R 75/87, BStBl. II 1991, 624; BFH v. 19.4.1994 - VIII R 2/93, DStR 1994, 1682

[3] Crezelius, Steuerrecht II, S. 34 f.

aussetzungen die Wertsteigerungen privater Kapitalgesellschaftsanteile zu Einkommen erheben[1].

b) Sonderfall des § 23 EStG

§ 23 EStG erfaßt Sachverhalte, in denen Kapitalgesellschaftsanteile, die zum Privatvermögen zählen, innerhalb einer Frist von sechs Monaten angeschafft und wieder veräußert werden[2]. Hier werden die mit den Anteilen verbundenen Wertsteigerungen in Höhe der Differenz zwischen Veräußerungspreis und Anschaffungskosten einschließlich Werbungskosten als sonstige Einkünfte (§ 22 Nr. 2 EStG) der Besteuerung unterworfen (§ 23 Abs. 4 S. 1 EStG).

Grundgedanke des § 23 EStG ist es, Wertsteigerungen privater Wirtschaftsgüter, die sich der Steuerpflichtige durch Anschaffung und verhältnismäßig schnelle Weiterveräußerung zunutzegemacht hat, steuerlich zu erfassen[3]. Indem im Veräußerungsfall die zu Einnahmen i.S.d. §§ 2 Abs. 2 Nr. 2, 8 EStG[4] erhobenen Wertsteigerungen bei dem zu versteuern sind, der sie erwirtschaftet hat, ist gleichzeitig das Subjektprinzip erfüllt.

Die unentgeltliche Übertragung dagegen stellt weder auf Seite des Übertragenden eine Veräußerung, noch auf Seite des Übernehmers eine Anschaffung dar[5].

Obwohl also der Übergang der Wertsteigerungen als solcher nicht zur Steuerpflicht führt, muß bei unentgeltlichen Rechtsgeschäften dennoch untersucht werden, ob § 23 EStG dann erfüllt ist, wenn zwischen Anschaffung durch den Übertragenden und Veräußerung durch den Übernehmer weniger als sechs Monate liegen. Zwar ist der unentgeltliche Erwerb aufgrund einer Erbschaft oder Schenkung keine Anschaffung i.S.d. § 23 Abs. 1 EStG, jedoch hat der BFH für den Erbfall entschieden, daß die Anschaffung des Erblassers dem (oder den)

---

[1] Blümich/Glenk, EStG, § 23 EStG Rz. 3 f.; Crezelius, in: Kirchhof/Söhn, EStG, § 8 RdNr. A 35 ff.

[2] Obwohl die Begriffe Anschaffung und Veräußerung das dingliche Rechtsgeschäft bezeichnen, ist für die Fristberechnung nach § 23 Abs. 1 EStG der Zeitpunkt des obligatorischen Rechtsaktes (z.B. Kaufvertrag) maßgebend, denn nur so können Umgehungen der Rechtsfolge des § 23 EStG durch Hinausschieben des dinglichen Übertragungsvorgangs verhindert werden (vgl. BFH v. 30.11.1976 - VIII R 202/72, BStBl. II 1977, 384, 385 m.w.N.; Crezelius, Steuerrecht II, S. 112); zum Begriff der Anschaffung und Veräußerung vgl. detailliert Jansen, in: Herrmann/Heuer/Raupach, EStG/KStG, § 23 EStG Anm. 37 ff.; Schmidt/Heinicke, EStG, § 23 Rz. 10 ff. und 30 ff.

[3] BFH v. 29.3.1989 - X R 4/84, BStBl. II 1989, 652 m.w.N.

[4] Erlöse aus Spekulationsgeschäften i.S.d. §§ 22 Nr. 2, 23 EStG führen zu Einnahmen (vgl. BFH v. 13.4.1962 - VI 194/61 U, BStBl. III 1962, 306).

[5] Vgl. dazu detailliert und mit Literaturhinweisen Abschn. „Unentgeltliche Übertragung eines Anteils i.S.d. §§ 17, 23 EStG“, S. 128

Erben als Gesamtrechtsnachfolger zuzurechnen ist[1]. Eine Übertragung dieser Grundsätze auf die Schenkung als typischem Fall der Einzelrechtsnachfolge wird abgelehnt[2]. Demzufolge soll ein Spekulationsgewinn entstehen, wenn der Erbe den Anteil innerhalb der für den Erblasser geltenden Frist veräußert.

Die Anwendung des § 23 EStG auch auf den Rechtsnachfolger ist in beiden Fällen der unentgeltlichen Übertragung problematisch. Zwar verlangt der Gesetzeswortlaut des § 23 EStG nicht ausdrücklich, daß dieselbe Person angeschafft und veräußert hat. Dennoch läßt sich aus dem Wesen der Einkommensteuer als individueller Personensteuer folgern, daß § 23 EStG gem. dem Subjektprinzip durch Veräußerung realisierte und damit zu Einkommen erhobene Wertsteigerungen bei dem erfassen will, der sie erwirtschaftet hat. § 23 EStG kann kaum beabsichtigen, unabhängig vom Steuersubjekt einen objektiv gegebenen Spekulationsgewinn zu besteuern. Auch kann die Annahme, daß aufgrund des zivilrechtlichen Grundsatzes der Gesamtrechtsnachfolge Erbe und Erblasser einkommensteuerlich als eine Person anzusehen sind und damit der Tatbestand des § 23 EStG von nur einem Steuerpflichtigen verwirklicht ist[3], nicht mit dem Personensteuercharakter der Einkommensteuer vereinbart werden[4]. Zudem enthält § 23 EStG keine dem § 17 Abs. 1 S. 5 EStG (vgl. dazu unten) vergleichbare Rechtsnachfolgeklausel, so daß mit der unentgeltlichen Übertragung des Anteils durch den Anschaffenden die Anwendbarkeit des § 23 EStG endet und für den Einzelfall nur noch Mißbrauch nach § 42 AO angenommen werden kann[5].

c) Sonderfall des § 17 EStG

Eine weitere Sonderregelung gilt für **wesentliche** private Anteile an einer Kapitalgesellschaft, d.h. für Fälle, in denen ein Gesellschafter zu mehr als einem Viertel unmittelbar oder mittelbar[6] beteiligt ist (§ 17 Abs. 1 S. 4 EStG). Werden solche Anteile veräußert, fingiert § 17 EStG, obschon kein Betriebsvermögen

---

[1]BFH v. 21.3.1969 - VI R 208/67, BStBl. II 1969, 520, 521

[2]BFH v. 12.7.1988 - IX R 149/83, BStBl. II 1988, 942

[3]So BFH v. 21.3.1969 - VI R 208/67, BStBl. II 1969, 520, 522

[4]Jacobs, DB 1970, 1099, 1101; Neeb, StuW 1991, 52, 57; Wasmer, Zurechnung von Einkünften, S. 57; vgl. dazu auch Abschn. „Durchführung des Subjektprinzips bei unentgeltlichen Übertragungen", S. 64

[5]Crezelius, Steuerrecht II, S. 112 f.

[6]Eine unmittelbare Beteiligung liegt vor, wenn der Veräußerer selbst rechtlicher Inhaber der Anteile ist oder ihm diese zumindest steuerlich zuzurechnen sind; eine nur mittelbare Beteiligung ist die Beteiligung über eine andere Kapitalgesellschaft (vgl. Herrmann/Heuer/Raupach, EStG/KStG, § 17 EStG Anm. 141 und 143).

existiert, Einkünfte aus Gewerbebetrieb; es wird ein Gewinn besteuert[1]. Aufgrund der Höhe der Beteiligung gewährt diese einen gewissen Einfluß auf die Gesellschaft, der dem eines Mitunternehmers vergleichbar ist. Deshalb erscheint eine Gleichstellung mit einem Mitunternehmer bezüglich der Besteuerung der Gewinne bei Veräußerung der Beteiligung gerechtfertigt[2]. Für die Anwendung des § 17 EStG ist es jedoch nicht unbedingt erforderlich, daß die wesentliche Beteiligung im Zeitpunkt der Veräußerung noch besteht. Um Umgehungen der Steuerpflicht durch Teilveräußerungen zu vermeiden, genügt es, wenn der Veräußerer zu irgendeinem Zeitpunkt[3] innerhalb der letzten fünf Jahre vor der Veräußerung wesentlich am Kapital der Gesellschaft beteiligt war (§ 17 Abs. 1 S. 1 EStG).

Grundsätzlich müssen nur in Veräußerungsfällen die stillen Reserven des Anteils aufgedeckt werden, wobei sich der Veräußerungsgewinn nach § 17 Abs. 2 S. 1 EStG ermittelt, ein Veräußerungsverlust unbeschränkt berücksichtigt und die Vergünstigung des § 34 EStG angewandt werden kann. Diesen Veräußerungsfällen gleichgestellt ist die verdeckte Einlage von Anteilen an einer Kapitalgesellschaft in eine solche (§ 17 Abs. 1 S. 2 EStG) sowie gem. § 17 Abs. 4 S. 1 EStG die Konstellationen der Auflösung einer Kapitalgesellschaft und der Kapitalherabsetzung[4]. Anläßlich jeder dieser Übertragungen auf ein anderes Rechtssubjekt werden die in den Anteilen ruhenden stillen Reserven aufgedeckt und der Besteuerung unterworfen. Auf diese Weise ist gleichzeitig das Subjektprinzip erfüllt.

Auf die unentgeltliche Übertragung wesentlicher Kapitalgesellschaftsanteile soll an anderer Stelle eingegangen werden[5]. Vorgreifend ist nur anzuführen, daß der Übertragungsvorgang als solcher nicht zu einer Steuerpflicht führt.

Überschneidungsfälle, in denen eine wesentliche Beteiligung des Privatvermögens i.S.d. § 17 EStG innerhalb von sechs Monaten veräußert wird, könnten sowohl unter § 17 EStG als auch unter § 23 EStG eingeordnet werden. Dies-

---

[1]BFH v. 17.10.1957 - IV 64/57 U, BStBl. III 1957, 443; Crezelius, Steuerrecht II, S. 35; Knobbe-Keuk, Bilanz- und Unternehmenssteuerrecht, S. 916; Lademann/Söffing/Brockhoff, EStG, § 17 Anm. 21

[2]BFH v. 5.12.1973 - I R 68/71, BStBl. II 1974, 236, 237; Crezelius, Steuerrecht II, S. 80; Knobbe-Keuk, Bilanz- und Unternehmenssteuerrecht, S. 916

[3]Die wesentliche Beteiligung muß nicht über einen bestimmten Zeitraum bestanden haben, sondern es genügt ein Zeitpunkt des Bestehens (BFH v. 7.7.1992 - VIII R 54/88, BStBl. II 1993, 331 m.w.N.).

[4]Blümich/Ebling, EStG, § 17 Rz. 3; Hörger, in Littmann/Bitz/Hellwig, Einkommensteuerrecht, § 17 Rn. 80; Knobbe-Keuk, Bilanz- und Unternehmenssteuerrecht, S. 921 f.; Schmidt, EStG, § 17 Rz. 1

[5]Vgl. Abschn. „Unentgeltliche Übertragung eines Anteils i.S.d. §§ 17, 23 EStG“, S. 128

bezüglich wurde unlängst durch das StMBG 1994 [1] dem § 23 Abs. 3 EStG ein Satz 2 eingefügt, der die Konkurrenz beider Vorschriften dahingehend löst, daß § 23 EStG Vorrang gegenüber § 17 EStG besitzt. Folglich können in derartigen Fällen weder Veräußerungsverluste unbeschränkt berücksichtigt (vgl. hierzu § 23 Abs. 4 S. 3 EStG), noch der ermäßigte Steuersatz des § 34 EStG angewandt werden [2].

Abschließend sei nochmals darauf hingewiesen, daß das in Abschn. „Subjektprinzip als zentraler Grundsatz" (S. 60) beschriebene „Prinzip der Personenidentität stiller Reserven" nur die Übertragung solcher stiller Reserven erfaßt, die zumindest vom Grundsatz her Einkommensqualität tragen. Dieses Prinzip findet also auf stille Reserven im Bereich der Gewinneinkünfte uneingeschränkt Anwendung, da dort grundsätzlich jede Vermögensmehrung zu erfassen ist [3]. Bei den Überschußeinkunftsarten dagegen kann es nur dann von Bedeutung sein, wenn der dort geltende Grundsatz, daß Wertsteigerungen nicht steuerbar sind, durchbrochen wird, wie z.B. durch die Fälle der §§ 17 und 23 EStG [4].

---

[1] Gesetz zur Bekämpfung des Mißbrauchs und zur Bereinigung des Steuerrechts v. 21.12.1993, BStBl. I 1994, 50

[2] Lademann/Söffing/Brockhoff, EStG, §17 Anm. 32 ff.; Morsbach, in: Hartmann/Böttcher/ Nissen/Bordewin, EStG, § 17 Rz. 18 ff; Schmidt/Heinicke, EStG, § 22 Rz. 2

[3] Die Beschränkung auf realisierte Vermögensmehrungen stellt, wie beschrieben, eine Konkretisierung dieses Grundsatzes dar.

[4] AA Biergans, FR 1982, 525, 528, der das Prinzip der Personenidentität auch im Bereich der Überschußeinkunftsarten generell anwenden will, obwohl hier Wertsteigerungen des zur Einkunftserzielung eingesetzten Vermögens grundsätzlich nicht steuerbar sind und nur in Ausnahmefällen (§§ 17, 23 EStG) zu Einkommen erhoben werden.

3. Teil: Konzept der ertragsteuerlichen Behandlung des Übergangs stiller Reserven auf andere Steuerpflichtige

A. Konstellationen des Überspringens stiller Reserven

Im vorhergehenden wurde das Grundgerüst der Aufdeckung der bei einem bestimmten Steuerpflichtigen entstandenen stillen Reserven erarbeitet. Das Totalitätsprinzip als Ausgangspunkt, das die Erfassung **aller** Vermögensmehrungen vorsieht, wurde dabei durch eine zeitliche, sachliche und personelle Komponente konkretisiert. Demzufolge sollen von den Vermögensmehrungen, die dem betreffenden Steuersubjekt zuzuordnen sind, diejenigen der Besteuerung unterworfen werden, die innerhalb der Besteuerungsperiode durch einen der gesetzlich vorgeschriebenen Gewinnrealisierungs- bzw. Gewinnausweistatbestände aufgedeckt wurden. Die personelle Konkretisierung des Totalitätsprinzips erfolgt dabei durch das Subjektprinzip, das seinerseits erst über die Gewinnrealisierungs- und Gewinnausweistatbestände der sachlichen Komponente durchgeführt wird. Die sachliche Komponente nimmt also eine zentrale Stellung ein. Mit ihrer Hilfe wird nicht nur bestimmt, zu welchem Zeitpunkt die Erfassung zu erfolgen hat, sondern sie soll auch die personelle Zuordnung gewährleisten.

Dieses Grundgerüst, das hier nochmals zusammenfassend dargestellt wurde, ist jedoch nicht ausnahmslos gültig. Es finden sich - sogar gesetzlich geregelte - Fallgestaltungen (z.B. § 7 Abs. 1 EStDV oder die Regelungen im UmwStG), bei denen die stillen Reserven gerade nicht bei dem Steuersubjekt, dem ihre Entstehung zuzurechnen ist, aufgedeckt und versteuert werden. Vielmehr wird die gewinneutrale Übertragung der stillen Reserven auf ein anderes Steuersubjekt gestattet, was im folgenden als „Überspringen stiller Reserven" bezeichnet werden soll. Drei Konstellationen des Überspringens stiller Reserven können unterschieden werden:

Die erste Konstellation zeichnet sich dadurch aus, daß zwar ein - wenn auch nicht unbedingt typischer - Gewinnrealisierungstatbestand vorliegt, auf die Aufdeckung der stillen Reserven aber dennoch verzichtet wird.

Bei der zweiten Variante erfüllt der Übertragungsvorgang einen Gewinnausweistatbestand (Entnahme, Betriebsaufgabe), mit dem an und für sich die gewinnwirksame Aufdeckung der stillen Reserven einhergehen würde. Aber auch hier wird eine steuerneutrale Gestaltung des Vorgangs und folglich ein Überspringen stiller Reserven auf ein anderes Rechtssubjekt zugelassen.

Die letzte, zugleich interessanteste Gestaltung erfüllt weder einen Gewinnrealisierungs- noch einen Gewinnausweistatbestand und dennoch gehen stille Reserven auf ein anderes Steuersubjekt über.

Instrument, mittels dessen das Überspringen generell bewerkstelligt wird, ist die Buchwertfortführung, d.h. der Empfänger übernimmt die mit dem übertragenen Vermögen verbundenen stillen Reserven, indem er die Buchwerte seines Rechtsvorgängers fortführt.

Allen vorstehend genannten Konstellationen ist gemeinsam, daß infolge des Überspringens eine Erfassung der stillen Reserven nicht mehr bei dem Rechtssubjekt möglich ist, bei dem sie ursprünglich entstanden sind. Es liegen Durchbrechungen des steuerlichen Subjektprinzips vor. Gleichzeitig wird die Übertragung stiller Reserven von einem Steuersubjekt auf ein anderes nur *ausnahmsweise* zugelassen.

Die zahlreichen Ausnahmen verleiten allerdings zu der Überlegung, daß dem Subjektprinzip, dem Kern der personellen Komponente, keine Geltung mehr zukommt[1]. Infolgedessen würde gerade die Ausnahme - die Buchwertfortführung - zum allgemeinen steuerlichen Prinzip erhoben und stille Reserven würden als nur noch mit den Wirtschaftsgütern des Betriebsvermögens verhaftet verstanden. Mit Hinweis auf den Personensteuercharakter von Einkommen- und Körperschaftsteuer ist dieser Gedankengang jedoch zu verwerfen[2]. Es ist weiterhin von der Geltung des Subjektprinzips auszugehen. Damit bedürfen aber alle Ausnahmen zu diesem Prinzip einer rechtsdogmatischen Grundlage[3], nach der im folgenden für jede einzelne der oben erwähnten Konstellationen zu suchen sein wird. Dem letztgenannten Fall, bei welchem stille Reserven auf ein anderes Rechtssubjekt übergehen, ohne daß der Übertragungsvorgang einen Gewinnrealisierungs- oder Gewinnausweistatbestand erfüllt, soll wegen noch zu erläuternder Eigenheiten besonderes Augenmerk gewidmet werden.

B. Begründung der Gewinneutralität

I. Gewinnrealisierungstatbestand als Ausgangspunkt

1. Anwendungsbereich

Die erste Konstellationen des Überspringens stiller Reserven ist dadurch gekennzeichnet, daß mit dem Übertragungsvorgang grundsätzlich ein Gewinnrealisierungstatbestand (Veräußerung, Tausch) erfüllt ist. Dennoch wird auf die sich eigentlich notwendigerweise anschließende Aufdeckung der übergehenden stillen Reserven ausnahmsweise verzichtet. Anwendungsbereich dieser Kon-

---

[1]So Knobbe-Keuk, Bilanz- und Unternehmenssteuerrecht, S. 820

[2]Vgl. dazu auch Abschn. „Subjektprinzip als zentraler Grundsatz", S. 60; Hübl, JbFASt. 1973/74, S. 130, 132 f.; Luckey, StuW 1979, 129, 137; Trazaskalik, StuW 1979, 97, 107; Wasmer, Zurechnung von Einkünften, S. 53

[3]So auch Luckey, StuW 1979, 129, 137

stellation sollen diejenigen Umstrukturierungsvorgänge sein, bei denen in Zusammenhang mit der Übertragung von Vermögen auf einen neuen Rechtsträger als Gegenleistung Gesellschaftsrechte am Vermögen des Übernehmers gewährt werden (z.B. Einbringung in eine Kapitalgesellschaft gegen Gewährung von Gesellschaftsrechten, Verschmelzung).

Diese Vorgänge, die im folgenden mit dem Oberbegriff der „Umwandlung" belegt werden[1], können allerdings weder eindeutig als Veräußerung noch ohne Vorbehalte als Tausch eingestuft werden. Da die Gegenleistung nicht in Geld besteht, kann es sich nicht um eine Veräußerung handeln[2]. Für das klassische Tauschgeschäft wäre kennzeichnend, daß ein Wirtschaftsgut aus dem Vermögen des Übernehmers ausscheidet und als Entgelt dem Tauschpartner hingegeben wird; es müßten sich also zwei eigenständige Anschaffungs- und Veräußerungsgeschäfte gegenüberstehen[3]. Die Umwandlungsvorgänge weisen dagegen diese typischen Tauschelemente nicht auf. So geht beispielsweise bei jeder Form der Umwandlung einer Kapitalgesellschaft der Vermögensübergeber - d.h. die Kapitalgesellschaft - im Zuge der Umwandlung unter, so daß sie überhaupt nicht in der Lage wäre, eine Gegenleistung entgegenzunehmen. Bei Einbringungssachverhalten wäre die Gewährung von Gesellschaftsrechten kein eigenständiges Rechtsgeschäft im Sinne eines Tausches, sondern nur zwangsläufige Reflexwirkung der sich als Einlage darstellenden Umwandlung. Denn anders als beim Tausch scheidet kein Wirtschaftsgut aus dem Vermögen des Übernehmenden aus und wird als Entgelt hingegeben, sondern die durch die Einbringung geborenen Gesellschaftsrechte am Vermögen des Übernehmenden werden dem Einbringenden zugeteilt[4].

Die rechtliche Zuordnung dieser Vorgänge war infolgedessen lange ungeklärt[5]. Insbesondere der Arbeit Luckeys[6] ist es zu verdanken, daß heute eigentlich kein Zweifel mehr an dem zwar arteigenen, aber dennoch tausch**ähnlichen** Charakter der Umwandlungsvorgänge bestehen kann. Um den tauschähnlichen Charakter der Umwandlungsvorgänge nachzuweisen, sollte zwischen den

[1]Als „Umstrukturierung" soll dagegen jeder Vorgang bezeichnet werden, anläßlich dessen die Organisationsstruktur eines Unternehmens geändert wird, unabhängig davon, ob als Gegenleistung Gesellschaftsrechte gewährt werden.

[2]Vgl. Abschn. „Gewinnrealisierungstatbestände", S. 52

[3]Vgl. dazu Luckey, Gewinnrealisierung, S. 37 und 88 f.

[4]Vgl. dazu detailliert BFH v. 27.6.1960 - I 113/59 S, BStBl. III 1960, 351, 353 f.; Luckey, StuW 1979, 129, 134; ders., Gewinnrealisierung, S. 88 ff.; Thiel, DB 1958, 1281

[5]BFH v. 16.10.1968 - I 85/65, BStBl. II 1969, 147, 150: „Die rechtliche Natur des Umwandlungsvorgangs ist streitig."; Hoffmann, DStZ 1962, 309; Thiel, DB 1957, 28, 32, die beide diese Vorgänge als „Rechtsvorgänge eigener Art" behandeln wollen.

[6]Luckey, StuW 1979, 129, 134 f.; ders., Gewinnrealisierung, S. 88 ff.

Umwandlungen auf gesellschaftsrechtlicher und denen auf betrieblicher Grundlage unterschieden werden[1].

Dem ersten Typus sind alle diejenigen Vorgänge zuzuordnen, bei denen „die Vermögensübernahme eine echte (Betriebs-)Vermögensmehrung (und damit gleichbedeutend Kapitalmehrung) bedeutet, so daß neue Gesellschaftsrechte an der Übernehmerin entstehen bzw. sich die bestehenden Rechte erhöhen“[2]. Als typisches Beispiel kann die Einbringung in eine Kapitalgesellschaft gegen Gewährung von Gesellschaftsrechten angeführt werden. Es fällt auf, daß dabei - wie auch beim Tausch - Vermögen auf ein anderes Rechtssubjekt übertragen wird, sich also die Rechtszuständigkeit ändert. Gleichzeitig wird in Gestalt der Gesellschaftsrechte, die der Vermögensübergeber erhält, wenn auch kein Entgelt, so doch ein „wirtschaftliches Äquivalent“ gewährt. Aufgrund dieser beiden Elemente erscheint es gerechtfertigt, bei Umwandlungen auf gesellschaftsrechtlicher Grundlage von tausch**ähnlichen** Vorgängen zu sprechen, die unter die steuerrechtlichen Gewinnrealisierungstatbestände und folglich unter die erste Konstellation aufzunehmen sind[3].

Die Gestaltung von Vorgängen des zweiten Typus läuft darauf hinaus, daß die Gesellschafter der im Zuge der Umwandlung untergehenden Gesellschaft Anteilsrechte an der übernehmenden Gesellschaft erhalten. Als Beispiel wäre jede Form der Umwandlung einer Kapitalgesellschaft in ein Personenunternehmen zu nennen. Die Überlegung liegt nahe, den Vorgang - ähnlich wie dies vor der Neuregelung des UmwStG bei Spaltung von Kapitalgesellschaften geschehen ist[4] - für die rechtliche Einordnung in verschiedene Teile aufzuspalten. Da die übertragende Kapitalgesellschaft untergeht, könnte die Liquidation ein Element darstellen. Aufgrund der Tatsache, daß die Gesellschafter der untergehenden Gesellschaft anstelle ihrer Altanteile jetzt Anteile an der übernehmenden Gesellschaft erhalten, wäre der Tausch ein weiteres mögliches Element[5]. Schwierigkeiten würden sich für dieses Element allerdings schon dadurch ergeben, daß die Anteile an der übertragenden Gesellschaft untergehen und so nicht Bestandteil eines Tausches sein können.

Diese getrennte Betrachtung erscheint auch nicht sinnvoll, wenn man überlegt, daß Liquidation und „Tausch“ letztlich unselbständige Teile eines einheitli-

---

[1] Diese Einteilung geht zurück auf das Urteil des BFH v. 4.3.1958 (I 7/57 U, BStBl. III 1958, 298, 299) und wird von Luckey (StuW 1979, 129, 134) aufgegriffen; vgl. dazu auch Hügel, Verschmelzung und Einbringung, S. 453 m.w.N.

[2] Luckey, StuW 1979, 129, 134

[3] So auch die h.M., z.B. Beisse, JDStJG 1981, S. 13, 23 und 26; Luckey, StuW 1979, 129, 135; Ott, Realteilung einer Kapitalgesellschaft, S. 84; Widmann/Mayer, Umwandlungsrecht, Ablageordner 3 Rz. 4401; Widmann, JDStJG 1981, S. 163, 167 f.

[4] Vgl. Herzig, DB 1986, 1401, 1402 ff.; Ott, Realteilung einer Kapitalgesellschaft, S. 37 ff.

[5] Ähnl. BFH v. 16.10.1968 - I 85/65, BStBl. II 1969, 147, 150; Flume, DB 1957, 804

chen Umstrukturierungsvorgangs sind[1]. Legt man eine solche einheitliche Betrachtung zugrunde, kann man wie auch bei den Umwandlungen auf gesellschaftsrechtlicher Grundlage insgesamt von einem tausch**ähnlichen** Vorgang ausgehen. Dies erscheint plausibel, da - führt man die Einzelaktionen auf ihren Kern zurück - Vermögen gegen Gesellschaftsrechte hingegeben wird. Aufgrund dieser einheitlichen Betrachtung muß nicht für jeden Bestandteil gesondert nach einer Zuordnung gesucht werden, sondern der Gesamtvorgang der Umwandlung auf betrieblicher Grundlage fällt unter die Gewinnrealisierungstatbestände und somit unter die erste Konstellation.

Aus der Beurteilung als tauschähnliche Vorgänge würde für die gesellschaftsrechtlichen und betrieblichen Umwandlungen grundsätzlich die Aufdeckung der übergehenden stillen Reserven folgen. Wird ausnahmsweise davon abgesehen, ist die damit verbundene Verletzung des Subjektprinzips zu rechtfertigen.

2. Teleologische Reduktion des Gewinnrealisierungstatbestands

a) Methode der teleologischen Reduktion

Bevor nach der eigentlichen Begründung für eine ausnahmsweise gewinneutrale Behandlung der Umstrukturierungsfälle gesucht wird, muß zunächst die Methode festgelegt werden, über die eine derartige Abweichung vom Grundsatz der gewinnwirksamen Aufdeckung der stillen Reserven erreicht werden kann. Es bietet sich die sog. „teleologische Reduktion" an[2].

Eine solche ist nur möglich und notwendig, wenn das Gesetz für bestimmte Fälle zwar eine dem **Wortlaut** nach anwendbare Regelung enthält. Dennoch paßt die Regelung ihrem **Zweck** zufolge nicht auf die zu untersuchenden Fälle, weil sie eine Besonderheit außer acht läßt, die für die Wertung dieser Fälle rele-

---

[1]Für eine einheitliche Betrachtung plädieren auch Hauber/Hofbauer, JbFASt. 1983/84, S. 413, 440; Herzig, StuW 1988, 342, 344; Luckey, StuW 1979, 129, 135; Ott, Realteilung einer Kapitalgesellschaft, S. 58 ff.; Widmann, JDStJG 1981, S. 163, 167 f.

[2]Für die teleologische Reduktion als Methode, die Gewinneutralität der Umwandlungsvorgänge zu begründen, sprechen sich auch aus Beisse, JDStJG 1981, S. 13, 39 ff.; Endres, Vermögensübertragungen, S. 224 ff.; Herzig, DB 1986, 1401, 1405; Lang, JDStJG 1981, S. 45, 89 ff.; Ott, Realteilung einer Kapitalgesellschaft, S. 77 ff.

vant ist (verdeckte Lücke)[1]. Mit der Methode der teleologischen Reduktion soll nun der nach dem Wortlaut zu weit gefaßte Anwendungsbereich der Vorschrift auf den, beurteilt am eigentlichen Zweck der Norm oder am Sinnzusammenhang des Gesetzes angemessenen Anwendungsbereich reduziert werden[2].

Wie oben festgestellt, werden die Umwandlungsvorgänge als tauschähnliche Rechtsgeschäfte vom Wortlaut der steuerlichen Gewinnrealisierungstatbestände erfaßt. Da somit eine gesetzliche Regelung vorhanden ist, muß im folgenden geprüft werden, ob gegebenenfalls eine verdeckte Lücke existiert. Die zu untersuchenden Fälle müßten eine Besonderheit aufweisen, aufgrund derer der Zweck der Gewinnrealisierungsvorschriften nicht auf sie paßt, so daß der Anwendungsbereich durch teleologische Reduktion einzuschränken ist.

Für die Umwandlungsvorgänge ist der Gewinnrealisierungstatbestand grundsätzlich als erfüllt anzusehen. In Betracht kommt deshalb nur eine **teleologische Reduktion der Rechtsfolge**, die mit diesem Tatbestand verbunden ist und die in der Aufdeckung der stillen Reserven besteht[3]. Das bedeutet, die zwangsläufige Verknüpfung von Tatbestand und Rechtsfolge wird aufgehoben; obwohl der Tatbestand der Gewinnrealisierung erfüllt ist, müssen die übergehenden stillen Reserven nicht aufgedeckt werden[4].

Es ist nochmals besonders darauf hinzuweisen, daß die teleologische Reduktion nur die **Methode** ist, mittels derer von der eigentlich notwendigen Aufdeckung der stillen Reserven abgesehen werden kann. Nach der eigentlichen Begründung, die in der Besonderheit der Umwandlungsfälle gegenüber den

---

[1]Larenz (Methodenlehre, S. 354 ff., insbesondere S. 362) spricht in diesem Zusammenhang von „**verdeckten** Lücken", d.h. Lücken, die im Fehlen einer Einschränkung bestehen, da auf den ersten Blick eine anwendbare Regelung zu existieren scheint. Brandenburg (Die teleologische Reduktion, S. 60 ff.) erhebt Bedenken gegen die Verwendung des Lückenbegriffs in Verbindung mit der teleologischen Reduktion, da diese nur „ein zusätzlicher und überflüssiger Zwischenschritt ist, der die Problematik nicht fördert, sondern eher verdunkelt". Welche Ansicht zutreffend ist, braucht an dieser Stelle nicht entschieden werden, da davon das Ergebnis der teleologischen Reduktion nicht beeinflußt wird.

[2]Brandenburg, Die teleologische Reduktion, S. 55 ff.; Crezelius, Rechtsanwendung, S. 114; Hartmann/Walter, Auslegung und Anwendung von Steuergesetzen, S. 247 ff.; Larenz, Methodenlehre, S. 375; Schmalz, Methodenlehre, S. 145 ff.; Woerner, JDStJG 1982, S. 23, 26 ff.

[3]Vgl. zur teleologischen Reduktion der Rechtsfolge Ott, Realteilung einer Kapitalgesellschaft, S. 80 f. m.w.N.; Endres, Vermögensübertragungen, S. 216 stellt auch die zweite Variante, den Ansatz beim Rechtsgrund vor, mittels derer bereits der gesetzliche Tatbestand reduziert wird. Folge wäre, daß die gesellschaftsrechtlichen Umstrukturierungsfälle den Gewinnrealisierungstatbestand erst gar nicht erfüllen würden. Diese Variante ist hier jedoch nicht von Bedeutung, da - wie dargestellt - die zu untersuchenden Fälle unter die Gewinnrealisierungsvorschriften zu subsumieren sind.

[4]Endres, Vermögensübertragungen, S. 216

übrigen von den Gewinnrealisierungsvorschriften erfaßten Fällen liegen muß, soll nun gesucht werden.

b) Unzulängliche Begründungen für die Gewinneutralität

Nicht nur Vertreter der Literatur[1], sondern in besonderem Maße auch die Rechtsprechung tendieren dazu, die sog. **wirtschaftliche Betrachtungsweise** als Begründung für die Gewinneutralität von Umwandlungen heranzuziehen. Dies kommt in verschiedenen Urteilsbegründungen des BFH zum Ausdruck. So heißt es beispielsweise in einem Urteil, daß „der Begriff der „Gewinnverwirklichung" ein wirtschaftlicher Begriff sei und für seine Abgrenzung daher wirtschaftliche Überlegungen im Vordergrund stehen müßten"[2]. Deutlich wird dies auch, wenn sich nach Auffassung des BFH die Pflicht zur Gewinnverwirklichung nicht nach streng logischen Gesichtspunkten entscheiden läßt, sondern wirtschaftliche Überlegungen im Vordergrund stehen[3], wie auch wenn der BFH „aufgrund wirtschaftlicher Gegebenheiten" von einer Gewinnrealisierung absehen will[4].

Vernachlässigt man die Probleme, die sich aus der Anwendung der wirtschaftlichen Betrachtungsweise ergeben[5], wird bei obiger Argumentation übersehen, daß die wirtschaftliche Betrachtungsweise nicht als Begründung für die Gewinneutralität der Umwandlungen herangezogen werden darf. Vielmehr muß zuerst nach einer Begründung für die Gewinneutralität der Umwandlungen gesucht werden muß, **bevor** die wirtschaftliche Betrachtungsweise zum Einsatz gelangen kann[6]. Dies ergibt sich daraus, daß es nur Ziel der wirtschaftlichen Betrachtungsweise ist, „den wirtschaftlichen Sinn der Steuergesetze für die Rechtsanwendung fruchtbar zu machen"[7], wozu sie „Sachverhalte des Wirtschaftslebens mit steuerjuristischen Mitteln"[8] zu erfassen sucht. Dazu muß aber **vorrangig** Zweck und Inhalt der anzuwendenden Rechtsnorm durch teleologische Auslegung geklärt und gegebenenfalls durch teleologische Reduktion der Anwendungsbereich der Norm eingeschränkt werden, falls der Wortlaut über den Zweck hinausweist. Erst wenn auf diese Weise Klarheit über den Inhalt der anzuwendenden Rechtsnorm geschaffen wurde, kann die wirtschaftliche

---

[1]Endres, Vermögensübertragungen, S. 224 ff.; v. Wallis, DStZ 1981, 487, 489 f.

[2]BFH v. 31.1.1964 - VI 337/62 S, BStBl. III 1964, 241

[3]BFH v. 25.1.1972 - VIII R 52/68, BStBl. II 1972, 419, 420 f.

[4]BFH v. 26.1.1977 - VIII R 109/75, BStBl. II 1977, 283, 285

[5]Vgl. dazu Crezelius, Rechtsanwendung, S. 195 ff.; Hartmann/Walter, Auslegung und Anwendung von Steuergesetzen, S. 199 ff.

[6]So auch Ott, Realteilung einer Kapitalgesellschaft, S. 78 ff.

[7]Crezelius, Rechtsanwendung, S. 195

[8]Crezelius, Rechtsanwendung, S. 195 f.

Betrachtungsweise „eine methodische Hilfestellung“ bei der Auslegung der steuerrechtlichen Tatbestandsmerkmale sowie „bei Erforschung und Auswahl der Lebenserscheinungen und ihrer schließlichen Erfassung als „Sachverhalt““[1] geben.

In den Begründungskonzepten zur Gewinneutralität der Umwandlungen spielt immer auch der Gedanke der Sicherstellung der künftigen Besteuerung stiller Reserven eine wichtige Rolle. Doch dieser Gedanke kann nicht der Rechtsgrund für eine erfolgsneutrale Behandlung der Umwandlungsfälle sein[2]. Ansonsten würde der Zweck der Gewinnrealisierungsregeln auf die Erhaltung der stillen Reserven reduziert[3]. Die eigentliche Aufgabe der Gewinnrealisierungsvorschriften, die im Beitrag zur Ermittlung des „richtigen“ Gewinns eines bestimmten Betriebs besteht[4], würde dadurch in den Hintergrund gedrängt. Die Sicherstellung stiller Reserven kann also lediglich als Prämisse dienen, die steuerneutrale Behandlung zu verwirklichen[5].

Desgleichen wird auch immer dem **fehlenden Mittelzufluß** eine entscheidende Bedeutung für die Begründung der Gewinneutralität beigemessen[6]. Daß dieser zwar eine Besonderheit der Umwandlungsvorgänge ist, auf die allein aber der Verzicht auf Aufdeckung der stillen Reserven nicht gestützt werden kann, zeigt sich in der Behandlung der „normalen“ Tauschvorgänge. Auch dort erhält der Übertragende keine liquiden Mittel, an denen die Besteuerung teilhaben könnte, sondern lediglich Sachwerte und dennoch tritt Gewinnrealisierung ein[7].

Fraglich ist, inwieweit die Gewinneutralität mit dem sich aus Verfassungsprinzipien ergebenden **Übermaßverbot** begründbar ist[8], das seinerseits die Grundsätze der Verhältnismäßigkeit und Erforderlichkeit umfaßt. Sieht man das Übermaßverbot allein aus dem Gesichtspunkt, daß „ein Steuereingriff dann unverhältnismäßig ist, wenn zur Zahlung der Steuern Substanz veräußert oder beliehen werden muß“[9], wird letztlich wieder auf den fehlenden Mittelzufluß abgestellt. Damit kann mit dem Übermaßverbot nur ein Verzicht auf die Besteuerung im Unternehmen ruhender, noch nicht realisierter stiller Reserven

---

[1] Stoll, Ertragsbesteuerung, S. 121 ff.; ähnl. Hartmann/Walter, Auslegung und Anwendung von Steuergesetzen, S. 198 ff.; Ott, Realteilung einer Kapitalgesellschaft, S. 80

[2] AA Keuk, StuW 1974, 177. 182 f.

[3] Salditt, StuW 1972, 353

[4] Vgl. dazu Abschn. „Konkretisierung in sachlicher Hinsicht“, S. 50

[5] Endres, Vermögensübertragungen, S. 226; Luckey, Gewinnrealisierung, S. 135 f.

[6] Keuk, StuW 1974, 177, 182 f.; v. Wallis, DStZ 1963, 161, 163

[7] So auch Luckey, StuW 1979, 129, 137; Ott, Realteilung einer Kapitalgesellschaft, S. 85

[8] So Beisse, JDStJG 1981, S. 13, 40

[9] Ott, Realteilung einer Kapitalgesellschaft, S. 85

begründet werden[1]. Für Fälle, in denen der Übertragende einen Gegenwert für übergehende stille Reserven in Form von Gesellschaftsrechten am übernehmenden Rechtsträger erhält, kann das Übermaßverbot mit entsprechendem Verweis auf die „normalen Tauschvorgänge" (vgl. oben) nicht als Begründung herangezogen werden. Zudem soll das Übermaßverbot wohl nur vor *übermäßigen* Eingriffen in die Vermögenssubstanz schützen[2]. Da fraglich ist, inwieweit die Besteuerung der Umwandlungsvorgänge zu solchen „übermäßigen Eingriffen" führen würde, die außer Verhältnis zum angestrebten Zweck stehen, wäre die Anwendung des Übermaßverbots als Begründung für die Gewinneutralität mit erheblichen Unsicherheiten belastet.

c) Markteinkommenskonzept

(i) Markteinkommenskonzept im System der Besteuerung

Schon in Abschn. „Anwendungsbereich" (S. 80) wurde erwähnt, daß die hier zu untersuchenden Umwandlungsvorgänge nur tausch**ähnliche** Vorgänge sind. Die in Verbindung mit der Vermögensübertragung gewährten Gesellschaftsrechte sind nicht als Gegenleistung im eigentlichen Sinn der Gewinnrealisierungstatbestände anzusehen, sondern bilden nur ein als zwangsläufige Begleiterscheinung entstehendes wirtschaftliches Äquivalent. Sucht man nun nach einer Besonderheit der Umwandlungsvorgänge, die ihre Abgrenzung von den typischen Veräußerungsvorgängen erlaubt, und so eine teleologische Reduktion der Gewinnrealisierungsvorschriften begründen kann, liegt es nahe, diese Eigenheit heranzuziehen.

Um diese Besonderheit mit einem grundlegenden systematischen Ansatz zu verbinden, bietet sich die Anwendung des auf Ruppe[3] zurückgehenden Markteinkommensprinzips an. Als Markteinkommen sollen danach nur solche Einkünfte verstanden werden, die durch die entgeltliche Verwertung von Leistungen (Wirtschaftsgütern oder Dienstleistungen) am Markt erwirtschaftet worden sind[4].

---

[1]Vgl. dazu Abschn. „Konkretisierung in sachlicher Hinsicht", S. 50

[2]Lang, JDStJG 1981, S. 45, 79; Ruppe, in: Herrmann/Heuer/Raupach, EStG/KStG, Einf. ESt Anm. 546

[3]JDStJG 1978, S. 7, 15 ff.; vertreten auch von Handzik, in: Lademann/Söffing/Brockhoff, EStG, § 2 Rn. 27; Lang, JDStJG 1981, S. 45, 54 ff.; ders., Bemessungsgrundlage, S. 167 ff.; Söhn, in: Festschrift für Klaus Tipke, S. 343 ff.; Steichen, in: Festschrift für Klaus Tipke, S. 365 ff.; Tipke/Lang, Steuerrecht, S. 200 ff., 226 ff.

[4]Inwieweit dieser Begriff des Markteinkommens über die Gewinneinkunftsarten hinaus geeignet ist, gemeinsames Merkmal der meisten Einkunftsquellen des Einkommensteuergesetzes zu sein, braucht hier nicht nachvollzogen werden. Vgl. dazu z.B. Steinberg, DStZ 1988, 315

Fraglich ist, welche Stellung der Markteinkommenstheorie im System der Besteuerung zukommt. Nach Ruppe läßt sich anhand der Markteinkommenstheorie ein Merkmal entwickeln, „das zumindest die meisten Einkunftsquellen des Einkommensteuergesetzes verbindet: es ist dies die entgeltliche Verwertung von Leistungen (Wirtschaftsgütern oder Dienstleistungen) am Markt"[1]. Damit scheint der Markteinkommenstheorie zentrale Bedeutung bei der Bestimmung des Einkommensbegriffs zuzukommen. Dies wird auch in der Literatur betont[2]; einige Autoren sind sogar der Auffassung, die Markteinkommenstheorie sei durch die Verfassung (Art. 14 GG) vorgegeben[3]. Die Steuerpflicht sei danach Folge der Tatsache, daß der Staat nicht selber wirtschaftet, jedoch dem Steuerpflichtigen die zum Wirtschaften erforderliche freiheitliche Wirtschaftsordnung aufrechterhält. Seinen Finanzbedarf könne der Staat konsequenterweise nur durch die Teilhabe am Markterfolg der Steuerpflichtigen decken.

Die verfassungsrechtliche Ableitung der Markteinkommenstheorie ist zu Recht weitgehend auf Ablehnung gestoßen. Es wird unter anderem eingewandt, Art. 14 GG sei ein gegen die Staatsgewalt gerichtetes Abwehrrecht des Einzelnen, das Besteuerungsgrenzen liefern soll. Es könne jedoch nicht in eine Legitimationsgrundlage für Besteuerungseingriffe umqualifiziert werden[4]. Gleichzeitig kann die Einkommensteuer nicht ausschließlich als Gebühr für den Marktzutritt des Einzelnen verstanden werden. Sie muß daneben auch Sozial- und Umverteilungsfunktionen erfüllen.

An einer ähnlichen Begründung muß auch der Versuch scheitern, die Markteinkommenstheorie mit einer allgemeinen Theorie der Legitimation der Besteuerung, der „Idee des Steuerstaates", zu rechtfertigen[5]. Zwar muß der moderne Staat Steuerstaat sein, jedoch nicht, weil er das Wirtschaften am Markt grundsätzlich den Privaten überläßt, so daß auch die Steuer auf das Markteinkommen der Bürger begrenzt werden muß. Vielmehr muß er deshalb Steuerstaat sein, weil nur so die Bedürfnisse der Bürger, insbesondere in Hinblick auf öffentliche Güter ausreichend befriedigt werden können.

Aus diesen Argumentationen wird deutlich, daß das Markteinkommensprinzip nicht das oberste Prinzip zur Bestimmung des Einkommensbegriffs sein kann. Da Aufgabe des Staates die Bereitstellung öffentlicher Güter sowie

---

[1]Ruppe, JDStJG 1978, S. 7, 16

[2]Zu Nachweisen vgl. Steichen, in: Festschrift für Klaus Tipke, S. 365, 366 ff.

[3]Z.B. Kirchhof/Söhn, EStG, § 2 Rz. A 363, 365

[4]Vgl. zu weiteren Einwänden und weiteren Nachweisen Söhn, in: Festschrift für Klaus Tipke, S. 345, 349 ff.; Steichen, in: Festschrift für Klaus Tipke, S. 365, 370 ff.

[5]Zur Ableitung einer „Idee des Steuerstaates" und ihrer Verwerfung für Zwecke der Rechtfertigung der Markteinkommenstheorie vgl. Steichen, in: Festschrift für Klaus Tipke, S. 365, 372 ff.

gleichzeitig die Erfüllung von Sozial- und Umverteilungsfunktionen ist, erscheint vielmehr eine Orientierung am Leistungsfähigkeitsprinzip sinnvoll. Auch lassen sich für das Leistungsfähigkeitsprinzip verfassungsrechtliche Anknüpfungspunkte finden (Art. 3 GG)[1].

Damit kann das Markteinkommensprinzip für die Bestimmung des Einkommensbegriffs lediglich als „Subprinzip" des Leistungsfähigskeitsprinzips verstanden werden. Ihm kommt eine Objektivierungsfunktion zu, damit durch die Anknüpfung an das Markteinkommen eine leistungsfähigkeitskonforme und gleichzeitig praktikable Besteuerung ermöglicht wird[2]. Grundsätzlich umfaßt der Einkommensbegriff demzufolge im Sinne der Reinvermögenszugangstheorie sowohl Leistungsfähigkeitssteigerungen, die durch Teilnahme am Marktgeschehen entstehen (vgl. Markteinkommenskonzept), als auch solche, die in abgeleiteter Form (z.B. staatliche und private Transfers, d.h. Subventionen, Schenkungen, Erbschaften usw.) bezogen werden[3].

Dieses Über-Unterordnungssystem der verschiedenen Prinzipien wurde bereits für die Gewinneinkunftsarten in Abschn. „§ 4 Abs. 1 EStG als Ausgangspunkt zur Aufdeckung stiller Reserven" (S. 44) deutlich. Ausgangspunkt ist das Totalitätsprinzip, mittels welchem eine Besteuerung nach der Reinvermögenszugangstheorie und damit letztlich nach dem Leistungsfähigkeitsprinzip erfolgen soll[4]. Das Totalitätsprinzip wurde u.a. durch eine sachliche Komponente konkretisiert. Bestandteil dieser sachlichen Komponente und verantwortlich für die Existenz der Gewinnrealisierungstatbestände ist das Realisationsprinzip. Es muß als Ausdruck des Markteinkommensprinzips gewertet werden, da mit ihm der Grundsatz festgeschrieben wird, daß nur am Markt erwirtschaftete Gewinne zu besteuern sind[5]. Sinn dieser Konkretisierung - und damit der Beschränkung des Steuerzugriffs auf durch Teilnahme am Marktgeschehen erlangte Leistungsfähigkeit – sind zum einen Praktikabilitäts- und Objektivierungsaspekte, zum anderen aber auch die Forderung nach der Verhältnismäßigkeit der Besteuerung[6].

---

[1] Vgl. dazu z.B. Crezelius, Steuerrecht II, S. 21; Tipke/Lang, Steuerrecht, § 3 C

[2] So auch Söhn, in: Festschrift für Klaus Tipke, S. 345, 351; Steichen, in: Festschrift für Klaus Tipke, S. 365, 381

[3] Vgl. zur Frage der abgeleiteten Einkünfte detailliert Steichen, in: Festschrift für Klaus Tipke, S. 365, 382 ff. m.w.N.

[4] Zum Zusammenhang zwischen Leistungsfähigkeitsprinzip und Reinvermögenszugangstheorie vgl. Crezelius, Steuerrecht II, S. 24

[5] Lang, JDStJG 1981, S. 45, 58; Tipke/Lang, Steuerrecht, S. 93, 200 ff., 226 ff., 256 f.

[6] Abschn. „Konkretisierung in sachlicher Hinsicht", S. 50

Infolge dieser Einschränkung kann es auch nur Zweck der Gewinnrealisierungstatbestände sein, diejenigen Vorgänge zu erfassen, die auf das Erwirtschaften von Gewinnen am Markt ausgelegt sind[1].

Sind nun aber auch Vorgänge, die nicht auf Gewinnerwirtschaftung abzielen, sondern einzig das Betriebsvermögen - auch ohne Marktberührung im eigentlichen Sinne[2] - umstrukturieren wollen, grundsätzlich unter die Gewinnrealisierungstatbestände zu subsumieren, so ist hier der durch den Wortlaut beschriebene Anwendungsbereich der Gewinnrealisierungsvorschriften zu weit gefaßt. Das Markteinkommensprinzip, das den steuerlichen Gewinnbegriff konkretisiert, muß auch teleologischer Ansatzpunkt dafür sein, den Anwendungsbereich der Gewinnrealisierungsvorschriften zu reduzieren. Im Ergebnis sollen so nur noch die gewinnerwirtschaftenden Veräußerungsvorgänge, nicht jedoch die reinen Umstrukturierungsvorgänge mit der Rechtsfolge des Gewinnausweises belegt werden[3].

Die eingangs erwähnte Eigenart der hier zu besprechenden Umwandlungsvorgänge war Anlaß für die vorstehenden Überlegungen. Sie ist zugleich ein erstes Indiz dafür, daß diese Vorgänge nicht eigentlich auf die Erwirtschaftung von Gewinnen, sondern lediglich auf Umstrukturierung oder Umorganisation abzielen. Doch müssen noch genaue Kriterien festgelegt werden, die eine Abgrenzung der steuerneutral zu behandelnden Umstrukturierungsvorgänge von den „normalen" Gewinnrealisierungsvorgängen möglich machen.

(ii) Verhältnis von Markteinkommenskonzept und Subjektprinzip

Bevor derartige Kriterien näher konkretisiert werden, ist allerdings noch zu prüfen, inwieweit das Subjektprinzip Einfluß auf die Entscheidung für eine Gewinneutralität der Umstrukturierungsvorgänge nehmen kann. Indem man sich für Fragen der Gewinneutralität ausschließlich am Markteinkommensprinzip orientiert, löst man sich vom Steuersubjekt. Es wird ausschließlich auf das Objekt der Besteuerung, das Tätigwerden am Markt abgestellt.

---

[1]So auch FG Düsseldorf v. 19.12.1985 - VI/I 237/76 F, U, EFG 1986, 375, das in einer Urteilsbegründung ausführt: „Nach dem Markteinkommensprinzip umfaßt der steuerliche Gewinnbegriff dem Grundsatz nach nur das erwirtschaftete Einkommen".

[2]Vgl. dazu BFH v. 10.2.1972 - IV 317/65, BStBl. II 1972, 419, 421, der anmerkt, daß bei der insoweit vergleichbaren Realteilung von Personengesellschaften „die Rechtssphäre dritter, der Gesellschaft nicht angehöriger Personen sowie die Privatsphäre der Gesellschafter von der Auseinandersetzung nicht berührt werden".

[3]GlA auch Herzig, GmbHR 1987, 140, 142; Lang, JDStJG 1981, S. 45, 91; Ott, Realteilung einer Kapitalgesellschaft, S. 87; zum gleichen Ergebnis, jedoch ohne Bezugnahme auf das zeitgleich mit seiner Arbeit vorgestellte Markteinkommenskonzept, kommt auch Luckey, Gewinnrealisierung, S. 121 ff.; ders., StuW 1979, 129, 140

Das Subjektprinzip kann jedoch nicht vernachlässigt werden, denn der Zweck der Gewinnrealisierungstatbestände besteht nicht allein darin, durch Erfassung der realisierten Vermögensmehrungen den Gewinnbegriff in sachlicher Hinsicht zu konkretisieren. Sie sollen vielmehr auch die Einhaltung des Subjektprinzips dergestalt gewährleisten, daß Vermögensmehrungen bei dem Steuerpflichtigen der Besteuerung unterworfen werden, dem sie zuzurechnen sind[1]. Werden nun reine Umstrukturierungsvorgänge, die mit einer Übertragung stiller Reserven auf ein anderes Steuersubjekt verbunden sind, durch teleologische Reduktion von der Rechtsfolge der steuerwirksamen Aufdeckung der übergehenden stillen Reserven befreit, so ist damit eine Verletzung des Subjektprinzips verbunden[2].

Doch allein aus dem Gesichtspunkt der Verletzung des Subjektprinzips kann - bei ansonsten zutreffender teleologischer Reduktion - kein Gewinnausweis begründet werden. Denn obwohl Einkommen- und Körperschaftsteuergesetz durch den Subjektsteuergedanken geprägt sind, kennen sie keinen allgemeinen Grundsatz, demzufolge die Übertragung stiller Reserven auf ein anderes Steuersubjekt zur Gewinnverwirklichung führt[3]. Das Subjektprinzip kann immer nur in Einheit mit den gesetzlichen Gewinnrealisierungs- oder Gewinnausweistatbeständen gesehen werden und nur Wirkung entfalten, wenn gleichzeitig ein solcher Tatbestand erfüllt ist und die mit dem Tatbestand verbundene Rechtsfolge auch eintritt[4].

Auch Luckey[5] leitet aus einem Urteil des BFH vom 25.5.1962[6] einen allgemeinen Rechtsgedanken ab, demzufolge ein Zwang zur Aufdeckung stiller Reserven nicht nur auf die Tatsache gestützt werden kann, daß anläßlich der Umstrukturierung eines Unternehmens stille Reserven auf ein anderes Steuersubjekt übergehen. Dabei muß betont werden, daß auch dieser allgemeine Rechtsgedanke nur zum Ausdruck bringt, daß allein die Durchbrechung des Subjektprinzips keine Rechtsfolgen nach sich zieht. Eine **Rechtfertigung** für die Durchbrechung ist daraus nicht ableitbar[7]. Bei Luckey verwischt diese eindeutige Unterscheidung, wenn er ausführt, daß mit dem allgemeinen Rechtsgedanken „die rechtsdogmatische Grundlage“ gefunden sei, um „im Umwandlungs-

---

[1] Vgl. dazu Abschn. „Konkretisierung bezüglich der Person“, S. 60

[2] Tipke, JDStJG 1981, S. 1, 10 ff.

[3] Herzig, DB 1986, 1401, 1406; ders., GmbHR 1987, 140, 142; Ott, Realteilung einer Kapitalgesellschaft, S. 116

[4] Vgl. zu vorhergehenden Überlegungen auch ausführlich Abschn. „Subjektprinzip als Grundlage eines allgemeinen Prinzips der Steuersubjektentstrickung?“, S. 113

[5] StuW 1979, 129, 141 f.; ders., Gewinnrealisierung, S. 126 ff.

[6] I 155/59 U, BStBl. III 1962, 351

[7] Ott, Realteilung einer Kapitalgesellschaft, S. 115 f.

bereich eine Übertragung stiller Reserven auf einen anderen Rechtsträger zuzulassen"[1].

Folglich muß die mit dem Verzicht auf Aufdeckung der stillen Reserven bei den Umstrukturierungsvorgängen einhergehenden Verletzung des Subjektprinzips hingenommen werden, obwohl dafür keine Rechtfertigung ersichtlich ist. Sie wird allerdings abgemildert, wenn man sich eine weitere Besonderheit der Umwandlungsvorgänge vor Augen führt. Im Unterschied zu den typischen Veräußerungsfällen will sich nämlich der Vermögensinhaber nicht endgültig von seinem Vermögen lösen, sondern bleibt auch weiterhin mit dem dann umstrukturierten Vermögen verbunden[2]. Diesem Element muß, um dem Subjektprinzip Genüge zu tun, bei den nachfolgend zu entwickelnden Kriterien zur Abgrenzung eines Umstrukturierungsvorgangs besondere Bedeutung beigemessen werden.

3. Bedingungen der Gewinneutralität

Aus den vorhergehenden Ausführungen ergibt sich die Zielsetzung, den Anwendungsbereich der Gewinnrealisierungsvorschriften derart zu reduzieren, daß nur noch die gewinnerwirtschaftenden Veräußerungsvorgänge, nicht dagegen die reinen Umstrukturierungsvorgänge mit der Rechtsfolge des Gewinnausweises belegt werden. Um dieses Ziel zu erreichen, müssen objektive Kriterien ermittelt werden, die eine eindeutige Identifikation der auszusondernden Umstrukturierungen erlauben[3]. Die Kriterien dürfen jedoch nicht auf die formalen Äußerlichkeiten einer Umwandlung abstellen, sondern müssen deren wirtschaftliche Hintergründe vorrangig in Betracht ziehen[4]. Schon die frühe Rechtsprechung des RFH[5] und BFH[6], die vor Einführung des UmwStG bestimmte Umwandlungsvorgänge von der Rechtsfolge der Aufdeckung der stillen Reserven befreite, entwickelte derartige Abgrenzungskriterien. Sie sind in ihren Grundzügen noch heute gültig, so daß auf sie zurückgegriffen werden kann.

Die Gerichte gewährten einen Besteuerungsaufschub regelmäßig dann, wenn das ursprüngliche unternehmerische Engagement - wenn auch in veränderter rechtlicher Form - fortgeführt wurde und die spätere Besteuerung der überge-

---

[1]Luckey. StuW 1979, 129, 141

[2]Ähnl. auch Hügel, Verschmelzung und Einbringung, S. 462 f. und 492

[3]Ott, Realteilung einer Kapitalgesellschaft, S. 88

[4]Lang, JDStJG 1981, S. 45, 91; Ott, Realteilung einer Kapitalgesellschaft, S. 90

[5]RFH v. 9.5.1933 - VI A 434/30, RStBl. 1933, 999

[6]BFH v. 28.7.1960 - IV 27/59 U, BStBl. III 1960, 403; BFH v. 13.7.1965 - I 167/59 U, BStBl. III 1965, 640, 642; BFH v. 29.3.1972 - I R 43/69, BStBl. II 1972, 537

henden stillen Reserven sichergestellt war[1]. Da man sich mit beiden Kriterien in der Literatur bereits detailliert auseinandergesetzt hat[2], sollen nur noch die in Hinblick auf die später zu betrachtenden Einzelfälle wichtigsten Aspekte zusammengefaßt wiedergegeben werden.

a) Fortführung des unternehmerischen Engagements

Geht man davon aus, daß der Besitz eines Einzelunternehmens bzw. die Beteiligung an einer Personen- oder Kapitalgesellschaft unternehmerisches Engagement vermittelt[3], so wird sich bei einem typischen Veräußerungsvorgang der ursprüngliche Inhaber des Vermögens (Engagementträger) endgültig von diesem Engagement lösen. Geht es dagegen nicht darum, daß Vermögen zu versilbern, sondern soll es nur umstrukturiert werden, muß notwendigerweise auch das Engagement - wenn auch in anderer Form - fortgesetzt werden. Deshalb ist die Fortsetzung des unternehmerischen Engagements zu Recht eines der entscheidenden Kriterien für einen derartigen Umstrukturierungsvorgang. Dieses Kriterium wurde durch die Literatur[4] in ein sachliches und ein personelles Element aufgespalten.

(i) Sachliches Element

Unternehmerisches Engagement bedarf eines Gegenstandes, an dem es sich entfalten kann. Dieser Gegenstand wird vor der Umstrukturierung der betriebliche Organismus oder die Beteiligung an einem solchen sein. Folglich ist zwingende Voraussetzung dafür, daß überhaupt von einer Fortsetzung des unternehmerischen Engagements nach erfolgter Umstrukturierung gesprochen werden kann, der Erhalt dieses Gegenstandes. Der betriebliche Organismus muß also im wesentlichen wirtschaftlich unverändert fortbestehen, da ansonsten ein neues Engagement begründet wird[5]. Fraglich ist nun, was Gegenstand unternehmerischen Engagements und damit Gegenstand eines erfolgsneutralen Umstrukturierungsvorgangs sein kann.

Unbestreitbar kann Gegenstand unternehmerischen Engagements ein *ganzer Betrieb* sein. Doch auch ein *Teilbetrieb* kann durchaus engagementfähig im obigen Sinne sein. Jedoch muß festgelegt werden, wie für derartige Umstrukturie-

---

[1]RFH v. 9.5.1933- VI A 434/30, RStBl. 1933, 999, 1002; BFH v. 28.7.1960- IV 27/59 U, BStBl. III 1960, 403, 404; BFH v. 13.7.1965- I 167/59 U, BStBl. III 1965, 640, 642

[2]Vgl. z.B. Endres, Vermögensübertragungen, S. 236 ff.; Herzig, DB 1986, 1401, 1405 f.; Luckey, Gewinnrealisierung, S. 148 ff.; Ott, Realteilung einer Kapitalgesellschaft, S. 89 ff.

[3]Luckey, Gewinnrealisierung, S. 149

[4]Vgl. insbes. Herzig, DB 1986, 1401, 1405 f.; Luckey, Gewinnrealisierung, S. 148 ff.

[5]Luckey, Gewinnrealisierung, S. 151 f.

rungen der Begriff des Teilbetriebs zu definieren und mit welchen Voraussetzungen seine Übertragung zu verknüpfen ist. Die herrschende Meinung plädiert für ein einheitliches Teilbetriebsverständnis im gesamten Ertragsteuerrecht und will deshalb die Teilbetriebsübertragung hinsichtlich Begriff und Voraussetzungen mit der Teilbetriebsveräußerung i.S.d. § 16 EStG gleichsetzen[1]. Danach wäre auch im Fall der Umstrukturierung der Teilbetrieb als organisch geschlossener, mit gewisser Selbständigkeit versehener Teil eines Gesamtbetriebs aufzufassen, der für sich gesehen allein lebensfähig ist[2]. Voraussetzung jeder Übertragung wäre dann in Anlehnung an § 16 EStG, daß sie alle wesentlichen Betriebsgrundlagen zum Gegenstand hat.

Anknüpfend an diese Forderung sind gerade in letzter Zeit verstärkt kritische Stimmen in der Literatur laut geworden[3]. Ihnen kommt eine erhebliche praktische Bedeutung zu, da an der restriktiven Auslegung durch die h.M. zahlreiche Umstrukturierungen scheitern müssen. Es wird darauf hingewiesen, daß mit der Vorschrift des § 16 EStG und den hier zu besprechenden Umstrukturierungsfällen unterschiedliche Ziele verfolgt werden. Während über § 16 EStG nur die tarifliche Entlastung von Veräußerungsgewinnen angestrebt wird, soll für jede Umstrukturierungen die völlige Steuerneutralität erreicht werden[4].

An diese unterschiedlichen Ziele anknüpfend müßten auch die Teilbetriebsvoraussetzung unterschiedlich gefaßt werden. Denn die enge Bedingung des § 16 EStG, daß das Eigentum an allen wesentlichen Betriebsgrundlagen des Teilbetriebs mitzuübertragen ist, scheint für Umstrukturierungsfälle, bei denen die Fortsetzung des unternehmerischen Engagements gewährleistet sein soll, nicht angemessen. Für die Frage, ob das übertragene Vermögen eine Fortsetzung des unternehmerischen Engagements erlaubt, sind vielmehr betriebswirtschaftliche Kriterien entscheidend. Deshalb genügt es, daß „ein Teilbetrieb mit Kunden- und Lieferantenbeziehungen vorliegt und übergeht und beim neuen Rechtsträger erforderlichenfalls dieselben oder gleiche Betriebsmittel nutzen kann wie beim alten"[5]. Die eigentumsmäßige Übertragung aller wesentlichen Betriebsgrund-

---

[1]Vgl. z.B. Erdweg, in: Herrmann/Heuer/Raupach, EStG/KStG, § 16 EStG Anm. 109; Hörger, in: Littmann/Bitz/Hellwig, Einkommensteuerrecht, § 16 RdNr. 52; Lademann/Söffing/Brockhoff, EStG, § 16 Anm. 56 jeweils m.w.N.

[2]Vgl. z.B. BFH v. 3.10.1984 - I R 119/81, BStBl. II 1985, 245; BFH v. 12.4.1989 - I R 105/85, BStBl. II 1989, 653, 654; der durch die Rechtsprechung geprägte Teilbetriebsbegriff wurde auch Abschn. 139 Abs. 3 EStR übernommen.

[3]Blumers/Kramer, DB 1993, 852; Blumers, DB 1995, 496; Schmidt, EStG, § 16 Rz. 120 m.w.N.; zustimmend auch Haritz/Benkert, UmwStG, § 15 Rz. 31 ff.; Rödder, DStR 1995, 837

[4]Blumers/Kramer, DB 1993, 852, 855; Schmidt, EStG, § 16 Rz. 120

[5]Blumers, DB 1995, 496, 499

lagen ist nicht ausschlaggebend dafür, daß unternehmerisches Engagement fortgesetzt werden kann.

Dieses Verständnis der Teilbetriebsübertragung stünde auch mit dem Begriff der Teilbetriebseinbringung der Fusionsrichtlinie[1] in Einklang, die ebenfalls der Mitübertragung der wesentlichen Betriebsgrundlagen keine Bedeutung beimißt[2]. So wäre auch das in der Literatur[3] immer wieder kontrovers diskutierte Problem gelöst, daß der Teilbetriebsbegriff des § 16 EStG für Umstrukturierungsfälle zu eng ist und in Hinblick auf die Fusionsrichtlinie eine erweiterte, stärker funktionsbezogene Begriffsfassung notwendig erscheint.

Hinzuweisen ist allerdings noch darauf, daß Schmidt[4] eine Teilbetriebsübertragung, die eine Fortsetzung des unternehmerischen Engagements ermöglicht und deshalb steuerneutral behandelt werden kann, nur unter einer bestimmten Bedingung für gegeben hält. Die nicht mitübertragenen wesentlichen Betriebsgrundlagen sollen dem den Teilbetrieb übernehmenden Rechtsträger langfristig gesichert zur Nutzung überlassen werden. Blumers[5] geht sogar noch einen Schritt weiter und löst sich auch von der Bedingung eines solch langfristig gesicherten Nutzungsrechts, wenn der übernehmende Rechtsträger vergleichbare Betriebsmittel zur Verfügung stellen kann, die eine adäquate Fortführung des Teilbetriebs ermöglichen. Er reduziert damit den Gegenstand, an dem die unveränderte Fortsetzung unternehmerischen Engagements möglich sein soll, auf seinen aus betriebswirtschaftlicher Sicht relevanten Kern: die einem Teilbetrieb eigenen Kunden- und Lieferantenbeziehungen. Einschränkend dazu ist festzustellen, daß die Nutzung der nicht mitübertragenen Betriebsgrundlagen jedenfalls dann abgesichert werden muß, wenn der übertragene Teilbetrieb ohne dieses Nutzungsrecht nicht fortgeführt werden könnte.

Was den Bereich der Beteiligungen an einem betrieblichen Organismus angeht, kann auch ein *Mitunternehmeranteil* Gegenstand eines eigenständigen unternehmerischen Engagements sein. Dies ergibt sich schon daraus, daß der Mitunternehmeranteil für die Anwendung des § 16 Abs. 1 EStG einem Gesamtbetrieb gleichgestellt wird. Für die *100%-ige Beteiligung an einer Kapitalgesellschaft* fingiert § 16 Abs. 1 Nr. 1 HS 2 EStG zwar nur das Vorliegen

---

[1]Richtlinie des Rates v. 23.7.1990 über das gemeinsame Steuersystem für Fusionen, Spaltungen, die Einbringung von Unternehmensteilen und den Austausch von Anteilen, die Gesellschaften verschiedener Mitgliedstaaten betreffen (90/434/EWG), ABl. EG v. 23.7.1990, Nr. L 225/1, Art. 2

[2]Blumers, DB 1995, 496, 499 f.

[3]Blumers/Kramer, DB 1993, 852, 855 f.; Dehmer, DStR 1994, 1753, 1755; Herzig/Momen, DB 1994, 2210, 2213; Herzig/Förster, DB 1995, 338, 342; Mertens, AG 1994, 66, 78

[4]EStG, § 16 Anm. 12a

[5]DB 1995, 496, 499 f.

eines Teilbetriebs, jedoch wird auch deren Eignung als Objekt eigenständigen Engagements nicht ernstlich in Zweifel gezogen[1].

Fraglich ist, ob nicht auch *Beteiligungen an einer Kapitalgesellschaft, die nicht das gesamte Nennkapital der Gesellschaft umfassen*, Gegenstand einer erfolgsneutralen Umstrukturierung sein könnten, denn auch bei ihnen kann wohl von einem eigenständigen unternehmerischen Engagement ausgegangen werden[2]. Offen wäre dann nur noch die Frage der Grenzziehung. Denkbar wäre, auf Beteiligungen abzustellen, die mehr als 25% des Kapitals der Gesellschaft umfassen. Hierfür spricht, daß solche Beteiligungen bereits durch § 17 EStG im Fall ihrer Veräußerung einem engagementfähigen Mitunternehmeranteil gleichgestellt werden[3].

Immer wieder wird in der Literatur gefordert, auch die Übertragung eines *einzelnen Wirtschaftsgutes* steuerneutral zu behandeln[4]. Dabei wird übersehen, daß die tragende Säule der Steuerneutralität von Umstrukturierungen die Fortsetzung des Engagements ist. Einzelne Wirtschaftsgüter aber, die aus ihrer betrieblichen Bindung gelöst wurden, stellen für sich gesehen keinen allein lebensfähigen Organismus dar, an dem sich ein eigenständiges unternehmerisches Engagement entfalten kann. Also gibt es auch nach ihrer Übertragung keinen Gegenstand, an dem ein Engagement fortgesetzt werden könnte.[5].

Diese Tatsache in Verbindung mit der Überlegung, daß z.B. Mitunternehmeranteile sehr wohl Gegenstand unternehmerischen Engagements sein können, verleitet zu Gestaltungen wie der Einbringung des einzelnen Wirtschaftsguts in eine Personengesellschaft mit anschließender Umstrukturierung des empfangenen Mitunternehmeranteils. Solche Umwegmodelle rufen auch Bedenken gegen die Eignung von Mitunternehmer- und Kapitalgesellschaftsanteilen als Gegenstand unternehmerischen Engagements hervor[6]. Sie sind jedoch unbegründet, da hier wohl von einem Gestaltungsmißbrauch ausgegangen werden muß und eine

---

[1]Herzig, DB 1986, 1401, 1405; Ott, Realteilung einer Kapitalgesellschaft, S. 97 ff.; Widmann/Mayer, Umwandlungsrecht, Rz. 6553 und 6554

[2]GlA Herzig/Ott, DB 1989, 2033, 2038; Luckey, StuW 1979, 129, 145

[3]BFH v. 8.10.1985 - VIII R 234/84, BStBl. II 1986, 596, 598

[4]Keuk, StuW 1974, 177, 182; Knobbe-Keuk, JbFASt. 1983/84, S. 427 f.; vgl. dazu auch die Diskussion im JDStJG 1981, S. 259 ff.

[5]Herzig, DB 1986, 1401, 1405; Luckey, Gewinnrealisierung, S. 181 f.; Ott, Realteilung einer Kapitalgesellschaft, S. 97

[6]Brenner, JDStJG 1987, S. 184

steuerneutrale Übertragung mit Hinweis auf § 42 AO von vorneherein nicht in Frage kommt[1].

(ii) Personelles Element

Damit von einer Fortsetzung des unternehmerischen Engagements gesprochen werden kann, genügt es nicht, daß der Gegenstand, an dem sich das Engagement entfaltet, in wirtschaftlich unveränderter Form erhalten bleibt, da dies auch bei den auszugrenzenden Veräußerungsvorgängen der Fall sein kann. Zusätzlich ist zu fordern, daß der ursprüngliche Engagementträger auch nach erfolgter Umstrukturierung mit dem Gegenstand seines Engagements verbunden bleibt[2]. Über dieses personelle Element wird auch die mit der steuerneutralen Behandlung der Umstrukturierung notwendig verbundene Verletzung des Subjektprinzips zwar nicht gerechtfertigt - denn es bleibt beim steuerneutralen Übergang der stillen Reserven auf ein anderes Rechtssubjekt -, aber doch abgemildert. Die stillen Reserven bleiben wirtschaftlich gesehen zumindest weiterhin der Einflußsphäre dessen, bei dem sie entstanden sind, d.h. der Einflußsphäre des ursprünglichen Engagementträgers, zugeordnet[3].

Die Verbindung mit dem Gegenstand des Engagements kann in drei Formen auftreten: der Besitz eines Einzelunternehmens, die mitunternehmerische Beteiligung und die Beteiligung an einer Kapitalgesellschaft. Alle drei unterscheiden sich hinsichtlich der **Intensität der Einflußnahme** auf den Gegenstand des Engagements, die sich in den Möglichkeiten der Einflußnahme und Kontrolle auf das Unternehmen ausdrückt[4]. Während das einzelkaufmännische und mitunternehmerische Engagement eine direkte Einflußnahme gestatten, erlaubt es die Kapitalbeteiligung nur auf indirektem Wege, eigene Interessen durchzusetzen. Durch die Umstrukturierung kann sich die Form der Verbindung zum Engagementgegenstand innerhalb der drei genannten Möglichkeiten ändern.

Daneben sind auch Änderungen hinsichtlich der **Höhe der Beteiligung** denkbar. Einfluß- und Kontrollmöglichkeiten auf das Unternehmen sowie die Beteiligungshöhe bestimmen den wirtschaftlichen Gehalt einer Beteiligung. Nur wenn trotz der Umstrukturierung der wirtschaftliche Gehalt des Engagements im wesentlichen gewahrt bleibt, ist die Steuerneutralität vertretbar. Die entscheidende Frage ist, wann die Änderungen beider Komponenten die Grenze überschreiten, ab der sich der wirtschaftliche Gehalt erheblich verringert und so

---

[1] GlA Hauber/Hofbauer, JbFASt. 1983/84, S. 442 ff.; Ott, Realteilung einer Kapitalgesellschaft, S. 99 ff.

[2] Herzig, DB 1986, 1401, 1406; Endres, Vermögensübertragungen, S. 232

[3] Ähnl. Hügel, Verschmelzung und Einbringung, S. 463

[4] Luckey, Gewinnrealisierung, S. 159

die Bedingung der Fortsetzung des unternehmerischen Engagements nicht mehr erfüllt ist.

Von Bedeutung sind hier zunächst die Fälle, in denen sich durch die Umstrukturierung eine *einzelkaufmännische oder mitunternehmerische Beteiligung in eine Kapitalbeteiligung* wandelt. Allein die Tatsache, daß sich die „rechtliche Grundlage des Engagements" ändert, kann der Gewinneutralität des Vorgangs nicht schaden. Eine andere Beurteilung stünde „in krassem Widerspruch zur Beurteilung der Rechtsformänderung des Betriebs" anläßlich der Umstrukturierung[1]. Bedenklich ist dagegen, daß durch die Veränderung der Rechtsnatur des Engagements sich auch dessen wirtschaftlicher Gehalt wandelt.

Da der Wechsel von direkter zu nurmehr indirekter Einflußnahme, also eine Verringerung der Einfluß- und Kontrollmöglichkeiten, zwingend mit der Änderung der Rechtsnatur des Engagements einhergeht, wird die Beteiligungshöhe zum ausschlaggebenden Faktor der Beurteilung. Die Rechtsprechung nennt allerdings keine konkrete Beteiligungshöhe, sondern setzt als Orientierungspunkt für den Erhalt des Engagements die Formel, daß der Engagementträger auch nach der Umstrukturierung „im wesentlichen Herr des Betriebes" geblieben sein muß[2]. Bei restriktiver Auslegung würde das bedeuten, daß der Einbringende die Mehrheit der Stimmrechte innehaben muß[3].

Eine derart restriktive Auslegung ist jedoch nicht gerechtfertigt, sondern die Einflußnahme auf den Betrieb kann durchaus auch eine Minderung erfahren. Dies zeigt sich, wenn die Rechtsprechung weiter ausführt, daß eine Fortsetzung des unternehmerischen Engagements dann nicht mehr vorliegen soll, wenn „die erworbene Beteiligung so gering ist, daß sie dem Erwerber keinen irgendwie ins Gewicht fallenden Einfluß auf die Kapitalgesellschaft einräumt"[4]. Solange der ursprüngliche Engagementträger also dergestalt Einfluß auf die Gesellschaft nehmen kann, daß er in der Lage ist, „seinen Interessen zuwiderlaufende Änderungen des Unternehmenszwecks"[5] zu unterbinden, bleibt er auch **im wesentlichen** Herr des Betriebs.

Da bei Kapitalgesellschaften satzungsändernde Gesellschafterbeschlüsse an eine Dreiviertelmehrheit gebunden sind (§§ 179 Abs. 2 AktG, 53 Abs. 2 GmbHG), muß der Engagementträger also eine Beteiligung von mehr als 25% innehalten, um wenigstens auf strukturelle Änderungen Einfluß nehmen zu kön-

---

[1] Luckey, Gewinnrealisierung, S. 160 f.

[2] RFH v. 9.5.1933- VI A 434/30, RStBl. 1933, 999; BFH v. 29.3.1972 - I R 43/69, BStBl. II 1972, 537

[3] Indem sie eine Mindestbeteiligungsgrenze von 50% fordern, vertreten eine derart restriktive Haltung Barth, GmbHR 1964, 89 f.; Wollny, DStZ 1964, 113, 119

[4] RFH v. 9.5.1933- VI A 434/30, RStBl. 1933, 999, 1002; BFH v. 28.7.1960 - IV 27/59 U, BStBl. III 1960, 403, 404

[5] Luckey, Gewinnrealisierung, S. 164

nen. Folglich können Beteiligungen von weniger als 25% keine Einflußnahme begründen, aufgrund derer von einer Fortsetzung des unternehmerischen Engagements die Rede sein kann[1]. Der Verzicht auf eine derartige Mindestbeteiligungsgrenze[2] wäre gleichbedeutend mit dem Verzicht auf die Forderung nach Fortsetzung des unternehmerischen Engagements. Die Umwandlungsvorgänge würden sich dann nur noch durch die auch künftige Sicherstellung der stillen Reserven[3] auszeichnen. Dieses Kriterium aber genügt für sich allein genommen weder, um zu begünstigende Umstrukturierungen von „normalen" Veräußerungsgeschäften abzugrenzen, noch um die Steuerneutralität der Umwandlungen überhaupt zu rechtfertigen[4].

Der umgekehrte Fall, d.h. der *Wandel einer Kapitalbeteiligung in eine mitunternehmerische Beteiligung* ist dagegen unproblematisch, da die Einflußmöglichkeiten, die das Engagement vermittelt, sich unabhängig von der Höhe der Beteiligung nicht verringern, sondern sogar noch zunehmen.

Bleibt noch die Variante, daß die *Beteiligungsform sich durch die Umstrukturierung nicht ändert* (z.B. Kapitalbeteiligung wandelt sich in Kapitalbeteiligung an einer anderen Gesellschaft). Hier bleibt die Intensität der Einflußnahme jedenfalls konstant, fraglich ist jedoch, inwieweit Änderungen in der Beteiligungshöhe hinzunehmen sind. Die oben angesprochene 25%-Grenze, die im Falle des Wandels eines einzelkaufmännischen bzw. mitunternehmerischen Engagements in eine Kapitalbeteiligung den Verlust an wirtschaftlichem Gehalt des Engagements kompensieren soll, hat hier keine Bedeutung, da die Einfluß- und Kontrollmöglichkeiten konstant bleiben[5]. Bezüglich der Beteiligungshöhe ist in einem solchem Fall nur darauf zu achten, daß nicht sehr hohe Beteiligungen zu Kleinstbeteiligungen von z.B. 1% oder 2% absinken oder sogar nur Vorzugsaktien gewährt werden. In solchen Fällen geht die Vermutung dahin, daß nicht eine Umstrukturierung mit Fortsetzung des unternehmerischen Engagements, sondern vielmehr eine Beendigung desselben vorliegt. Die eingeräumte

---

[1]Costede, GmbHR 1980, 13, 16; Endres, Vermögensübertragungen, S. 232; Luckey, Gewinnrealisierung, S. 314 ff.; v. Wallis, DStZ 1973, 58, 60

[2]Für den Verzicht auf eine Mindestbeteiligungsgrenze plädiert z.B. Hügel, Verschmelzung und Einbringung, S. 470 f.

[3]Vgl. Abschn. „ Sicherstellung der stillen Reserven", S. 100

[4]Vgl. dazu Abschn. „Unzulängliche Begründungen für die Gewinneutralität", S. 85

[5]AA Ott, Realteilung einer Kapitalgesellschaft, S. 107 f., der aber die Ausführungen Luckeys (Gewinnrealisierung, S. 314 ff.) zum Wandel einer mitunternehmerischen in eine Kapitalbeteiligung undifferenziert auch auf den Fall anwendet, daß vor **und** nach der Umstrukturierung eine Kapitalbeteiligung vorliegt.

Beteiligung hat eher Abfindungscharakter, so daß hier ein Besteuerungsaufschub nicht gerechtfertigt erscheint[1].

b) Sicherstellung der stillen Reserven

Ein typischer Veräußerungsvorgang ist zwingend mit der Aufdeckung der auf den Käufer übergehenden stillen Reserven verbunden. Für die davon abzugrenzenden Umstrukturierungsvorgänge soll diese Rechtsfolge durch teleologische Reduktion gerade ausgeschlossen werden. Das bedeutet jedoch nicht, daß die stillen Reserven gänzlich der Besteuerung entzogen werden dürfen. Vielmehr muß die Besteuerung der stillen Reserven auch weiterhin gewährleistet bleiben, denn es handelt sich nur um eine Umstrukturierung, also um eine Fortführung des Betriebsvermögens wenn auch in veränderter Form[2]. Die stillen Reserven aber sind mit dem Betriebsvermögen verbunden. Da dieses vom übernehmenden Rechtsträger fortgeführt wird, muß er auch die stillen Reserven fortführen. Technisches Instrument, um dieses Ergebnis zu erreichen, ist die Buchwertverknüpfung, d.h. der Übernehmer muß das empfangene Vermögen mit den Buchwerten seines Rechtsvorgängers ansetzen[3].

Unter dem Aspekt der Sicherstellung ist unbeachtlich, ob die spätere Auflösung der stillen Reserven beim übernehmenden Rechtssubjekt tatsächlich zu einer Steuerpflicht führt oder ob keine Steuerzahlung erfolgt, weil beispielsweise im Wirtschaftsjahr der Auflösung Verluste zu verzeichnen sind[4].

Bei den unter die Gewinnrealisierungstatbestände zu fassenden Umwandlungen kann das Vermögen in den Bereich einer anderen Steuerart, d.h. vom einkommensteuerlichen in den körperschaftsteuerlichen Bereich oder umge-

---

[1]Endres, Vermögensübertragungen, S. 232; Herzig, DB 1986, 1401, 1406; Ott, Realteilung einer Kapitalgesellschaft, S. 106; aA Hügel, Verschmelzung und Einbringung, S. 470 f., der auch diejenigen Umstrukturierungen erfolgsneutral behandeln will, bei denen die eingeräumten Anteile keine Einflußnahme auf die Geschicke des übertragenen Vermögens mehr ermöglichen; für die unterbleibende Schlußbesteuerung läßt er die fortgeltende Steuerverstrickung der stillen Reserven genügen; zu Einwänden gegen diese Auffassung vgl. bereits oben.

[2]Es muß an dieser Stelle nochmals darauf hingewiesen werden, daß die künftige Sicherstellung der stillen Reserven nur ein Kriterium für die Identifikation der erfolgsneutral zu behandelnden Umstrukturierungsfälle ist, nicht jedoch selbst Rechtsgrund für die Erfolgsneutralität (vgl. dazu Abschn. „Unzulängliche Begründungen für die Gewinneutralität“, S. 85).

[3]Schon die frühere Rechtsprechung machte für die Erfolgsneutralität der Umwandlungen die Buchwertfortführung zur Bedingung (z.B. BFH v. 28.7.1960 - IV 27/59 U, BStBl. III 1960 m.w.N.); vgl. dazu auch Herzig/Momen, DB 1994, 2157, 2161; Luckey, StuW 1979, 129, 142 f.; zur bilanziellen Rechtfertigung vgl. Luckey, Gewinnrealisierung, S. 166 ff.

[4]BFH v. 25.5.1962 - I 155/59 U, BStBl. III 1962, 351, 353; Hügel, Verschmelzung und Einbringung, S. 461; Ott, Realteilung einer Kapitalgesellschaft, S. 117

kehrt, wechseln. Es könnten Bedenken entstehen, daß dieser Wechsel die Sicherstellung der stillen Reserven gefährdet. Sie gründen sich darauf, daß Einkommen- und Körperschaftsteuer verschiedene Steuerarten sind, die zudem noch mit unterschiedlichen steuerlichen Belastungen arbeiten.

Ein weiterer Einwand war früher, daß die stillen Reserven im Betriebsvermögen einer Kapitalgesellschaft zweifach - auf Gesellschafts- und Gesellschafterebene - mit Ertragsteuern belastet waren, wohingegen bei Personenunternehmen nur eine Einfachbelastung erfolgte. Seit Einführung des körperschaftsteuerlichen Anrechnungsverfahrens kennt auch der körperschaftsteuerliche Bereich nur noch eine Einfachbesteuerung. Beide Steuerarten wurden also weiter einander angeglichen. Um so mehr erscheint das Argument gerechtfertigt, daß „die Körperschaftsteuer die der Einkommensteuer der natürlichen Personen gleichwertige Einkommensteuer der juristischen Personen ist“[1]. Aufgedeckte stille Reserven werden also - auch unabhängig von Ausschüttung oder Thesaurierung - letztlich immer mit der individuellen „Einkommensteuer“ des Rechtssubjekts, dem sie zuzurechnen sind, belastet.

Fraglich ist nun noch, ob unterschiedliche Besteuerungsbedingungen die Sicherstellung beeinträchtigen können. Zu denken ist hier z.B. an Steuervergünstigungen, die zwar im Einkommensteuerrecht, nicht aber im Körperschaftsteuerrecht existieren (z.B. der halbe Steuersatz des § 34 Abs. 1 EStG für Gewinne i.S.d. § 16 EStG). Bei einem Wechsel wären die stillen Reserven einer veränderten steuerlichen Belastung unterworfen[2]. Dem kann jedoch entgegengehalten werden, daß „Sicherstellung“ nicht eine Besteuerung zu exakt den gleichen Bedingungen bedeutet, sondern nur mit der Forderung nach genereller Erfassung verbunden ist[3]. Einer Reservenübertragung vom Einkommensteuer- in den Körperschaftsteuerbereich oder umgekehrt steht folglich nichts entgegen[4].

Sieht man die gewerbesteuerliche Sicherstellung der stillen Reserven z.B. bei der Umwandlung auf eine nicht gewerblich tätige Personengesellschaft gefährdet, könnte man abhelfen, indem der gewerbesteuerliche Status der übertragenen stillen Reserven auch nach der Umwandlung beibehalten wird[5].

Wie an anderer Stelle erläutert, sind infolge des Trennungsprinzips bei der Kapitalgesellschaft zwei voneinander unabhängige Ebenen, die Gesellschafts- und die Gesellschafterebene, zu unterscheiden. Insofern muß bei der Umwandlung einer Kapitalgesellschaft nicht nur den stillen Reserven im Betriebsvermö-

---

[1]Luckey, Gewinnrealisierung, S. 328 f.

[2]Endres, Vermögensübertragungen, S. 248

[3]Herzig, StuW 1988, 342, 346; entsprechendes gilt auch für gewerbesteuerliche Vergünstigungen, die für Personenunternehmen, nicht aber für Kapitalgesellschaften anwendbar sind.

[4]Herzig, StuW 1988, 342, 346; Hügel, JDStJG 1994, S. 69, 90; Luckey, StuW 1979, 129, 143

[5]So Herzig, StuW 1988, 342, 346

gen der Kapitalgesellschaft - also auf Gesellschaftsebene - sondern auch den stillen Reserven der Gesellschafterebene, d.h. in den Anteilen der Gesellschafter an der übertragenden Gesellschaft, Aufmerksamkeit geschenkt werden. Was mit diesen stillen Reserven in Hinblick auf die Sicherstellungsprämisse zu geschehen hat, soll in Zusammenhang mit den einzelnen Anwendungsfällen gezeigt werden.

II. Gewinnausweistatbestand als Ausgangspunkt

1. Anwendungsbereich

Die im folgenden zu behandelnde Konstellation zeichnet sich im Unterschied zur ersten Konstellation dadurch aus, daß die Vermögensübertragung grundsätzlich einen Gewinnausweistatbestand (Entnahme, Betriebsaufgabe) und nicht einen Gewinnrealisierungstatbestand erfüllt. Daraus ergibt sich, daß die Übertragung regelmäßig unentgeltlich erfolgen muß[1]. An die Wertung einer Vermögensübertragung als (Total-)Entnahme schließt sich notwendig die gewinnwirksame Aufdeckung der übergehenden stillen Reserven an. Doch auch bei dieser Konstellation soll ausnahmsweise auf die Rechtsfolge der Aufdeckung verzichtet werden können.

Ein erster möglicher Anwendungsfall könnte das „Rechtsinstitut" der Betriebsaufspaltung sein, deren Begründung nach allgemeinen steuerlichen Grundsätzen die Voraussetzungen einer Betriebsaufgabe i.S.d. § 16 Abs. 3 EStG erfüllt[2]. Soweit es dabei zu einer (unentgeltlichen) Vermögensübertragung kommt, wird dennoch von der an sich notwendigen Aufdeckung der stillen Reserven abgesehen.

Als zweiter Anwendungsfall kommt die Regelung des § 7 Abs. 1 EStDV in Frage, wenn man sich über deren - noch umstrittene - Stellung im Steuersystem klargeworden ist. § 7 Abs. 1 EStDV erfaßt die unentgeltliche Übertragung von Vermögensgesamtheiten (Betrieb, Teilbetrieb, Mitunternehmeranteil). Für die rechtssystematische Einordnung ist damit § 16 EStG heranzuziehen, der die Erfassung stiller Reserven bei Vermögensgesamtheiten regelt.

Zunächst ist ohne weiteres einsichtig, daß § 7 Abs. 1 EStDV mangels Entgelt nicht in Zusammenhang mit § 16 Abs. 1 EStG gesehen werden kann[3]. Zu prüfen ist daher nur, ob die unentgeltliche Übertragung als Betriebsaufgabe i.S.d. § 16

[1] Vgl. dazu auch Abschn. „Gewinnausweistatbestände", S. 56; handelt es sich um den Gewinnausweistatbestand der Betriebsaufgabe i.S.d. § 16 Abs. 3 EStG, ist aber auch eine (kombinierte) entgeltliche Übertragung möglich, wenn dadurch dennoch der Betrieb als selbständiger Organismus des Wirtschaftslebens zu bestehen aufhört (vgl. dazu Schmidt, EStG, § 16 Rz. 173 f.).

[2] Vgl. dazu ausführlich Abschn. „Gewinneutralität der Betriebsaufspaltung?", S. 207

[3] Kirchhof/Söhn/Reiß, EStG, § 16 Rdnr. B 79

Abs. 3 EStG einzustufen ist und deshalb zur Gewinnrealisierung führt. § 7 Abs. 1 EStDV wäre damit eine Ausnahme zum Grundsatz des § 16 Abs. 3 EStG, da sie die Buchwertfortführung gestattet und damit auf die Aufdeckung stiller Reserven verzichtet.

In der Literatur[1] und Rechtsprechung[2] wird die Auffassung vertreten, die unentgeltliche Übertragung i.S.d. § 7 Abs. 1 EStDV könne nicht als Betriebsaufgabe verstanden werden. Dazu versucht Reiß[3], den Begriff der Betriebsaufgabe zu interpretieren. Die Tätigkeit des Betriebsinhabers soll nicht entscheidendes Kriterium des Betriebsaufgabebegriffs sein. Ansonsten wäre auch die Veräußerung, bei der der Betriebsinhaber ebenfalls seine Tätigkeit in Zusammenhang mit dem Betrieb beendet, als Betriebsaufgabe einzustufen. Hierbei wird übersehen, daß entscheidendes Kennzeichen der Veräußerung i.S.d. § 16 Abs. 1 EStG die Entgeltlichkeit ist, so daß sich die Aufdeckung der stillen Reserven bereits aus den allgemeinen Gewinnermittlungsregeln ableiten läßt.

Nach der von Reiß vertretenen Auffassung soll der Betriebsbegriff auf den Betrieb als Funktionseinheit bezogen werden, so daß eine Betriebsaufgabe nur dann gegeben ist, wenn die Funktionseinheit zerschlagen wird. Damit könnte die unentgeltliche Übertragung grundsätzlich nicht als Betriebsaufgabe verstanden werden, da hier der Betrieb vom Rechtsnachfolger fortgeführt wird.

Eine derartige Beurteilung, die ausschließlich auf das Objekt „Betrieb" abstellt, übersieht gänzlich, daß Einkommensteuer und Körperschaftsteuer Personensteuern sind, also letztlich Tätigkeit und Merkmale des Steuersubjekts, d.h. des Betriebsinhabers für die steuerliche Beurteilung ausschlaggebend sind. Demzufolge kommt es für die Wertung der unentgeltlichen Übertragung eines Betriebs als Betriebsaufgabe lediglich darauf an, daß die tatbestandlichen Voraussetzungen des § 15 Abs. 2 EStG nicht mehr erfüllt sind. Hier handelt es sich insbesondere um die Voraussetzung der Teilnahme am allgemeinen wirtschaftlichen Verkehr, die nicht mehr erfüllt ist, so daß keine gewerbliche Tätigkeit mehr ausgeübt wird.

Daß diese Bedingung für die unentgeltliche Übertragung als gegeben anzusehen ist, wurde in Abschn. „Durchführung des Subjektprinzips bei unentgeltlichen Übertragungen" (S. 64) bereits ausführlich dargestellt.

§ 7 Abs. 1 EStDV kann damit entgegen der zuvor dargestellten Literaturmeinung nicht nur als Durchführungsvorschrift zu § 16 EStG begriffen werden, der seinerseits nur die entgeltliche Übertragung erfassen soll. Ansonsten würde

---

[1]Erdweg, in: Herrmann/Heuer/Raupach, EStG/KStG, § 16 EStG Anm. 16; Kruse, JbFASt. 1982/83, S. 165, 171

[2]BFH v. 19.2.1981 - IV R 116/77, BStBl. II 1981, 566; BFH v. 5.7.1990 - GrS 4-6/89, BStBl. II 1990, 847; BFH v. 18.12.1990 - VIII R 17/85, BStBl. II 1991, 512

[3]Kirchhof/Söhn/Reiß, EStG, § 16 Rdnr. B 79

die Buchwertfortführung für unentgeltliche Übertragungen sich bereits aus der Systematik des EStG ergeben. Eine Regelung wie § 7 Abs. 1 EStDV wäre dann aber vollkommen überflüssig, so daß allein ihre Existenz belegt, daß nach der einkommensteuerlichen Systematik die Buchwertfortführung nicht den Regelfall darstellt[1].

Die Forderung nach Aufdeckung der stillen Reserven in Fällen unentgeltlicher Übertragungen läßt sich auch schon aus dem der Einkommen- und Körperschaftsteuer immanenten Subjektprinzip ableiten. Da im Fall der unentgeltlichen Übertragung einer Vermögensgesamtheit stille Reserven auf ein anderes Rechtssubjekt (den Rechtsnachfolger) übergehen, fordert das Subjektprinzip deren Aufdeckung. Das Subjektprinzip steht hier jedoch – wie bereits in Abschn. „Subjektprinzip als zentraler Grundsatz", (S. 60) ausführlich dargestellt – mangels marktmäßigem Umsatzakt im Widerspruch zum Realisationsprinzip.

Um auch in diesem Fall die Besteuerung nach der individuellen Leistungsfähigkeit zu gewährleisten und stille Reserven bei dem Steuersubjekt, das sie erwirtschaftet hat, zu erfassen, ist er Widerspruch zugunsten des Subjektprinzips zu lösen. Die Durchführung des Subjektprinzips kann im Fall der unentgeltlichen Übertragung von Vermögensgesamtheiten durch den Gewinnausweistatbestand der Betriebsaufgabe erreicht werden, der wie dargestellt erfüllt ist. Wenn § 7 Abs. 1 EStDV – ähnlich wie das Rechtsinstitut der Betriebsaufspaltung – abweichend davon die Buchwertfortführung gestattet, handelt es sich um eine Ausnahmeregelung[2]. Von der grundsätzlich erforderlichen Aufdeckung der stillen Reserven nach § 16 Abs. 3 EStG wird abgesehen. Für diese Ausnahmeregelung ist nachfolgend nach einer Rechtfertigung zu suchen.

2. Teleologische Reduktion des Gewinnausweistatbestandes

Grundlegend ist hier zunächst auf die **Methode** hinzuweisen, die bei dieser Konstellation eine gewinneutrale Behandlung herbeiführen kann. Da die zu untersuchenden Ausnahmefälle grundsätzlich einen Gewinnausweistatbestand erfüllen, kommt auch hier nur die Methode einer teleologische Reduktion der Rechtsfolge der Gewinnausweistatbestände, die in der Aufdeckung der überge-

---

[1] Kemmer, Teilentgeltliche Rechtsgeschäfte, S. 39; Wasmer, Zurechnung von Einkünften, S. 22 f.

[2] GlA Biergans, Einkommensteuer, S. 740 f.; Costede, StVj. 1989, 41, 44; Crezelius, Steuerrecht II, S. 77; Kemmer, Teilentgeltliche Rechtsgeschäfte, S. 38 ff.; Sauer, StBp. 1974, 249; Trazaskalik, JDStJG 1981, S. 145, 159; für § 7 Abs. 1 EStDV als Ausnahmeregelung auch BFH v. 14.7.1993 - X R 74-75/90, BStBl. II 1994, 15, 17 m.w.N.

henden stillen Reserven besteht, in Betracht[1]. Aufgabe muß es nun sein, nach einer **Begründung** für die Erfolgsneutralität zu suchen.

a) Untaugliche Begründungen

Auffällig ist zunächst, daß man wie bei den Gewinnrealisierungskonstellationen versucht, die steuerneutrale Behandlung mit dem fehlenden Mittelzufluß[2] zu begründen. Diese Argumentation ist hier um so weniger schlüssig, als die Unentgeltlichkeit gerade Kennzeichen **aller** Vorgänge ist, die einen Gewinnausweistatbestand erfüllen. Deshalb kann dieser Gesichtspunkt nicht als Rechtfertigung herangezogen werden, um bestimmten Fällen aus dieser Gesamtheit eine erfolgsneutrale Behandlung zukommen zu lassen. Ebensowenig vermögen Billigkeitserwägungen[3] die Steuerneutralität zu erklären, da aus steuerlicher Sicht die Buchwertfortführung nicht notwendig günstiger sein muß als der Gewinnausweis[4].

Die steuerneutrale Behandlung der Übertragung einer Vermögensgesamtheit kann auch nicht allein damit gerechtfertigt werden, daß sie einen Beitrag zur betrieblichen Kontinuität leistet. Ansonsten müßte auch die Betriebsveräußerung, bei der ebenfalls eine Vermögensgesamtheit fortbesteht, mit den gleichen Vergünstigungen verbunden werden[5].

Mit Blick auf die zuerst untersuchte Konstellation läge es außerdem nahe, auch für die Begründung der Gewinneutralität dieser Konstellation das *Markteinkommensprinzip* heranzuziehen. Es wird argumentiert, daß mit dem Ziel, den Steuerpflichtigen maßvoll zu besteuern, eine Aufdeckung der stillen Reserven nicht schon anläßlich der Übertragung erfolgen soll. Gemäß dem Markteinkommenskonzept dürfe erst die Realisation durch marktmäßigen Umsatzakt beim Vermögensübernehmer den Steuerzugriff herbeiführen[6]. Damit ist allerdings nur das Ergebnis, nicht jedoch die Begründung dafür angesprochen, warum bestimmte Vorgänge, obwohl sie einen Gewinnausweistatbestand erfüllen, trotzdem eine „maßvolle Besteuerung“ verdienen und erfolgsneutral behandelt werden können, andere dagegen nicht.

---

[1] Vgl. dazu Abschn. „Methode der teleologischen Reduktion“, S. 83

[2] Knobbe-Keuk, Bilanz- und Unternehmenssteuerrecht, S. 271 f.; Tipke, JDStJG 1981, S. 1, 10 f.

[3] So Lang, StuW 1978, 215, 225; Wasmer, Zurechnung von Einkünften, S. 54

[4] Trazaskalik, JDStJG 1981, S. 145, 147 Fn. 3; vgl. dazu auch die Vor- und Nachteile von Buchwertfortführung bzw. Sofortbesteuerung in Abschn. „Einführende Überlegungen“, S. 121

[5] Trazaskalik, JDStJG 1981, S. 145, 151 f.

[6] Lang, JDStJG 1981, S. 45, 94 f.

b) Begründung aus dem Zweck der Gewinnausweistatbestände

Sucht man nach einer Begründung für die Steuerneutralität der eingangs beschriebenen Vorgänge, so ist, da grundsätzlich eine Entnahme oder Betriebsaufgabe gegeben ist, auf den Zweck der Gewinnausweistatbestände abzustellen. Er besteht im Beitrag zur Gewinnermittlung nach § 4 Abs. 1 EStG[1]. Soweit die Gewinnrealisierungstatbestände nicht greifen, d.h. bei fehlendem marktmäßigem Umsatzakt, muß mit Hilfe der Gewinnausweistatbestände der betriebliche vom betriebsfremden Bereich abgegrenzt werden. Dadurch sollen stille Reserven, die aus der betrieblichen Sphäre gelöst werden, im aus Sicht der betrieblichen Gewinnermittlung letztmöglichen Zeitpunkt dem Gewinn des Betriebs hinzugerechnet werden[2]. Damit ist es **auch** Zweck der Gewinnausweistatbestände, die Erfassung der stillen Reserven zu gewährleisten[3].

In Verbindung damit liegt die Überlegung nahe, daß bei einer unentgeltlichen Vermögensübertragung auf eine Aufdeckung der stillen Reserven immer schon dann verzichtet werden kann, wenn deren künftige Besteuerung sichergestellt ist. Allerdings würde man so vernachlässigen, daß mit derartigen Vermögensübertragungen gleichzeitig ein Rechtssubjektwechsel verbunden ist. Bereits an früherer Stelle wurde betont, daß die Gewinnausweistatbestände in Fällen der unentgeltlichen Übertragung von Vermögen auf ein anderes Rechtssubjekt ergänzend die Einhaltung des Subjektprinzips, also die Erfassung der stillen Reserven bei dem Steuersubjekt, bei dem sie gebildet wurden, gewährleisten sollen[4]. Deshalb kann in solchen Fällen allein die Tatsache der Sicherstellung der stillen Reserven, gleichgültig bei welchem Rechtssubjekt, für den Verzicht auf Aufdeckung nicht genügen[5].

Der Zweck der Gewinnausweistatbestände besteht in Fällen der unentgeltlichen Vermögensübertragung auf ein anderes Rechtssubjekt zusammengefaßt also darin, die Erfassung der stillen Reserven innerhalb der betrieblichen Sphäre und bei dem Steuerpflichtigen, bei dem sie entstanden sind, sicherzustellen. Einzig in Hinsicht auf diese „doppelte“ Zielsetzung muß nach einem Grund gesucht werden, warum die eingangs genannten Vorgänge der interpersonellen Übertra-

[1]Vgl. Abschn. „Gewinnausweistatbestände“, S. 56

[2]Vgl. dazu Abschn. „Gewinnausweistatbestände“, S. 56

[3]Vgl. Charlier, StbJb. 1969/70, S. 361, 380; Crezelius, Steuerrecht II, S. 158; ähnl. Hartmann/Böttcher/Nissen/Bordewin, EStG, §§ 4-5 Rz. 148c; Raupach, JbFASt. 1973/74, S. 112, 121 f.

[4]Vgl. dazu Abschn. „Konkretisierung bezüglich der Person“, S. 60

[5]So auch Trazaskalik, JDStJG 1981, S. 145, 158

gung stiller Reserven[1] erfolgsneutral behandelt werden können. Wie auch bei den Gewinnrealisierungstatbeständen stellt sich die Frage, ob diese Vorgänge, die grundsätzlich vom Wortlaut eines Gewinnausweistatbestandes erfaßt werden, darüber hinaus eine Besonderheit aufweisen, derzufolge der Zweck der Regelung nicht auf diese Fälle paßt. Daran anknüpfend könnte über eine teleologische Reduktion der Rechtsfolge die Erfolgsneutralität herbeigeführt werden. Eine solche Besonderheit könnte darin bestehen, daß auch mit den hier zu betrachtenden Fällen - parallel zu den zuvor besprochenen Konstellationen der Gewinnrealisierung - nur eine Umstrukturierung des Betriebs erreicht werden soll[2]. Es geht also letztlich nicht darum, Wirtschaftsgüter und die damit verbundenen stillen Reserven der betrieblichen Sphäre und dem Steuersubjekt, dem diese Sphäre zuzurechnen ist, zu entziehen. Einziges Ziel der Maßnahme soll sein, dem Betrieb eine neue Struktur zu geben. Gleichzeitig bleiben aber die stillen Reserven mit der betrieblichen Sphäre bzw. einem Teil davon verbunden und auch die Verbindung des ursprünglichen Vermögensinhabers mit seinem Betrieb wird - wenn auch in anderer Form - aufrechterhalten.

Für die möglichen Anwendungsfälle dieser Konstellation muß geprüft werden, ob es sich dabei tatsächlich um einen reinen Umstrukturierungsvorgang oder nur um einen „normalen" Entnahmevorgang handelt. Für Zwecke der Abgrenzung bietet es sich aufgrund der aufgezeigten Parallele zu den Gewinnrealisierungskonstellationen an, die dort vorgestellten Kriterien - die Fortführung des unternehmerischen Engagements und die Sicherstellung der stillen Reserven - grundsätzlich zu übernehmen. Auf sich notwendigerweise ergebende Besonderheiten soll, da es sich nur um zwei, zudem voneinander sehr verschiedene Anwendungsfälle handelt, in Zusammenhang mit den Einzelbetrachtungen eingegangen werden. Im Vorgriff sei nur erwähnt, daß aufgrund der sachlichen Komponente des Kriteriums der Fortführung des unternehmerischen Engagements in Zusammenhang mit der Betriebsaufspaltung nicht immer von einer Umstrukturierung ausgegangen werden kann. Für den Anwendungsfall des § 7 Abs. 1 EStDV ergeben sich Besonderheiten betreffend des personellen Elements der Fortführung des unternehmerischen Engagements, da hier der ursprüngliche

---

[1]Fragen einer möglicherweise gewinneutralen Behandlung der Übertragung einzelner Wirtschaftsgüter von einem in ein anderes Betriebsvermögen desselben Steuerpflichtigen (**intra**personelle Übertragung, vgl. dazu Wasmer, Zurechnung von Einkünften, S. 23 f. m.w.N.) können hier außer Betracht bleiben. Denn bei einer intrapersonellen Übertragung werden stille Reserven lediglich von ihrem Betrieb, nicht aber vom Steuerpflichtigen, dem sie zuzurechnen sind, gelöst, so daß es nicht zu einem, für die Arbeit interessantem Überspringen stiller Reserven auf ein anderes Rechtssubjekt kommt.

[2]Auch Crezelius (JDStJG 1994, S. 135, 157) erkennt die Erfolgsneutralität für Fallgestaltungen des § 7 Abs. 1 EStDV aufgrund ihres Charakters als reine Umstrukturierungsmaßnahme an.

Engagementträger nicht persönlich, sondern sein Rechtsnachfolger das Engagement fortsetzt.

III. Überspringen stiller Reserven ohne vorausgehende Erfüllung eines Aufdeckungstatbestandes

1. Anwendungsfälle

Für beide zuvor erläuterte Konstellationen bemühten sich Literatur und Rechtsprechung immer wieder um eine einheitliche Behandlung und um ein allen Anwendungsfällen der jeweiligen Konstellation gemeinsames Rechtfertigungskonzept für den Verzicht auf die eigentlich notwendige Aufdeckung der stillen Reserven. Die nachfolgend zu besprechende, den eigentlichen Kernpunkt der Arbeit bildende Konstellation des Überspringens stiller Reserven unterscheidet sich schon dadurch von den beiden vorhergehenden Konstellationen, daß kein Aufdeckungstatbestand erfüllt ist. Außerdem existieren in Verbindung mit dieser Konstellation nur Aufsätze und Entscheidungen zu punktuellen Problemen, die aber nicht von einer gemeinsamen, allgemeingültigen Vorgehensweise getragen werden. Die Aufgabe besteht also darin, die Gemeinsamkeiten der einzelnen Anwendungsfälle dieser Konstellation herauszustellen und anschließend eine sachgerechte steuerliche Beurteilung derselben vorzunehmen.

Um die typischen Kriterien dieser Konstellation besser herausfiltern zu können und das Verständnis zu erleichtern, seien die den Entscheidungen des BFH und den Stellungnahmen der Finanzverwaltung bzw. der Literatur zugrundeliegenden Einzelfallgestaltungen kurz dargestellt:

BFH v. 8.4.1992 - I R 128/88, BStBl. II 1992, 761

An der Kapitalerhöhung seiner GmbH nahm Gesellschafter G, der seine Altanteile durch Sacheinlage i.S.d. § 20 UmwStG erworben hatte, nicht teil. Die auf ihn rechnerisch entfallenden Neuanteile übernahm ein dem G nahestehender Dritter. Das Bezugsrecht, das zur Teilnahme an der Kapitalerhöhung berechtigt, wurde mit einem Ausgabekurs begründet, der unter dem Wert der Geschäftsanteile vor Kapitalerhöhung lag. Somit wurden die in den einbringungsgeborenen Altanteilen ruhenden stillen Reserven zum Teil auf die durch Kapitalerhöhung entstehenden jungen Anteile des Dritten umverteilt, der dafür keine Gegenleistung zu erbringen hatte.

BFH v. 8.4.1992 - I R 160/90, BStBl. II 1992, 763

Im Zuge der Kapitalerhöhung einer GmbH kam ein Gesellschafter seiner dabei entstehenden Einlageverpflichtung durch Sacheinlage zum Buchwert gem. § 20 UmwStG nach. Durch die Buchwertverknüpfung gingen stille Reserven des eingebrachten Vermögens auch auf Altanteile bzw. auf junge, anläßlich der

Kapitalerhöhung durch Bareinlage erworbene Anteile eines Mitgesellschafters über, wofür keine Gegenleistung entrichtet wurde.

BMF v. 22.1.1985 - IV B 2 - S 1909 - 2/85, BStBl. I 1985, 97
Die Inhaber des künftigen Besitzunternehmens ermöglichten es einer nahestehenden Person, Anteile an der durch Betriebsaufspaltung zu gründenden Kapitalgesellschaft gegen Leistung einer Bareinlage zu erwerben, die niedriger war, als der tatsächliche Wert der Anteile. Damit sprangen stille Reserven auf die Anteile des Nur-Betriebsgesellschafters über.

BFH v. 12.5.1993 - XI R 58, 59/92, DStR 1993, 1174
Ein Einzelunternehmer errichtete gemeinsam mit seiner Ehefrau eine GmbH im Wege der Bargründung. Die Ehefrau wurde zu 20% beteiligt. **Anschließend** übertrug der Ehemann Teile seines Einzelunternehmens auf die GmbH. Die beim Ehemann verbleibenden Gegenstände des ehemaligen Einzelunternehmens wurden unter den Voraussetzungen einer Betriebsaufspaltung an die GmbH verpachtet. Auch bei dieser Gestaltung sind stille Reserven auf die Ehefrau übergesprungen und zwar in Höhe der Wertsteigerung, die ihre Anteile durch Begründung der Betriebsaufspaltung erfahren haben und für die sie keine Gegenleistung erbringen mußte.

Bei allen Einzelfällen ist ein Übergang stiller Reserven auf ein anderes Steuersubjekt zu verzeichnen. Dabei erfüllt der Übergang jedoch nie einen Gewinn**realisierung**statbestand, da dessen wesentliches Element, die Gewährung einer Gegenleistung für die Übertragung[1], fehlt.

Vorgreifend soll festgestellt werden, daß auch keiner der allgemeinen Gewinnausweistatbestände (Entnahme, Betriebsaufgabe) bzw. - bei den Fallgestaltungen, die in Verbindung mit § 20 UmwStG stehen - keiner der speziellen Gewinnausweistatbestände des § 21 Abs. 2 S. 1 Nr. 1 bis 4 UmwStG n.F. als gegeben betrachtet werden kann. Diese Feststellung wird in den jeweiligen Einzelbetrachtungen noch belegt werden[2].

Die überspringenden stillen Reserven können also weder auf Grundlage eines der gesetzlich geregelten Gewinnrealisierungs- noch eines der gesetzlich geregelten Gewinnausweistatbestände aufgedeckt werden. Da sie aber gleichwohl auf ein anderes Steuersubjekt übertragen werden, verletzt auch diese Konstellation das steuerliche Subjektprinzip, demzufolge stille Reserven tatsächlich bei demjenigen steuerlich zu erfassen sind, bei dem sie gebildet wurden[3].

---

[1] Vgl. dazu Abschn. „Gewinnrealisierungstatbestände", S. 52

[2] Vgl. Abschn. „Stellungnahme zu den BFH-Urteilen vom 8.4.1992", S. 161, Abschn. „Wertübergang im Zeitpunkt der Sacheinlage", S. 167 und Abschn. „Folgeprobleme aus der gewinneutralen Behandlung der Betriebsaufspaltung", S. 217

[3] Vgl. zum Subjektprinzip Abschn. „Konkretisierung bezüglich der Person", S. 60

Aus Sicht des Fiskus ist zudem von entscheidender Bedeutung, daß es infolge des Überspringens dazu kommen kann, daß die stillen Reserven endgültig aus der Steuerverhaftung ausscheiden, insbesondere wenn sie auf nichtwesentliche Anteile des Privatvermögens übergehen. Damit wird verständlich, daß Rechtsprechung und Finanzverwaltung derartige Konstellation mit besonderer Skepsis betrachten und bestrebt sind, den Zugriff des Fiskus auf die stillen Reserven sicherzustellen. Solches ist nur durch gewinnwirksame Aufdeckung der stillen Reserven im Zeitpunkt des Übergangs oder durch Beibehaltung ihrer Steuerverhaftung möglich. Interessanterweise legen sich Rechtsprechung und Finanzverwaltung - obwohl alle Anwendungsfälle dieser Konstellation dieselbe Grundstruktur aufweisen - nicht auf eine Möglichkeit fest, sondern entscheiden sich einmal für Weiterverhaftung[1], ein andermal für Aufdeckung im Übertragungszeitpunkt[2]. Aus diesem Grunde muß nachfolgend für beide Varianten allgemeingültig geprüft werden, ob sie dem grundlegenden Charakter obiger Anwendungsfälle gerecht werden.

2. Beibehaltung der Steuerverhaftung der übergehenden stillen Reserven als zutreffende Entscheidung?

In einigen Anwendungsfällen wollen Rechtsprechung und Finanzverwaltung den Zugriff des Fiskus auf die übergehenden stillen Reserven sicherstellen, indem sie auch nach der Übertragung deren Steuerverhaftung aufrechterhalten[3]. Man ist geneigt diese Behandlung gerade auch in Hinblick auf die beiden zuerst dargestellten Konstellationen zu begrüßen, da auf diese Weise dem Steuerpflichtigen notwendige Umstrukturierungen seines Unternehmens anscheinend erleichtert werden.

Wie später im einzelnen zu zeigen sein wird[4], gelingt diese Weiterverhaftung aber nur durch „Kunstgriffe“, was besagen will, daß sich die nach der Übertragung fortgeltende Steuerverhaftung nicht zweifelsfrei aus gesetzlichen Vorschriften ableiten läßt. Grund dafür ist unter anderem, daß im Ergebnis der **Gegenstand der Übertragung** nicht wie bei den beiden zuerst dargestellten Konstellationen eine Vermögensgesamtheit, ja nicht einmal ein einzelnes Wirt-

---

[1]Vgl. BFH v. 8.4.1992 - I R 128/88, BStBl. II 1992, 761; BFH v. 8.4.1992 - I R 160/90, BStBl. II 1992, 763; BMF v. 22.1.1993 - IV B 2 - S 1909 - 4/93, BStBl. I 1993, 185

[2]BMF v. 22.1.1985 - IV B 2 - S 1909 - 2/85, BStBl. I 1985, 97

[3]Vgl. BFH v. 8.4.1992 - I R 128/88, BStBl. II 1992, 761; BFH v. 8.4.1992 - I R 160/90, BStBl. II 1992, 763; BMF v. 22.1.1993- IV B 2 - S 1909 - 4/93, BStBl. I 1993, 185; für eine Weiterführung der Steuerverhaftung übergehender stiller Reserven auch in Betriebsaufspaltungsfällen plädiert Fichtelmann, GmbHR 1991, 369, 371 f.

[4]Vgl. Abschn. „Stellungnahme zu den BFH-Urteilen vom 8.4.1992“, S. 161, Abschn. „Wertübergang im Zeitpunkt der Sacheinlage“, S. 167 und Abschn. „Folgeprobleme aus der gewinneutralen Behandlung der Betriebsaufspaltung“, S. 217

schaftsgut ist, dessen Steuerverhaftung durch Buchwertverknüpfung aufrechterhalten werden könnte. Vielmehr gehen ausschließlich die stillen Reserven über.

Neuer Träger der übergehenden stillen Reserven werden regelmäßig die Anteile an einer Kapitalgesellschaft. Diese können jedoch nicht unabhängig von ihrem eigentlichen Charakter, z.B. als unwesentliche Anteile des Privatvermögens, nur deshalb steuerverstrickt werden, weil sie ursprünglich steuerverhaftete stille Reserven aufnehmen[1].

Ein weiterer gewichtiger Einwand ist gegen die widersprüchliche Vorgehensweise obiger Rechtsprechung gerichtet und ergibt sich, wenn man die Parallele zu den beiden zuerst dargestellten Konstellationen des Übergangs stiller Reserven auf ein anderes Rechtssubjekt zieht. Wie man den dazu angestellten Überlegungen[2] entnehmen kann, muß in allen Fällen, in denen es um Fragen der Sicherstellung stiller Reserven nach deren Übergang auf ein anderes Rechtssubjekt geht, an erster Stelle geprüft werden, ob die Übertragung nach der Gesetzessystematik die steuerwirksame Aufdeckung der stillen Reserven erfordert[3]. Nur wenn die Aufdeckung mit daran anschließender Besteuerung grundsätzlich nötig wäre, ergibt die Ausnahme „Verzicht auf Aufdeckung“ und die daran geknüpfte Bedingung „Sicherstellung der übergehenden stillen Reserven für Besteuerungszwecke“ überhaupt einen Sinn[4].

Denn man muß in Betracht ziehen, daß stille Reserven als solche potentielles Einkommen darstellen, das erst noch seiner Konkretisierung durch die Gewinnrealisierungs- bzw. Gewinnausweistatbestände bedarf[5]. Einen gesetzlich gefestigten Steueranspruch kann der Fiskus dagegen nur auf tatsächlich entstandenes Einkommen geltend machen. Auf die stillen Reserven besteht damit bestenfalls ein potentieller Steueranspruch, der erst bei deren Aufdeckung durchgesetzt werden kann. Besteht aber im Zeitpunkt des Übergangs der stillen Reserven kein gesetzlicher Zwang zu einer Aufdeckung, so kommt dem Fiskus folglich auch kein Steueranspruch zu, auf den er vorläufig verzichten könnte. Nur auf einen solchen Verzicht könnte aber eine zwingende Weiterverhaftung gestützt werden.

---

[1] Ähnl. Patt, DStR 1993, 600, 602 f.

[2] Vgl. Abschn. „Gewinnrealisierungstatbestand als Ausgangspunkt“, S. 80 und Abschn. „Gewinnausweistatbestand als Ausgangspunkt“, S. 102

[3] Auch in Fällen der unentgeltlichen Übertragung von Vermögen, das mit stillen Reserven verbunden ist, müssen infolge der Erfüllung eines Gewinnausweistatbestandes grundsätzlich die stillen Reserven aufgedeckt werden (vgl. dazu insbes. Abschn. „Konkretisierung bezüglich der Person“, S. 60). Erst an diesen Grundsatz kann die jeweilige Ausnahmeregelung (z.B. § 7 Abs. 1 EStDV) anknüpfen.

[4] Ähnl. Knobbe-Keuk, Bilanz- und Unternehmenssteuerrecht, S. 278

[5] Vgl. dazu Abschn. „§ 4 Abs. 1 EStG als Ausgangspunkt zur Aufdeckung stiller Reserven“, S. 44

In obigen Urteilsbegründungen[1] wird zunächst ausdrücklich abgelehnt, daß einer der gesetzlichen Gewinnrealisierungs- oder Gewinnausweistatbestände die steuerwirksame Aufdeckung der stillen Reserven im Zeitpunkt ihres Übergangs fordert. Ohne nun aber nach einem etwaigen anderen Rechtsgrund für die Aufdeckung zu suchen, der dann, bei Verzicht auf sofortige Geltendmachung des Steueranspruchs, eine Weiterverhaftung rechtfertigen könnte, wird das gewünschte Ergebnis, die fortdauernde Steuerverhaftung der abgespaltenen stillen Reserven, willkürlich festgesetzt.

Ferner ist mit Fällen der dritten Konstellation immer auch eine Verletzung des steuerlichen Subjektprinzips verbunden. Es wäre also aus steuersystematischer Sicht keineswegs ausreichend, sich nach dem Übergang damit zu begnügen, daß die künftige Besteuerung der stillen Reserven sichergestellt bleibt. Zusätzlich müßte auch dem Subjektprinzip Genüge getan werden. Bei vergleichbaren Fällen des Übergangs stiller Reserven auf ein anderes Rechtssubjekt wurde dies auch tatsächlich verwirklicht, wie mit Blick auf die ersten beiden Konstellationen deutlich wird. In ihren Bedingungskatalog war die Forderung nach Fortsetzung des unternehmerischen Engagements aufgenommen worden[2]. In den Ausführungen der Rechtsprechung zu obigen Anwendungsfällen der dritten Konstellation werden die Belange des Subjektprinzips dagegen gänzlich vernachlässigt.

Bevor aber solche Überlegungen eine Rolle spielen können, muß - wie erwähnt- festgestellt werden, ob der Übergang stiller Reserven auf ein anderes Rechtssubjekt in den zuvor beschriebenen Anwendungsfällen der dritten Konstellation zur Aufdeckung der stillen Reserven zwingt. Dann und nur dann bestünde überhaupt ein Anlaß, die Möglichkeit eines Steueraufschubs zu prüfen und daran geknüpfte Bedingungen zu formulieren.

3. Zwingende Aufdeckung stiller Reserven im Zeitpunkt des Übergangs?

Wie die vorhergehenden Ausführungen zeigen, muß für alle Anwendungsfälle dieser Konstellation vorrangig geprüft werden, ob die Gesetzessystematik grundsätzlich eine Aufdeckung der stillen Reserven im Zeitpunkt ihres Übergangs auf ein anderes Steuersubjekt erzwingt. Eingangs wurde festgehalten, es sei das Kennzeichen der dritten Konstellation, daß gerade kein gesetzlicher Gewinnrealisierungs- oder Gewinnausweistatbestand erfüllt ist, weshalb die Aufdeckung der stillen Reserven auch nicht unmittelbar aus einem solchen abgeleitet werden kann. Der Nachweis für diese Behauptung wird in der Darstellung der Einzelfälle erbracht werden, da sich die Begründungen dafür nur

[1] BFH v. 8.4.1992 - I R 128/88, BStBl. II 1992, 761; BFH v. 8.4.1992 - I R 160/90, BStBl. II 1992, 763

[2] Vgl. Abschn. „Bedingungen der Gewinneutralität“, S. 92

schwer vereinheitlichen lassen. Fraglich ist, ob neben der Erfüllung eines gesetzlich geregelten Besteuerungstatbestandes ein anderer Rechtsgrund für eine Aufdeckung denkbar ist.

a) Subjektprinzip als Grundlage eines allgemeinen Prinzips der Steuersubjektentstrickung?

Anknüpfungspunkt für die Aufdeckung im Zeitpunkt des Übergangs könnte eine weitere Besonderheit oben vorgestellter Anwendungsfälle sein, nämlich die Tatsache, daß die stillen Reserven auf ein anderes Steuersubjekt übertragen werden. Zieht man in Betracht, daß Einkommen- und Körperschaftsteuer Subjektsteuern sind[1], ist beiden Gesetzen ohne Zweifel der Gedanke immanent, daß stille Reserven mit dem Steuersubjekt verhaftet sind, bei dem sie gebildet wurden, so daß sie auch bei diesem Steuersubjekt der Besteuerung unterworfen werden müssen. Dieser Gedanke findet seinen Ausdruck im steuerlichen Subjektprinzip. Das Subjektprinzip wurde als Konkretisierung des Totalitätsprinzips in personeller Hinsicht in dem Sinne vorgestellt, daß alle Vermögensmehrungen zu irgendeinem Zeitpunkt bei demjenigen steuerlich erfaßt werden müssen, bei dem sie entstanden sind[2].

Werden demzufolge stille Reserven auf ein anderes Steuersubjekt übertragen, müßte, um dem Subjektsteuercharakter von Einkommen- und Körperschaftsteuer zu entsprechen, eine Aufdeckung der stillen Reserven erfolgen. In den meisten Übertragungsfällen genügen nun auch die gesetzlich geregelten Gewinnrealisierungs- und Gewinnausweistatbestände diesem Anspruch, so daß das Subjektprinzip sachgerecht durchgeführt wird. Können die gesetzlichen geregelten Besteuerungstatbestände - wie in den eingangs genannten Fällen - die Forderungen des Subjektprinzips nicht erfüllen, ist zu überlegen, ob sich aus dem Subjektprinzip ein, wenn auch ungeschriebener, so doch allgemein-gültiger Rechtssatz folgenden Inhalts ableiten ließe: Stille Reserven sind unabhängig von der Erfüllung eines gesetzlichen Besteuerungstatbestandes spätestens dann aufzudecken, wenn ansonsten ihre Besteuerung bei dem Rechtssubjekt, bei dem sie entstanden sind, nicht mehr sichergestellt ist[3]. Auf diese Weise wäre gewissermaßen ein Grundsatz der Steuersubjektentstrickung formuliert.

Die Verwandtschaft dieses Gedankens zu einem allgemeinen Entstrickungsprinzip ist unübersehbar. Auch in diesem wollten Literatur und Recht-

---

[1] Vgl. dazu m.w.N. Abschn. „Konkretisierung bezüglich der Person“, S. 60

[2] Vgl. dazu ausführlich Abschn. „Konkretisierung bezüglich der Person“, S. 60

[3] Ähnl. Überlegungen stellen an Beisse, JDStJG 1981, S. 13, 28 f.; Herzig, DB 1986, 1401, 1406; ders. GmbHR 1987, 140, 142; ders., StuW 1988, 342, 347; Ott, Realteilung, S. 112 f.;

sprechung[1] lange einen allgemeinen Grundsatz sehen, der unabhängig von der Erfüllung eines gesetzlichen Steuertatbestandes eine Aufdeckung der stillen Reserven immer dann anordnet, wenn die Steuerverstrickung der stillen Reserven endet[2]. Während es jedoch beim Entstrickungsprinzip ausschließlich darum geht, daß stille Reserven nicht mehr durch die (deutsche) Besteuerung erfaßt werden können, tritt bei der Steuersubjektentstrickung zwingend und unverzichtbar ein Wechsel der stillen Reserven auf ein anderes Steuersubjekts hinzu. Die stillen Reserven werden von dem Steuersubjekt, dem sie zuzurechnen sind, gelöst; ihre steuerliche Erfassung bei diesem Steuersubjekt ist somit nicht mehr möglich. Nicht unbedingt notwendig ist dagegen, daß die Besteuerungsmöglichkeit generell verloren geht.

Ein weiterer Unterschied besteht darin, daß noch ungeklärt ist, ob hinter den einkommen- und körperschaftsteuerlichen Aufdeckungstatbestände (§§ 4 Abs. 1 S. 2 EStG i.V.m. 6 Abs. 1 Nr. 4, 16 Abs. 3 EStG, §§ 12, 13 KStG) tatsächlich der Grundgedanke eines allgemeinen Entstrickungsprinzips steht[3]. Das Subjektprinzip dagegen - und damit auch der Grundsatz der Steuersubjektentstrickung - ist wohl unbestritten als Grundgedanke dem Einkommen- und Körperschaftsteuergesetz immanent und wird durch die Gewinnrealisierungs- und Gewinnausweistatbestände durchgeführt[4].

Trotz dieser Unterschiede spricht auch gegen die Forderung nach einer Aufdeckung der auf ein anderes Rechtssubjekt übergehenden stillen Reserven basierend auf dem Gedanken der Steuersubjektentstrickung - wie gegen die Steuerpflicht, die sich aus einem allgemeinen Entstrickungsprinzip ableiten soll - der Grundsatz der Tatbestandsmäßigkeit der Besteuerung (§§ 3 Abs. 1 S. 1, 38 AO). Der Grundsatz der Tatbestandsmäßigkeit leitet sich aus dem Grundsatz der Gesetzmäßigkeit der Verwaltung (Art. 20 Abs. 3 GG) ab und besagt, daß eine Besteuerung immer nur dann zulässig sein kann, wenn „ein gesetzlicher *Tatbe-*

---

[1] Vgl. Herrmann/Heuer/Raupach, EStG/KStG, § 5 EStG Anm. 49v; Gänger, in: Hartmann/Böttcher/Nissen/Bordewin, EStG, § 16 Rz. 126 ff. jeweils m.w.N.

[2] Erst ausdrücklich verworfen durch BFH v. 9.2.1972, BStBl. II 1972, 455, 457.; gegen einen allgemeinen Entstrickungsgrundsatz auch die herrschende Meinung im Schrifttum, z.B. Herrmann/Heuer/Raupach, EStG/KStG, § 5 EStG Anm. 49v; Knobbe-Keuk, Bilanz- und Unternehmenssteuerrecht, S. 278; Lang, JDStJG 1981, S. 45, 71 f.; ders., Bemessungsgrundlage, S. 350; Loritz, Einkommensteuerrecht, S. 106; Raupach, JbFASt. 1973/74, S. 112, 128 f.; Schmidt/Heinicke, EStG, § 4 Rz. 50 und 360

[3] Ablehnend Herrmann/Heuer/Raupach, EStG/KStG, § 5 EStG Anm. 49v m.w.N.; Kirchhof/Söhn/Reiß, EStG, § 16 RdNr. F 66; Raupach, JbFASt. 1973/74, S. 112, 128 f.; unentschieden Tipke, StuW 1972, 264, 267 f.; zustimmend Friauf, StbJb. 1975/76, S. 369, 383; Stoll, JDStJG 1981, S. 207, 222 und 244

[4] Vgl. dazu Abschn. „Konkretisierung bezüglich der Person", S. 60

stand erfüllt ist, an den als Rechtsfolge eine Steuer geknüpft ist"[1]. Allein aus der Tatsache, daß ein in Hinblick auf die Eigenarten eines Gesetzes - hier des Subjektsteuercharakters von Einkommen- und Körperschaftsteuergesetz - als besteuerungswürdig empfundener Sachverhalt verwirklicht wird, kann keine Steuerpflicht abgeleitet werden. Die Besteuerung muß vielmehr auf positiv gesetzlicher Normierung beruhen[2].

Auf diese Weise soll erreicht werden, daß die Steuerlast meßbar und „in gewissem Umfang" für den Staatsbürger voraussehbar und berechenbar wird[3]. Dies soll nicht bedeuten, daß der Gesetzgeber jeden Einzelsachverhalt bis ins Detail zu regeln hat. Ein gewisses Abstraktionsniveau ist aufgrund der Vielzahl der denkbaren Sachverhalte ebenso erforderlich wie Generalklauseln oder unbestimmte Rechtsbegriffe. Während also die Auslegung der Steuergesetze in einem gewissen Rahmen möglich bleibt, verbietet sich infolge des Grundsatzes der Tatbestandsmäßigkeit eine Besteuerung ohne gesetzlichen Tatbestand[4].

Basierend auf diesen Überlegungen muß man feststellen, daß auch das Subjektprinzip nur als allgemeines Prinzip dem Einkommen- und Körperschaftsteuerrecht immanent ist. Der Gesetzgeber hat das Subjektprinzip an sich - ebensowenig wie ein möglicherweise existierendes allgemeines Entstrickungsprinzip - nicht zur allgemein-gültigen Norm erhoben. Es wurde lediglich „zum Anlaß für die Einführung von bestimmten steuerbegründenden Tatbeständen genommen"[5].

Damit also der Grundsatz der Tatbestandsmäßigkeit der Besteuerung gewahrt bleibt, kann das Subjektprinzip nur innerhalb der Grenzen der gesetzlichen Besteuerungstatbestände und deren Auslegung Geltung erlangen. Die Grenze insbesondere der Auslegung eines Tatbestandes wird dabei - wie sogar der BFH[6] zugesteht - durch den möglichen Wortsinn einer Norm gezogen[7].

Infolgedessen ist für Fälle des Übergangs stiller Reserven auf ein anderes Rechtssubjekt die Aufdeckung und Besteuerung der stillen Reserven nur dann

---

[1]Tipke/Lang, Steuerrecht, S. 100; ebenso Birk, StuW 1989, 212, 213; Crezelius, Rechtsanwendung, S. 91 ff.; Hartmann/Walter, Auslegung und Anwendung von Steuergesetzen, S. 102 f. und 109 ff.; Kirchhof/Söhn/v. Bornhaupt, EStG, § 9 RdNr. A 202; Lang, Bemessungsgrundlage, S. 10 f.; Luckey, StuW 1979, 129, 132; Pelka, StuW 1975, 206, 207; Polzer/Vogel, Bonner Kommentar zum Grundgesetz, Art. 105 Rdnr. 130 ff.; Ruppe, in: Herrmann/Heuer/Raupach, EStG/KStG, Einf. ESt Anm. 512 ff.

[2]Flume, StbJb. 1967/68, S. 63 ff.; Friauf, StbJb. 1975/76, S. 369, 383

[3]BVerfG v. 12.11.1958, BVerfGE 8, 274; BFH v. 22.1.1971 - III R 108/69, BStBl. II 1971, 295, 299; Maunz/Dürig, Grundgesetz. Kommentar, Art. 105 Rdnr. 7

[4]Vgl. dazu Polzer/Vogel, Bonner Kommentar zum Grundgesetz, Art. 105 Rdnr. 134; Ruppe, in: Herrmann/Heuer/Raupach, EStG/KStG, Einf. ESt Anm. 513

[5]Friauf, StbJb. 1975/76, S. 369, 383; ähnl. Lang, JDStJG 1981, S. 45, 71 f.; Stoll, JDStJG 1981, S. 207, 244; Tipke, StuW 1972, 264, 268

[6]Vgl. z.B. BFH v. 16.12.1975 - VIII R 3/74, BStBl. II 1976, 246, 248 m.w.N.

[7]Friauf, StbJb. 1975/76, S. 369, 383 f.; Tipke, StuW 1972, 264, 266

gerechtfertigt, wenn der einzelne Vorgang zugleich die in den Grenzen ihres möglichen Wortsinns zu bestimmenden Voraussetzungen eines gesetzlich geregelten Aufdeckungstatbestandes erfüllt. Gestaltungen wie die oben beschriebenen Beispielfälle, bei denen kein gesetzlicher Besteuerungstatbestand vorliegt, dürfen, selbst wenn dies aufgrund der damit verbundenen Verletzung des Subjektprinzips wünschenswert wäre, nicht in die Steuerpflicht einbezogen werden. Denn allein aus der Verletzung des Subjektprinzips läßt sich - wie der Grundsatz der Tatbestandsmäßigkeit der Besteuerung festlegt - keine Aufdeckung der stillen Reserven ableiten[1].

b) Aufdeckung aufgrund Ausdehnung des Anwendungsbereichs der gesetzlichen Gewinnausweistatbestände?

Weiterführende Überlegungen müssen dahin gehen, ob sich der grundsätzliche Zwang zur Aufdeckung der stillen Reserven mit einer Ausdehnung des Anwendungsbereichs der gesetzlichen Besteuerungstatbestände begründen läßt. Da bei den zu untersuchenden Anwendungsfällen für die überspringenden stillen Reserven keine Gegenleistung erbracht wird[2], kommen diesbezüglich nur die Gewinnausweistatbestände in Frage.

Wie bereits ausgeführt[3], wird über die Gewinnausweistatbestände die Durchführung des Subjektprinzips in den Fällen erreicht, in denen die Übertragung der stillen Reserven auf ein anderes Rechtssubjekt keinen Veräußerungstatbestand im Sinne des Realisationsprinzips erfüllt[4]. Damit erfüllen sie auch den Zweck, die Besteuerung der stillen Reserven **bei dem Steuersubjekt, bei dem sie entstanden sind**, sicherzustellen. Folglich müßte eine Entnahme immer dann vorliegen, wenn ansonsten der Steuerzugriff auf stille Reserven, bei dem Steuersubjekt, bei dem sie entstanden sind, verlorengeht. Für die zu untersuchenden Anwendungsfälle wäre also aufgrund eines Steuersubjektwechsels die Aufdeckung der stillen Reserven zwingend.

Mit dieser Argumentation begibt man sich jedoch auf dieselbe Schiene wie die Rechtsprechung des BFH zum finalen Entnahmebegriff[5]. Basierend auf der

---

[1] Damit ist auch der Nachweis für die in Abschn. „Markteinkommenskonzept“ (S. 87) getroffene Feststellung erbracht, daß rein aus der Verletzung des Subjektprinzips - bei ansonsten zutreffender teleologischer Reduktion der Rechtsfolge der Gewinnrealisierungstatbestände - keine Aufdeckung der stillen Reserven begründet werden kann.

[2] Vgl. dazu Abschn. „Anwendungsfälle“, S. 108

[3] Vgl. Abschn. „Durchführung des Subjektprinzips bei unentgeltlichen Übertragungen“, S. 64

[4] Vgl. dazu Abschn. „Durchführung des Subjektprinzips bei unentgeltlichen Übertragungen“, S. 64

[5] Zum finalen Entnahmebegriff vgl. BFH v. 7.10.1974 - GrS 1/73, BStBl. II 1975, 168; BFH v. 21.12.1977 - I R 247/74, BStBl. II 1978, 305, 306 jeweils m.w.N.

Annahme, daß es alleiniger Zweck der Entnahme sei, die Besteuerung der stillen Reserven sicherzustellen [1], prüfte der BFH nicht mehr, ob der Tatbestand der Entnahme erfüllt sei, um daran eine Besteuerung festzumachen. Vielmehr wurde die Reihenfolge umgekehrt und postuliert, daß immer dann, wenn stille Reserven der Besteuerung zu entgehen drohen, eine Entnahme vorliegen müsse. Auf diese Weise fand die These von einem übergreifenden Entstrickungsprinzip durch nur vordergründig, nicht aber juristisch vertretbare, einwandfreie Interpretation des Entnahmetatbestandes wieder Eingang ins Steuerrecht [2].

Die Argumentation, die Gewinnausweistatbestände dienten der Einhaltung des Subjektprinzips, so daß eine Entnahme immer dann vorliegen müsse, wenn ansonsten das Subjektprinzip gefährdet sei, weist denselben Fehler auf. Auch mit ihr würde man sich nicht an den üblichen Gang des Verfahrens halten, demgemäß **zunächst** geprüft werden muß, ob ein Vorgang den Tatbestand der Entnahme erfüllt, **bevor** man daran als Rechtsfolge die Aufdeckung der übergehenden stillen Reserven knüpft. Vielmehr ginge man vom rechtspolitisch erwünschten Ergebnis - der Erfassung der stillen Reserven bei dem Steuersubjekt, bei dem sie entstanden sind - aus, um dann auf das Vorliegen des Entnahmetatbestandes zu schließen. Auf diese Weise werden nicht nur Tatbestand und Rechtsfolge vermengt [3], sondern auch „contra legem“ Steuertatbestände geschaffen [4]. Eine derartige Ausweitung des Anwendungsbereichs der Gewinnausweistatbestände ist folglich abzulehnen.

Am Beispiel der Rechtsprechung zum finalen Entnahmebegriff zeigen sich deutlich die Folgen einer derartigen Vorgehensweise. Um das gewünschte Ergebnis - Erfassung der stillen Reserven bzw. Erfassung der stillen Reserven bei dem Steuersubjekt, dem sie zuzurechnen sind, - zu erreichen, müßten die Tatbestandselemente der Gewinnausweisvorschriften je nach Einzelfall unterschiedlich ausgelegt werden [5]. Damit würden der Entnahmebegriff und seine

---

[1] Zur Frage, ob die Sicherstellung der stillen Reserven tatsächlich als alleiniger Zweck der Entnahmeregelung anzusehen ist, vgl. Abschn. „Begründung aus dem Zweck der Gewinnausweistatbestände“, S. 106

[2] Hellwig, FR 1976, 129, 131; Stoll, JDStJG 1981, S. 207, 221

[3] Felix, StKongRep. 1980, S. 129, 148 f.; Friauf, StbJb. 1975/76, S. 369, 373 f.; Knobbe-Keuk, Bilanz- und Unternehmenssteuerrecht, S. 273; Schaumburg, JDStJG 1981, S. 247, 251

[4] Loritz, Einkommensteuerrecht, S. 253

[5] Vgl. z.B. BFH v. 7.10.1974 - GrS 1/73, BStBl. II 1975, 168, 170, wo ausgeführt wird, daß der in der Entnahmevorschrift verwendete Ausdruck „Betrieb“ je nach Zusammenhang als das gesamte betriebliche Vermögen (weiter Betriebsbegriff) oder nur als die jeweilige betriebliche Einheit (enger Betriebsbegriff) verstanden wird.

Tatbestandselemente völlig konturlos [1]. Eine derartige ergebnisorientierte Argumentation ist folglich abzulehen.

c) Aufdeckung der stillen Reserven durch Analogie?

Jenseits der Gesetzesauslegung beginnt die richterliche Rechtsfortbildung, die dazu dient, Gesetzeslücken im Sinne von planwidrigen, mit dem Gesetzeszweck nicht zu vereinbarenden Unvollständigkeiten auszufüllen [2]. Methode zur Lückenschließung ist die Analogie. Sie rechtfertigt sich damit, daß Sachverhalte, die vom gleichen, dem Gesetz zugrundeliegenden Prinzip erfaßt werden, auch gleiche Rechtsfolgen nach sich ziehen müssen [3].

Basis für die nachfolgenden Überlegungen ist die Annahme, daß das Subjektprinzip bzw. der Grundsatz der Steuersubjektentstrickung als übergreifendes Prinzip den gesetzlichen Normen zugrundeliegt, die die Fälle des Übergangs stiller Reserven auf andere Steuersubjekte regeln (§§ 6 Abs. 1 Nr. 4, 16 Abs. 3 EStG). Daran anknüpfend könnte man in obigen Beispielfällen, in denen ebenfalls stille Reserven auf ein anderes Steuersubjekt übergehen, aber kein gesetzlich geregelter Aufdeckungstatbestand greift, eine Gesetzeslücke sehen.

Doch müssen die Untersuchungen bezüglich der Existenz einer Gesetzeslücke und der Frage, ob der Grundsatz der Steuersubjektentstrickung tatsächlich ein zur Lückenfüllung geeigneter allgemeiner Rechtsgrundsatz ist, nicht weiter vertieft werden. Denn selbst wenn beides bejaht werden könnte, dürfte die Gesetzeslücke nicht zu Lasten des Steuerpflichtigen geschlossen werden. Anderenfalls würde gegen das Verbot der steuerbegründenden und steuerverschärfenden Analogie verstoßen [4], das von der h.M. mit unterschiedlichen Begründungen anerkannt wird [5].

---

[1] Loritz, Einkommensteuerrecht, S. 253; ähnl. Kirchhof/Söhn/Plückebaum, EStG, § 4 Rdnr. B 230 f.; Lang, JDStJG 1981, S. 45, 69; Speich, NWB, Fach 3, S. 9081; Stoll, Ertragsbesteuerung, S. 78 ff.

[2] Larenz, Methodenlehre, S. 354 ff.; Tipke, StuW 1972, 264, 266 f.

[3] Crezelius, Steuerrechtliche Rechtsanwendung, S. 151; Hartmann/Walter, Auslegung und Anwendung von Steuergesetzen, S. 243 ff.; Larenz, Methodenlehre, S. 365 ff.

[4] Friauf, StbJb. 1975/76, S. 369, 384 f.; Herrmann/Heuer/Raupach, EStG/KStG, § 5 EStG Anm. 49v; Lang, JDStJG 1981, S. 143; Luckey, StuW 1979, 129, 132 f.; Schaumburg, JDStJG 1981, S. 247, 250 f.; Tipke, StuW 1972, 264, 268 f. m.w.N.; Vogel, JDStJG 1981, S. 139; glA auch BFH v. 9.2.1972 - I R 205/66, BStBl. II 1972, 455

[5] Vgl. zum Analogieverbot und seinen Begründungen im einzelnen Crezelius, Rechtsanwendung, S. 153 ff.; Flume, StbJb. 1967/68, S. 63, 65 ff.; Friauf, JDStJG 1982, S.53; Hartmann/Walter, Auslegung und Anwendung von Steuergesetzen, S. 259; Ruppe, in: Herrmann/Heuer/Raupach, EStG/KStG, Einf. ESt Anm. 662 f.; Tipke/Lang, Steuerrecht, S. 113; Tipke, StuW 1972, 264, 268 f.; Woerner, JDStJG 1982, S. 23 jeweils m.w.N..

4. Ergebnis

Zusammenfassend ist festzustellen, daß sich weder aufgrund eines allgemeinen Prinzips der Steuersubjektentstrickung, das aus dem Subjektsteuercharakter von Einkommen- und Körperschaftsteuer abgeleitet wird, noch über eine erweiterte Auslegung der Gewinnausweistatbestände noch über analoge Anwendung derselben eine Aufdeckung stiller Reserven in einem Zeitpunkt begründet werden kann, in dem diese auf ein anderes Steuersubjekt übertragen werden, ohne daß dabei ein Besteuerungstatbestand im eigentlichen Sinne vorliegt. Um die absolute Subjektbindung der stillen Reserven zu erreichen, hätte der Gesetzgeber - wie es der Grundsatz der Tatbestandsmäßigkeit der Besteuerung fordert - ein derartiges Prinzip explizit regeln müssen und sich nicht dafür entscheiden dürfen, daß stille Reserven auch bei einem Steuersubjektwechsel nur dann aufzudecken sind, wenn ein gesetzlich geregelter Besteuerungstatbestand erfüllt ist.

Vor dem geltenden Steuerrecht ist es folglich auch der Rechtsprechung nicht möglich, für die zu untersuchenden Fälle des Überspringens stiller Reserven, bei denen kein Besteuerungstatbestand erfüllt ist, entgegen der Entscheidung des Gesetzgebers die Steuerpflicht anzuordnen. Damit wird aus der Sicht des Steuerpflichtigen dem Gebot der Rechtssicherheit entsprochen [1]. Vielmehr muß bei eingangs beschriebenen Anwendungsfällen dieser Konstellation in Kauf genommen werden, daß stille Reserven auf ein anderes Rechtssubjekt überspringen, ohne daß daraus eine Besteuerung abgeleitet werden kann [2].

Kann der Fiskus im Zeitpunkt des Überspringens aber keinen gesetzlich gefestigten Steueranspruch geltend machen, so besteht auch kein Rechtsgrund, die stillen Reserven nach ihrem Übergang auf ein anderes Rechtssubjekt grundsätzlich weiterzuverhaften. Es muß deshalb hingenommen werden, daß infolge des Überspringens stille Reserven der steuerlichen Erfassung entgehen können.

---

[1] Friauf, StbJb. 1975/76, S. 369, 385

[2] Ähnl., wenn auch auf die finale Entnahmetheorie bezogen Loritz, Einkommensteuerecht, S. 253

4. Teil: Überspringen stiller Reserven bei Kapitalgesellschaften

A. Einführende Überlegungen

In den vorangegangenen Ausführungen wurden die möglichen Fälle des Überspringens stiller Reserven auf ein anderes Rechtssubjekt derart systematisiert, daß drei Konstellationen unterschieden werden konnten. Dabei waren die ersten beiden Konstellationen insofern vergleichbar, als ein gesetzlich geregelter Besteuerungstatbestand grundsätzlich zur Aufdeckung der stillen Reserven im Zeitpunkt ihrer Übertragung zwang. Zugleich wurde erläutert, daß Besonderheiten, die beide Konstellationen aufweisen, ausnahmsweise den Verzicht auf Aufdeckung rechtfertigen und es wurden die Bedingungen vorgestellt, die an eine solche Ausnahme zu knüpfen sind.

Ergänzend kann hier festgehalten werden, daß bei beiden Konstellationen der Verzicht auf gewinnwirksame Aufdeckung der stillen Reserven, der mit der Buchwertfortführung ausnahmsweise verbunden ist, die Umstrukturierung steuerlich begünstigen kann. Zum einen erzielt der Umstrukturierende dadurch einen Liquiditätsvorteil, daß er die stillen Reserven nicht im Übertragungszeitpunkt zu versteuern hat, in dem ihm - anders als beim typischen Veräußerungsgeschäft - keine liquiden Mittel zur Begleichung der Steuerlast zufließen. Vielmehr erfolgt die Besteuerung erst zu einem späteren Zeitpunkt, wenn sich die stillen Reserven durch den betrieblichen Umsatzprozeß auflösen. Der entstehende Gewinn unterliegt dann aber dem vollen Steuersatz und der Gewerbesteuer. Mit der Buchwertfortführung ist zum anderen eine zinslose Steuerstundung verbunden. Möglicherweise kann der Umstrukturierende zusätzlich einen Progressionseffekt erzielen, falls sein Einkommen - und damit der Steuersatz - im Zeitablauf sinkt und die stillen Reserven erst in einer späteren Niedrigsteuerperiode aufgedeckt werden.

Allerdings dürfen die positiven Effekte einer Sofortbesteuerung im Übertragungszeitpunkt nicht übersehen werden, wie z.B. die Inanspruchnahme der Steuervergünstigungen gem. §§ 16 Abs. 4, 34 EStG. In diesem Zusammenhang muß jedoch darauf hingewiesen werden, daß der Freibetrag des § 16 Abs. 4 EStG - und damit einer der Vorteile der Sofortbesteuerung - mit dem Jahressteuergesetz 1996[1] weitgehend entfällt[2]. Ein anderer Vorteil der Sofortbesteuerung, der auch künftig bestehen bleibt, ist, daß durch den Ansatz der Wirtschaftsgüter mit dem Teilwert zusätzliches Abschreibungspotential geschaffen wird. Es ist in

---

[1] BGBl. I 1995, 1250

[2] Vgl. dazu ausführlich z.B. Bering, DStR 1995, 1820 f.

seinem Umfang und bezüglich seiner positiven Auswirkungen jedoch abhängig von der Qualität der übertragenen Wirtschaftsgüter[1]. Die Vor- und Nachteile von Buchwertfortführung bzw. Sofortbesteuerung müssen einzelfallbezogen gegeneinander abgewogen werden, um die günstigere Alternative zu finden.

Für Anwendungsfälle der dritten Konstellation, bei denen im Übertragungszeitpunkt kein gesetzlich geregelter Besteuerungstatbestand erfüllt ist, bei denen aber dennoch stille Reserven auf ein anderes Rechtssubjekt übertragen werden, wurden ebenfalls Überlegungen zur steuerlichen Behandlung angestellt. Als Ergebnis war festzuhalten, daß die stillen Reserven weder im Übertragungszeitpunkt aufgedeckt noch beim Übernehmer generell steuerverhaftet werden können, so daß unter Umständen hingenommen werden muß, daß sie dem Zugriff des Fiskus endgültig entzogen werden.

Nachfolgend soll nun versucht werden, alle denkbaren Fälle des Überspringens stiller Reserven im Umfeld einer Kapitalgesellschaft - denn auf diese soll sich die zugrundeliegende Arbeit beschränken - einer dieser Konstellationen zuzuordnen. Für jeden Anwendungsfall muß dann geprüft werden, inwieweit die durch Gesetz, Rechtsprechung oder Finanzverwaltung vorgesehene Behandlung mit dem im vorherigen Teil der Arbeit erarbeiteten Konzept übereinstimmt und wie etwaige Abweichungen zu bewerten sind.

B. Anteilsübertragungen

Da bei einer Kapitalgesellschaft infolge der Trennungstheorie Gesellschafts- und Gesellschafterebene zu unterscheiden sind, muß bezüglich des Überspringens stiller Reserven das Augenmerk auch auf die Gesellschafterebene, d.h. auf die von den Gesellschaftern gehaltenen Anteile an der Kapitalgesellschaft gerichtet werden. Dabei sind unentgeltliche oder teilentgeltliche Übertragungen der Anteile auf Dritte von Interesse, wobei sorgfältig unterschieden werden muß, ob die Anteile des Gesellschafters zu dessen Betriebs- oder Privatvermögen zählen.

I. Unentgeltliche Anteilsübertragungen

1. Formen der unentgeltlichen Übertragung

Für die einkommensteuerliche Behandlung darf nicht die zivilrechtliche Form einer Übertragung ausschlaggebend sein, sondern ausschließlich, ob der Vorgang nach **einkommensteuerlichem** Verständnis entgeltlich oder unentgelt-

---

[1] Vgl. dazu Tillmann, GmbHR 1989, 41, 42

lich erfolgt, da daran unterschiedliche Rechtsfolgen anknüpfen[1]. Bei der entgeltlichen Übertragung wird der Vermögensempfänger dem Übertragenden für seine Leistung eine dieser nach kaufmännischen Gesichtspunkten wertmäßig entsprechende Gegenleistung gewähren[2]. Die Annahme einer unentgeltlichen Übertragung dagegen setzt voraus, daß der Vermögensempfänger keine wie immer geartete Gegenleistung für die Zuwendung des Vermögens erbringt[3]. Einkommensteuerlich kann weiter zwischen der unentgeltlichen Übertragung unter Lebenden und der unentgeltlichen Übertragung von Todes wegen unterschieden werden.

Typischer Fall einer **unentgeltlichen Übertragungen unter Lebenden** ist die sog. *(reine) Schenkung (§ 516 BGB)*, bei welcher der Empfänger für die Zuwendung keine Gegenleistung zu erbringen hat. Der Beschenkte erwirbt das Vermögen unmittelbar vom Schenker; die einzelnen Wirtschaftsgüter müssen im Wege der Einzelrechtsnachfolge übertragen werden[4].

Vermögens- und damit auch Anteilsübertragungen unter Lebenden, die mit Rücksicht auf die künftige Erbfolge vorgenommen werden und wesentliche Teile des existenzsichernden Vermögens umfassen, bezeichnet man als *„vorweggenommene Erbfolge“*[5]. Diese sind in der Regel mit Gegenleistungen seitens des Übernehmers verbunden, ohne daß Leistung und Gegenleistung nach kaufmännischen Gesichtspunkten gegeneinander abgewogen wurden[6].

Durch die frühere BFH-Rechtsprechung[7] wurden solche Vorgänge - in Anlehnung an das Zivilrecht - regelmäßig als Schenkung unter Auflage eingestuft und damit wie ein voll unentgeltliches Geschäft behandelt. Der Große

---

[1]Crezelius, JDStJG 1994, S. 135, 148; Wasmer, Zurechnung von Einkünften, S. 68; Winkeljohann, in: Herrmann/Heuer/Raupach, EStG/KStG, § 6 EStG Anm. 414

[2]Zur Frage, inwiefern ausschließlich aufgrund des Fehlens der objektiven Ausgeglichenheit von Leistung und Gegenleistung ein vollentgeltlicher Erwerb abgelehnt werden kann, vgl. Abschn. „Formen und Behandlungsmöglichkeiten der teilentgeltlichen Übertragung“, S. 131

[3]Gänger, in: Hartmann/Böttcher/Nissen/Bordewin, EStG, § 16 Rz. 18, 23; Kirchhof/Söhn/Werndl, EStG, § 6 Rdnr. B 154

[4]Gänger, in: Hartmann/Böttcher/Nissen/Bordewin, EStG, § 16 Rz. 23; Hörger, in: Littmann/Bitz/Hellwig, Einkommensteuerrecht, § 16 Rn. 20; Winkeljohann, in: Herrmann/Heuer/Raupach, EStG/KStG, § 6 EStG Anm. 417

[5]BMF v. 13.1.1993 - IV B 3 - S 2190 - 37/92, BStBl. I 1993, 80 Tz. 1; Förster/Heyeres, BB 1991, 1458; Winkeljohann, in: Herrmann/Heuer/Raupach, EStG/KStG, § 6 EStG Anm. 422 jeweils m.w.N.

[6]BMF v. 13.1.1993- IV B 3 - S 2190 - 37/92, BStBl. I 1993, 80 Tz. 2; Schulze zur Wiesche, Wpg. 1993, 593 f.

[7]Z.B. BFH v. 26.11.1985 - IX R 64/82, BStBl. II 1986, 161; BFH v. 30.10.1984 - IX R 2/84, BStBl. II 1985, 610

Senat gab mit Beschluß vom 5.7.1990[1] die Anlehnung an die zivilrechtliche Unterscheidung zwischen gemischter Schenkung und Schenkung unter Auflage auf. Die Vermögensübertragung im Wege der vorweggenommenen Erbfolge kann nun - unabhängig davon, wie die Übertragung zivilrechtlich einzustufen ist - je nach Ausgestaltung der Gegenleistung ein unentgeltlicher oder teilentgeltlicher Vorgang sein[2].

Ein unentgeltlicher Vorgang liegt dann vor, wenn sich der Übertragende die Nutzung oder Erträge seines bisherigen Vermögens zumindest teilweise vorbehält, denn hier tätigt der Übernehmer keine eigenen Aufwendungen, um das Vermögen zu erhalten. Als Hauptanwendungsfall derartiger Ertragsvorbehalte gelten private Versorgungsleistungen, die der Übernehmer zusagt[3].

Die Übernahme von Verbindlichkeiten des Übergebers ist grundsätzlich als Entgelt einzustufen. Eine Ausnahme soll allerdings dann gelten, wenn in Zusammenhang mit der Übertragung eines Betriebs, Teilbetriebs oder Mitunternehmeranteils betriebliche Verbindlichkeiten übernommen werden[4].

Erfolgt eine Vermögensübertragung, die mit einer Auflage verbunden ist, nicht auf potentielle Erben, spricht man von *Schenkung unter Auflage*. Nur wenn die dem Empfänger auferlegte Leistung aus dem zugewendeten Vermögen erbracht wird, liegt tatsächlich eine Schenkung unter Auflage und keine gemischte Schenkung vor[5]. Einkommensteuerlich kann der Vorgang heute nicht mehr uneingeschränkt in Anlehnung an das Zivilrecht als unentgeltlich eingestuft werden[6]. Vielmehr hängt die einkommensteuerliche Einordnung der Schenkung unter Auflage vom Charakter der Auflage ab, die wiederum an den vom BFH aufgestellten Grundsätzen zur vorweggenommenen Erbfolge gemessen werden muß[7].

---

[1]GrS 4-6/89, BStBl. II 1990, 847

[2]Knobbe-Keuk, Bilanz- und Unternehmenssteuerrecht, S. 798 f.; Schmidt, EStG, § 16 Rz. 45 ff.; Winkeljohann, in: Herrmann/Heuer/Raupach, EStG/KStG, § 6 EStG Anm. 431 jeweils m.w.N.

[3]BFH v. 15.7.1991 - GrS 1/90, BStBl. II 1992, 78; Förster/Heyeres, BB 1991, 1458, 1461; Schulze zur Wiesche, Wpg. 1993, 593, 594; vgl. dazu detailliert Biergans/Koller, DStR 1993, 741; Schmidt, EStG, § 16 Rz. 51 ff.; zur Abgrenzung von der betrieblichen Veräußerungsrente, die zu einem entgeltlichen Rechtsgeschäft führt, vgl. Schoor, DStZ 1993, 225

[4]BFH v. 5.7.1990 - GrS 4-6/89, BStBl. II 1990, 847, 853 f.; vgl. dazu auch Abschn. „Formen und Behandlungsmöglichkeiten der teilentgeltlichen Übertragung", S. 131

[5]Vgl. dazu Hörger, in: Littmann/Bitz/Hellwig, Einkommensteuerrecht, § 16 Rn. 21; Gänger, in: Hartmann/Böttcher/Nissen/Bordewin, EStG, § 16 Rz. 26; Winkeljohann, in: Herrmann/Heuer/Raupach, EStG/KStG, § 6 EStG Anm. 419

[6]Winkeljohann, in: Herrmann/Heuer/Raupach, EStG/KStG, § 6 EStG Anm. 418

[7]Gänger, in: Hartmann/Böttcher/Nissen/Bordewin, EStG, § 16 Anm. 26; Kirchhof/Söhn/Werndl, EStG, § 6 Rdnr. B 154 f.; Schmidt, EStG, § 16 Rz. 42

Bei der **Übertragung von Todes wegen** auf einen oder mehrere Erben geht das Vermögen des Erblassers im Wege der Gesamtrechtsnachfolge, also als Gesamtheit in einem einheitlichen Rechtsakt, auf den oder die Rechtsnachfolger über. Auch in diesem Fall wird der eigentliche Übertragungsvorgang einkommensteuerlich als unentgeltliches Rechtsgeschäft angesehen[1]. Die steuerrechtliche Unentgeltlichkeit des Vorgangs wird hier gleichfalls nicht dadurch berührt, daß die Erben mit Schulden belastet sind, die noch zu Lebzeiten des Erblassers von diesem begründet wurden oder infolge des Erbfalls entstanden sind (sog. Erbfallschulden)[2].

Die sich bei der Übertragung auf mehrere Erben (Erbengemeinschaft) an den Erbfall möglicherweise anschließende *Erbauseinandersetzung* wird seit Aufgabe der Einheitstheorie[3] als selbständiger Rechtsvorgang behandelt. Für die Erbauseinandersetzung ist somit neuerlich zu entscheiden, ob einkommensteuerlich ein entgeltlicher oder unentgeltlicher Vorgang gegeben ist. Die Erben bilden eine Gesamthandsgemeinschaft (§ 2032 Abs. 1 BGB) und müssen, soweit zum Nachlaß ein Gewerbebetrieb gehört, als „geborene Mitunternehmerschaft" in der Form einer mit einer Personengesellschaft wirtschaftlich vergleichbaren Gemeinschaft behandelt werden[4]. Deshalb führen Fragen des Überspringens stiller Reserven bei der Erbauseinandersetzung in den Bereich des Personengesellschaft. Selbst wenn man die Betrachtung auf Erbauseinandersetzungen beschränkt, die nur Kapitalgesellschaftsanteile zum Gegenstand haben, müßten zu viele grundsätzliche Fragen geklärt werden, die keinen Bezug zu der Thematik dieser Arbeit - die Kapitalgesellschaften und deren Umfeld - haben. Aus diesem Grunde soll die Erbauseinandersetzung hier außer Betracht bleiben.

2. Unentgeltliche Übertragung eines betrieblichen Kapitalgesellschaftsanteils

Aus Abschn. „Aufdeckung stiller Reserven im Steuerrecht" (S. 44) ist bekannt, daß der zu einem Betriebsvermögen zählende Anteil an einer Kapitalgesellschaft dem Dualismus der Einkunftsarten folgend steuerverstrickt ist. Bei

---

[1] So schon die Rechtsprechung des BFH (z.B. BFH v. 21.2.1973 - IV R 58/72, BStBl. II 1973, 317) vor der grundlegenden Entscheidung des GrS zur Erbauseinandersetzung (GrS v. 5.7.1990 - GrS 2/89, BStBl. II 1990, 837); die Unentgeltlichkeit des Erbfalls als solchem wird durch diese Entscheidung nicht berührt (vgl. BMF v. 11. 1. 1993 - IV B 2 - S 2242 - 86/92, BStBl. I 1993, 62, 64).

[2] Crezelius, JDStJG 1994, S. 135, 177; Schmidt, EStG, § 16 Rz. 26; Wasmer, Zurechnung von Einkünften, S. 70

[3] BFH v. 5.7.1990 - GrS 2/89, BStBl. II 1990, 837; BMF v. 11.1.1993- IV B 2 - S 2242 - 86/92, BStBl. I 1993, 62

[4] BFH v. 5.7.1990 - GrS 2/89, BStBl. II 1990, 837, 842; Schmidt, EStG, § 16 Rz. 606; Spiegelberger, DStR 1992, 584

seiner **entgeltlichen** Übertragung stellt das Realisationsprinzip sicher, daß die mit dem Anteil verbundenen stillen Reserven steuerwirksam aufgedeckt werden. Auf diese Weise wird gleichzeitig die Einhaltung des Subjektprinzips gewährleistet.

Liegt dagegen eine *unentgeltliche* Anteilsübertragung vor, greift das Realisationsprinzip nicht und verbietet sogar einen Gewinnausweis. Gleichwohl fordert das Subjektprinzip die steuerwirksame Aufdeckung der stillen Reserven, da sie ansonsten nicht bei dem Rechtssubjekt, das sie erwirtschaftet hat, steuerlich erfaßt werden können. Der Widerspruch ist zu lösen, indem in Fällen der unentgeltlichen Übertragung eines betrieblichen Kapitalgesellschaftsanteils aus privatem Anlaß[1] zunächst von einer mit dem Teilwert zu bewertenden Entnahme des Anteils ins Privatvermögen des Anteilsinhabers auszugehen ist. Handelt es sich um die unentgeltliche Übertragung einer 100%-igen betrieblichen Beteiligung, liegt eine Teilbetriebsaufgabe i.S.d. § 16 Abs. 3 EStG vor. Anschließend erfolgt eine steuerneutrale, unentgeltliche Übertragung der ehemaligen betrieblichen Anteile aus dem Privatvermögen des Betriebsinhabers an den Übernehmer[2]. Damit wird auch in diesen Fällen ein Überspringen der mit dem Anteil verbundenen stillen Reserven grundsätzlich verhindert.

Zur Beantwortung der Frage, ob es (gerechtfertigte) Ausnahmen gibt, in denen entgegen dem Grundsatz der betriebliche Anteil an einer Kapitalgesellschaft ohne Aufdeckung der stillen Reserven unentgeltlich auf ein anderes Rechtssubjekt übertragen werden kann, muß etwas weiter ausgeholt werden. Es soll zunächst die unentgeltliche Übertragung eines ganzen Betriebs betrachtet werden.

Auch die unentgeltliche Übertragung eines ganzen Betriebs führt grundsätzlich zur Aufdeckung der mit dem Vermögen verbundenen stillen Reserven, da sie als Betriebsaufgabe i.S.d. § 16 Abs. 3 EStG einzustufen ist[3]. Wie aber in Abschn. „Gewinnausweistatbestand als Ausgangspunkt" (S. 102) herausgearbeitet wurde, kann auf die Rechtsfolge der Aufdeckung ausnahmsweise verzichtet und ein Überspringen stiller Reserven gestattet werden, wenn es sich lediglich um einen Umstrukturierungsvorgang handelt. Durch einen solchen Umstrukturierungsvorgang sollen die stillen Reserven gerade nicht dem betrieblichen Bereich und der Einflußsphäre dessen, der sie erwirtschaftet hat,

---

[1] Würde ein zu einem Betriebsvermögen rechnender Kapitalgesellschaftsanteil aus betrieblichem Anlaß unentgeltlich übertragen, so ist der Ansatz einer Entnahme aufgrund der betrieblichen Veranlassung abzulehnen. Der Übertragende muß hier die Vermögensminderung in Höhe des Buchwertes als Betriebsausgabe ansetzen; den Ansatz beim Übernehmer regelt § 7 Abs. 2 EStDV (vgl. Kemmer, Teilentgeltliche Rechtsgeschäfte, S. 321 f.; Wasmer, Zurechnung von Einkünften, S. 189 f.).

[2] Vgl. dazu ausführlich Abschn. „Durchführung des Subjektprinzips bei unentgeltlichen Übertragungen", S. 64

[3] Vgl. Abschn. „Durchführung des Subjektprinzips bei unentgeltlichen Übertragungen", S. 64

entzogen werden, sondern er dient lediglich einer Neuformierung des Unternehmens. Diese Idee wird von § 7 Abs. 1 EStDV als Ausnahmeregelung zu § 16 Abs. 3 EStG aufgegriffen. § 7 Abs. 1 EStDV beinhaltet zudem die Kriterien, die gewährleisten, daß auch tatsächlich ein derartiger Umstrukturierungsvorgang gegeben ist: die Fortführung des unternehmerischen Engagements und die Sicherstellung der Besteuerung der stillen Reserven.

Die Besteuerung der stillen Reserven wird sichergestellt, indem der Rechtsnachfolger bezüglich des übernommenen Vermögens die Buchwerte seines Vorgängers fortführen muß. Problematisch ist jedoch, daß § 7 Abs. 1 EStDV, im Unterschied zu den übrigen Ausnahmeregelungen und obwohl es sich auch hier um eine Durchbrechung des Subjektprinzips handelt, kein Wahlrecht, sondern die zwangsweise Fortführung der Buchwerte vorsieht[1]. Warum jedoch das ursprünglich existierende Wahlrecht in eine Pflicht umgewandelt wurde, ist ungeklärt[2]. Dennoch kann man aufgrund des eindeutigen Wortlauts des § 7 Abs. 1 S. 2 EStDV den Zweck der Regelung wohl nicht in dem Sinne teleologisch reduzieren, so daß dem Rechtsnachfolger eine wahlweise Gewinnrealisierung zugestanden wird[3].

Hinsichtlich der personellen Komponente der Fortführung des unternehmerischen Engagements fällt auf, daß der ursprüngliche Engagementträger nicht mit seinem Vermögen verbunden bleibt, sondern sich durch die Übertragung völlig davon löst. Zieht man jedoch in Betracht, daß im Falle der unentgeltlichen Übertragung unter Lebenden oder von Todes wegen an die Stelle derselben Person der Rechtsnachfolger tritt, so kann dieser als „Engagementnachfolger" die personelle Komponente der Fortsetzung des unternehmerischen Engagements erfüllen[4].

Probleme ergeben sich jedoch bezüglich der sachlichen Komponente des unternehmerischen Engagements. Gegenstand unternehmerischen Engagements kann gemäß Abschn. „Sachliches Element" (S. 93) ein Betrieb, Teilbetrieb oder Mitunternehmeranteil sein. Insofern ist § 7 Abs. 1 EStDV systemgerecht. Allerdings wäre zu prüfen, ob es die Vorschrift tatsächlich erfordert, daß alle wesentlichen Betriebsgrundlagen des Teilbetriebs mitübertragen werden müssen[5].

---

[1]Crezelius, JDStJG 1994, S. 135, 158; für Wahlrecht, jedoch mit anderer Begründung Hörger, in: Littmann/Bitz/Hellwig, Einkommensteuerrecht, § 16 Rn. 20

[2]Kirchhof/Söhn/Reiß, EStG, § 16 Rdnr. B 80; Wasmer, Zurechnung von Einkünften, S. 54

[3]Crezelius, JDStJG 1994, S. 135, 158; aA Kirchhof/Söhn/Reiß, EStG, § 16 Rdnr. B 80

[4]Ähnl. Crezelius, JDStJG 1994, S. 135, 157 f.; dabei ist zu beachten, daß der Rechtsnachfolger zwar als Engagementnachfolger angesehen werden kann, nicht jedoch als dasselbe Steuersubjekt im Sinne des Subjektprinzips, so daß § 7 Abs. 1 EStDV auch weiterhin eine Durchbrechung des Subjektprinzips darstellt.

[5]So BFH v. 12.4.1989 - I R 105/85, BStBl. II 1989, 653

Denn nach hier vertretener Auffassung[1] ist die Fortsetzung des unternehmerischen Engagements nicht an die eigentumsmäßige Mitübertragung der wesentlichen Betriebsgrundlagen gebunden.

Die Betrachtung der sachlichen Komponente führt auch zurück zur betrieblichen Kapitalbeteiligung, die in diesem Abschnitt zu untersuchen ist. Bereits in Abschn. „Sachliches Element" (S. 93) wurde ausgeführt, daß unzweifelhaft auch die 100%-ige betriebliche Beteiligung an einer Kapitalgesellschaft, die gem. § 16 Abs. 1 Nr. 1 HS 2 EStG als Teilbetrieb gilt, eigenständiges Objekt unternehmerischen Engagements sein kann. Sogar die diesbezügliche Eignung von Beteiligungen, die nicht das gesamte Nennkapital der Gesellschaft umfassen, konnte plausibel gemacht werden. Als Abgrenzung zum Einzelwirtschaftsgut wurde in Anlehnung an § 17 EStG die 25%-Marke vorgeschlagen.

Dennoch ergibt sich bereits aus dem Wortlaut des § 7 Abs. 1 EStDV, daß die unentgeltliche Übertragung derartiger betrieblicher Kapitalgesellschaftsanteile nicht in den Anwendungsbereich des § 7 Abs. 1 EStDV einbezogen wird. Dies erscheint umso fragwürdiger, als nach dem in Abschn. „Gewinnausweistatbestand als Ausgangspunkt" (S. 102) erarbeiteten Konzept eben diese Anteile alle notwendigen Voraussetzungen für eine ausnahmsweise erfolgsneutrale Übertragung erfüllen würden[2].

Würde man - wie hier befürwortet - auch für die unentgeltliche Übertragung oben beschriebener betrieblicher Kapitalgesellschaftsanteile eine Regelung vorsehen, die ihre steuerneutrale Behandlung gestattet, sind noch die notwendigen Folgen beim Übernehmer zu klären. Er hätte, wäre § 7 Abs. 1 EStDV anwendbar, die Anschaffungskosten seines Rechtsvorgängers fortzuführen. Auf diese Weise soll die Besteuerung der mit dem Anteil verbundenen stillen Reserven sichergestellt werden. Dieser Forderung kann er aber nur dann gerecht werden, wenn er in der Lage und willens ist, den Anteil auch künftig in einem Betriebsvermögen zu halten. Muß er den Anteil allerdings in das Privatvermögen überführen, entsteht bei ihm - nicht bereits beim Übertragenden - ein Entnahmegewinn. Eine andere Möglichkeit für die Sicherstellung wäre, den ursprünglich betrieblichen Kapitalgesellschaftsanteil einer generellen Steuerverhaftung - ähnlich den einbringungsgeborenen Anteilen i.S.d. § 21 UmwStG - zu unterwerfen.

---

[1] Vgl. Abschn. „Sachliches Element", S. 93

[2] Für eine Einbeziehung jedenfalls der 100%-igen Beteiligung an einer Kapitalgesellschaft auch Hörger, in: Littmann/Bitz/Hellwig, Einkommensteuerrecht, § 16 Rn. 56; Kirchhof/Söhn/Reiß, EStG, § 16 Rdnr. B 287; Tipke/Lang, Steuerrecht, S.670; gegen eine Einbeziehung Schmidt, EStG, § 16 Rz. 161, 164 ff., 205 m.w.N.

3. Unentgeltliche Übertragung eines Anteils i.S.d. §§ 17, 23 EStG

Die Ausführungen in Abschn. „Besonderheiten der steuerlichen Erfassung stiller Reserven auf Gesellschafterebene“, (S. 72) ergaben, daß als Folge des Dualismus der Einkunftsarten ein Kapitalgesellschaftsanteil, der zum *Privatvermögen* des Gesellschafters zählt, dem Grundsatz nach keiner Steuerverstrickung unterworfen ist. Folglich stellen dessen Wertsteigerungen keine Einnahmen i.S.d. §§ 2 Abs. 2 Nr. 2, 8 EStG dar. Aus diesem Grunde können auch die Anteile **grundsätzlich** *sowohl entgeltlich als auch unentgeltlich* auf andere Steuersubjekte übertragen werden, ohne daß dadurch das Subjektprinzip verletzt ist und sich aus der Übertragung Steuerfolgen ergeben.

Einzige **Ausnahme** dazu bilden die Konstellationen der §§ 17 und 23 EStG, die für Veräußerungen und diesen gleichgestellten Übertragungen die Wertsteigerungen der Anteile zu Einkommen erheben. Da derartige **entgeltliche** Übertragungen durch die Regelungen der §§ 17 und 23 EStG gleichzeitig steuerpflichtig werden, ist die Einhaltung des Subjektprinzips gewährleistet.

Interessant ist aber die Behandlung der **unentgeltlichen** Übertragung und hier zunächst die einer wesentlichen, privaten Beteiligung. § 17 Abs. 2 S. 3 EStG sieht in diesem Zusammenhang vor, daß der unentgeltliche Erwerber eines solchen Anteils, will er ihn seinerseits veräußern, zur Ermittlung des Veräußerungsgewinns die Anschaffungskosten des Rechtsvorgängers anzusetzen hat, der den Anteil zuletzt entgeltlich erworben hat. Die Bedeutung dieser Regelung ist nachfolgend zu prüfen.

Man könnte davon ausgehen, daß § 17 EStG, der aufgrund der Vergleichbarkeit von wesentlich Beteiligtem und Mitunternehmer Einkünfte aus Gewerbebetrieb fingiert, mithin einen Gewinn besteuert, auch bezüglich der Einkunftsermittlung wie eine Gewinneinkunftsart zu behandeln ist. Als Folge davon würden auch die in den Anteilen ruhenden stillen Reserven dem Grundsatz nach Einkommen darstellen. Sie wären gemäß dem Subjektprinzip im Falle ihrer entgeltlichen **oder** unentgeltlichen Übertragung auf ein anderes Steuersubjekt grundsätzlich steuerwirksam aufzudecken[1]. § 17 Abs. 2 S. 3 EStG nähme dann, vergleichbar mit § 7 Abs. 1 EStDV, den Charakter einer Ausnahmeregelung an, die in Abweichung vom Subjektprinzip die Übertragung von stillen Reserven auf ein anderes Rechtssubjekt zuläßt[2]. Die Parallele zu § 7 Abs. 1 EStDV wird umso mehr plausibel, als nach hier vertretener Auffassung[3] auch an einer wesentlichen Beteiligung unternehmerisches Engagement entfaltet werden kann, was sich nicht zuletzt aus der Vergleichbarkeit von Mitunternehmer und

---

[1] Vgl. Abschn. „Konkretisierung bezüglich der Person“, S. 60

[2] So Wasmer, Zurechnung von Einkünften, S. 55; ähnl. BFH v. 5.12.1973 - I R 68/71, BStBl. II 1974, 236, wobei in diesem Urteil der Ausnahmecharakter der Regelung des § 7 Abs. 1 EStDV - und folglich auch des § 17 Abs. 2 S. 3 EStG - nicht deutlich wird.

[3] Vgl. Abschn. „Sachliches Element“, S. 93

wesentlich Beteiligtem ergibt. § 17 Abs. 2 S. 3 EStG könnte damit auch hinsichtlich seiner Rechtfertigung mit § 7 Abs. 1 EStDV gleichgeschaltet werden.

Zieht man jedoch in Betracht, daß § 17 EStG die Zugehörigkeit eines Gewinnes oder Verlustes aus der Veräußerung der wesentlichen Beteiligung zu den Einkünften aus Gewerbebetrieb nur fingiert, die Beteiligung jedoch tatsächlich zum Privatvermögen zählt, kann hinsichtlich der Einkunftsermittlung nicht auf die Gewinneinkunftsarten zurückgegriffen werden. Vielmehr bewirkt die Vorschrift des § 17 EStG „eine Gewinnermittlung eigener Art“[1]. Der Charakter des § 7 Abs. 2 S. 3 EStG kann also nicht durch Parallelschluß zu den Gewinneinkunftsarten festgelegt werden.

Vielmehr muß man den arteigenen Charakter des § 17 EStG berücksichtigen, dessen Gesetzestext nur von „Veräußerungen“ bzw. diesen gleichgestellten Vorgängen spricht. Darauf basierend kann man nicht anders argumentieren, als daß § 17 EStG auch nur für entgeltliche Übertragungsakte anwendbar ist und nur für diese die ansonsten steuerlich irrelevanten Wertsteigerungen der Überschußeinkunftsarten zu Einkommen erhebt. Der unentgeltliche Übergang als solcher wird von § 17 EStG nicht erfaßt[2].

Für unentgeltliche Übertragungen im Bereich des § 17 EStG gilt also weiterhin der allgemeine Grundsatz der Überschußeinkunftsarten, demzufolge das zur Einkunftserzielung eingesetzte Vermögen keiner Steuerverstrickung unterworfen ist. Somit stellen die Wertsteigerungen kein (potentielles) Einkommen dar, weshalb bei deren Übertragung auf ein anderes Rechtssubjekt das Subjektprinzip unbeachtlich ist. Vor diesem Hintergrund hätte der unentgeltliche Erwerber nur sein eigenes Einkommen und nicht die auf ihn übergehenden stillen Reserven zu versteuern. Zum Zwecke einer solchen Abgrenzung müßte er für die übernommenen Anteile seine eigenen Anschaffungskosten in Höhe des gemeinen Wertes der Anteile im Zeitpunkt des unentgeltlichen Erwerbs ansetzen[3]. § 17 Abs. 2 S. 3 EStG, der abweichend davon dem unentgeltlichen Erwerber den Ansatz der Anschaffungskosten seines Rechtsvorgängers vorschreibt, kann damit bestenfalls als Mißbrauchsverhinderungsvorschrift verstanden werden. Es sollen Steuerumgehungen durch Anteilssplittung infolge unentgeltlicher Übertragungen ausgeschlossen werden.

---

[1]Herrmann/Heuer/Raupach, EStG/KStG, § 17 EStG Anm. 45 und 170; Hörger, in: Littmann/Bitz/Hellwig, Einkommensteuerrecht, § 17 Rn. 2; Lademann/Söffing/ Brockhoff, EStG, § 17 Anm. 53 jeweils m.w.N.

[2]BFH v. 27.7.1988 - I R 147/83, BStBl. II 1989, 271; Blümich/Ebling, EStG, § 17 Rz. 131; Crezelius, Steuerrecht II, S. 81; ders., JDStJG 1994, S. 135, 162; Herrmann/Heuer/Raupach, EStG/KStG, § 17 EStG Anm. 56; Hörger, in: Littmann/Bitz/Hellwig, Einkommensteuerrecht, § 17 Rn. 39 ff.; Paus, Inf. 1979, 149, 150

[3]So noch die Rechtsprechung des RFH (z.B. RFH v. 21.7.1937 - VI A 729/36, RStBl. 1937, 1008) vor dem Steueränderungsgesetz vom 14.5.1965 (BStBl. I 1965, 217), mit dem § 17 Abs. 2 S. 2 EStG, der heutige S. 3, eingefügt wurde.

Da eine dem § 17 Abs. 2 S. 3 EStG vergleichbare Regelung fehlt, bereitet die Behandlung der unentgeltlichen Übertragung als solcher im Bereich des § 23 EStG weniger Probleme. Wie § 17 EStG erhebt auch § 23 EStG nur im Veräußerungsfall die ansonsten im Bereich der Überschußeinkunftsarten irrelevanten Wertsteigerungen des Vermögens zu Einnahmen. Die unentgeltliche Übertragung dagegen stellt weder auf Seite des Übertragenden eine Veräußerung noch auf Seite des Übernehmers eine Anschaffung dar[1]. Deshalb muß hier die Einhaltung des Subjektprinzips nicht geprüft werden, da mangels Anwendbarkeit des § 23 EStG die Wertsteigerungen der Anteile gar nicht erst zu Einkommen werden. Damit ist die unentgeltliche Übertragung von Anteilen i.S.d. § 23 EStG, selbst wenn diese mit „stillen Reserven“ behaftet sind, steuerlich unbeachtlich.

II. Teilentgeltliche Anteilsübertragungen

1. Formen und Behandlungsmöglichkeiten der teilentgeltlichen Übertragung

Das Einkommensteuerrecht kennt neben dem voll unentgeltlichen und dem voll entgeltlichen Rechtsgeschäft auch den Zwischenfall, das teilentgeltliche Rechtsgeschäft. Im Unterschied zum voll unentgeltlichen Fall steht bei einem teilentgeltlichen Rechtsgeschäft der Leistung des Übertragenden eine Gegenleistung des Empfängers gegenüber. Allerdings sind Leistung und Gegenleistung anders als bei voll entgeltlichen Übertragungen nach kaufmännischen Gesichtspunkten nicht ausgewogen[2]. Auch für die teilentgeltliche Übertragung gilt, daß die zivilrechtliche Beurteilung des Vorgangs nicht von Bedeutung ist, sondern nach rein einkommensteuerlichen Kriterien entschieden werden muß, ob ein teilentgeltliches Rechtsgeschäft vorliegt.

Prototyp des teilentgeltlichen Rechtsgeschäfts ist die *gemischte Schenkung*. Sie zeichnet sich dadurch aus, daß für das zu übertragende Vermögen zwar eine Gegenleistung erbracht wird, diese aber nicht dem wirklichen Wert entspricht

[1]Zuletzt BFH v. 5.7.1990 - GrS 2/89, BStBl. II 1990, 837 m.w.N.; Fitsch, in: Lademann/Söffing/Brockhoff, EStG, § 23 Anm. 29 und 36; Jansen, in: Herrmann/Heuer/Raupach, EStG/KStG, § 23 EStG, Anm. 73 und 91; Neeb, StuW 1991, 52; Schmidt/Heinicke, EStG § 23 Rz. 13 ff.

[2]Zur Frage der Identifikation eines teilentgeltlichen Rechtsgeschäfts vgl. detailliert Kemmer, Teilentgeltliche Rechtsgeschäfte, S. 50 ff. m.w.N.

und die Beteiligten sich über die teilweise Unentgeltlichkeit einig sind[1]. Dabei spielt die Bereicherungsabsicht keine so entscheidende Rolle wie im Zivilrecht. Jedoch darf der Wille der Beteiligten, das Vermögen zumindest teilweise unentgeltlich zu übertragen, nicht gänzlich vernachlässigt werden. Ausschließlich aus einem objektiven Mißverhältnis zwischen Leistung und Gegenleistung kann kein teilentgeltliches Rechtsgeschäft abgeleitet werden. Umgekehrt kann auch nicht jede Veräußerung, bei welcher der Verkehrswert des übertragenen Vermögens den Veräußerungspreis übersteigt, als gemischte Schenkung eingestuft werden[2].

Wie in Abschn. „Formen der unentgeltlichen Übertragung" (S. 122) erwähnt, wird bei der *vorweggenommenen Erbfolge*, anläßlich derer Vermögen noch zu Lebzeiten des Erblassers auf erbberechtigte Personen übertragen wird, nach der geänderten BFH-Rechtsprechung[3] nur noch der Fall der Übertragung gegen private Versorgungszusagen als unentgeltliches Geschäft eingestuft. In Gegensatz dazu stehen die Fälle, daß der Übernehmer einmalige Zahlungen an den Übergeber (sog. Abstandszahlungen) oder Ausgleichszahlungen an Dritte (sog. Gleichstellungsgelder)[4] leistet. Hier geht der BFH davon aus, daß die Voraussetzungen für ein Anschaffungs- und Veräußerungsgeschäft gegeben sind, weil der Übergeber eigene Aufwendungen zur Erlangung des Vermögens tätigt und der Übernehmer einen Gegenwert für die Vermögensübertragung erhält. Da die Zahlungen im Regelfall aber den tatsächlichen Wert des übertragenen Vermögens nicht erreichen, kann nur ein Teil des Vorgang als entgeltlich eingestuft werden. Es liegt demzufolge ein **teil**entgeltliches Rechtsgeschäft vor.

Desgleichen ist in der Übernahme von Verbindlichkeiten des Übergebers durch den Übernehmer unabhängig davon, ob sie in Zusammenhang mit dem Wirtschaftsgut stehen, ein Entgelt zu sehen. Werden dagegen anläßlich der

---

[1] Knobbe-Keuk, Bilanz- und Unternehmenssteuerrecht, S. 786; ähnl. Schulze zur Wiesche, FR 1984, 213, 216; im Unterschied zur gemischten Schenkung erbringt der Übernehmer bei der Schenkung unter Auflage überhaupt keine Gegenleistung, sondern eine Leistung aus dem Wert des empfangenen Vermögens, wodurch zwar das zugewendete Vermögen eingeschränkt, jedoch insgesamt eine Bereicherung des Übernehmenden erfolgt. Deshalb wird die Schenkung unter Auflage insgesamt als unentgeltlich eingestuft (zur Abgrenzung zwischen gemischter Schenkung und Schenkung unter Auflage vgl. BFH v. 26.11.1985 - IX R 64/82, BStBl. II 1986, 161).

[2] Kirchhof/Söhn/Werndl, EStG, § 6 Rdnr. B 152; Knobbe-Keuk, Bilanz- und Unternehmenssteuerrecht, S. 786 Fn. 54; aA Kruse, StuW 1982, 345, 349

[3] BFH v. 5.7.1990 - GrS 4-6/89, BStBl. II 1990, 847

[4] Hier wird nur dann ein teilentgeltlicher Vorgang begründet, wenn der Übernehmer tatsächlich zur Zahlung eines bestimmten Geldbetrags verpflichtet ist, nicht dagegen, wenn er Teile des übernommenen Vermögens an Dritte zu übertragen hat (BMF v. 13.1.1993 - IV B 3 - S 2190 - 37/92, BStBl. I 1993, 80 Tz. 8; zur Beurteilung vgl. Groh, DB 1990, 2187, 2189).

Übertragung eines Betriebs, Teilbetriebs oder Mitunternehmeranteils Schulden übernommen, kann darin weder ein Veräußerungsentgelt noch Anschaffungskosten gesehen werden[1]. Stuft man nun die wesentliche Beteiligung an einer Kapitalgesellschaft als einzelnes Wirtschaftsgut ein, würde die Übernahme einer vom Erblasser zur Finanzierung der Beteiligung eingegangenen Verbindlichkeit ein Entgelt darstellen[2]. Denkbar wäre aber auch, die viel zitierte Vergleichbarkeit von Mitunternehmer und wesentlich Beteiligtem für die Beurteilung der übernommenen Fremdfinanzierung der wesentlichen Beteiligung heranzuziehen und deshalb ein Entgelt abzulehnen[3].

Die *Erbauseinandersetzung* kann ebenfalls Merkmale eines teilentgeltlichen Rechtsgeschäfts aufweisen, falls ein Miterbe im Zuge der Auseinandersetzung Vermögen erlangt, dessen Wert seinen Erbanteil übersteigt, und er dafür einen Ausgleich leistet. Dieser Fall soll aus oben genannten Gründen[4] außer Betracht bleiben.

Nachdem die möglichen Formen des teilentgeltlichen Rechtsgeschäfts vorgestellt wurden, ist die einkommensteuerliche Behandlung von Interesse. Dafür kann der Blick auf die vom Zivilrecht angebotenen Theorien zur Ermittlung der Rechtsfolgen einer gemischten Schenkung, als da wären Trennungs- und Einheitstheorie[5], hilfreich sein. Allerdings ist zu bedenken, daß das Zivilrecht nur eine Orientierungshilfe bezüglich möglicher, anwendbarer Theorien bietet. Hinsichtlich der Entscheidung mittels welcher Theorie einkommensteuerliche Rechtsgeschäfte letztlich beurteilt werden, dürfen jedoch aufgrund der Verschiedenartigkeit beider Rechtssysteme nur einkommensteuerliche Gesichtspunkte eine Rolle spielen[6]. Nachfolgend sollen beide Theorien in ihrer Grundaussage dargestellt werden[7].

Da eine teilentgeltliche Übertragung sowohl Merkmale eines unentgeltlichen als auch eines entgeltlichen Rechtsgeschäfts aufweist und diese beiden Teile ihrem Wesen nach völlig einander entgegengesetzt sind, fordert die *Trennungstheorie* (Aufteilungstheorie) den Vorgang in seine entgeltliche und die unentgeltliche Komponente zu zerlegen. Die Aufteilung erfolgt dabei nach dem Verhältnis der Werte von Leistung und Gegenleistung. Jede der Komponenten ist

---

[1] BFH v. 5.7.1990 - GrS 4-6/89, BStBl. II 1990, 847, 853 f.; BMF v. 13.1.1993- IV B 3 - S 2190 - 37/92, BStBl. I 1993, 80, Tz. 9 und 27 ff.

[2] So Groh, DB 1990, 2187, 2191; Paus, DStZ 1992, 309

[3] Felix, KÖSDI 1991, 8426, 8429

[4] Vgl. Abschn. „Formen der unentgeltlichen Übertragung", S. 122

[5] Andere zivilrechtliche Theorien (z.B. die Zweckwürdigungstheorie) haben im Steuerrecht keine Bedeutung erlangt (vgl. Groh, StuW 1984, 217, 218).

[6] Kemmer, Teilentgeltliche Rechtsgeschäfte, S. 296 ff.; Schmidt, GmbHR 1980, 247, 248 f.

[7] Vgl. dazu insbes. die Ausführungen von Kemmer, Teilentgeltliche Rechtsgeschäfte, S. 296 ff.; Schmidt, GmbHR 1980, 247 f.

nach der für sie geltenden Regeln zu behandeln. Da das Einkommensteuerrecht mit Wertgrößen arbeitet, die wiederum immer zerlegbar sind, kann - anders als im Zivilrecht - eine Aufteilung nach der Trennungstheorie selbst dann vorgenommen werden, wenn das zugrundeliegende Wirtschaftsgut an sich nicht teilbar ist[1].

Bereits deshalb spricht vieles für eine wertmäßige Aufteilung, die nur zu einer gedanklichen Zerlegung des Geschäfts führt, aber nichts daran ändert, daß der teilentgeltliche Vorgang weiterhin ein einheitliches Rechtsgeschäfts bleibt[2]. Durch die im Schrifttum gelegentlich geforderte gegenständliche Aufteilung werden aus ein und demselben Rechtsgeschäft zwei getrennte Vorgänge gemacht, die auch getrennt behandelt werden[3]. Daraus resultieren z.B. Überlegungen, daß bei späterer Weiterveräußerung eines Teils der Anteile der Veräußerer entscheiden kann, ob er unentgeltlich oder entgeltlich erworbene Anteile verkauft. Schon solche Fragen zeigen, daß die gegenständliche Aufteilung nicht dem Charakter der teilentgeltlichen Übertragung als **einheitliches** Rechtsgeschäft entspricht. Auch können in Fällen, in denen eine einwandfreie gegenständliche Aufteilung aufgrund der ungeraden Anzahl von übertragenen Anteilen unmöglich ist, mit einer wertmäßigen Aufteilung eindeutige Ergebnisse erzielt werden[4].

Die *Einheitstheorie* dagegen gebietet, daß der Vorgang in seiner Gesamtheit einheitlich entweder als entgeltliches oder als unentgeltliches Rechtsgeschäft aufgefaßt wird. Die einzelnen Untervarianten der Einheitstheorie (z.B. Veräußerungs-, Mehrgewichtstheorie, schlichte und sublimierte Einheitstheorie)[5] unterscheiden sich danach, welche Alternative nach welchen Kriterien gewählt wird.

2. Teilentgeltliche Übertragung eines Anteils i.S.d. §§ 17, 23 EStG

Wie schon bekannt, werden die Wertsteigerungen eines Anteils i.S.d. § 17 EStG nur bei dessen Veräußerung zu Einkommen erhoben, während sie bei einer unentgeltlichen Übertragung aus der Sicht des Subjektprinzips steuerlich unbeachtlich auf ein anderes Rechtssubjekt übertragen werden können. Aufgrund dieser differenzierten Behandlung von entgeltlichem und unentgeltlichem

---

[1]Herrmann/Heuer/Raupach, EStG/KStG, § 6 EStG Anm. 420; Kemmer, Teilentgeltliche Rechtsgeschäfte, S. 299 f.

[2]Für eine wertmäßige Aufteilung Kemmer, Teilentgeltliche Rechtsgeschäfte, S. 303 ff.; Groh, StuW 1984, 217, 219

[3]BFH v. 17.7.1980 - IV R 15/76, BStBl. II 1980, 11, 14; Herrmann/Heuer/Raupach, EStG/KStG, § 17 EStG Anm. 156; Uelner, DStZ 1965, 136, 140; unentschlossen, aber m.w.N. Schmidt, EStG, § 17 Rz. 81 ff.

[4]Groh, StuW 1984, 217, 226

[5]Vgl. zu den einzelnen Untervarianten detailliert Schmidt, GmbHR 1980, 247 f.

Rechtsgeschäft wird der teilentgeltlichen Übertragung eines wesentlichen privaten Kapitalgesellschaftsanteils, die Elemente beider Rechtsgeschäfte besitzt, am besten die Trennungstheorie gerecht. So hat der BFH[1] zutreffend entschieden, daß ein solcher Vorgang in Anwendung der Trennungstheorie zunächst in seinen entgeltlichen und seinen unentgeltlichen Bestandteil aufzuspalten ist, und zwar nach dem Verhältnis der Gegenleistung zum Verkehrswert der übertragenen Anteile[2].

Beide Teile sind anschließend getrennt zu behandeln, so daß die auf den entgeltlichen Teil entfallenden Wertsteigerungen infolge der Veräußerung durch die Vorschrift des § 17 Abs. 1 S. 1 EStG zu Einkommen erhoben und aufgedeckt werden. Dazu wird der dem Verhältnis von Gegenleistung zum Verkehrswert der Anteile entsprechende Teil der Anschaffungskosten dem Veräußerungspreis gegenübergestellt und der so ermittelte Gewinn besteuert. Ein Überspringen stiller Reserven ist damit für diesen Teil nicht möglich. Die auf den unentgeltlichen Teil entfallenden Wertsteigerungen sind im Sinne des Subjektprinzips unbeachtlich und können somit ohne steuerliche Folgen auf den Empfänger übertragen werden[3].

§ 17 EStG stellt die Veräußerung einer wesentlichen Beteiligung der Veräußerung eines Mitunternehmeranteils gleich. In Hinblick darauf wird in der Literatur die Anwendung der Einheitstheorie auch für § 17 EStG befürwortet[4]. Dabei werden jedoch die Eigenheiten des § 17 EStG übersehen, der schon von seiner Struktur her deutlich zwischen entgeltlicher und unentgeltlicher Übertragung unterscheidet[5]. Im Unterschied zu § 16 EStG wurde er letztlich nur für Veräußerungen und gleichgestellte Vorgänge konzipiert. Die in § 17 EStG enthaltenen Regelungen zur unentgeltlichen Übertragung (vgl. § 17 Abs. 1 S. 5 und

---

[1]BFH v. 17.7.1980 - IV R 15/76, BStBl. II 1981, 11

[2]So auch BMF v. 13.1.1993 - IV B 3 - S 2190 - 37/92, BStBl. I 1993, 80, Tz. 14; Abschn. 140 Abs. 7 S. 10 EStR; Ott, GmbHR 1994, 524, 528; Sarrazin, StbJb. 1992/93, S. 83, 101

Zur Ermittlung des Verkehrswertes vgl. Hörger, in: Littmann/Bitz/Hellwig, Einkommensteuerrecht, § 17 Rn. 40; Troll, GmbHR 1984, 205, 208

[3]Vgl. Abschn. „Unentgeltliche Übertragung eines Anteils i.S.d. §§ 17, 23 EStG“, S. 129

[4]Felix, FR 1987, 601, 605; Schulze zur Wiesche, Wpg. 1993, 593, 598, die aus dem Urteil des BFH v. 10.7.1986 - IV R 12/81, BStBl. II 1986, 811, in dem sich der IV. Senat für die Anwendung der Einheitstheorie auf die teilentgeltliche Übertragung eines Mitunternehmeranteils entschieden hat (vgl. dazu auch Abschn. „Fälle teilentgeltlicher Übertragung eines betrieblichen Kapitalgesellschaftsanteils“, S. 136), ableiten, daß die Einheitstheorie auch für die teilentgeltliche Übertragung einer wesentlichen Beteiligung i.S.d. § 17 EStG gelten soll.

[5]Ähnl. BFH v. 17.7.1980 - IV R 15/76, BStBl. II 1981, 11, 13; Habich, FR 1988, 16, 17; Märkle, StbJb. 1987/88, S. 309, 317; Troll, GmbHR 1984, 205, 206

Abs. 2 S. 3 EStG) sollen lediglich mißbräuchliche Gestaltungen vermeiden[1]. Gerade aber das Ziel dieser Mißbrauchsregelungen würde bei einer einheitlich entgeltlichen Behandlung beider Teile nicht mehr erreicht[2].

Dem Charakter des § 17 EStG kann die Trennungstheorie eher gerecht werden als die Einheitstheorie. Auch die Schwierigkeiten, die mit der Trennungstheorie verbunden sind (Probleme bei der Aufteilung an sich[3], Probleme bei der Ermittlung des Verkehrswertes[4]), sollten dieser sachgerechten Behandlung nicht im Wege stehen.

Für die teilentgeltliche Übertragung eines Anteils i.S.d. § 23 EStG sind die Rechtsfolgen gleichfalls durch eine Aufteilung des Rechtsgeschäfts in einen entgeltlichen und einen unentgeltlichen Teil zu gewinnen[5]. Beide Teile sind gesondert zu behandeln, so daß auch hier mit analoger Argumentation wie bei der wesentlichen privaten Beteiligung keine Verletzung des Subjektprinzips und kein Überspringen stiller Reserven zu verzeichnen ist[6].

3. Fälle teilentgeltlicher Übertragung eines betrieblichen Kapitalgesellschaftsanteils

Wird ausschließlich ein zu einem Betriebsvermögen zählender Kapitalgesellschaftsanteil teilentgeltlich übertragen, so ist derselbe für die Beurteilung des Vorgangs als einzelnes Wirtschaftsgut einzustufen. Zu der Frage, ob auf derartige Übertragungen die Trennungs- oder Einheitstheorie anzuwenden ist, hat die Rechtsprechung noch nicht Stellung genommen. Naheliegend ist die Wahl der

---

[1]Vgl. dazu Abschn. „Unentgeltliche Übertragung eines Anteils i.S.d. §§ 17, 23 EStG", S. 129 und Abschn. „Anwendungsbereich", S. 102

[2]Habich, FR 1988, 16, 17

[3]Es stellt sich hier die Frage, ob eine gegenständliche (so wohl die Rechtsprechung, vgl. Zahlenbeispiel in der Urteilsbegründung des BFH v. 17.7.1980 - IV R 15/76, BStBl. II 1981, 11, 14) oder eine wertmäßige Aufteilung (für diese Methode Groh, StuW 1984, 217, 226; Kemmer, Teilentgeltliche Rechtsgeschäfte, S. 339 ff.) vorzunehmen ist. Vgl. dazu Abschn. „Formen und Behandlungsmöglichkeiten der teilentgeltlichen Übertragung", S. 131

[4]Vgl. dazu Habich, FR 1988, 16, 17; Hörger, in: Littmann/Bitz/Hellwig, Einkommensteuerrecht, § 17 Rn. 40; Troll, GmbHR 1984, 205, 208

[5]BFH v. 22.9.1987 - IX R 15/84, BStBl. II 1988, 250; BFH v. 12.7.1988 - IX R 149/83, BStBl. II 1988, 942; Felix, FR 1987, 601, 605; Jansen, in: Herrmann/Heuer/Raupach, EStG/KStG, § 23 EStG Anm. 73; Kemmer, Teilentgeltliche Rechtsgeschäfte, S. 334; Schmidt/Heinicke, EStG, § 23 Rz. 13 ff.; Schulze zur Wiesche, FR 1984, 213, 219

[6]Werden die teilentgeltlich übernommenen Anteile vom Übernehmer innerhalb der Spekulationsfrist des § 23 EStG weiterveräußert, kann nur hinsichtlich des entgeltlich erworbenen Teils ein Spekulationsgewinn erzielt werden (vgl. BFH v. 22.9.1987- IX R 15/84, BStBl. II 1988, 250, 252 m.w.N.; BFH v. 12.7.1988 - IX R 149/83, BStBl. II 1988, 942).

Einheitstheorie, da sich der BFH für diese Variante in Verbindung mit der teilentgeltlichen Übertragung von betrieblichen Vermögensgesamtheiten (Betrieb, Teilbetrieb oder Mitunternehmeranteil) entschieden hat. Aus diesem Grund soll zunächst am Beispiel betrieblicher Vermögensgesamtheiten die Einheitstheorie dargestellt und anschließend geprüft werden, inwieweit sie zu sachgerechten Ergebnissen führt[1]. Dies ist auch deshalb notwendig, weil m.E. zumindest die 100%-ige betriebliche Kapitalbeteiligung diesen Vermögensgesamtheiten gleichzustellen[2] und demzufolge für die teilentgeltliche Übertragung wie eine solche zu behandeln ist.

Seit Ergehen des BFH-Urteils vom 10.7.1986[3] wird die teilentgeltliche Übertragung von Betrieben, Teilbetrieben und Mitunternehmeranteilen auch von der h.M. in der Literatur unter Anwendung der **Einheitstheorie** entweder als entgeltlicher oder als unentgeltlicher Vorgang behandelt[4]. Für die Entscheidung, welche Alternative im jeweiligen Fall zutrifft, wird die Gegenleistung mit dem Buchkapital des zu übertragenden Betriebs verglichen. Ein unentgeltlicher Vorgang liegt dann vor, wenn die Zahlungen das Buchkapital nicht übersteigen.

Beispiel 1: X ist Inhaber eines Einzelunternehmens mit einem Buchwert von 300.000 DM und einem Verkehrswert von 900.000 DM. Er überträgt den Betrieb auf seine Tochter T, die als Ausgleich für die Übertragung an ihre beiden Geschwister jeweils 150.000 DM zahlen muß.

Ausgleichszahlung insgesamt	300.000 DM
Buchkapital des Unternehmens	300.000 DM
Differenzbetrag	0 DM

Da die Ausgleichszahlungen, die T zu leisten hat, das Buchkapital nicht übersteigen, ist der Vorgang insgesamt als unentgeltlich einzustufen[5].

Indem die Einheitstheorie den gesamten Vorgang als unentgeltliche Übertragung einstuft, sollen die Anwendungsvoraussetzungen des § 7 Abs. 1 EStDV

---

[1]Die folgenden Ausführungen sind auch noch für Abschn. „Übertragungen der Kapitalgesellschaft auf ihre Gesellschafter", S. 251 relevant.

[2]Vgl. Abschn. „Unentgeltliche Übertragung eines betrieblichen Kapitalgesellschaftsanteils", S. 125

[3]IV R 12/81, BStBl. II 1986, 811, 813; bestätigt durch BFH v. 16.12.1992 - XI R 34/92, BStBl. II 1993, 436, 437

[4]Knobbe-Keuk, Bilanz- und Unternehmenssteuerrecht, S. 786 ff.; Märkle/Franz, BB-Beil. 5/1991, 18; Schmidt, EStG, § 16 Rz. 57 f.; Winkeljohann, in: Herrmann/Heuer/Raupach, EStG/KStG, § 6 EStG Anm. 440 jeweils m.w.N.

[5]Zu den z.B. hinsichtlich der Abschreibung noch strittigen Rechtsfolgen beim Übergeber vgl. Märkle, DStR 1993, 1005; Pape, Inf. 1991, 221; Schmidt, EStG, § 16 Rz. 59 f. jeweils m.w.N.

gegeben sein; der Erwerber muß die Buchwerte seines Rechtsvorgängers fortführen[1].

Für die Alternative, daß die Zahlungen über dem Buchkapital liegen, ist ein voll entgeltlicher Vorgang anzunehmen[2]. In Höhe des übersteigenden Betrags entsteht ein Veräußerungsgewinn, der nach § 16 Abs. 2 EStG durch Gegenüberstellung des Entgelts und des steuerlichen Kapitalkontos des Übergebers zu ermitteln ist.

Beispiel 2: Sachverhalt wie zuvor, jedoch muß T zusätzlich an ihren Vater eine Abstandszahlung in Höhe von 300.000 DM leisten.

Zahlungen insgesamt	600.000 DM
Buchkapital des Unternehmens	300.000 DM
Differenzbetrag	300.000 DM

Da die insgesamt geleisteten Zahlungen das Buchkapital übersteigen, liegt ein voll entgeltliches Rechtsgeschäft vor. X realisiert einen Veräußerungsgewinn i.S.d. § 16 Abs. 1 EStG von 300.000 DM. Damit kann T auch nur stille Reserven in Höhe von 300.000 DM aufdecken[3].

Wäre auch für den Fall der teilentgeltlichen Übertragung von Vermögensgesamtheiten die **Trennungstheorie** maßgeblich, müßte auch hier die Übertragung nach dem Verhältnis von Gegenleistung zum Verkehrswert in einen entgeltlichen und einen unentgeltlichen Teil aufgespalten werden.

Beispiel 3: Legt man denselben Sachverhalt wie bei den vorangegangenen Beispielen zugrunde, würde T bei einer Gegenleistung in Höhe von:
a) 300.000 DM (vgl. Beispiel 1) zu 1/3 entgeltlich, zu 2/3 unentgeltlich erwerben. Der Veräußerungsgewinn des X betrüge 200.000 DM (= Gegenleistung 300.000 DM ./. 1/3 des Buchwertes des Betriebs). T könnte 2/3 der Buchwerte der übernommenen Wirtschaftsgüter fortführen, die restlichen 1/3 der Buchwerte um aufgelöste stille Reserven in Höhe von 200.000 DM aufstocken.
b) 600.000 DM (vgl. Beispiel 2) zu 2/3 entgeltlich, zu 1/3 unentgeltlich erwerben. Der Veräußerungsgewinn würde in diesem Fall 400.000 DM (= Gegenleistung 600.000 DM ./. 2/3 des Buchwertes des Betriebs) betragen. Es könnten hier 1/3 der Buchwerte der Wirtschaftsgüter fortgeführt, die anderen 2/3 um 400.000 DM aufgestockt werden.

---

[1]BMF v. 13.1.1993 - IV B 3 - S 2190 - 37/92, BStBl. I 1993, 80, Tz. 38

[2]BMF v. 13.1.1993- IV B 3 - S 2190 - 37/92, BStBl. I 1993, 80, Tz. 35; Märkle, DStR 1993, 1005

[3]Zur Verteilung des Gesamtbetrags der stillen Reserven auf die einzelnen Aktiva vgl. BMF v. 13.1.1993- IV B 3 - S 2190 - 37/92, BStBl. I 1993, 80 Tz. 35 mit Beispiel

Beim Vergleich der Beispiele wird deutlich, daß die Anwendung von Trennungs- und Einheitstheorie auf die teilentgeltliche Übertragung von Vermögensgesamtheiten unterschiedliche Ergebnisse hinsichtlich der Höhe des Veräußerungsgewinns beim Übergeber bzw. des Betrages der aufzudeckenden stillen Reserven beim Übernehmer nach sich zieht. Führen zwei Theorien zu unterschiedlichen Ergebnissen, muß letztlich die Theorie angewandt werden, die dem Sachverhalt am besten entspricht. Der BFH[1] hat sich für die Einheitstheorie entschieden. Er kontrolliert seine Entscheidung am Wortlaut des § 16 Abs. 2 EStG, demzufolge ein Veräußerungsgewinn nur dann entsteht, wenn der Veräußerungspreis den Buchwert übersteigt. Daraus folgert der BFH, daß für den umgekehrten Fall § 7 Abs. 1 EStDV anzuwenden sei. Fraglich ist jedoch, warum die Wertung als entgeltliche oder unentgeltliche Übertragung davon abhängen soll, ob die Gegenleistung zufällig über oder unter dem Buchwert liegt und ob nicht konsequenterweise bei einer Veräußerung zu einem unter dem Buchwert liegenden Preis ein Verlust anzunehmen ist[2].

Ferner wird übersehen, daß auch § 16 Abs. 2 EStG einen Veräußerungsvorgang im Sinne eines voll entgeltlichen Geschäfts voraussetzt, worüber man sich auch nicht, wie es Habich[3] vorschlägt, im Wege der Auslegung hinwegsetzen kann. Da aber bei unentgeltlichen Rechtsgeschäften ein Veräußerungsvorgang fehlt, teilentgeltliche Geschäfte sich jedoch gerade durch einen unentgeltlichen Bestandteil auszeichnen, sind die Anwendungsvoraussetzungen des § 16 Abs. 2 EStG - zumindest für den unentgeltlichen Bestandteil - nicht erfüllt[4].

Daraus leitet sich die Überlegung ab, in welchem Verhältnis die Regelungen des § 16 Abs. 1 EStG und des § 7 Abs. 1 EStDV zueinander stehen. Damit beide Normen konflikt- und überschneidungsfrei nebeneinander bestehen können, kann sich § 16 Abs. 1 EStG ausschließlich auf die entgeltliche, § 7 Abs. 1 EStDV nur auf die unentgeltliche Übertragung beziehen[5]. Ansonsten müßten unentgeltliche Übertragungen als Veräußerungen zum Preis von Null eingestuft

---

[1]BFH v. 10.7.1986 - IV R 12/81, BStBl. II 1986, 811

[2]Paus, FR 1987, 299, 301; Obermüller, Inf. 1991, 409; so auch für die teilentgeltliche Übertragung einer wesentlichen Beteiligung BFH v. 17.7.1980 - IV R 15/76, BStBl. II 1981, 11, 13

[3]FR 1988, 16, 18

[4]Schulze zur Wiesche, DB 1987, 1554; ähnl. Kruse, JbFASt. 1982/83, S. 165, 179; Lademann/Söffing/Brockhoff, EStG, § 16 Anm. 141; Paus, FR 1987, 299, 301; Obermüller, Inf. 1991, 409, 410

[5]Das Verhältnis von § 16 Abs. 1 EStG zu § 7 Abs. 1 EStDV ist nicht zu verwechseln mit der Beziehung von § 16 Abs. 3 EStG zu § 7 Abs. 1 EStDV (vgl. Abschn. „Anwendungsbereich“, S. 102).

werden. Umgekehrt könnte auch der entgeltliche Erwerber § 7 Abs. 1 EStDV in Anspruch nehmen, wenn er sich zur Buchwertfortführung bereit erklärt[1].

Außerdem würde die Anwendung der Einheitstheorie auf teilentgeltliche Übertragungsvorgänge zu einem ungerechtfertigten Überspringen stiller Reserven und damit zu einer Verletzung des Prinzips der Personenidentität stiller Reserven führen. Denn falls die Zahlungen das Buchkapital nicht übersteigen, weshalb ein voll unentgeltlicher Vorgang angenommen wird, ist für den entgeltlichen Teil des Vorgangs § 7 Abs. 1 EStDV nicht erfüllt. Insofern würde eben gerade kein Umstrukturierungsvorgang, sondern ein reines Veräußerungsgeschäft vorliegen. Trotzdem würden die stillen Reserven nicht realisiert und könnten auf den Übernehmer überspringen. Das Überspringen stiller Reserven wäre also nur für den unentgeltlichen Teil legalisiert[2].

Sachgerechte Ergebnisse auch in Hinblick auf das Subjektprinzip können also nur mit der Trennungstheorie erreicht werden. Durch eine Aufteilung des Vorgangs in seinen entgeltlichen und den unentgeltlichen Teil sowie deren gesonderter Behandlung, nämlich des entgeltlichen Teils nach § 16 EStG, des unentgeltlichen nach § 7 Abs. 1 EStDV, entspricht sie auch am besten dem Charakter des teilentgeltlichen Rechtsgeschäfts[3].

Diese Lösung kann auch nicht allein deshalb verworfen werden, weil sie Ermittlungsprobleme bezüglich des „richtigen“ Unternehmenswertes mit sich bringt[4]. Es anderer Einwand richtet sich dagegen, daß bei Aufteilung des Rechtsvorgangs gemäß der Trennungstheorie die Voraussetzungen der §§ 16 EStG, 7 Abs. 1 EStDV nicht erfüllt seien, weil die getrennt zu betrachtenden Teile für sich genommen keinen Betrieb oder Teilbetrieb mehr zum Gegenstand hätten[5]. Dem muß entgegengehalten werden, daß die Aufteilung nur rechnerische Bedeutung hat, weiterhin aber ein ganzer Betrieb übertragen wird.

Es ist noch darauf hinzuweisen, daß ein und dasselbe Rechtsgeschäft nicht unterschiedliche Rechtsfolgen auf der Seite des Übergebers und des Übernehmers auslösen kann. Deshalb muß unabhängig davon, ob man sich letztlich für

---

[1]Kemmer, Teilentgeltliche Rechtsgeschäfte, S. 313 f.; ähnl. Hörger, in: Littmann/Bitz/Hellwig, Einkommensteuerrecht, § 15 Rn. 19; Lademann/Söffing/Brockhoff, EStG, § 16 Anm. 129 i.V.m. Anm. 141

[2]Vgl. Kemmer, Teilentgeltliche Rechtsgeschäfte, S. 314 f.

[3]GlA Kruse, StuW 1982, 345, 351; ders., JbFASt. 1982/83, S. 165, 179 f.; Meilicke, StbJb. 1976/77, S. 289, 297 f.; Paus, FR 1987, 299, 301; bei Trennung in einen entgeltlichen und einen unentgeltlichen Teil auch Aufteilung der Buchwerte (aA Obermüller, Inf. 1991, 409, 410).

[4]Vgl. Habich, FR 1988, 16, 18; Knobbe-Keuk, Bilanz- und Unternehmenssteuerrecht, S. 788, die dieses Ermittlungsproblem der Trennungstheorie anprangern.

[5]Schulze zur Wiesche, FR 1984, 213, 221

die Einheits- oder die Trennungstheorie entscheidet, diese in gleicher Weise für beide Parteien gelten[1].

Für die Behandlung der teilentgeltlichen Übertragung betrieblicher Vermögensgesamtheiten hat sich der BFH - wie erwähnt - für die Einheitstheorie entschieden. Würde man daraus schließen, daß die Einheitstheorie gleichermaßen auch auf die teilentgeltliche Übertragung betrieblicher Kapitalgesellschaftsanteile als einzelne Wirtschaftsgüter anzuwenden ist[2], ergäben sich Probleme für den Fall, daß der Vorgang (für Übergeber und Übernehmer) insgesamt als entgeltlich einzustufen ist.

Der steuerliche Begriff der Veräußerung, der nur entgeltliche Übertragungen erfaßt[3], ist auf Fälle ausgelegt, in denen Leistung und Gegenleistung ausgewogen sind. Werden nun auch Vorgänge, bei denen sich Leistung und Gegenleistung nicht entsprechen, gemäß der Einheitstheorie als Veräußerung interpretiert, können auch hier nur stille Reserven in Höhe der Differenz zwischen Veräußerungspreis und Buchwert des Wirtschaftsgutes aufgedeckt werden. Die übrigen stillen Reserven dagegen müßten unrealisiert bleiben und würden auf ein anderes Steuersubjekt überspringen. Für die steuerneutrale Behandlung eines solchen Überspringens gibt es im Bereich der Einzelwirtschaftsgüter aber keine Rechtfertigung, die dem in § 7 Abs. 1 EStDV zum Ausdruck kommenden Konzept vergleichbar wäre. Zwar können nach hier vertretener Meinung betriebliche Kapitalgesellschaftsanteile, sobald sie die 25%-Grenze übersteigen, betrieblichen Vermögensgesamtheiten gleichgestellt werden. Solange dies aber im Bereich der unentgeltlichen Übertragung nicht explizit - z.B. durch Erweiterung des Anwendungsbereichs des § 7 Abs. 1 EStDV - geregelt wird, bleibt auch diesbezüglich ein Überspringen stiller Reserven unzulässig.

Doch auch die Trennungstheorie, die nach hier vertretener Meinung für Vermögensgesamtheiten zu bevorzugen ist, kann nicht undifferenziert auf die teilentgeltliche Übertragung eines betrieblichen Kapitalgesellschaftsanteils angewandt werden[4]. Ursache dafür ist auch hier das Fehlen einer dem § 7 Abs. 1 EStDV vergleichbaren Ausnahmeregelung, der für Vermögengesamtheiten hinsichtlich des unentgeltlichen Teils der Übertragung den Gleichlauf zwischen Handels- und Steuerbilanz herstellt, indem er auch steuerlich dem Übertragenden den Verzicht auf Gewinnausweis vorschreibt[5].

---

[1]So in Zusammenhang mit der Einheitstheorie Schmidt, EStG, § 16 Rz. 59 f., der auch die zu dieser Frage gespaltene Meinung in Rechtsprechung und Schrifttum darstellt.

[2]So wohl Felix, KÖSDI 1991, 8638, 8639, der die Einheitstheorie immer dann anwenden will, wenn für Betriebsvermögen Teilentgelte gezahlt werden.

[3]Vgl. Abschn. „Gewinnrealisierungstatbestände“, S. 52

[4]AA anscheinend Felix, FR 1987, 601, 606; Märkle/Franz, BB-Beil. 5/1991, 18 jeweils mit Beispiel

[5]Vgl. Groh, StuW 1984, 217, 222

Vielmehr muß hier wieder auf die in Abschn. „§ 4 Abs. 1 EStG als Ausgangspunkt zur Aufdeckung stiller Reserven" (S. 44) dargestellten Grundlagen betrieblicher Gewinnermittlung zurückgegriffen werden. Da hinsichtlich des unentgeltlichen Teils auf ein eigentlich am Markt erzielbares Entgelt verzichtet wurde, hat der Übertragende eine Vermögensminderung in Kauf genommen, die jedoch nur dann den betrieblichen Gewinn beeinflussen darf, wenn sie auch betrieblich veranlaßt ist. Aufgrund der hier unzweifelhaft gegebenen außerbetrieblichen Veranlassung muß sie als Entnahme (§ 4 Abs. 1 S. 2 EStG) behandelt und dem betrieblichen Gewinn hinzugerechnet werden.

Aus Sicht des Handelsrechts dürfte der unentgeltliche Teil des Vorgangs auf Seiten des Übertragenden mangels marktmäßigem Umsatzakt aber weder Gewinn noch Verlust bringen. Der Gleichlauf mit dem Handelsrecht ist hergestellt, wenn man in der Literatur zwar weiterhin von der Trennungstheorie ausgeht, für die Aufteilung des Vorgangs jedoch „den Teilwert als „Vollentgelt" i.S. eines Mittelwerts aus der ökonomischen Bandbreite des Marktentgelts"[1] versteht. Als Folge davon kann für die Ermittlung des Veräußerungsgewinns bezüglich des entgeltlichen Teils die Gegenleistung dem gesamten Buchwert gegenübergestellt werden. Der unentgeltliche Teil ist als Entnahme in Höhe des Unterschiedsbetrags zwischen Teilwert des Anteils und (Teil-)Entgelt dem Gewinn hinzuzurechnen[2]. Trotz der veränderten Aufteilung bleibt die Idee der Trennungstheorie - die gedankliche Aufteilung des Vorgangs und die gesonderte Beurteilung beider Teile - gewahrt. Gleichzeitig kann es, da alle stillen Reserven aufgedeckt werden, nicht zu einem Überspringen derselben kommen.

C. Unternehmensumwandlungen[3]

I. Gesellschaftsrechtliche Gestaltungsmöglichkeiten der Umwandlung von Unternehmen

Bevor die Unternehmensumwandlungen aus dem steuerlichen Blickwinkel betrachtet werden können, ist es im Vorfeld notwendig, die gesellschaftsrechtlichen Gestaltungsmöglichkeiten derartiger Vorgänge zu erläutern, da diese die Voraussetzungen für die steuerliche Behandlung schaffen.

Von besonderer Bedeutung ist dabei die Neuregelung des Umwandlungsgesetzes[1], aufgrund derer nicht nur neue Möglichkeiten der Unternehmensum-

---

[1]Kemmer, Teilentgeltliche Rechtsgeschäfte, S. 319

[2]Groh, StuW 1984, 217, 222; Schulze zur Wiesche, FR 1984, 213, 220

[3]Der Begriff der Umwandlung ist dabei dem UmwG entlehnt, umfaßt also nur die dort bzw. im UmwStG geregelten Fälle der Unternehmensumstrukturierung.

strukturierung in das Gesetz aufgenommen, sondern auch die schon bestehenden, aber über verschiedene Gesetze verstreuten Varianten in einem Gesetz zusammengefaßt wurden. Gleichzeitig wurden alle Arten der Umstrukturierung neu systematisiert[2]. Unter den Oberbegriff der Umwandlung fallen nun die Vorgänge der Spaltung, der Verschmelzung, des Vermögensübergangs und des Formwechsels (§ 1 Abs. 1 UmwG).

Die gesellschaftsrechtliche Regelung der *Spaltung*, die erstmals Eingang in das Umwandlungsrecht gefunden hat, soll wegen ihrer Besonderheiten erst an späterer Stelle behandelt werden. Der schon bisher bekannte Unterfall der *Vermögensübertragung* (§§ 174 ff. UmwG) findet nur auf solche Umwandlungen Anwendung, an denen bestimmte Rechtsträger der Versicherungswirtschaft oder des öffentlichen Rechts beteiligt sind und bei denen die Gegenleistung nicht in Gestalt von Anteilen, sondern in anderer Form (z.B. Geldleistung) erbracht werden muß. Abgesehen von den genannten Besonderheiten kann die Vermögensübertragung als Verschmelzung durch Aufnahme (Vollübertragung) oder als Spaltung zur Aufnahme (Teilübertragung) stattfinden[3]. Da ihre Anwendung auf oben genannte Rechtsträger beschränkt ist, kann die Vermögensübertragung in dieser Arbeit gänzlich außer Betracht bleiben.

Die beiden verbleibenden Möglichkeiten sind für die Umstrukturierungen, die nachfolgend besprochen werden, von Interesse. Unter *Verschmelzung* (§ 2 UmwG) faßt man wie schon bisher alle Vorgänge, bei denen ein/mehrere Rechtsträger sein/ihr gesamtes Vermögen auf einen bereits bestehenden (Verschmelzung unter Aufnahme) oder einen zu diesem Zwecke neu gegründeten (Verschmelzung durch Neugründung) Rechtsträger gegen Gewährung von Gesellschaftsrechten im Wege der Gesamtrechtsnachfolge übertragen. Die übertragende Gesellschaft wird dabei ohne Abwicklung aufgelöst. Die bisherigen Anteilsinhaber werden im Wege des Anteilstausches am übernehmenden oder neuen Rechtsträger beteiligt.

Als übertragende, übernehmende oder neue Rechtsträger kommen bei der Verschmelzung alle Personenhandelsgesellschaften und Kapitalgesellschaften in Betracht (§ 3 Abs. 1 UmwG). Deshalb fällt darunter nicht nur die Verschmelzung von Kapitalgesellschaften, die bisher im AktG bzw. KapErhG geregelt war, sondern auch die Umstrukturierung einer Kapitalgesellschaft in eine Personenhandelsgesellschaft im Wege der Verschmelzung, die bislang als ver-

---

[1]Gesetz zur Bereinigung des Umwandlungsgesetzes (UmwBerG) v. 28.10.1994, BGBl. I 1994, 3210

[2]Bermel, in: Goutier/Knopf/Tulloch, Umwandlungsrecht, Einführung Rdnr. 32 ff.; Blümich/Wolff, EStG, Vor § 1 UmwStG Rz. 6 ff.; Dehmer, UmwG, UmwStG, Einf. UmwG Rn. 11 ff.; Ganske, JDStJG 1994, S. 43, 44 f.; Neye, DB 1994, 2069, 2070; Sagasser/Bula, Umwandlungen, S. 3 ff.; Widmann/Mayer, Umwandlungsrecht, Bd. 1 Rz. 2 f.

[3]Neye, DB 1994, 2069, 2071; Sagasser/Bula, Umwandlungen, S. 386 ff; Schwarz, DStR 1994, 1694, 1699, Widmann/Mayer, Umwandlungsrecht, Bd. 1 Rz. 2.5.3

schmelzende Umwandlung bezeichnet wurde[1]. Darüber hinaus gestattet das neugefaßte UmwG nunmehr auch die Verschmelzung von Personenhandelsgesellschaften untereinander und mit Kapitalgesellschaften[2].

Beim *Formwechsel* dagegen findet keine Vermögensübertragung statt. Der Rechtsträger ändert bei fortbestehender rechtlicher und wirtschaftlicher Identität lediglich die Rechtsform (§ 190 Abs. 1 UmwG). Als Novum ist hier anzusehen, daß das geltende UmwG die bisher nur als errichtende Umwandlung ausgestalteten Fälle der Überführung von Kapital- in Personengesellschaften und umgekehrt nunmehr als reine Formwechselfälle versteht (vgl. insbes. §§ 191 Abs. 1, 214 ff., 228 ff. UmwG n.F.)[3]. Damit soll auch hier sowohl die wirtschaftliche als auch die rechtliche Identität des umgewandelten Rechtsträgers erhalten bleiben. Dadurch führt der Gesetzgeber eine Gleichstellung zwischen juristischer Person und Gesamthand herbei[4] und hat damit ein weiteres Indiz für die bislang in der Literatur noch umstrittene Rechtssubjektivität der Personenhandelsgesellschaft geschaffen[5].

Da die Regelungen des UmwG, welche die Umwandlungsvorgänge erleichtern sollen, neben und nicht an die Stelle des sonstigen Zivilrechts treten, kann die Umstrukturierung eines Unternehmens nicht nur im Wege der Gesamtrechtsnachfolge, sondern auch im Wege der Einzelrechtsnachfolge vonstattengehen[6]. Letztere Möglichkeit ist aber insofern ungünstig, als jeder einzelne Vermögensgegenstand nach den Regeln des Zivilrechts auf die übernehmende Gesellschaft übertragen werden muß und die Einzelschritte damit auch selten gleichzeitig wirksam werden. Im Unterschied dazu kann nach den Regeln der Gesamtrechtsnachfolge das Vermögen uno actu übergehen[7].

---

[1]Menges, Ökonomische Analyse, S. 16; Widmann/Mayer, Umwandlungsrecht, Bd. 1 Rz. 4.2.2.2

[2]Dehmer, UmwG, UmwStG, § 3 UmwG Rn. 6 ff.; Ganske, JDStJG 1994, S. 43, 45; Sagasser/Bula, Umwandlungen, S. 59 f.

[3]Ganske, JDStJG 1994, S. 43, 48; Laumann, in: Goutier/Knopf/Tulloch, Umwandlungsrecht, Vor § 190 UmwG; Sagasser/Bula, Umwandlungen, S. 309 ff.; Widmann/Mayer, Umwandlungsrecht, Bd. 1 Rz. 4.2.2.2

[4]Schwarz, DStR 1994, 1694, 1695; die Gleichstellung als reine Fiktion begreifend Widmann/Mayer, Umwandlungsrecht, Teil B Rz. 25; ähnl. Sagasser/Bula, Umwandlungen, S. 310 f.

[5]Kraft, DStR 1995, 921, 922 f.; Schulze-Osterloh, JDStJG 1994, S. 61; aA Ganske, JDStJG 1994, S. 62; zum Meinungsstreit bezüglich der Rechtssubjektivität der Gesamthand vgl. K. Schmidt, Gesellschaftsrecht, S. 203 ff.

[6]Costede, GmbHR 1980, 13, 43; Schwarz, DStR 1994, 1694, 1697

[7]Schwarz, DStR 1994, 1694, 1697; Sagasser/Bula, Umwandlungen, S. 38

II. Einleitende Überlegungen zur steuerlichen Betrachtung der Unternehmensumwandlungen

Bereits in Abschn. „Anwendungsbereich" (S. 80) wurde festgestellt, daß Umstrukturierungsvorgänge, bei denen Vermögen gegen Gewährung von Gesellschaftsrechten auf einen neuen Rechtsträger übertragen wird und zu denen nachfolgend zu besprechende Umwandlungen zählen, in Übertragungen auf betrieblicher und in Übertragungen auf gesellschaftsrechtlicher Grundlage unterteilt werden können. Beiden Typen ist gemeinsam, daß sie als tauschähnliche Vorgänge unter die Gewinnrealisierungstatbestände aufzunehmen sind, weshalb sie grundsätzlich mit der Rechtsfolge der Aufdeckung der stillen Reserven zu versehen wären.

Im Unterschied zu den „normalen" Veräußerungsvorgängen sind sie jedoch dadurch besonders gekennzeichnet, daß mit ihnen letztlich kein Einkommen am Markt erwirtschaftet, sondern das Unternehmen lediglich mit einer neuen Struktur versehen werden soll. Deshalb lassen sie sich zwar unter den Wortlaut, nicht aber unter den Zweck der Gewinnrealisierungstatbestände einordnen, die ihrerseits dem Markteinkommenskonzept zufolge nur gewinnerwirtschaftende Vorgänge zu erfassen beabsichtigen. Bei den reinen Umstrukturierungsvorgängen kann somit durch teleologische Reduktion der Rechtsfolge ausnahmsweise ein Überspringen stiller Reserven auf den Empfänger des übertragenen Vermögens gestattet werden[1].

Um die von der Ausnahmeregelung erfaßten Umstrukturierungsvorgänge von den „normalen" Veräußerungsvorgängen abzugrenzen, wurden verschiedene Kriterien vorgestellt: die Sicherstellung der Besteuerung der stillen Reserven durch Buchwertfortführung beim Vermögensempfänger sowie die Fortsetzung des unternehmerischen Engagements mit seiner personellen und sachlichen Komponente[2]. Im folgenden ist nun zu prüfen, inwieweit diese Kriterien von den die Ausnahmefälle gesetzlich fixierenden Vorschriften des UmwStG berücksichtigt werden und ob mögliche Abweichungen gerechtfertigt sind. Von besonderem Interesse sind dabei die mit der Neuregelung des UmwG einhergehenden jüngsten Erweiterungen des UmwStG[3].

Wichtiger noch als die ohnehin gesetzlich geregelten Umwandlungsvorgänge, bei denen ausnahmsweise die Buchwertfortführung und damit das Überspringen der stillen Reserven gestattet wird, ist, ob es im Umfeld und als Folge dieser Ausnahmeregelungen zu einem gesetzlich nicht gerechtfertigten Über-

---

[1]Vgl. dazu Abschn. „Markteinkommenskonzept", S. 87

[2]Vgl. grundlegend zu den einzelnen Komponenten Abschn. „Bedingungen der Gewinneutralität", S. 92

[3]Gesetz zur Bereinigung des Umwandlungsgesetzes (UmwBerG) v. 28.10.1994, BGBl. I 1994, 3210

springen stiller Reserven und damit zu einer Verletzung des Subjektprinzips kommen kann.

Unter diesen Aspekten soll nun auf die einzelnen Unternehmensumwandlungen eingegangen werden.

III. Umwandlung eines Einzel- oder Personenunternehmens in eine Kapitalgesellschaft

1. Sacheinlage i.S.d. § 20 UmwStG

a) Allgemeine Beurteilung des § 20 UmwStG

Um ein Einzel- oder Personenunternehmen bzw. Teile davon in eine Kapitalgesellschaft umzuwandeln, bietet sich zunächst die Variante der Einbringung eines Betriebs, Teilbetriebs oder Mitunternehmeranteils in eine Kapitalgesellschaft gegen Gewährung von Gesellschaftsrechten (sog. Sacheinlage[1]) an. Da der bei der Sacheinlage vonstattengehende tauschähnliche Vorgang als Gewinnrealisierungstatbestand anzusehen ist, wären die mit dem übergehenden Vermögen verbundenen stillen Reserven grundsätzlich steuerwirksam aufzudecken.

Gemäß § 20 UmwStG[2] ist jedoch eine erfolgsneutrale Behandlung der Sacheinlage möglich, unabhängig davon, ob das Vermögen im Wege der Gesamtrechtsnachfolge nach dem UmwG oder durch Einzelrechtsnachfolge übertragen wird[3]. Mit dieser Vorschrift wird berücksichtigt, daß es sich bei der Sacheinlage nicht um einen typischen Veräußerungsvorgang, sondern um eine Unternehmensumstrukturierung handelt. Nach oben dargestelltem Konzept[4] kann deshalb auf die Rechtsfolge der Aufdeckung der stillen Reserven ausnahmsweise verzichtet und ein Überspringen derselben auf die übernehmende

---

[1]Blümich/Wolff, EStG, § 20 UmwStG Rz. 1; Dehmer, UmwG, UmwStG, § 20 UmwStG Rn. 1; Lütt, in: Lademann/Söffing/Brockhoff, EStG, § 20 UmwStG Anm. 10; Schmidt, EStG, § 16 Rz. 200; v. Wallis, StuW 1970, Sp. 465, 468 f.; Widmann/Mayer, Umwandlungsrecht, Bd. 4 Rz. 6895

[2]Die schon seit dem UmwStG 1969 bestehende Vorschrift kodifizierte im wesentlichen die frühere Rechtsprechung (vgl. RFH v. 9.5.1933 - VI A 434/30, RStBl. 1933, 999) und ist durch die Neufassungen des UmwStG 1977 und 1995 in ihrer Grundaussage unberührt geblieben. Insbesondere das Gesetz zur Änderung des Umwandlungssteuerrechts (BGBl. I 1994, 3267), das zum 1.1.1995 in Kraft trat, nahm weniger materiell-rechtliche, als vielmehr redaktionelle Änderungen klarstellender Art vor (Blümich/Wolff, EStG, Vor § 1 UmwStG Rz. 53; Dehmer, DStR 1994, 1753, 1758; ders., UmwG, UmwStG, Vor §§ 20, 23 UmwStG, Rn. 1 f.; Krebs, BB 1994, 2115, 2121; Wochinger/Dötsch, DB-Beil. 14/1994, 32).

[3]Dehmer, DStR 1994, 1753, 1758; Lütt, in: Lademann/Söffing/Brockhoff, EStG, Vor § 20 UmwStG Anm. 8 ff.; Wochinger/Dötsch, DB-Beil. 14/1994, 32

[4]Vgl. Abschn. „Gewinnausweistatbestand als Ausgangspunkt", S. 102

Kapitalgesellschaft zugelassen werden. Zu prüfen ist allerdings, inwieweit § 20 UmwStG den Kriterien entspricht, die angelegt werden, um die von der Rechtsfolge der Aufdeckung der stillen Reserven ausgenommenen Umstrukturierungsvorgänge gegen die „normalen" Veräußerungsvorgänge abzugrenzen.

Wenn das Vermögen nur umstrukturiert werden soll, dürfen gleichzeitig die damit verbundenen stillen Reserven für die Besteuerung nicht verloren gehen. Das Mittel, um ihre Besteuerung bei der übernehmenden Kapitalgesellschaft sicherzustellen, ist die Buchwertfortführung, derer sich auch § 20 UmwStG bedient. Der mit dem Überspringen einhergehende Wechsel von der einkommensteuerlichen zur nunmehr körperschaftsteuerlichen Belastung der stillen Reserven ist unbeachtlich, da beide Steuern insofern als gleichwertig anzusehen sind[1].

§ 20 UmwStG zwingt jedoch nicht zur Buchwertfortführung, sondern gewährt ein Wahlrecht, den Buchwert, Teilwert oder sogar einen Zwischenwert anzusetzen (§ 20 Abs. 2 UmwStG)[2]. Entscheidet sich die Kapitalgesellschaft für den Teilwertansatz, so entsprechen die Steuerfolgen denen einer normalen Veräußerung. Die stillen Reserven werden vollständig aufgedeckt, so daß das Subjektprinzip gewahrt bleibt. Auf den Veräußerungsgewinn können die Vergünstigungen der §§ 16 Abs. 4, 34 EStG angewandt werden, soweit der Einbringende eine natürliche Person ist (§ 20 Abs. 5 UmwStG)[3]. Der Ansatz eines Zwischenwertes führt dazu, das ein Teil der stillen Reserven aufgedeckt wird - das Subjektprinzip ist insoweit eingehalten -, der andere Teil jedoch auf die Kapitalgesellschaft überspringt[4]. Der beim Zwischenwertansatz entstehende „Teilveräußerungsgewinn" ist nach § 34 EStG zwar tarifbegünstigt, der Freibetrag des § 16 Abs. 4 EStG kann jedoch nicht beansprucht werden (§ 20 Abs. 5 UmwStG).

Dem zweiten Kriterium, daß auch nach erfolgter Umstrukturierung das unternehmerische Engagement - wenn auch in veränderter Form - fortgeführt werden muß, wird in sachlicher Hinsicht dadurch entsprochen, daß § 20 UmwStG als Gegenstand der erfolgsneutralen Einbringung nur Betriebe,

---

[1] Vgl. dazu Abschn. „Sicherstellung der stillen Reserven", S. 100

[2] Zum Ansatz in der Handelsbilanz vgl. z.B. Lütt, in: Lademann/Söffing/Brockhoff, EStG, § 20 UmwStG Anm. 88 ff.; Merkert, in: Hartmann/Böttcher/Nissen/Bordewin, EStG, § 20 UmwStG Rz. 150 ff.; Patt/Rasche, DStR 1994, 841

[3] Für Kapitalgesellschaften, die ebenfalls Einbringende i.S.d. § 20 UmwStG sein können (vgl. Abschn. „Umwandlung einer Kapitalgesellschaft in eine andere Kapitalgesellschaft", S. 191), kommt der halbe Steuersatz des § 34 EStG nicht zur Anwendung.

[4] Zur Frage, wie und nach welchem Verhältnis die stillen Reserven bei Teilrealisierung aufzudecken sind, vgl. BFH v. 24.5.1984 - I R 166/78, GmbHR 1985, 105; Blümich/ Wolff, EStG, § 20 UmwStG Rz. 83 f. m.w.N.

Teilbetriebe und Mitunternehmeranteile zuläßt (§ 20 Abs. 1 UmwStG)[1]. Diese Begriffe finden sich auch in § 16 EStG und sind - so die h.M. - entsprechend auszulegen[2]. Hinsichtlich des Teilbetriebs wird mittlerweile zu Recht gefordert, daß nicht zwingend das Eigentum an allen wesentlichen Betriebsgrundlagen mitübertragen werden muß, denn unternehmerisches Engagement und seine Fortsetzung steht und fällt aus betriebswirtschaftlicher Sicht nicht mit der Eigentumsfrage an bestimmten Betriebsmitteln. Deshalb ist auch die Einräumung eines langfristig gesicherten Nutzungsrechts an den nicht mitübertragenen wesentlichen Betriebsgrundlagen nur notwendig, wenn ansonsten der Teilbetrieb nicht fortgeführt werden kann[3].

Um eine Fortführung des unternehmerischen Engagements in personeller Hinsicht zu gewährleisten, muß der Einbringende auch nach der Übertragung mit seinem Vermögen verbunden bleiben. Deshalb setzt § 20 UmwStG voraus, daß als Gegenleistung für die Einbringung Gesellschaftsrechte gewährt werden. Es muß sich dabei allerdings um neue Gesellschaftsrechte handeln (§ 20 Abs. 1 UmwStG); die Gewährung alter Anteile ist nicht steuerbegünstigt[4]. Die Vorstellung, daß der ursprüngliche Inhaber auch künftig sein Engagement fortsetzt, darf allerdings nicht dahingehend mißverstanden werden, daß er weiterhin gewerblich tätig bleibt und so aus seiner Kapitalbeteiligung gewerbliche Einkünfte erzielt[5]. Denn nach erfolgter Einbringung ist allein die Kapitalgesellschaft wirtschaftend mit dem Vermögen tätig; die Beteiligung erhält nur die Verbindung zwischen dem ursprünglichen Engagementträger und seinem Vermögen aufrecht.

---

[1]Zur Frage, inwieweit ein Kapitalgesellschaftsanteil Gegenstand einer Sacheinlage sein kann, vgl. Abschn. „Einbringung eines Kapitalgesellschaftsanteils in eine Personen- oder Kapitalgesellschaft", S. 174

[2]Dehmer, UmwG, UmwStG, § 20 UmwStG Rn. 6; Goutier/Knopf/Tulloch, Umwandlungsrecht, § 20 UmwStG Rdnr. 22; Haritz/Benkert/Friederichs, UmwStG, § 20 Rz. 43; Hübl, in: Herrmann/Heuer/Raupach, EStG/KStG, § 20 UmwStG Anm. 31; Rödder, DStR 1995, 837; Widmann/Mayer, Umwandlungsrecht, Bd. 4 Rz. 6782 und 6816; dies als h.M. ansehend, jedoch aA Schmidt, EStG, § 16 Rz. 100; ders., StuW 1970, Sp. 429, 439

[3]Vgl. Abschn. „Sachliches Element", S. 93

[4]Crezelius, Steuerrecht II, S. 77; Dehmer, UmwG, UmwStG, § 20 UmwStG, Rn. 211; Goutier/Knopf/Tulloch, Umwandlungsrecht; § 20 UmwStG Rdnr. 19; Haritz/Benkert/Friederichs, UmwStG, § 20 Rz. 94 f.; Knobbe-Keuk, Bilanz- und Unternehmenssteuerrecht, S. 827; Widmann/Mayer, Umwandlungsrecht, Bd. 4 Rz. 6855.22

[5]So BFH v. 28.4.1988 - IV R 52/87, BStBl. II 1988, 829, 830; Costede, GmbHR 1980, 13, 16 f.

b) Sonderproblematik des § 21 UmwStG

Die in §§ 20 ff. UmwStG vorgesehene Behandlung der im Zuge der Einbringung gewährten neuen Anteile bedarf einer genaueren Betrachtung. Werden im Zuge der Sacheinlage nicht die gesamten stillen Reserven aufgedeckt, setzt die Kapitalgesellschaft also einen niedrigeren Wert als den Teilwert an, so erlangen die neuen Anteile einen Sonderstatus. Ihr weiteres Geschick richtet sich nicht nach den allgemeinen, für Kapitalgesellschaftsanteile geltenden Regeln des Einkommensteuergesetzes. Sie werden vielmehr als sog. „einbringungsgeborene" Anteile durch § 21 UmwStG einer besonderen Steuerpflicht unterworfen.

An dieser Stelle soll betont werden, daß § 21 UmwStG zwar Elemente sowohl der einkommensteuerlichen Behandlung von Anteilen des Betriebsvermögens als auch aus § 17 EStG abgeleitete Bestandteile enthält. Dennoch muß diese Vorschrift als völlig eigenständig und als eine neue Qualität von Anteilen begründend angesehen werden. Deshalb kennt § 21 UmwStG auch arteigene Gewinnrealisierungs- und Gewinnausweisvorschriften. Die einkommensteuerlichen Regeln gelten nur dann, wenn § 21 UmwStG explizit auf sie verweist (wie z.B. bei § 21 Abs. 1 S. 2 ff. UmwStG)[1].

So setzt § 21 Abs. 1 S. 1 UmwStG für die Veräußerung eines einbringungsgeborenen Anteils fest, daß die Differenz zwischen dem Veräußerungspreis und den Anschaffungskosten - letztere entsprechen dem Wert, mit dem die Kapitalgesellschaft das empfangene Vermögen ansetzt (§ 20 Abs. 4 UmwStG) - als Veräußerungsgewinn i.S.d. § 16 EStG versteuert wird. Dies geschieht unabhängig davon, ob es sich um eine betriebliche oder private, eine wesentliche oder unwesentliche Beteiligung handelt. Man spricht in diesem Zusammenhang von einer Verdoppelung der stillen Reserven, da im Ergebnis die mit dem übertragenen Vermögen verbundenen stillen Reserven nicht nur bei der Kapitalgesellschaft, sondern zusätzlich noch in den Gesellschaftsanteilen steuerverhaftet werden[2].

Es stellt sich die Frage nach der Rechtfertigung für eine derartige Verdoppelung, die in der Literatur[3] immer wieder kontrovers erörtert wird. Die zusätzliche Verhaftung in der Gesellschaftsanteilen kann nicht als Ausdruck des

---

[1] Ähnl. Blümich/Wolff, EStG, § 21 UmwStG Rz. 18; Goutier/Knopf/Tulloch, Umwandlungsrecht; § 21 UmwStG Rdnr. 11; Knobbe-Keuk, Bilanz- und Unternehmenssteuerrecht, 8. Aufl., 1991, S. 751 Fn. 174; Probst, BB 1992, 1395, 1396

[2] Hübl, JbFASt. 1973/74, S. 130; Dehmer, UmwG, UmwStG, § 20 UmwStG Rn. 355 ff.; Goutier/Knopf/Tulloch, Umwandlungsrecht, Rdnr. 42; Haritz/Benkert/Friederichs, UmwStG, § 20 Rz. 140; Knobbe-Keuk, Bilanz- und Unternehmenssteuerrecht, S. 825

[3] Dehmer, UmwG, UmwStG, Vor §§ 20-23 UmwStG, Rn. 10 mit detaillierten Nachweisen; Friedrich, DB 1962, 313; Keuk, DB 1972, 1643; Goutier/Knopf/Tulloch, Umwandlungsrecht, § 20 UmwStG Rdnr. 42; Knobbe-Keuk, Bilanz- und Unternehmenssteuerrecht, S. 825 f.; Merkert, in: Hartmann/Böttcher/Nissen/Bordewin, EStG, § 21 UmwStG Rz. 5; Widmann/Mayer, Umwandlungsrecht, Bd. 4 Rz. 6767.3

Kriteriums „Sicherstellung der stillen Reserven" verstanden werden, da die mit dem übergehenden Vermögen verbundenen stillen Reserven bereits aufgrund der Buchwertfortführung bei der Kapitalgesellschaft steuerverhaftet bleiben[1].

Naheliegend wäre es, die Verhaftung in den neuen Anteilen als Ausdruck des personellen Elements des unternehmerischen Engagements zu begreifen. Dazu ist zunächst die steuerliche Situation ohne § 21 UmwStG zu betrachten.

Für die steuerneutrale Behandlung gemäß dem Engagementkonzept ist es von entscheidender Bedeutung, daß der ursprüngliche Engagementträger in der Lage ist, auch künftig sein Engagement fortzusetzen, d.h. er muß mit seinem Vermögen verbunden bleiben[2]. Diese Verbindung soll nach früherer Rechtsprechung dann hergestellt sein, wenn der Einbringende als Gegenleistung für die Vermögensübertragung Gesellschaftsrechte erhält, mittels derer er im wesentlichen „Herr des Betriebs" bleibt bzw. einen irgendwie gearteten Einfluß auf die Kapitalgesellschaft ausüben kann[3]. Literatur und Verwaltungspraxis operationalisierten dieses Kriterium, indem sie forderten, daß eine mindestens 25%-ige Beteiligung gewährt werden müsse[4]. Mit einer derartigen unteren Beteiligungsgrenze wird sichergestellt, daß der ursprüngliche Engagementträger, der durch den Wechsel von einzel- oder mitunternehmerische Beteiligung zur Kapitalbeteiligung schon nicht mehr zu direkter Einflußnahme befähigt ist, wenigstens noch in gewissem Umfang seine Interessen durchsetzen kann[5].

Gleichzeitig muß gewährleistet werden, daß der Einbringende sein Engagement auch tatsächlich fortsetzt und die Umstrukturierung nicht nur nutzt, um sich danach steuerneutral von seinem Engagement zu lösen. Dies wird durch die Steuerverhaftung der Anteile erreicht. Vernachlässigt man § 21 UmwStG, besteht für betriebliche Kapitalgesellschaftsanteile bereits aufgrund der einkommensteuerlichen Regeln eine solche Verhaftung. Solange man an der 25%-Grenze festhielt, waren auch private Anteile wegen der identischen Grenzziehung durch § 17 EStG automatisch steuerverhaftet.

Obwohl die gesetzliche Regelung des UmwStG grundsätzlich an das Engagementkonzept anknüpft, verzichtet sie auf eine vergleichbare untere Beteiligungsgrenze. Nach der Gesetzesbegründung würde sie ansonsten „dem Bedürfnis nach Umstrukturierung in der deutschen Wirtschaft und nach Eingliederung

---

[1] AA wohl Blümich/Wolff, EStG, § 21 UmwStG Rz. 2; Haritz/Benkert/Friederichs, UmwStG, § 20 Rz. 140

[2] Die Bindung an das Vermögen ebenfalls als eigentlichen Zweck der Steuerverhaftung der Anteile betonend FG München v. 26.4.1990 - 11 K 11019/85, GmbHR 1991, 179, 181

[3] RFH v. 9.5.1933 - VI A 434/30, RStBl. 1933, 999; BFH v. 28.7.1960 - IV 27/59 U, BStBl. III 1960, 403, 404

[4] Fasold, DB 1968, 1771 m.w.N.; Luckey, Gewinnrealisierung, S. 314 ff.

[5] Vgl. dazu ausführlich und m.w.N. Abschn. „Personelles Element", S. 97

auch kleinerer in größere Kapitalgesellschaften"[1] nicht gerecht. Dadurch entsteht zunächst die Gefahr eines Steuersparmodells. Denn der Einbringende, der für sein Vermögen nur eine unwesentliche Beteiligung erhält, könnte diese nach erfolgter Sacheinlage ohne steuerliche Wirkung veräußern und sich auf diesem Weg steuerfrei von seinem Betriebsvermögen lösen[2]. Dem begegnet der Gesetzgeber, indem er in § 21 UmwStG den Sonderstatus des einbringungsgeborenen Anteils schafft.

Auf diese Weise wird der ursprüngliche Engagementträger zwar in dem Sinne mit seinem Vermögen verbunden, daß er sich nicht steuerfrei von seinem Engagement lösen kann. Ob er jedoch bei Einräumung von Kleinstbeteiligungen z.B. von 1% oder 2% noch Einfluß im Sinne einer Fortführung des unternehmerischen Engagements nehmen kann, bleibt mehr als fraglich[3]. Es liegt in solchen Fällen wohl auch keine ausnahmsweise erfolgsneutral zu behandelnde Umstrukturierung, sondern schon eher eine Veräußerung vor.

Als problematisch erweist sich ferner, daß durch § 21 UmwStG für unwesentliche private Anteile auch die nach der Einbringung entstehenden Wertsteigerungen, die an und für sich steuerlich irrelevant sind, erfaßt werden[4]. Zwar kann der Anteilseigner dies umgehen, indem er nach der Einbringung von seinem Antragsrecht auf Sofortversteuerung (§ 21 Abs. 2 Nr. 1 UmwStG) Gebrauch macht. Nachteilig ist dann aber, daß dem Gesellschafter in diesem Zeitpunkt keine liquiden Mittel zur Begleichung der Steuerlast zufließen. Vor diesem Hintergrund wird als Alternative vorgeschlagen, daß, etwa im Rahmen eines besonderen Feststellungsverfahrens, die im Zeitpunkt der Einbringung vorhandenen Reserven bindend festgestellt, aber erst bei Veräußerung der Anteile versteuert werden[5]. Das Gesetz sieht allerdings eine derartige Festschreibung nicht vor. Die stillen Reserven können sogar verschwinden, wenn der Wert der Anteile in Verlustjahren sinkt. Beides spricht dafür, daß die zusätzliche Verhaftung der übergehenden stillen Reserven nicht das eigentliche

---

[1]BR-Drucks. 292/68, S. 14; indem in der Gesetzesbegründung ausdrücklich auf das Engagementkonzept der Rechtsprechung Bezug genommen wird, zeigt sich, daß auch die gesetzliche Regelung eine Fortsetzung des unternehmerischen Engagements zur Bedingung macht. Wenn trotzdem auf eine 25%-Grenze verzichtet wurde, wird damit nicht der Fortsetzungsgedanke aufgegeben, sondern lediglich eine Erweiterung der Anwendungsfälle angestrebt (aA Söffing, JDStJG 1981, S. 263).

[2]Blümich/Wolff, EStG, § 21 UmwStG Rz. 2; Goutier/Knopf/Tulloch, Umwandlungsrecht, § 21 Rdnr. 8; Widmann, JDStJG 1981, S. 163, 174

[3]Vgl. dazu auch Abschn. „Personelles Element", S. 97; Costede, GmbHR 1980, 13, 16; v. Wallis, StuW 1970, Sp. 465, 467

[4]Crezelius, Steuerrecht II, S. 77; Hübl, in: Herrmann/Heuer/Raupach, EStG/KStG, § 20 UmwStG Anm. 3; Widmann, JDStJG 1981, S. 163, 174 f.; Widmann/Mayer, Umwandlungsrecht, Bd. 4 Rz. 6767.4

[5]Widmann, JDStJG 1981, S. 163, 176; ähnl. Keuk, DB 1972, 1643

Ziel des § 21 UmwStG, sondern nur die notwendige Folge des Bestrebens ist, den ursprünglichen Engagementträger an sein Engagement zu binden.

Zur Lösung des Verdoppelungsproblems wird in der Literatur vorgeschlagen, die stillen Reserven nur auf die neuen Anteile zu übertragen. Der Kapitalgesellschaft soll unabhängig davon für das übernommene Vermögen der Teilwertansatz ohne sofortige Gewinnrealisierung gestattet werden[1]. Dieser Vorschlag ist insofern unsachgemäß, als durch diese Vorgehensweise die Sacheinlage nicht nur steuerlich nicht behindert, sondern sogar begünstigt würde. Es könnte einerseits für die Kapitalgesellschaft neues Abschreibungspotential geschaffen werden, andererseits ist fraglich, ob die Anteile überhaupt je veräußert, d.h. die stillen Reserven realisiert werden. Selbst wenn sich der Gesellschafter in unbestimmter Zukunft von den Anteilen entgeltlich lösen sollte, hat er immer noch einen Zinsvorteil zu verzeichnen, von der Geldentwertung ganz zu schweigen[2]. Darin liegt aber noch das geringere Übel. In Wahrheit ist die Annahme, daß die mit dem übertragenen Vermögen verbundenen stillen Reserven in den neuen Gesellschaftsanteilen sichergestellt werden, reine Fiktion. Da die Wertentwicklung der Anteile in keiner Beziehung zum ursprünglich eingebrachten Vermögen steht, muß nur der Fall eintreten, daß die Anteile mit Verlust veräußert werden, damit die ursprünglichen stillen Reserven der Besteuerung entzogen werden[3].

Die eigentliche Zielsetzung des § 21 UmwStG soll darin bestehen, den ursprünglichen Engagementträger an sein Engagement zu binden. Eine diesem Zweck des § 21 UmwStG adäquate Möglichkeit, die Verdoppelung der stillen Reserven zu lösen, bestünde darin, den Steuerpflichtigen nach einer bestimmten Zeit, in der er sein unternehmerisches Engagement unverändert fortgesetzt hat, gewinneutral aus der Steuerverhaftung zu entlassen[4]. Eine Änderung des Gesetzes in dieser Form zeichnet sich jedoch nicht ab, so daß sich die Literatur auch künftig mit der Verdopppelung der stillen Reserven in Form des § 21 UmwStG auseinandersetzen muß. Mildernd ist allerdings in Betracht zu ziehen, daß mit der Verdoppelung ein Besteuerungsaufschub erkauft wurde. Außerdem wird die Verdoppelung tatsächlich nur bei Veräußerung der Anteile oder bei Erfüllung eines Ersatztatbestandes des § 21 Abs. 2 UmwStG wirksam[5].

---

[1]Friedrich, DB 1962, 313; Söffing, JDStJG 1981, S. 261

[2]Keuk, DB 1972, 1643, 1644; Groh, StuW 1963, Sp. 449, 460

[3]Keuk, DB 1972, 1643, 1645

[4]Hübl, JbFASt. 1973/74, S. 130, 135; Widmann, JDStJG 1981, S. 163, 176; ähnl. Luckey, Gewinnrealisierung, S. 341 f.

[5]GlA Goutier/Knopff/Tulloch, Umwandlungsrecht, § 20 UmwStG Rz. 42; Groh, StuW 1963, Sp. 449, 460 f.; Haritz/Benkert, UmwStG, § 21 UmwStG Anm. 1; Widmann/ Mayer, Umwandlungsrecht, Rz. 6761

Abschließend ist festzustellen, daß der Gesetzgeber mit § 20 UmwStG - basierend auf der früheren Rechtsprechung[1] - die erfolgsneutrale Gestaltung der Sacheinlage zwar an der These der Fortführung des unternehmerischen Engagements bei gleichzeitiger Sicherstellung der stillen Reserven, also an der Existenz eines Umstrukturierungsvorgangs festmacht[2]. Durch seine Ausgestaltung der Kriterien, womit insbesondere das Fehlen einer unteren Beteiligungsgrenze gemeint ist, rückt er jedoch bedenklich in die Nähe eines Veräußerungsvorgangs. Die damit erreichte Erweiterung des Anwendungsbereichs des § 20 UmwStG wird, um Steuerumgehungen zu vermeiden, mit der nicht unproblematischen Verdoppelung der stillen Reserven erkauft.

2. Unentgeltliche Übertragung eines Anteils i.S.d. § 21 UmwStG

Überlegungen zur unentgeltlichen Übertragung eines Anteiles i.S.d. § 21 UmwStG hätten systematisch bereits in Abschn. „Anteilsübertragungen" (S. 122) abgehandelt werden können. Da sie aber in engem Zusammenhang mit dem vorhergehenden und dem nachfolgenden Abschnitt stehen, fügen sie sich an dieser Stelle besser in das Gesamtverständnis ein.

Wie bereits im vorhergehenden Abschnitt erwähnt sind die sog. einbringungsgeborenen Anteile weder Privat- noch Betriebsvermögen[3], sondern sie nehmen einen Sonderstatus ein, weil sie immer in enger Verbindung mit ihrer Entstehung durch die Sacheinlage gesehen werden müssen. So gelten für § 21 UmwStG auch nicht die allgemeinen Gewinnrealisierungs- und Gewinnausweistatbestände des Einkommensteuergesetzes, sondern arteigene Regelungen (§ 21 Abs. 1 und 2 Nr. 1-4 UmwStG).

Die Funktion der arteigenen Aufdeckungstatbestände erklärt sich aus dem eigentlichen Zweck des § 21 UmwStG. Obwohl dies oft betont wird, liegt der eigentliche Zweck nicht darin, die mit dem ursprünglich eingebrachten Vermögen verbundenen stillen Reserven sicherzustellen[4]. Denn die stillen Reserven werden bereits durch die Buchwertfortführung bei der Kapitalgesellschaft steuerverhaftet. Die Verdoppelung ist vielmehr nur das Ergebnis der eigentlichen Zielsetzung: den ursprünglichen Engagementträger, indem ihm bzw. seinem Anteil zusätzliche stille Reserven zugeordnet und bei ihm steuerverhaftet wer-

---

[1]RFH v. 9.5.1933 - VI A 434/30, RStBl. 1933, 999; BFH v. 28.7.1960 - IV 27/59 U, BStBl. III 1960, 403

[2]So ausdrücklich BR-Drucks. 292/68, 14; glA Hügel, Verschmelzung und Einbringung, S. 460 ff.; Luckey, Gewinnrealisierung, S. 309 ff.

[3]Blümich/Wolff, EStG, § 21 UmwStG Rz. 18; Knobbe-Keuk, Bilanz- und Unternehmenssteuerrecht, S. 830

[4]Vgl. z.B. BFH v. 8.4.1992 - I R 128/88, BStBl. II 1992, 761, 762; Knobbe-Keuk, Bilanz- und Unternehmenssteuerrecht, S. 833; vgl. dazu auch Abschn. „Sonderproblematik des § 21 UmwStG", S. 149

den, auch künftig mit dem Gegenstand seines Engagements zu verbinden (personelle Komponente der Fortführung des unternehmerischen Engagements)[1]. Deshalb sollen auch die arteigenen Gewinnausweisregeln des § 21 UmwStG nur festlegen, wann das unternehmerische Engagement als beendet gilt und demzufolge eine Aufdeckung der stillen Reserven notwendig ist.

Das unternehmerische Engagement muß mit der notwendigen Folge der Aufdeckung der stillen Reserven in den Anteilen als beendet gelten, wenn der Anteilsinhaber seine Beteiligung veräußert (§ 21 Abs. 1 UmwStG).

Auch infolge einer unentgeltlichen Übertragung kann man das unternehmerische Engagement als beendet betrachten, da der ursprüngliche Anteilsinhaber seine Anteile an ein anderes Steuersubjekt weitergibt und so die Bindung zu seinem ehemaligen Vermögen verliert. Insbesondere auch in Hinblick auf das steuerliche Subjektprinzip müßten deshalb die auf den Anteilsinhaber übertragenen und bei ihm steuerverhafteten stillen Reserven aufgedeckt werden. Doch kennt § 21 UmwStG für die unentgeltliche Übertragung keine - dem für die unentgeltliche Übertragung von Betriebsvermögen geltenden Entnahmetatbestand des § 4 Abs. 1 S. 2 EStG vergleichbare - Regelung, die eine Aufdeckung der stillen Reserven anordnen würde[2].

Es existiert nur die Vorschrift des § 21 Abs. 1 UmwStG. Sie legt fest, daß die auf einen Rechtsnachfolger unentgeltlich übertragenen Anteile bei diesem auch künftig als einbringungsgeborene Anteile gelten und demgemäß behandelt werden. Man könnte § 21 Abs. 1 UmwStG als Indiz dafür ansehen, daß auf die an und für sich notwendige Aufdeckung der stillen Reserven ausnahmsweise verzichtet wird. Als Begründung für die Ausnahme könnte die schon für § 7 Abs. 1 EStDV beschriebene Vorstellung herangezogen werden, daß ein reiner Umstrukturierungsvorgang vorliegt, der nicht mit der Rechtsfolge der Aufdeckung der stillen Reserven belegt werden sollte[3].

Allerdings ist fraglich, ob die Regelung des § 21 Abs. 1 UmwStG auch die Kriterien der Engagementfortsetzung und Sicherstellung der stillen Reserven, die § 7 Abs. 1 EStDV an die Identifikation eines solchen Umstrukturierungsvor-

---

[1]So im Ergebnis auch FG München v. 26.4.1990 - 11 K 11019/85, GmbHR 1991, 179, 181; ob das Ziel, eine Verbindung zwischen Engagementträger und Vermögen zu schaffen, mit der Einrichtung des einbringungsgeborenen Anteils i.S.d. § 21 UmwStG unbedingt glücklich gelöst ist (eine andere Lösungsmöglichkeit stellt Luckey, Gewinnrealisierung, S. 340 ff. vor), kann dahingestellt bleiben, da der Gesetzgeber an der Vorschrift wohl festhalten wird. Das zeigt sich daran, daß § 21 UmwStG trotz erheblicher Kritik in der Literatur durch zwei Neuregelungen des UmwStG (1977, 1994) im wesentlichen unberührt gelassen wurde.

[2]Probst, BB 1992, 1395, 1396

[3]Die gedankliche Parallele zwischen § 7 EStDV und § 21 Abs. 1 UmwStG zieht auch Hübl, in: Herrmann/Heuer/Raupach, EStG/KStG, § 21 UmwStG Anm. 50; Merkert, in: Hartmann/Böttcher/Nissen/Bordewin, EStG, § 21 UmwStG, Rz. 12

gangs stellt, sachgerecht aufnimmt. Zweifellos bleiben die stillen Reserven sichergestellt. Auch kann der Rechtsnachfolger als Engagementnachfolger angesehen werden. Das Engagement wird also weiterhin fortgesetzt. Insbesondere in Hinblick auf die sachliche Komponente der Fortsetzung des unternehmerischen Engagements treten Unstimmigkeiten auf. Selbst wenn man den Standpunkt vertritt, daß § 7 Abs. 1 EStDV zu eng gefaßt ist und auch Übertragungen von mehr als 25%-igen Kapitalbeteiligungen begünstigt werden sollten, zieht § 21 Abs. 1 UmwStG keine untere Beteiligungsgrenze. Es könnten also auch Kleinstbeteiligungen unentgeltlich und ohne Steuerfolgen übertragen werden. Insofern wäre diese Regelung zu korrigieren.

3. Kapitalerhöhung im Anschluß an eine Einbringung

a) Problemstellung

Wie dargestellt[1] werden die im Zuge einer Sacheinlage mit dem eingebrachten Vermögen verbundenen stillen Reserven zusätzlich auf die neu gewährten Gesellschaftsrechte übertragen und bei diesen unabhängig von Beteiligungshöhe oder Zugehörigkeit zum Betriebs- oder Privatvermögen steuerverhaftet[2]. Sie sind dann aufzudecken, wenn die sog. einbringungsgeborenen Anteile veräußert werden oder einer der Ersatztatbestände des § 21 UmwStG eintritt.

Zu diesen einbringungsgeborenen Anteilen kann der Steuerpflichtige, z.B. im Zuge einer Kapitalerhöhung gegen Bareinlage, weitere Anteile an der Kapitalgesellschaft hinzuerwerben. Wird nun das Bezugsrecht, das zur Teilnahme an der Kapitalerhöhung berechtigt, mit einem Ausgabekurs begründet, der unter dem Wert der Geschäftsanteile vor Kapitalerhöhung liegt, werden die in den einbringungsgeborenen Anteilen ruhenden stillen Reserven zum Teil auf die durch Kapitalerhöhung entstehenden jungen Anteile umverteilt[3].

Orientiert man sich am Gesetz, so tritt die Steuerverhaftung des § 21 UmwStG nur für die einbringungsgeborenen Anteile an sich, nicht jedoch für neue, durch spätere Kapitalerhöhung erworbene Anteile ein[4]. Die jungen Anteile sind vielmehr nach den Regeln des Einkommensteuergesetzes zu behandeln, d.h. bei ihrer Veräußerung werden die Wertsteigerungen der Anteile nur unter den Voraussetzungen der §§ 17 und 23 EStG erfaßt. Damit könnten die von den

---

[1] Vgl. Abschn. „Sonderproblematik des § 21 UmwStG", S. 149

[2] Vgl. dazu auch Blümich/Wolff, EStG, § 21 UmwStG Rz. 18; Dehmer, UmwG, UmwStG, § 21 UmwStG Rn. 13; Haritz/Benkert, UmwStG, § 21 Rz. 2; Hübl, in: Herrmann/Heuer/Raupach, EStG/KStG, § 21 UmwStG Anm. 3

[3] BFH v. 20.2.1975 - IV R 15/71, BStBl. II 1975, 505, 509

[4] Knobbe-Keuk, Bilanz- und Unternehmenssteuerrecht, S. 831; Widmann/Mayer, Umwandlungsrecht, Rz. 7362.13

einbringungsgeborenen auf die jungen Anteile umverteilten stillen Reserven der Besteuerung entgehen, wenn ein unwesentlicher Anteil des Privatvermögens außerhalb der Spekulationsfrist des § 23 EStG veräußert wird.

Zusätzliche Komplikationen ergeben sich, wenn die jungen Anteile nicht vom Inhaber der Altanteile, sondern von einem Dritten unentgeltlich übernommen werden. Es wäre so nicht nur die Besteuerung der übergehenden stillen Reserven an sich gefährdet, sondern sie könnten zudem nicht mehr bei dem Steuersubjekt, dem sie der Zielsetzung der Einbringungsregeln zufolge zuzurechnen sind, erfaßt werden; die Einhaltung des Subjektprinzips wäre gefährdet.

Beim übernehmenden Dritten muß es sich nicht notwendigerweise um den Gesellschaftern nahestehende Personen handeln. Es sind auch Fälle denkbar, in denen an einer Kapitalerhöhung fremde Dritte beteiligt werden und die Altgesellschafter aufgrund ihrer subjektiven Markteinschätzung von einem Anteilswert ausgehen, der niedriger ist als der objektive Verkehrswert, so daß stille Reserven auf die jungen Anteile übergehen. Ferner könnten die jungen Anteile fremden Dritten unentgeltlich oder zu einem unangemessen niedrigen Preis überlassen werden, weil sich die Altgesellschafter von der Beteiligung des Dritten wirtschaftliche Vorteile versprechen, die z.B. aus dessen geschäftlichen Verbindungen oder Know-how resultieren[1].

Für beide Varianten stellt sich die Frage, ob nicht bereits im Zeitpunkt der Kapitalerhöhung die umzuverteilenden stillen Reserven gem. § 21 UmwStG zu besteuern sind oder ob wenigstens eine Steuerverhaftung dieser stillen Reserven in den jungen Anteilen herbeigeführt werden sollte[2].

Bevor basierend auf den Ausführungen in Abschn. „Überspringen stiller Reserven ohne vorausgehende Erfüllung eines Aufdeckungstatbestandes“ (S. 108) eine eigene Lösung des Problems vorgestellt wird, soll zunächst die gegenwärtige Auffassung des BFH[3], die sich von der früheren Sicht der Finanzverwaltung[4] distanziert, erläutert werden.

b) Auffassungen der Rechtsprechung und der Finanzverwaltung

Bevor der BFH in zwei Urteilen vom 8.4.1992[5] zum Übergang stiller Reserven von einbringungsgeborenen auf junge, durch Kapitalerhöhung entstandene Anteile Stellung nahm, hat die **Finanzverwaltung** die Problematik grundsätzlich folgendermaßen gehandhabt[6]. Wurde eine *Kapitalerhöhung gegen Einlage*

---

[1] Haritz/Benkert, UmwStG, § 21 Rz.33 f.

[2] Knobbe-Keuk, Bilanz- und Unternehmenssteuerrecht, S. 832

[3] I R 128/88; BStBl. II 1992, 761 und I R 162/90, BStBl. II 1992, 764

[4] BMF v. 16.6.1978 - IV B 2 - S 1909 - 8/78, BStBl. I 1978, 235

[5] I R 128/88; BStBl. II 1992, 761 und I R 162/90, BStBl. II 1992, 764

[6] zu folgendem vgl. BMF v. 16.6.1978 - IV B 2 - S 1909 - 8/78, BStBl. I 1978, 235 Tz. 66 f.

vorgenommen, anläßlich derer stille Reserven von einbringungsgeborenen auf junge Anteile übergingen, nahm man insoweit eine Gewinnrealisierung nach § 21 Abs. 1 UmwStG an[1].

Anders ging man bei einer *Kapitalerhöhung aus Gesellschaftsmitteln* vor, die als Aufspaltung der alten Anteile gewertet wurde[2]; die neuen Anteile galten als einbringungsgeborene Anteile i.S.d. § 21 Abs. 1 UmwStG[3]. Die Steuerverhaftung der jungen Anteile läßt sich damit begründen, daß die Ausgabe von „Gratisanteilen" im Zuge einer Kapitalerhöhung aus Gesellschaftsmitteln „wirtschaftlich ein Real-Splitting der bisherigen Anteile"[4] bedeutet. Die Anschaffungskosten der Anteile sind nach der Kapitalerhöhung auf alte und neue Anteile im Verhältnis der Kapitalerhöhung aufzuteilen[5].

Als der BFH[6] Gelegenheit fand, über einen derartigen Sachverhalt zu entscheiden, führte er aus, daß **keine Gewinnrealisierung** eintritt, wenn bei einer Kapitalerhöhung stille Reserven von einbringungsgeborenen Anteilen auf junge Anteile desselben Gesellschafters oder eines Dritten übergehen. Er begründete dies damit, daß der Veräußerungstatbestand gem. § 21 Abs. 1 UmwStG nicht erfüllt sei. Es mangele an der dafür nötigen entgeltlichen Übertragung und für die Variante, daß der ursprüngliche Anteilsinhaber auch die jungen Anteile übernimmt, auch an der Übertragung auf ein anderes Rechtssubjekt. Überdies könnten die übertragenen stillen Reserven nicht als Anteile i.S.d. § 21 UmwStG gesehen werden[7]. Ebenso liege keiner der Ersatzgewinnausweistatbestände des § 21 Abs. 2 UmwStG vor.

Der BFH prüfte des weiteren, ob eine analoge Anwendung des § 21 Abs. 1 UmwStG, die eine Lücke im Sinne einer planwidrigen Unvollständigkeit des Gesetzes voraussetzen würde, in Betracht kommt. Eine solche Lücke könnte nach Meinung des BFH wohl dann vorliegen, wenn die stillen Reserven der einbringungsgeborenen Anteile durch die Kapitalerhöhung der Besteuerung entzogen würden. Da aber die jungen Anteile, wenn und soweit „einbringungsgeborene" stille Reserven auf sie übergehen, nach Ansicht des BFH unmittelbar von § 21 UmwStG erfaßt werden, ist die Steuerverhaftung der übergehenden stillen

---

[1]BMF v. 16.6.1978 - IV B 2 - S 1909 - 8/78, BStBl. I 1978, 235 Tz. 66

[2]Dehmer, UmwG, UmwStG, § 21 UmwStG Rn. 6; Haritz/Benkert, UmwStG, § 21 Rz. 27; Knobbe-Keuk, Bilanz- und Unternehmenssteuerrecht, S. 832

[3]BMF v. 16.6.1978- IV B 2 - S 1909 - 8/78, BStBl. I 1978, 235 Tz. 67

[4]Glade, BB 1980, 145

[5]Entsprechende Anwendung von § 3 des Gesetzes über steuerrechliche Maßnahmen bei Erhöhung des Nennkapitals aus Gesellschaftsmitteln vom 7.10.1967, BGBl. I 1967, 977

[6]BFH v. 8.4.1992 - I R 128/88, BStBl. II 1992, 761 und BFH v. 8.4.1992 - I R 162/90, BStBl. II 1992, 764; zum BFH-Urteil vom 8.4.1992 - I R 160/90, BStBl. II 1992, 763 vgl. Abschn. „Wertübergang im Zeitpunkt der Sacheinlage", S. 167

[7]So auch schon FG München v. 26.4.1990 - 11 K 11019/85, GmbHR 1991, 179, 180

Reserven nicht gefährdet. Für eine Analogie wäre also mangels Lücke kein Raum.

Zur teilweisen Steuerverhaftung der jungen Anteile gem. § 21 UmwStG kommt der BFH durch folgenden Gedankengang: Dem Inhaber der einbringungsgeborenen Anteile steht bei einer Kapitalerhöhung das Recht zu, junge Anteile im Verhältnis seiner Beteiligung zu beziehen (Bezugsrecht)[1]. Liegt der Ausgabekurs des Bezugsrechts dabei unter dem Wert der Geschäftsanteile vor Kapitalerhöhung, verlieren die Altanteile durch Abspaltung an Substanz. Diese soll zunächst in das Bezugsrecht und bei dessen Ausübung schließlich in die vom Bezugsrecht abgeleiteten, neu entstandenen Anteile eingehen (sog. Wertabspaltungstheorie[2]). Um die Zielsetzungen des § 21 UmwStG verwirklichen zu können, muß der Substanz die Steuerverstrickung nach § 21 UmwStG anhaften.

Übernimmt nicht der Inhaber der Altanteile, sondern ein Dritter die jungen Gesellschaftsrechte, so hat er seine Anteile als Rechtsnachfolger i.S.d. § 21 Abs. 1 UmwStG unentgeltlich erworben, soweit diese auf das Bezugsrecht zurückgehen. Dieser Wertung steht anscheinend nicht entgegen, daß die jungen Anteile an sich von der Kapitalgesellschaft ausgegeben werden (§ 55 Abs. 2 GmbHG). Da die jungen Anteile nur insoweit der Steuerverhaftung nach § 21 UmwStG unterliegen, als sie auf das Bezugsrecht zurückgehen und keine Gegenleistung entrichtet wurde, sind sie im Falle einer Veräußerung durch den Erwerber wie teilentgeltlich erworbene Anteile zu behandeln. Wie sich aus dem Anwendungsbeispiel im BFH-Urteil vom 8.4.1992[3] ergibt, muß der unentgeltlich erworbene Teil mittels der schon in Abschn. „Teilentgeltliche Anteilsübertragungen" (S. 131) propagierten Trennungstheorie identfiziert, dem Teilentgelt gegenübergestellt und die Differenz nach § 21 Abs. 1 UmwStG besteuert werden. Diese Vorgehensweise, die in der praktischen Anwendung Probleme insofern mit sich bringt, als nicht nur weit zurückliegende tatsächliche Werte zu ermitteln sind, sondern auch der Rechenvorgang an sich nicht unbedingt einfach ist[4], soll anhand des folgenden Beispiels dargestellt werden.

---

[1]Zur Frage, ob auch der GmbH ein gesetzliches Bezugsrecht in analoger Anwendung des § 186 AktG zusteht, vgl. Priester, DB 1980, 1925; Wellkamp, Inf. 1994, 562

[2]Haritz/Benkert, UmwStG, § 21 Rz. 29 ff.

[3]I R 162/90, BStBl. II 1992, 764, 765

[4]Vgl. Haritz/Benkert, UmwStG, § 21 Rz. 51; Knobbe-Keuk, Bilanz- und Unternehmenssteuerrecht, S. 833; Patt/Rasche, FR 1995, 436; Probst, BB 1992, 1395, 1397

Beispiel[1]: U hat sein Einzelunternehmen (Buchwert 200 TDM) zu Buchwerten gem. § 20 Abs. 1 UmwStG in die X-GmbH eingebracht, deren Alleingesellschafter er ist. Der Nennwert seiner Anteile beträgt ebenfalls 200 TDM, ihr Verkehrswert 800 TDM. Einige Jahre später erhöht die X-GmbH ihr Stammkapital um 100 TDM auf 300 TDM. Die neuen Anteile übernimmt Sohn S gegen Bareinlage in Höhe des Nennwerts. Wieder einige Zeit später veräußert S seine Anteile zum Preis von 420 TDM. Der Veräußerungsgewinn des S errechnet sich wie folgt:
Nach der Kapitalerhöhung war U mit 200 TDM, S mit 100 TDM am Stammkapital der X-GmbH (300 TDM) beteiligt, d.h. U zu 2/3, S dagegen zu 1/3. Der Verkehrswert aller Anteile betrug nach der Kapitalerhöhung 900 TDM (= 800 TDM ursprünglicher Verkehrswert der Anteile des U + 100 TDM); davon entfallen auf U 600 TDM, auf S 300 TDM.
S hat seine Anteile teils entgeltlich aufgrund der Bareinlage, teils unentgeltlich aufgrund des ihm von U zugewandten Bezugsrechts erworben. Soweit der Erwerb auf das Bezugsrecht zurückzuführen ist, handelt es sich laut den Urteilen des BFH um einbringungsgeborene Anteile.
Um den einbringungsgeborenen Teil zur Ermittlung des Veräußerungsgewinns herauszulösen, ist der Wert des Bezugsrechts zum Wert der Bareinlage ins Verhältnis zu setzten:

Wert des Bezugsrechts	= Verkehrswert der neuen Anteile	./. Bareinlage
	= 300 TDM	./. 100 TDM
	= 200 TDM	

Das Verhältnis zwischen dem Wert des Bezugsrechts (200 TDM) und dem Wert der Bareinlage (100 TDM) beträgt damit 2:1. Die Anteile des S sind folglich zu 2/3 einbringungsgeboren, zu 1/3 nicht einbringungsgeboren. Nach diesem Verhältnis ist der Veräußerungspreis (420 TDM) aufzuteilen. Auf den einbringungsgeborenen Teil der Anteile entfällt ein Veräußerungspreis von 280 TDM, der den Anschaffungskosten dieses Teils gegenüberzustellen ist. Da das Bezugsrecht unentgeltlich von den durch Sacheinlage erworbenen Anteilen des U abgespalten wurde, muß S diesbezüglich die Anschaffungskosten seines Rechtsvorgängers - des U - fortführen. Die Anschaffungskosten für das übertragene Bezugsrecht ermitteln sich nach folgender Formel[2]:

---

[1]Einem Beispiel in Meyer, BB 1994, 516 nachgebildet; weitere Beispiele vgl. Probst, BB 1992, 1395, 1396 und - allerdings nur für die Variante, daß der Inhaber der Altanteile selbst auch die jungen Gesellschaftsrechte übernimmt - BFH v. 8.4.1992 - I R 162/90, BStBl. II 1992, 764, 765; Patt, DStR 1993, 600, 601 f.

[2]BFH v. 6.12.1968 - IV R 174/67, BStBl. II 1969, 105, 107

Anschaffungskosten des Bezugsrecht =
= Anschaffungskosten der Anteile des U vor Kapitalerhöhung x
x Wert des Bezugsrechts :
: Verkehrswert der Anteile vor Kapitalerhöhung =
= 200 x 200 : 800 = 50 TDM.

Aus der Differenz des anteiligen Veräußerungspreises (280 TDM) und der Anschaffungskosten des Bezugsrechts (50 TDM) erhält man den Veräußerungsgewinn des einbringungsgeborenen Teils der Anteile in Höhe von 230 TDM, auf den die Vergünstigungen der §§ 16 Abs. 4, 34 EStG nach Maßgabe des § 21 Abs. 1 UmwStG anzuwenden sind.
Die einbringungsgeborenen Anteile werden zwar nicht von der Steuerpflicht des § 17 EStG erfaßt, sind aber dennoch in die Ermittlung, ob eine wesentliche Beteiligung vorliegt, einzubeziehen[1]. Deshalb ist auch S insgesamt zu 1/3 - und damit wesentlich i.S.d. § 17 EStG - am Stammkapital der X-GmbH beteiligt und muß den auf den nicht einbringungsgeborenen Teil der Anteile entfallenden Veräußerungsgewinn nach § 17 EStG versteuern.

Für den Steuerpflichtigen kann die durch den BFH eingeführte Behandlung durch die in die Zukunft verschobene Besteuerung dann Zins- und Liquiditätsvorteile bringen, wenn die Neuanteile ohnehin nach § 17 EStG steuerverstrickt wären. Unvorteilhaft ist sie nur für den Steuerpflichtigen, der im Unterschied zu obigem Beispiel keine wesentliche, private Beteiligung an der Kapitalgesellschaft hält. Denn er muß im Vergleich zur Sofortversteuerung bei Kapitalerhöhung nicht nur die übergehenden, „einbringungsgeborenen" stillen Reserven versteuern, sondern zusätzlich die Wertsteigerungen, die der auf das Bezugsrecht zurückgehende Teil seiner Anteile in der Zeit von der Kapitalerhöhung bis zur Veräußerung erfahren hat. Als Alternative bietet sich allerdings für ihn der Antrag auf Sofortversteuerung gem. § 21 Abs. 2 Nr. 1 UmwStG an[2].

Mit den oben beschriebenen Urteilen lehnt die Rechtsprechung zwar die frühere Verwaltungsmeinung ab, geht aber insofern einen Kompromiß ein, als sie die stillen Reserven nicht aus der Steuerverhaftung entläßt. Daß die Finanzverwaltung deshalb keine Bedenken hat, sich der Rechtsprechung des BFH anzuschließen[3] und ihre frühere Auffassung[1] als überholt zu betrachten, ist einsichtig.

---

[1]BFH v. 10.11.1992 - VIII R 40/89, BStBl. II 1994, 222, 223; zur Beurteilung dieser Entscheidung vgl. Paus, FR 1994, 350

[2]Vgl. dazu Fratz, DStR 1993, 47 f. (mit Beispiel); Haritz/Benkert, UmwStG, § 21 Rz. 52

[3]BMF v. 22.1.1993 - IV B 2 - S 1909 - 4/93, DStR 1993, 243

c) Stellungnahme zu den BFH-Urteilen vom 8.4.1992

Es ist verständlich, daß oben dargestellter Sachverhalt von Rechtsprechung und Finanzverwaltung mit besonderer Skepsis betrachtet wird, da hier an und für sich steuerverhaftete stille Reserven aus der Steuerverhaftung ausscheiden können und gegebenenfalls zusätzlich auf ein anderes Rechtssubjekt übergehen. Die daraus resultierende Intention, die stillen Reserven auf die eine oder andere Art zu erfassen, darf jedoch nicht soweit gehen, daß dabei die gesetzlichen Grenzen überschritten werden. Deshalb müssen die jeweiligen Urteile und Erlasse besonders kritisch betrachtet werden.

Die Finanzverwaltung versuchte zunächst die stillen Reserven bereits bei ihrem ursprünglichen Inhaber im Zeitpunkt der Kapitalerhöhung aufzudecken. Indem die Finanzverwaltung zunächst der Frage der Aufdeckung der stillen Reserven im Übertragungszeitpunkt nachging, beschritt sie prinzipiell den richtigen Weg. Jedoch hat der BFH mit zutreffender Begründung erkannt, daß sich die Aufdeckung nicht auf einen dem § 21 UmwStG eigenen Gewinnrealisierungs- oder Gewinnausweistatbestände stützen kann[2]. Selbst würde man - anders als der BFH - darauf abstellen, daß das Bezugsrecht, das wohl im Unterschied zu den stillen Reserven als selbständiges Wirtschaftsgut angesehen werden kann, Gegenstand der Übertragung ist[3], würde es immer noch an der Entgeltlichkeit mangeln[4].

Aufgabe des BFH wäre es nun gewesen, nach einem anderen Rechtsgrund für eine Aufdeckung der stillen Reserven im Zeitpunkt ihrer Übertragung zu suchen. Denn nur wenn die stillen Reserven durch Aufdeckung tatsächlich zu Einkommen geworden sind, hat der Fiskus einen gefestigten Steueranspruch, auf den er vorläufig verzichten und statt dessen er die stillen Reserven einer Weiterverhaftung unterwerfen kann[5].

Indem der BFH auf diesen notwendigen Zwischenschritt verzichtet, ist die Weiterverhaftung, die er anschließend nachzuweisen versucht, bereits der Sache nach willkürlich und rein am gewünschten Ergebnis ausgerichtet, die stillen Reserven dem Zugriff des Fiskus zu erhalten. Doch auch die Begründung für die fortgesetzte Steuerverhaftung ist angreifbar. Auf die neuen Anteile sollen stille Reserven übergehen, denen die Steuerverstrickung nach § 21 UmwStG anhaftet. Als Mittler für die Übertragung von den Alt- auf die Neuanteile wird das Bezugsrecht herangezogen. Das Bezugsrecht übernimmt bei Abspaltung von

---

[1]BMF v. 16.6.1978 - IV B 2 - S 1909 - 8/78, BStBl. I 1978, 235; vgl. zum Meinungswandel der Finanzverwaltung auch Dehmer, UmwG, UmwStG, § 21 UmwStG Rn. 71

[2]GlA Glade, BB 1980, 145, 146; Patt, DStR 1993, 600, 602

[3]So Probst, BB 1992, 1295 Fn. 7

[4]Glade, BB 1980, 145, 146

[5]Vgl. dazu Abschn. „Beibehaltung der Steuerverhaftung der übergehenden stillen Reserven als zutreffende Entscheidung?“, S. 110

den Altanteilen einen Teil ihrer stillen Reserven, die bei Ausübung des Bezugsrechts schließlich in die neuen Anteile eingehen[1]. Bei einer späteren Veräußerung der jungen Anteile sollen dann die übergegangenen, einbringungsgeborenen stillen Reserven nach § 21 Abs. 1 UmwStG versteuert werden.

Dabei ist fraglich, was als Gegenstand einer solchen Veräußerung i.S.d. § 21 Abs. 1 UmwStG angesehen werden soll.

Der Wortlaut des § 21 Abs. 1 UmwStG ist insofern eindeutig: Veräußerungsgegenstand müssen **Anteile** sein, die durch eine Sacheinlage erworben wurden. Also wäre es naheliegend, die jungen Gesellschaftsrechte heranzuziehen. Problematisch ist nur, daß sie eben gerade nicht durch eine Sacheinlage i.S.d. § 20 UmwStG erworben wurden. Sie können auch unmöglich allein durch die Tatsache, daß sie einbringungsgeborene Substanz aufgenommen haben, zu solchen Anteilen werden. Die eindeutige Verweisung des § 21 Abs. 1 UmwStG auf § 20 Abs. 1 UmwStG läßt hinsichtlich der Anforderungen an die Anteile auch keine erweiterte Auslegung zu[2].

Gegenstand der Veräußerung könnte dann möglicherweise das Bezugsrecht sein. Auf diese Weise würde man aber die Rechtsprechung zu § 17 EStG[3], nach der auch Bezugsrechte als Vollanteil i.S.d. § 17 EStG zu behandeln sind, undifferenziert auf den Bereich der §§ 20, 21 UmwStG übertragen. Doch dies ist im betrachteten Zusammenhang bedeutungslos, da das Bezugsrecht, das lediglich „einen Anspruch des Gesellschafters gegen die Gesellschaft auf Erwerb eines seiner bisherigen Beteiligung entsprechenden Anteils am erhöhten Stammkapital“[4] vermittelt, mit seiner Ausübung, d.h. dem Bezug der jungen Anteile, erloschen ist. Es ist folglich im fraglichen Zeitpunkt nicht mehr vorhanden und kann deshalb auch nicht veräußert werden[5].

Als Veräußerungsgegenstand bleiben also nur noch die übergehenden stillen Reserven als solche. Doch unzweifelhaft können stille Reserven, die nur die Werterhöhung eines Wirtschaftsgutes im Verhältnis zum Bilanzansatz widerspiegeln, nicht als eigenständiges Wirtschaftsgut, geschweige denn als Anteil i.S.d. § 21 Abs. 1 UmwStG angesehen werden[6].

Folglich nehmen zwar die jungen Anteile einbringungsgeborene stille Reserven auf, es kann jedoch nicht davon ausgegangen werden, daß diese nach § 21 UmwStG steuerverhaftet bleiben.

---

[1]Damit wird an die Ausführungen des BFH 6.12.1968 - IV R 174/67, BStBl. II 1969, 105 und v. 20.2.1975 - IV R 15/71, BStBl. II 1975, 505, 508 angeschlossen.

[2]Haritz/Benkert, UmwStG, § 21 Rz. 50; Patt, DStR 1993, 600, 602 und 603

[3]BFH v. 20.2.1975- IV R 15/71, BStBl. II 1975, 505

[4]Priester, DB 1980, 1925, 1930

[5]Patt, DStR 1993, 600, 602 f.

[6]Patt, DStR 1993, 600, 602

Um die übergehenden stillen Reserven für den Zugriff des Fiskus zu erhalten, scheidet also die fortgeltende Steuerverhaftung aus. Es bliebe nur noch die Möglichkeit, sie bereits im Moment des Übergangs aufzudecken und steuerlich zu erfassen. Wie eingangs erwähnt, hat der BFH dafür zu Recht die unmittelbare Anwendung der dem § 21 UmwStG eigenen Aufdeckungstatbestände ausgeschieden. Allerdings hat der BFH nicht hinreichend geprüft, ob ein anderer Rechtsgrund für eine Aufdeckung im Übertragungszeitpunkt besteht. Dieses Versäumnis des BFH soll nun nachgeholt werden.

Es besteht die Gefahr, daß die auf die jungen Anteile übergehenden, an und für sich steuerverhafteten stillen Reserven gänzlich der Besteuerung entzogen werden. Deshalb liegt zunächst die Überlegung nahe, einen allgemeinen Entstrickungsgrundsatz anzuwenden, demzufolge stille Reserven immer dann aufzudecken sind, wenn sie ansonsten der Besteuerung entgehen[1]. Doch die Existenz eines solchen Grundsatzes und die Möglichkeit seiner Anwendung wurde bereits durch die Rechtsprechung abgelehnt[2].

Zu Anfang stand die Sacheinlage. Darauf gestützt findet sich in der Literatur[3] die Auffassung, daß die Wurzel der Gewinnrealisierung bereits in der ursprünglichen Sacheinlage selbst liege. Ihre erfolgsneutrale Behandlung wurde nur unter der Bedingung der künftigen Steuerverhaftung der übergehenden stillen Reserven auch in den Anteilen gestattet. In allen Fällen, in denen diese Steuerverhaftung verlorenzugehen droht, müsse konsequenterweise die Aufdeckung nachgeholt werden. Damit könne auch die Aufzählung in § 21 Abs. 2 UmwStG nur deklaratorischen Charakter haben.

Zu Recht wird hier in Betracht gezogen, daß das UmwStG nur die frühere Rechtsprechung abbildete und deshalb kaum alle möglichen Varianten in § 21 Abs. 2 UmwStG aufgenommen wurden. Dennoch muß von dem Moment an, da das Gesetz in § 21 Abs. 2 UmwStG verschiedene Gewinnausweistatbestände detailliert festlegt, von einer abschließenden Regelung ausgegangen werden. Man kann § 21 Abs. 2 UmwStG nicht ohne weiteres Beispielcharakter zusprechen, für den es keinen Anhaltspunkt gibt[4].

Lehnt man damit den deklaratorischen Charakter des § 21 Abs. 2 UmwStG ab, kann obige Argumentation ihre Verwandtschaft mit der in Nachfolge des

---

[1]Biermeier/Bongen/Renaud, BB 1987, 1998, 1999; Maas, BB 1980, 1791; Knobbe-Keuk, Bilanz- und Unternehmenssteuerrecht, 8. Aufl., 1991, 751, Fn. 174

[2]Vgl. dazu Abschn. „Subjektprinzip als Grundlage eines allgemeinen Prinzips der Steuersubjektentstrickung?“, S. 113 mit detaillierten Literaturangaben.

[3]Hübl, in: Herrmann/Heuer/Raupach, EStG/KStG, § 21 UmwStG Anm. 51; Schmidt/Heinicke, EStG, § 4 Rz. 71

[4]GlA Blümich/Wolff, EStG, § 21 UmwStG Rz. 45; Dehmer, UmwG, UmwStG, § 21 UmwStG Rn. 14 f.; Knobbe-Keuk, Bilanz- und Unternehmenssteuerrecht, 8. Aufl., 1991, S. 751 Fn. 174; Merkert, in: Hartmann/Böttcher/Nissen/Bordewin, EStG, § 21 UmwStG Rz. 64

allgemeinen Entstrickungsgedankens entstandenen finalen Entnahmetheorie nicht mehr leugnen. Nach der finalen Entnahmetheorie soll immer dann eine Entnahme geben sein, wenn ansonsten die Besteuerung der stillen Reserven nicht gesichert ist. Auf diese Weise wird der Anwendungsbereich des Entnahmetatbestandes ausgedehnt. Gleichermaßen versucht man mit obiger Argumentation die arteigenen Gewinnausweistatbestände des § 21 Abs. 2 UmwStG auszuweiten. Doch wie schon in Abschn. „Aufdeckung aufgrund Ausdehnung des Anwendungsbereichs der gesetzlichen Gewinnausweistatbestände?“ (S. 116) dargestellt, ist ein solches Vorgehen abzulehnen. Denn gemessen am Wortlaut des Gesetzes liegt eben kein (arteigener) Gewinnausweistatbestand vor, sondern es wird nur von der erwünschten Rechtsfolge her auf die Existenz eines solchen Tatbestandes geschlossen.

Auch aus anderer Richtung ist die obige Literaturmeinung angreifbar. Eigentlicher Zweck der Vorschrift des § 21 UmwStG ist es nämlich nicht, die Besteuerung der anläßlich der Sacheinlage übergehenden stillen Reserven auch in den Anteilen sicherzustellen. Diese Aufgabe wird bereits durch die Buchwertfortführung bei der Kapitalgesellschaft ausreichend erfüllt. Vielmehr ist die Verdopppelung der übergehenden stillen Reserven nur Ergebnis der eigentlichen Zwecksetzung, als da wäre die Verbindung des ursprünglichen Engagementträgers mit seinem Vermögen aufrechtzuerhalten[1]. Durch die Kapitalerhöhung und die dabei überspringenden stillen Reserven wird diese Verbindung aber nicht unterbrochen. Der Engagementträger löst sich nicht von seinem Engagement, sondern nimmt lediglich eine Aufstockung vor bzw. verzichtet auf eine solche, wenn er das Bezugsrecht einem Dritten überläßt. Somit besteht - was die Zielsetzung des § 21 UmwStG angeht - auch kein Anlaß zu einer Besteuerung der übergehenden einbringungsgeborenen stillen Reserven[2].

Selbst die Tatsache, daß im Fall der Übernahme der jungen Anteile durch einen fremden Dritten sich die ursprünglichen Beteiligungsverhältnisse ändern, so daß der ursprüngliche Anteilsinhaber möglicherweise im Ergebnis verminderte Einflußmöglichkeiten hat[3], kann zu keinem anderen Ergebnis führen. Denn wie in Abschn. „Sonderproblematik des § 21 UmwStG“ (S. 149) erwähnt, mißt die gesetzliche Regelung zur Sacheinlage in eine Kapitalgesellschaft der

---

[1]Auch das FG München v. 26.4.1990 (11 K 11019/85, GmbHR 1991, 179, 181) betrachtet die Bindung zum Vermögen als eigentlichen Zweck des § 21 UmwStG.

[2]Auch Glade (BB 1980, 145, 146) geht davon aus, daß durch die Kapitalerhöhung die Anteile als solche - und damit die Bindung zum Vermögen im Sinne des Engagementkonzepts- im Grunde unberührt bleiben.

[3]Die Intensität der Einflußnahme kann bestehen bleiben, wenn es sich bei der Kapitalgesellschaft um eine GmbH handelt und diese von der ihr zugestandenen Möglichkeit Gebrauch macht, das Stimmrecht nicht an der Beteiligungshöhe festzumachen, sondern ein Stimmrecht nach Köpfen vorzusehen, und ferner anläßlich der Kapitalerhöhung keine neuen Gesellschafter aufgenommen werden (vgl. dazu Wellkamp, Inf. 1994, 562).

Beteiligungshöhe für die Fortsetzung des Engagements keine Bedeutung mehr bei. Es existiert also keine Lücke, die einen Analogieschluß und damit eine Aufdeckung der übertragenen stillen Reserven rechtfertigen könnte.

Der den BFH-Urteilen vom 8.4.1992 zugrundeliegende Sachverhalt birgt aber für den Fall, daß nicht der ursprüngliche Anteilsinhaber selbst, sondern ein fremder Dritter die durch Kapitalerhöhung entstandenen jungen Anteile übernimmt, noch eine Besonderheit. Es fällt auf, daß - im Unterschied zu den üblichen Entstrickungsfällen - nicht nur die auf die jungen Anteile übergehenden stillen Reserven der Steuerverhaftung entzogen werden, sondern daß zusätzlich auch das Subjektprinzip bedroht ist. Denn sobald stille Reserven auf die neuen Anteile, die ein Dritter übernimmt, überspringen, können sie nicht mehr bei demjenigen erfaßt werden, dem sie eigentlich zuzuordnen sind.

In dem Bestreben dem Subjektprinzip Geltung zu verschaffen, könnte man einen abgewandelten allgemeinen Rechtssatz formulieren, demzufolge die stillen Reserven - auch ohne Vorliegen eines gesetzlichen Gewinnrealisierungs- oder Gewinnausweistatbestandes - immer dann aufzudecken sind, wenn ansonsten die Besteuerung nicht mehr bei dem Steuersubjekt, dem sie zuzurechnen sind, gewährleistet ist[1]. Doch wie in Abschn. „Subjektprinzip als Grundlage eines allgemeinen Prinzips der Steuersubjektentstrickung?" (S. 113) dargestellt, sind gegen diese Variante dieselben Bedenken anzuführen wie gegen einen allgemeinen Entstrickungsgrundsatz.

Als Resultat der eigentlichen Zielsetzung bewirken die arteigenen Gewinnausweistatbestände des § 21 Abs. 2 UmwStG, daß die Besteuerung der stillen Reserven bei dem Rechtssubjekt, das sie erwirtschaftet hat, gewährleistet wird. Damit könnte man argumentieren, daß immer dann ein Gewinnausweistatbestand gegeben sein muß, wenn ansonsten das Subjektprinzip durch Überspringen der stillen Reserven verletzt wäre. Doch selbst wenn der Schwerpunkt der Argumentation nicht wie oben auf der Sicherstellung der stillen Reserven, sondern auf dem Subjektprinzip liegt, würden im Ergebnis und im Sinne der finalen Entnahmetheorie Tatbestand und erwünschte Rechtsfolge vermengt. Deshalb ist diese Betrachtung mit entsprechender Argumentation wie oben abzulehnen.

Denkbar wäre, da der BFH nur unter dem Gesichtspunkt einer auch künftigen Steuerverstrickung von einer analogen Anwendung des § 21 Abs. 1 UmwStG - wie sie ursprünglich die Finanzverwaltung annahm[2] - abgesehen hat, diese nun wieder in Betracht zu ziehen. Infolge der Unentgeltlichkeit der Übertragung ergibt allerdings nur eine analoge Anwendung des § 21 Abs. 2 UmwStG überhaupt Sinn. Voraussetzung für einen Analogieschluß ist eine Lücke im

---

[1]Im Unterschied zu dem „üblichen" und bereits abgelehnten allgemeinen Entstrickungsgrundsatz, muß hier von Steuersubjektentstrickung gesprochen werden.

[2]BMF v. 16.6.1978 - IV B 2 - S 1909 - 8/78, BStBl. I 1978, 235 Tz. 66

Sinne einer planwidrigen Unvollständigkeit des Gesetzes[1]. Allerdings kann das Gesetz dann nicht planwidrig unvollständig sein, wenn sich durch Umkehrschluß ergibt, daß der Gesetzgeber eine bestimmte Regelung **bewußt** nicht auf andere, möglicherweise gleichgelagerte Fälle erstrecken wollte[2].

In Zusammenhang mit dieser Überlegung kann man davon ausgehen, daß dem Gesetzgeber bereits bei Neuregelung des UmwStG im Jahre 1977 die oben dargestellte Problematik bekannt war[3]. Erst recht kann dies für die jüngste Neuregelung des UmwStG 1994 angenommen werden, da die erst kurz zuvor ergangenen BFH-Urteile vom 8.4.1992 kritische Stimmen in der Literatur[4] lautwerden ließen. Man beklagte, daß die obigen Entscheidungen „einer systematischen Betrachtung der §§ 20, 21 UmwStG" letztlich nicht gerecht würden und prangerte sie als „ergebnisorientierte Kompromißlösung" an[5]. Ferner lag dem Gesetzgeber ein Vorschlag des Bundesrates[6] vor, den § 21 Abs. 2 UmwStG dahingehend zu erweitern, daß auch in Fällen einer Kapitalerhöhung die stillen Reserven wie im Fall der Veräußerung der einbringungsgeborenen Anteile besteuert werden, womit im Ergebnis die ursprüngliche Verwaltungsmeinung Gesetz werden sollte. Der wiederholte Verzicht auf eine gesetzliche Regelung läßt darauf schließen, daß der Gesetzgeber **bewußt** von einer Regelung der Kapitalerhöhung abgesehen hat. Damit existiert keine Gesetzeslücke, die durch Analogie zu schließen wäre[7].

Für den Fall einer Kapitalerhöhung, anläßlich derer stille Reserven von einbringungsgeborenen auf junge Anteile desselben oder eines anderen Anteilseigners überspringen, ist folgendes **Ergebnis** festzuhalten: Es muß hingenommen werden, daß die überspringenden stillen Reserven der Steuerverhaftung entzogen werden können, falls die jungen Anteile im Privatvermögen gehalten werden und weder die Beteiligungsgrenze des § 17 EStG noch die Spekulationsfrist des § 23 EStG überschritten wird[8]. Gleichzeitig kann auch die Verletzung

---

[1] Crezelius, Rechtsanwendung, S. 151; Larenz, Methodenlehre, S. 354 ff.; vgl. dazu mit ausführlichen Nachweisen auch Abschn. „Aufdeckung der stillen Reserven durch Analogie?", S. 118 und zum Begriff der „Lücke" auch Abschn. „Methode der teleologischen Reduktion", S. 83

[2] BFH v. 9.4.1981 - I R 157/77, BStBl. II 1982, 362 m.w.N.

[3] Bereits mit BMF v. 20.7.1970 - IV B/5 - S 1978 - 26/70, BStBl. I 1970, 922 Tz. 18 nahm sich die Finanzverwaltung dieser Problematik an.

[4] So z.B. Fratz, DStR 1993, 47; Knobbe-Keuk, Bilanz- und Unternehmenssteuerrecht, S. 833; Patt, DStR 1993, 600

[5] Patt, DStR 1993, 600, 602

[6] Stellungnahme des Bundesrats v. 18.2.1994, BR-Drucks. 587/1/94, 9 ff.

[7] GlA FG München v. 26.4.1990 - 11 K 11019/85, GmbHR 1991, 179, 180; Knobbe-Keuk, Bilanz- und Unternehmenssteuerrecht, S. 832 f.

[8] So ausdrücklich auch Patt, DStR 1993, 600, 602

des Subjektprinzips, die entsteht, wenn ein fremder Dritter die jungen Anteile übernimmt, nicht unterbunden werden. Denn allein auf die Verletzung des Subjektprinzips läßt sich eben keine Aufdeckung der stillen Reserven stützen. Ferner sei darauf hingewiesen, daß mit dem Entlassen der stillen Reserven aus der Steuerverstrickung der durchaus annehmbare Nebeneffekt verbunden ist, daß Unternehmensumstrukturierungen aus steuerlicher Sicht weiter erleichtert werden.

4. Wertübergang im Zeitpunkt der Sacheinlage

Obwohl inmitten des Dreierurteilsreigens des BFH vom 8.4.1992[1] stehend und ebenfalls auf eine Kapitalerhöhung bezugnehmend, liegt dem BFH-Urteil I R 160/90 ein völlig anderer Sachverhalt zugrunde als den beiden anderen Entscheidungen. Der Sachverhalt dieses Urteils betrifft nicht die Wertübertragungen von zunächst einbringungsgeborenen auf im Zuge einer Kapitalerhöhung neu entstehenden Anteilen. Es handelt sich vielmehr um den Wertübergang ausgehend von einer Sacheinlage, die ihrerseits anläßlich einer Kapitalerhöhung vorgenommen wird[2].

Erfüllt ein Gesellschafter seine im Rahmen einer Kapitalerhöhung entstehende Einlageverpflichtung durch Sacheinlage zum Buchwert gem. § 20 UmwStG, werden zum einen die jungen Anteile dieses Gesellschafters von § 21 UmwStG erfaßt. Zum anderen sollen - nach dem Willen des BFH - nun aber auch junge Anteile, die ein Mitgesellschafter anläßlich dieser Kapitalerhöhung **gegen Bareinlage** erwirbt, nach § 21 UmwStG steuerverhaftet sein. Als Begründung wird angeführt, daß auch auf sie stille Reserven von dem als Sacheinlage übertragenen Betrieb des Einbringenden übergegangen sind.

Dabei betreffen die durch den BFH aufgestellten Grundsätze wohl nicht nur den der Entscheidung zugrundeliegenden Fall, daß erst anläßlich einer Kapitalerhöhung eine Sacheinlage stattfindet, sondern bereits die Sachgründung einer Kapitalgesellschaft[3]. Die Entscheidung des BFH muß deshalb aber nicht unbedingt zutreffend sein.

Beispiel: Die Eheleute E und F gründen mit Gesellschaftsvertrag vom 1.1.1993 die Y-GmbH, wobei E 20%, F dagegen 80% des Stammkapitals (200 TDM) übernimmt. Während E die gezeichneten Gesellschaftsanteile bar bezahlt, bringt F das bisher von ihr betriebene Einzelunternehmen (Buchwert 160 TDM, Verkehrswert 1 Mio) als

---

[1] BFH v. 8.4.1992, I R 128/88, BStBl. II 1992, 761; BFH v. 8.4.1992, I R 160/90, BStBl. II 1992, 763; BFH v. 8.4.1992, I R 162/90, BStBl. II 1992, 764

[2] Probst, BB 1992, 1395

[3] Probst, BB 1992, 1395, 1397; Sarrazin, DStR 1993, 1393; aA wohl Patt, DStR 1993, 1389

Sacheinlage gem. § 20 UmwStG zum Buchwert ein[1]. Die GmbH wird in das Handelsregister eingetragen.
Mit Wirkung zum 31.8.1993 veräußert E seine gesamte Beteiligung für 208 TDM an X. Der aus der Veräußerung der Kapitalgesellschaftsanteile resultierende Gewinn i.H.v. 168 TDM (= Veräußerungspreis 208 TDM ./. Anschaffungskosten i.H.d. Bareinlage 40 TDM) ist nicht steuerpflichtig, da weder §§ 17 noch 23 EStG anwendbar sind. Inhaber einbringungsgeborener Anteile i.S.d. § 21 UmwStG ist nach dem Gesetzeswortlaut nur die Einbringende F.

Unzweifelhaft erlangt F durch diesen Vorgang einbringungsgeborene Anteile nach § 21 UmwStG[2]. Bei unvoreingenommener Betrachtung muß man auch zugestehen, daß auf die Anteile des E stille Reserven des eingebrachten Vermögens der F übergegangen sind, die X mit seinem Kaufpreis honoriert hat. Fraglich ist jedoch, ob der BFH aus diesem Übergang die richtigen Konsequenzen gezogen hat, indem er auch die Anteile des Mitgesellschafters für einbringungsgeboren i.S.d. § 21 UmwStG erklärt[3].

Da der Mitgesellschafter selbst weder den Tatbestand des § 20 UmwStG erfüllt hatte, noch durch unentgeltliche Übertragung i.S.d. § 21 UmwStG zu einbringungsgeborenen Anteilen gelangen konnte, mußte eine andere Begründung für die Steuerverhaftung gesucht werden.

Der BFH konnte unmöglich die Begründung der beiden anderen Urteile vom 8.4.1992 auch auf obige Konstellationen anwenden, um die Steuerverhaftung der jungen Anteile des Mitgesellschafters zu rechtfertigen. Dies würde - selbst bei Billigung oben diskutierter Urteilsgrundsätze - allein schon daran scheitern, daß ein Bezugsrecht als „Mittler" für die Übertragung der stillen Reserven fehlt[4].

Ersatzweise argumentiert der BFH, daß der Einbringende sein Vermögen auch für Rechnung seines Mitgesellschafters übertragen hat[5]. Er übernimmt diesen Gedanken aus einer früheren BFH-Entscheidung[6] zur Einbringung eines Einzelunternehmens in eine Personengesellschaft, bei der die Bareinlage des

---

[1]Dieselbe Frage stellt sich jedoch auch bei Einbringung eines Teilbetriebs oder Mitunternehmeranteils (vgl. Patt, DStR 1993, 1389).

[2]Vgl. dazu Abschn. „Sacheinlage i.S.d. § 20 UmwStG", S. 146

[3]Folgende Ausführungen gelten entsprechend, wenn bei einer Sacheinlage zu Buchwerten anläßlich einer Kapitalerhöhung stille Reserven auf Altanteile übergehen. Auch Altanteile will der BFH mit selbigem Urteil vom 8.4.1992 (I R 160/90, BStBl. II 1992, 763, 764), soweit auf sie stille Reserven übergehen, nach § 21 UmwStG steuerverstricken.

[4]Patt, DStR 1993, 1389, 1392

[5]BFH v. 8.4.1992, BStBl. II 1992, 763, 764; glA Probst, BB 1992, 1395, 1397

[6]BFH v. 23.6.1981 - VIII R 138/80, BStBl. II 1982, 622

Mitgesellschafters ausschließlich dem Einbringenden zur Verfügung gestellt wurde.

Abgesehen von der Frage, ob die für das damalige Urteil entscheidungserheblichen gesellschaftsrechtlichen Bestimmungen der Personengesellschaft auf die Kapitalgesellschaft übertragbar sind, stellt sich im zu untersuchenden Fall auch der Sachverhalt anders dar. Der Mitgesellschafter ist seiner aus der Sachgründung bzw. Kapitalerhöhung resultierenden Einlageverpflichtung durch Bareinlage nachgekommen. Die Geldzahlung gelangt in das Vermögen der Kapitalgesellschaft und ist damit vom Zugriff des Einbringenden ausgeschlossen[1]. Da der Mitgesellschafter seine Einlage auch vollständig erbracht hat, bleibt keine Verpflichtung offen, die der Einbringende durch seine Sacheinlage hätte erfüllen können[2].

An dieser Stelle muß eingeschoben werden, daß auch bei der hier zugrundeliegenden Fallgestaltung eine künftige Steuerverhaftung der übergehenden stillen Reserven nur dann notwendig und richtig ist, wenn im Übertragungszeitpunkt grundsätzlich eine Aufdeckung stattfinden müßte. In diesem Zusammenhang führt der BFH an, daß eine erfolgsneutrale Behandlung der Sacheinlage nach § 20 UmwStG nur möglich sei, wenn „die bei der Einbringung nicht realisierten stillen Reserven des eingebrachten Betriebs usw. vollständig auf die anläßlich der Einbringung gewährten Anteile des Einbringenden oder dritter Personen übertragen werden oder zumindest in anderer Weise steuerverstrickt bleiben“[3]. Er stützt die eigentlich notwendige Aufdeckung damit auf § 20 UmwStG, ignoriert dabei allerdings, daß die Regelung ihrem Wortlaut nach nicht zur Bedingung macht, in welchem Umfang dem Einbringenden junge Anteile zugestanden werden müssen. Ebensowenig legt § 20 UmwStG fest, daß sämtliche stille Reserven auf die jungen Anteile überzugehen haben. Daß in § 20 UmwStG derartige Angaben fehlen, korrespondiert mit der eigentlichen Zielsetzung der Verdoppelung, mit der nur erreicht werden soll, daß der Einbringende auch künftig mit dem übertragenen Vermögen verbunden bleibt.

In Hinblick auf die unzutreffende Annahme, die im Rahmen einer Sacheinlage stattfindende Übertragung stiller Reserven auch auf die gewährten Gesellschaftsrechte diene ausschließlich deren nochmaliger Verhaftung, ist es einziges Ziel des BFH, stille Reserven sicherzustellen, die er als gefährdet ansieht. Deshalb überträgt er auf § 20 UmwStG einen allgemeinen Entstrickungsgedanken, der besagt, daß stille Reserven immer dann aufzudecken sind, wenn ansonsten ihre Besteuerung nicht gewährleistet ist. Gleichzeitig soll ihre Aufdeckung dann unterbleiben können, wenn die künftige Steuerverhaftung der stillen

---

[1]Patt, DStR 1993, 1389, 1390

[2]Patt, DStR 1993, 1389, 1392

[3]BFH v. 8.4.1992 - I R 160/90, BStBl. II 1992, 763, 764

Reserven gesichert erscheint[1]. Doch die Existenz eines solchen allgemeinen Entstrickungsprinzips wurde bereits für andere Sachverhalte abgelehnt[2] und kann deshalb auch hier keine Geltung beanspruchen[3].

Bei seiner Argumentation übersieht der BFH zudem, daß mit dem Übergang nicht allein die Steuerverhaftung gefährdet ist, sondern daß ferner die stillen Reserven nicht mehr bei dem Steuersubjekt erfaßt werden könnten, dem sie zuzurechnen sind. Würde man also ausnahmsweise auf eine Aufdeckung der übergehenden stillen Reserven verzichten, so genügt es nicht, deren künftige Besteuerung sicherzustellen. In den Bedingungen, die an den Steueraufschub zu knüpfen sind, müßte zusätzlich auch die Verletzung des Subjektprinzips berücksichtigt werden. Dies könnte durch die Forderung nach Fortsetzung des unternehmerischen Engagements geschehen. Doch selbst wenn der Mitgesellschafter als Rechtsnachfolger in der Lage wäre, das Engagement des Einbringenden fortzuführen, fehlt es doch an einem Gegenstand, an dem sich das Engagement entfalten könnte. Denn es werden nur stille Reserven übertragen, die nicht einmal als einzelnes Wirtschaftsgut einzustufen sind.

Somit muß die vom BFH gewählte Steuerverhaftung in den jungen Anteilen des Mitgesellschafters als unzutreffend abgelehnt werden, zumal immer noch offen ist, worauf sich eine dieser Verhaftung notwendig vorausgehende Aufdeckung stützen könnte[4].

Vor Ergehen der BFH-Urteile vom 8.4.1992 hat die Finanzverwaltung auf derartige Sachverhalte § 21 Abs. 1 UmwStG angewandt[5]. Das bedeutet F hätte bereits im Zeitpunkt der Gründung in Höhe der stillen Reserven, die unentgeltlich auf E übertragen wurden, einen Gewinn i.S.d. § 21 Abs. 1 UmwStG versteuern müssen. Für die Beurteilung dieser Auffassung kann dahingestellt bleiben, ob die übergegangenen stillen Reserven vom eingebrachten Vermögen oder von den einbringungsgeborenen Anteilen stammen, da die Annahme einer Veräußerung schon an der mangelnden Entgeltlichkeit und am Fehlen eines Veräußerungsgegenstand scheitern muß[6]. Die stillen Reserven stellen kein veräuße-

---

[1]Dem BFH folgend Probst, BB 1992, 1395, 1397 und wohl auch Sarrazin, DStR 1993, 1393, 1394

[2]Vgl. allgemein Abschn. „Subjektprinzip als Grundlage eines allgemeinen Prinzips der Steuersubjektentstrickung?“, S. 113

[3]Ähnl. Patt, DStR 1993, 1389, 1390 f.

[4]Eine Steuerverhaftung lehnt ferner ab Knobbe-Keuk, Bilanz- und Unternehmenssteuerrecht, S. 833

[5]BMF v. 16.6.1978 - IV B 2 - S 1909 - 8/78, BStBl. I 1978, 235 Tz. 66

[6]So zutreffend auch BFH v. 8.4.1992 - I R 160/90, BStBl. II 1992, 763 f.; Patt, DStR 1993, 1389, 1391

rungsfähiges Wirtschaftsgut, geschweige denn Anteile i.S.d. § 21 UmwStG dar und ein Bezugsrecht steht ersatzweise nicht zur Verfügung[1].

Ferner ist auch keiner der Ersatztatbestände des § 21 Abs. 2 UmwStG erfüllt, die - wie dargestellt[2] - keiner erweiterten Auslegung zugänglich sind.

Ausgehend von der Annahme die übergegangenen stillen Reserven stammten nicht erst von den durch Sacheinlage entstandenen Anteilen des Einbringenden, sondern bereits von dessen eingebrachtem Vermögen, könnte die Anwendung des Entnahmetatbestandes zum Zwecke der Aufdeckung in Erwägung gezogen werden. Auch dies scheitert jedoch daran, daß stillen Reserven für sich genommen keine Wirtschaftsgutqualität zugesprochen werden kann, sie somit nicht entnahmefähig sind[3].

Bliebe nur noch die Aufdeckung aufgrund eines allgemeinen Steuersubjektentstrickungsprinzips. Die Existenz eines derartigen allgemeinen Prinzips wurde aber bereits in Abschn. „Subjektprinzip als Grundlage eines allgemeinen Prinzips der Steuersubjektentstrickung?" (S. 113) abgelehnt.

Damit ist weder die vom BFH erkannte Steuerverhaftung der Anteile des Mitgesellschafters nach § 21 UmwStG, noch eine Aufdeckung der übergehenden stillen Reserven begründbar. Es muß auch in diesem Fall hingenommen werden, daß der Wertübergang ohne Steuerfolgen bleiben kann, und zwar dann, wenn der die stillen Reserven übernehmende Mitgesellschafter eine unwesentliche Beteiligung im Privatvermögen hält, die er auch nicht vor Ablauf der Spekulationsfrist i.S.d. § 23 EStG veräußert, oder wenn er bei wesentlicher privater Beteiligung die Gestaltungsmöglichkeiten des § 17 EStG nutzt[4].

5. Besonderheit bei der Einbringung des Betriebs einer Personengesellschaft - Sonderbetriebsvermögen

Das Betriebsvermögen einer Mitunternehmerschaft setzt sich aus dem Gesamthandsvermögen und dem sog. Sonderbetriebsvermögen der Gesellschafter zusammen. Zum Sonderbetriebsvermögen rechnen alle Wirtschaftsgüter, die zivilrechtlich Eigentum des Gesellschafters darstellen, jedoch der Personengesellschaft zur Nutzung überlassen werden und damit dem Betrieb der Personengesellschaft dienen[5]. Zählt solches Sonderbetriebsvermögen zu den

---

[1] Vgl. dazu auch Abschn. „Stellungnahme zu den BFH-Urteilen vom 8.4.1992", S. 161

[2] Vgl. Abschn. „Stellungnahme zu den BFH-Urteilen vom 8.4.1992", S. 161

[3] Vgl. dazu ausführlich Abschn. „Beteiligung Dritter unter Bargründung der Kapitalgesellschaft", S. 223

[4] Z.B. Splittung des wesentlichen privaten Anteils durch steuerfreie unentgeltliche Übertragung in mehrere unwesentliche private Anteile und Veräußerung der Einzelbestandteile nach der 5-Jahres-Frist (vgl. Patt, DStR 1993, 1389, 1392).

[5] BFH v. 6.5.1986 - VIII R 160/85, BStBl. II 1986, 838

wesentlichen Betriebsgrundlagen der Personengesellschaft, stellt sich die Frage, ob es bei Einbringung einer Personengesellschaft in eine Kapitalgesellschaft i.S.d. § 20 UmwStG ebenfalls in das Betriebsvermögen der Kapitalgesellschaft übertragen werden muß, um die Anwendungsvoraussetzungen dieser Vorschrift - Einbringung einer Vermögensgesamtheit - zu erfüllen.

Während Finanzverwaltung und Rechtsprechung diese Frage bejahen[1], hält eine Meinung in der Literatur[2] eine Mitübertragungspflicht des Sonderbetriebsvermögens für unzulässig. § 20 UmwStG ermöglicht den erfolgsneutralen Wechsel der Rechtsform des Trägers eines Betriebs, was bedeutet, daß der Betrieb vom alten auf den neuen Träger übergeht. Dabei geht es jedoch nur um den Betrieb, so wie er sich in der Hand des alten Trägers dargestellt hat. Somit kann aber auch nur zur Bedingung gemacht werden, daß Wirtschaftsgüter, also wesentliche Betriebsgrundlagen, die auch tatsächlich im Eigentum des alten Trägers standen, übertragen werden müssen, nicht dagegen solche, die Eigentum der Gesellschafter sind[3].

Entscheidend für eine weiterhin erfolgsneutrale Behandlung der Übertragung nach § 20 UmwStG muß jedoch sein, daß der Betrieb des alten Trägers auch ohne das nicht übertragene Sonderbetriebsvermögen noch lebensfähig ist[4]. Ansonsten könnte das übergehende Vermögen nicht mehr Gegenstand unternehmerischen Engagements sein. Für die nicht eingebrachten Wirtschaftsgüter des Sonderbetriebsvermögens ist eine Gewinnrealisierung nach § 16 Abs. 3 S. 3 EStG anzunehmen, da mit der Einbringung die Mitunternehmerstellung des Inhabers und damit auch die Qualität der Wirtschaftsgüter als Sonderbetriebsvermögen endet[5].

Soweit dennoch in unmittelbarem Zusammenhang mit der Sacheinlage des Betriebs der Personengesellschaft Sonderbetriebsvermögen auf die Kapitalgesellschaft übertragen wird, soll es - unabhängig davon, ob es zu den wesentli-

---

[1]BMF v. 16.6.1978 - IV B 2 - S 1909 - 8/78, BStBl. I 1978, 235 Tz. 47; BFH v. 19.3.1991 - VIII R 76/87, BStBl. II 1991, 635; BFH v. 26.1.1994 - III R 39/91, BStBl. II 1994, 458

[2]Costede, GmbHR 1980, 43, 44; Dehmer, UmwG, UmwStG, § 20 UmwStG Rn. 118 ff.; Hübl, in: Herrmann/Heuer/Raupach, EStG/KStG, § 20 UmwStG Anm. 36; Kirchhof/Söhn/Reiß, EStG, § 16 Rdnr. B 340; Knobbe-Keuk, Bilanz- und Unternehmenssteuerrecht, S. 828; aA Goutier/Knopf/Tulloch, Umwandlungsrecht, § 20 UmwStG Rdnr. 28; Widmann/Mayer, Umwandlungsrecht, Bd. 4 Rz. 6829; unentschieden Haritz/ Benkert/Friederichs, UmwStG, § 20 Rz. 70 f.

[3]Dehmer, UmwG, UmwStG, § 20 UmwStG Rn. 118; Knobbe-Keuk, Bilanz- und Unternehmenssteuerrecht, S. 828

[4]Costede, GmbHR 1980, 43, 44

[5]BFH v. 28.4.1988 - IV R 52/87, BStBl. II 1988, 829 (zur Frage, ob Voraussetzung für eine erfolgsneutrale Behandlung der Sacheinlage nach § 20 UmwStG die Miteinbringung wesentlicher Wirtschaftsgüter des Sonderbetriebsvermögens ist, brauchte der BFH in diesem Urteil nicht Stellung zu nehmen); Crezelius, Steuerrecht II, S. 77

chen Betriebsgrundlagen zählt oder nicht - als Teil der Sacheinlage behandelt werden. Demzufolge wären auch die Buchwerte ansetzbar[1]. Erfolgen in Zusammenhang mit der Übertragung keine Ausgleichszahlungen zwischen den Gesellschaftern, springen stille Reserven des Sonderbetriebsvermögens von dessen Inhaber, dem diese stillen Reserven bisher ausschließlich zugeordnet waren, auf seine Mitgesellschafter über. Die Fallgestaltung ist derjenigen in Abschn. „Wertübergang im Zeitpunkt der Sacheinlage" (S. 167) vergleichbar und entsprechend zu behandeln.

6. Formwechsel einer Personenhandelsgesellschaft in eine Kapitalgesellschaft

Das Umwandlungssteuerrecht bietet für die Umwandlung einer Personenhandels- in eine Kapitalgesellschaft neben der Sacheinlage gem. § 20 UmwStG eine zweite Variante an, den sog. Formwechsel (§ 25 UmwStG n.F.).

Aus handelsrechtlicher Sicht ist mit dem kreuzenden Formwechsel (Personengesellschaft in Kapitalgesellschaft oder umgekehrt)[2] kein Vermögensübergang auf ein anderes Rechtssubjekt verbunden. Das Unternehmen erhält nur ein neues Rechtskleid; die rechtliche und wirtschaftliche Identität des umzuwandelnden Rechtsträgers bleibt damit erhalten. Aus handelsrechtlicher Sicht wäre also eine Schlußbesteuerung des formwechselnden Unternehmens nicht von Nöten[3].

Probleme ergeben sich allerdings aus steuerlicher Sicht. Denn während die Kapitalgesellschaft als selbständiges Rechtssubjekt unabhängig von ihren Gesellschaftern (Körperschaft-)Steuersubjekt ist, kann die Personengesellschaft nur partiell Steuersubjekt sein, nämlich soweit festgestellt wird, ob der Tatbestand einer Einkunftsart verwirklicht ist und für die daraus folgende Ermittlung der Einkünfte[4]. Das so ermittelte Einkommen ist jedoch ihren Gesellschaftern zuzurechnen und wird bei diesen besteuert. Demzufolge ist steuerlich mit dem Formwechsel immer auch ein Steuersubjektwechsel verbunden, der eine Schluß-

---

[1]Hübl, in: Hermann/Heuer/Raupach, EStG/KStG, § 20 UmwStG Anm. 36

[2]Das Gegenstück zum kreuzenden Formwechsel bildet der parallele Formwechsel, bei dem eine Kapitalgesellschaft zu einer anderen Kapitalgesellschaft (z.B. GmbH zu AG) bzw. eine Personengesellschaft zu einer anderen Personengesellschaft umgeformt wird (Dehmer, UmwG, UmwStG, Vor § 25 UmwStG Rn. 1).

[3]Dehmer, DStR 1994, 1753, 1754; ders., UmwG, UmwStG, Vor § 25 UmwStG Rn. 1 f.; Sagasser/Bula, Umwandlungen, S. 359

[4]Crezelius, Steuerrecht II, S. 66; Dehmer, UmwG, UmwStG, Vor § 25 UmwStG Rn. 1 ff.

besteuerung nach § 16 EStG mit Aufdeckung der stillen Reserven notwendig macht[1].

Da das UmwStG der im Handelsrecht vorgenommenen Gleichsetzung zwischen parallelem und kreuzendem Formwechsel nicht folgen kann, schafft es für den Formwechsel von Kapital- in Personengesellschaften mit § 25 UmwStG n.F. eine Sondervorschrift, derzufolge die Regelungen der §§ 20 ff. UmwStG n.F. bezüglich der Einbringung in eine Kapitalgesellschaft entsprechend anzuwenden sind[2]. Damit kommt es auch in Fällen des Formwechsels einer Personen- in eine Kapitalgesellschaft **steuerlich** zu einem erfolgsneutralen Überspringen stiller Reserven auf Gesellschaftsebene und zu einer Verdoppelung der stillen Reserven. Die bezüglich §§ 20 ff. UmwStG vorgenommenen Ausführungen gelten entsprechend.

IV. Einbringung eines Kapitalgesellschaftsanteils in eine Personen- oder Kapitalgesellschaft

Gegenstand der Untersuchung ist nicht nur die Kapitalgesellschaft an sich, sondern auch die Anteile an dieser Gesellschaft. Deshalb soll nachfolgend den Fragen zur Einbringung dieser Anteile in ein anderes Unternehmen und der damit verbundenen Behandlung ihrer stillen Reserven Raum gegeben werden.

1. Sacheinlage eines Kapitalgesellschaftsanteils in eine Personengesellschaft

Wird der Anteil an einer Kapitalgesellschaft in eine Personengesellschaft gegen Gewährung von Gesellschaftsrechten eingebracht (Sacheinlage einer Beteiligung), so führt dieser tauschähnliche Vorgang grundsätzlich zur Gewinnrealisierung und damit verbunden zur Aufdeckung der stillen Reserven des Anteils. Ausnahmsweise wird jedoch durch entsprechende Anwendung des § 24 UmwStG auch für die Sacheinlage einer 100%-igen Beteiligung an einer Kapitalgesellschaft[3] sowie sonstiger betrieblicher Kapitalbeteiligungen, die als einzelne Wirtschaftsgüter einzustufen sind[4], eine erfolgsneutrale Behandlung gestattet.

---

[1]Dehmer, DStR 1994, 1753, 1761; Sagasser/Bula, Umwandlungen, S. 359; Söffing, in: Goutier/Knopf/Tulloch, Umwandlungsrecht, Zu § 14 UmwStG

[2]Dehmer, DStR 1994, 1753, 1754; Goutier/Knopf/Tulloch, Umwandlungsrecht, § 25 UmwStG Rdnr. 2 ff.; Sagasser/Bula, Umwandlungen, S. 361; Wochinger/Dötsch, DB-Beil. 14/1994, 4

[3]BMF v. 16.6.1978 - IV B 2 - S 1909 - 8/78, BStBl. I 1978, 235, Tz. 81

[4]BFH v. 15.7.1976 - I R 17/74, BStBl. II 1976, 748; zur Frage, inwieweit diese Rechtsprechung zu befürworten ist, vgl. Abschn. „Sacheinlage eines Kapitalgesellschaftsanteils in eine andere Kapitalgesellschaft“, S. 175

Die Problemstellung der Arbeit geht dahin, Fallgestaltungen des Überspringens stiller Reserven zu untersuchen. Deshalb stellt sich die Frage, ob mit obiger, ausnahmsweise erfolgsneutraler Behandlung eine Veränderung in der Zuordnung der stillen Reserven, d.h. ein Überspringen vom Einbringenden auf ein anderes Steuersubjekt, einhergeht. Diese Frage ist zu verneinen, weil für einen derartigen Fall der Einbringung in eine Personengesellschaft für den einbringenden Gesellschafter eine (negative) Ergänzungsbilanz erstellt werden muß. Die Ergänzungsbilanz nimmt die mit der Sacheinlage verbundenen stillen Reserven auf, die bei der Einbringung nicht aufgedeckt wurden[1]. In der Bilanz der Personengesellschaft werden dagegen die Teilwerte des eingebrachten Vermögens angesetzt. Damit wird erreicht, daß die stillen Reserven weiterhin dem Einbringenden zugeordnet bleiben[2]. Es kommt zu keinem Überspringen stiller Reserven auf die Mitgesellschafter, weshalb der Vorgang für die hier angestellten Betrachtungen nicht von Bedeutung ist.

2. Sacheinlage eines Kapitalgesellschaftsanteils in eine andere Kapitalgesellschaft

Die Einbringung eines Kapitalgesellschaftsanteils in eine andere Kapitalgesellschaft gegen Gewährung von Gesellschaftsrechten (Sacheinlage einer Beteiligung) erfüllt den Gewinnrealisierungstatbestand des Tausches. Infolgedessen kommt es zur steuerpflichtigen Aufdeckung der stillen Reserven[3], womit gleichzeitig die Einhaltung des Subjektprinzips gewährleistet ist. Zu diesem Grundsatz finden sich jedoch Ausnahmeregelungen, die trotz des Überspringens stiller Reserven auf ein anderes Rechtssubjekt eine erfolgsneutrale Behandlung des Vorgangs gestatten.

Bereits in Abschn. „Sacheinlage i.S.d. § 20 UmwStG" (S. 146) wurde die Regelung des § 20 UmwStG vorgestellt, aufgrund derer bei Einbringung in eine Kapitalgesellschaft von der grundsätzlich erforderlichen Aufdeckung der übertragenen stillen Reserven abgesehen werden kann. Bedingung dieser Ausnahmeregelung war nicht nur die künftige Sicherstellung der stillen Reserven, sondern auch die Fortsetzung des unternehmerischen Engagements[4]. Um letzteres zu ermöglichen, muß das übertragene Vermögen engagementfähig sein, d.h. eine

[1] Haritz/Benkert/Schlößler, UmwStG, § 24 Rz. 111 ff.; Widmann, JDStJG 1981, S. 163, 177

[2] Crezelius, JbFASt. 1985/86, S. 4666; Reiss, StuW 1986, 232, 241

[3] Vgl. dazu Tauschgutachten des BFH v. 16.12.1958 - I D 1/57 S, BStBl. III 1959, 30; im Unterschied zu den nur tauschähnlichen Umwandlungsvorgängen geht hier der Empfänger der Gegenleistung nicht unter (vgl. Abschn. „Anwendungsbereich", S. 80).

[4] Der Gedanke der Fortführung des unternehmerischen Engagements bleibt auch der gesetzlichen Regelung der Umwandlung in § 20 UmwStG trotz Verzicht auf die 25%-Grenze immanent (vgl. dazu Abschn. "Sacheinlage i.S.d. § 20 UmwStG", S. 146).

Vermögensgesamtheit (Betrieb, Teilbetrieb oder Mitunternehmeranteil) muß Gegenstand der Übertragung sein.

Doch auch Kapitalgesellschaftsanteile können durchaus Gegenstand unternehmerischen Engagements sein. Das zeigt sich schon daran, daß die 100%-ige betriebliche Beteiligung bereits für die Anwendung der §§ 16, 34 EStG einem Teilbetrieb gleichgestellt wird (§ 16 Abs. 1 Nr. 1 HS 2 EStG)[1]. Da § 20 UmwStG zudem eine dem § 16 EStG vorrangige Sonderregelung darstellt, ist es einsichtig, daß die in einem Betriebsvermögen gehaltene 100%-ige Beteiligung an einer Kapitalgesellschaft auch für die Anwendung des § 20 UmwStG wie ein Teilbetrieb behandelt wurde (§ 20 Abs. 6 UmwStG a.F.). Jedoch erfaßte § 20 Abs. 6 UmwStG a.F. nicht nur die betriebliche, sondern auch die private 100%-ige Beteiligung an einer Kapitalgesellschaft[2]. In beiden Fällen mußte die 100%-ige Beteiligung alleiniger Gegenstand der Sacheinlage sein; wurde sie im Rahmen der Einbringung eines Betriebs oder Teilbetriebs als deren Bestandteil eingebracht, ist nicht § 20 Abs. 6 UmwStG a.F., sondern § 20 Abs. 1 UmwStG maßgebend[3].

In Hinblick auf die Fusionsrichtlinie[4] wurde § 20 Abs. 6 UmwStG a.F. durch das Steueränderungsgesetz 1992[5] erweitert. Gem. § 20 Abs. 6 S. 1 UmwStG a.F.[6] kann nun die Sacheinlage privater und betrieblicher Kapitalgesellschaftsanteile in eine andere Kapitalgesellschaft steuerneutral behandelt werden, wenn die übernehmende Gesellschaft auf Grund ihrer Beteiligung einschließlich der übernommenen Anteile nachweisbar unmittelbar die Mehrheit der Stimmrechte an der Gesellschaft innehat, deren Anteile eingebracht werden[7]. Diese Erweiterung ist als Schritt in die richtige Richtung zu begrüßen, wenn bedenkt man, daß in Abschn. „Sachliches Element" (S. 93) die 25%-Marke als Untergrenze für

---

[1]Clausen, in: Herrmann/Heuer/Raupach, EStG/KStG, § 16 EStG Anm. 116; Schmidt, EStG, § 16 Rz. 161

[2]BMF v. 16.6.1978 - IV B 2 - S 1909 - 8/78, BStBl. I 1978, 235 Tz. 52; Dehmer, UmwG, UmwStG, § 20 UmwStG Rn. 154; Widmann/Mayer, Umwandlungsrecht, Bd. 4 Rz. 6847

[3]Goutier/Knopf/Tulloch, Umwandlungsrecht, § 20 UmwStG Rdnr. 26; Hübl, in: Herrmann/Heuer/Raupach, EStG/KStG, § 20 UmwStG Anm. 210

[4]Richtlinie des Rates vom 23.7.1990 über das gemeinsame Steuersystem für Fusionen, Spaltungen, die Einbringung von Unternehmensteilen und den Austausch von Anteilen, die Gesellschaften verschiedener Mitgliedstaaten betreffen (90/434/EWG), ABl. EG v. 20.8.1990, Nr. L 225, S. 1 ff.

[5]BT-Drucks. 12/1506, S. 182

[6]§ 20 Abs. 6 S. 1 UmwStG a.F. wurde mit dem Gesetz zur Änderung des Umwandlungssteuerrechts (BGBl. I 1994, 3267) nach § 20 Abs. 1 UmwStG n.F. versetzt.

[7]Zu Einzelheiten, insbesondere bezüglich grenzüberschreitender Einbringungen, vgl. Dehmer, UmwG, UmwStG, § 20 UmwStG Rn. 136 ff.; Knobbe-Keuk, Bilanz- und Unternehmenssteuerrecht, S. 929 ff.

eine Kapitalbeteiligung, die Gegenstand unternehmerischen Engagements sein kann, vorgeschlagen wurde.

Solange eine 25%-Grenze nicht im UmwStG verankert ist, sind Anteile an einer Kapitalgesellschaft, die nicht unter § 20 Abs. 1 S. 2 UmwStG n.F. fallen, als einzelne Wirtschaftsgüter anzusehen. Sie werden somit nicht von den Vergünstigungen der §§ 20 ff. UmwStG erfaßt[1]. Für ihre Einbringung in eine Kapitalgesellschaft gegen Gewährung von Gesellschaftsrechten bleibt es bei der Gewinnrealisierung infolge eines Tausches. Bezüglich einer betrieblichen Kapitalbeteiligungen sind also die stillen Reserven nach allgemeinen Gewinnermittlungsgrundsätzen aufzudecken. Bei einer wesentlichen Beteiligung des Betriebsvermögens führt § 17 EStG zum selben Ergebnis.

Ein Ausweg aus der Steuerpflicht scheint sich für **Kapitalbeteiligungen des Betriebsvermögens**, die nicht von § 20 Abs. 1 S. 2 UmwStG n.F. erfaßt werden, durch die Rechtsprechung zu ergeben, derzufolge § 24 UmwStG auch auf die Sacheinlage einzelner Wirtschaftsgüter des Betriebsvermögens in eine Personengesellschaft entsprechend anzuwenden ist[2]. Daraus folgert ein Teil der Literatur[3], daß auch § 20 UmwStG für einzelne Wirtschaftsgüter des Betriebsvermögens - also auch für betriebliche Kapitalgesellschaftsanteile und hier insbesondere für solche, die unter der 25%-Grenze liegen und deshalb nicht engagementfähige sind - entsprechend gelten muß.

Dazu ist anzumerken, daß aus der unzutreffenden Behandlung einer Sachverhaltsgestaltung nicht auch noch Rückschlüsse auf ähnlich gelagerte Fälle gezogen werden sollten[4]. Die Rechtsprechung hat bereits bei der Einbringung einzelner Wirtschaftsgüter in eine Personengesellschaft gegen Gewährung von Gesellschaftsrechten die Intention des § 24 UmwStG nicht ausreichend berücksichtigt. Dem Wortlaut des § 24 UmwStG zufolge können nur Betriebe, Teilbetriebe oder Mitunternehmeranteile Gegenstand einer erfolgsneutralen Einbringung sein. Darin kommt - wie auch in § 20 UmwStG - der Gedanke zum Ausdruck, daß sich nur Vermögensgesamtheiten als Gegenstand unternehmerischen Engagements eignen. Denn nur sie, nicht aber einzelne Wirtschaftsgüter, können auch nach der Einbringung als selbständig lebensfähige Einheiten fortbestehen, so daß auch das ehemalige Engagement fortgesetzt werden kann[5].

---

[1] Hübl, in: Herrmann/Heuer/Raupach, EStG/KStG, § 20 UmwStG Anm. 31; Widmann, JDStJG 1981, S. 163, 177; Widmann/Mayer, Umwandlungsrecht, Bd. 4 Rz. 6807

[2] BFH v. 15.7.1976 - I R 17/74, BStBl. II 1976, 748; BFH v. 31.3.1977 - IV R 54/72, BStBl. II 1977, 415

[3] Knobbe-Keuk, JbFASt. 1983/84, S. 413, 428; Widmann, JDStJG 1981, S. 260

[4] Gegen eine entsprechende Anwendung der Rechtsprechung zu § 24 UmwStG auch auf § 20 UmwStG auch Luckey, JDStJG 1981, S. 261 f.

[5] Ähnl. Luckey, JDStJG 1981, S. 263; Reiss, StuW 1986, 232, 241

Ferner muß bedacht werden, daß durch eine Buchwertfortführung anläßlich der Sacheinlage einzelner Wirtschaftsgüter in eine Personengesellschaft aufgrund der Existenz von Ergänzungsbilanzen keine stillen Reserven vom Einbringenden auf andere Steuersubjekte überspringen können[1]. Im Unterschied dazu würde die gewinneutrale Behandlung der Sacheinlage einzelner Wirtschaftsgüter in eine Kapitalgesellschaft notwendigerweise zu einem Überspringen der eingebrachten stillen Reserven führen, da hier der Anteil auf einen selbständigen Rechtsträger übertragen wird. Die Folge wäre eine vom Gesetzeswortlaut des § 20 UmwStG nicht gedeckte Ausnahme zum Subjektprinzip, die mangels Engagementfähigkeit eines einzelnen Wirtschaftsgutes auch nicht mit dem Engagementkonzept zu rechtfertigen ist[2]. Denn die von Knobbe-Keuk[3] immer wieder angeführte Tatsache, daß die stillen Reserven für die Besteuerung dem Fiskus nicht verlorengehen, genügt eben nicht, um von der grundsätzlich notwendigen Gewinnrealisierung abzusehen und Ausnahmen zum Subjektprinzip zuzulassen[4].

Um dennoch im Ergebnis eine erfolgsneutrale Behandlung der Sacheinlage eines einzelnen Wirtschaftsgutes - also z.B. auch einer betrieblichen Beteiligung an einer anderen Kapitalgesellschaft - in eine Kapitalgesellschaft zu erreichen, wäre ein Umweg denkbar. Man könnte das betreffende Wirtschaftsgut zunächst gegen Gewährung von Gesellschaftsrechten in eine Personengesellschaft einlegen, was laut BFH-Urteil vom 15.7.1976[5] erfolgsneutral möglich ist. Anschließend werden die so entstandenen Mitunternehmeranteile nach § 20 UmwStG zum Buchwert in die Kapitalgesellschaft eingebracht. Selbst wenn solche „Umgehungsfälle" für unzulässig erachtet werden[6], dürfte es im Einzelfall schwierig werden, die Umgehungsabsicht nachzuweisen[7]. Derartige Gestaltungen könnten von vorneherein unterbunden werden, wenn auch die dem Zweck des § 24 UmwStG zuwiderlaufende erfolgsneutrale Behandlung der Sacheinlage

---

[1]Vgl. Abschn. „Sacheinlage eines Kapitalgesellschaftsanteils in eine Personengesellschaft", S. 174

[2]Ähnl. Luckey, JDStJG 1981, S. 261 ff.

[3]Keuk, DB 1972, 1643, 1647; Knobbe-Keuk, JbFASt. 1983/84, S. 413, 428; Knobbe-Keuk, Bilanz- und Unternehmenssteuerrecht, S. 820

[4]Vgl. Abschn. „Unzulängliche Begründungen für die Gewinneutralität", S. 85

[5]I R 17/74, BStBl. II 1976, 748

[6]Schmidt, StuW 1970, Sp. 429, 441 f.; ähnl. Hübl, in: Herrmann/Heuer/Raupach, EStG/KStG, § 20 UmwStG Anm. 31, der die Einbringung durch eine GbR, deren alleiniger Zweck im Vollzug der Einbringung besteht, nicht als Einbringung i.S.d. § 20 UmwStG auffaßt, weil die GbR mangels werbender Tätigkeit nicht als Mitunternehmerschaft verstanden werden kann. Dabei übersieht er jedoch die Möglichkeit, die einbringende Personengesellschaft als gewerblich geprägte Personengesellschaft i.S.d. § 15 Abs. 3 EStG zu gestalten (Vgl. Widmann/Mayer, Umwandlungsrecht, Bd. 4 Rz. 6807.4).

[7]Widmann/Mayer, Umwandlungsrecht, Bd. 4 Rz. 6807.4

einzelner Wirtschaftsgüter in eine Personengesellschaft nicht gestattet würde. Damit könnte man gleichzeitig ein einheitlicheres Verständnis der Einbringungsgegenstände im UmwStG erreichen.

Alle vorstehend besprochenen Fällen der Einbringung eines Kapitalgesellschaftsanteils in eine andere Kapitalgesellschaft gegen Gewährung von Anteilen an der übernehmenden Kapitalgesellschaft erfüllen grundsätzlich die Voraussetzungen eines Anteilstausches. Deshalb kann gegebenenfalls eine erfolgsneutrale Behandlung durch die Anwendung des Tauschgutachtens[1] erreicht werden. Dem Tauschgutachten zufolge, das zum Austausch betrieblicher Beteiligungen ergangen, jedoch auch auf den Tausch von Beteiligungen des Privatvermögens anwendbar ist[2], kann auf eine Gewinnrealisierung dann verzichtet werden, wenn Nämlichkeit des hingegebenen und des erlangten Anteils vorliegt, d.h. wenn beide wert-, art- und funktionsgleich sind. Hierbei kommt es allerdings nicht zu einem Überspringen der mit den Anteilen verbundenen stillen Reserven auf andere Rechtssubjekte, sondern die stillen Reserven werden nur auf ein anderes Wirtschaftsgut übertragen, bleiben aber demselben Steuersubjekt zugeordnet. Dies gilt insbesondere für die übernehmende Kapitalgesellschaft, die für den eingebrachten Anteil nicht wie bei § 20 UmwStG dessen Buchwert fortführen muß, sondern ihn in ihrer Bilanz mit dem Buchwert des hingegebenen Anteils anzusetzen hat[3].

Es sind Überschneidungen denkbar, in denen sowohl aufgrund § 20 Abs. 6 S. 1 UmwStG a.F. (§ 20 Abs. 1 S. 2 UmwStG n.F.) als auch aufgrund des Tauschgutachten eine erfolgsneutrale Behandlung der Sacheinlage erreicht werden könnte. In solchen Fällen ist strittig, ob beide Möglichkeiten nebeneinander bestehen[4] (Wahlrecht) oder ob § 20 Abs. 6 S. 1 UmwStG a.F. als Sondervorschrift die gewohnheitsrechtliche Regelung des Tauschgutachtens verdrängt[5]. Mit Schreiben vom 15.2.1995[6] hat sich die Finanzverwaltung in Überschneidungsfällen für den Vorrang des § 20 Abs. 1 S. 2 UmwStG n.F. ausgesprochen.

3. Sonderfall der Sacheinlage einbringungsgeborener Anteile

Grundsätzlich ist auch die Einbringung von Anteilen i.S.d. § 21 UmwStG gegen Gewährung von Gesellschaftsrechten als tauschähnlicher Vorgang und

---

[1]BFH v. 16.12.1958 - I D 1/57 S, BStBl. III 1959, 30

[2]OFD Düsseldorf v. 26.10.1989 - S 2244 A - St 11 H1, DStR 1989, 782; Knobbe-Keuk, Bilanz- und Unternehmenssteuerrecht, S. 927; Wassermeyer, DB 1990, 855, 856

[3]Vgl. Crezelius, Steuerrecht II, S. 177

[4]Hübl, in: Herrmann/Heuer/Raupach, EStG/KStG, § 20 UmwStG Anm. 220; Thiel, DStR 1992, 1, 7; Widmann/Meyer, Umwandlungsrecht, Rz. 6853

[5]Schmidt, JbFASt. 1971/72, S. 218

[6]IV B 2 - S 1909 - 6/95, BStBl. I 1995, 149

damit als Veräußerung i.S.d. § 21 Abs. 1 S. 1 UmwStG zu werten, die zur Aufdeckung der stillen Reserven führt[1]. Soweit es sich dabei allerdings um Anteile i.S.d. § 20 Abs. 6 S. 1 UmwStG a.F. handelt, sollte auch für einbringungsgeborene Anteile ausnahmsweise eine erfolgsneutrale Gestaltung befürwortet werden[2]. Denn obwohl auch hier stille Reserven vom Einbringenden auf die Kapitalgesellschaft überspringen, handelt es sich dennoch um einen zu begünstigenden Umstrukturierungsvorgang. Durch die Gewährung neuer Anteilsrechte an der Kapitalgesellschaft kann der ursprüngliche Engagementträger auch weiterhin sein Engagement fortsetzen.

V. Umwandlung einer Kapitalgesellschaft in eine Personengesellschaft

Betrachtet man im folgenden die Umwandlung einer Kapitalgesellschaft in eine Personengesellschaft, so muß man bedenken, daß das Trennungsprinzip für Kapitalgesellschaften zwei voneinander unabhängige Ebenen schafft: die Ebene der Gesellschaft und die Ebene der Gesellschafter. Damit können sich auch auf beiden Ebenen, im Vermögen der Gesellschaft und in den Anteilen, stille Reserven bilden, die bei der Umwandlung an und für sich aufzudecken wären. Was die Kapitalgesellschaft angeht, wird sie mit der Umwandlung in eine Personengesellschaft aufgelöst, so daß eine Schlußbesteuerung der mit dem Vermögen verbundene stillen Reserven herbeigeführt werden müßte[3]. Gleichzeitig würden die stillen Reserven in den Anteilen an der Kapitalgesellschaft dadurch aufgedeckt, daß sie gegen das Vermögen der Kapitalgesellschaft ausgetauscht werden[4]. Personengesellschaften dagegen kennen nur eine Besteuerungsebene. Zu prüfen ist nun - insbesondere vor dem Hintergrund des Wechsels von zwei Ebenen zu nurmehr einer Ebene - inwieweit und mit welcher Berechtigung das UmwStG eine steuerneutrale Behandlung dieses Umwandlungsvorgangs herbeiführen kann.

---

[1] Hübl, in: Herrmann/Heuer/Raupach, EStG/KStG, § 21 UmwStG Anm. 8; Widmann/ Mayer, Umwandlungsrecht, Rz. 7458

[2] GlA Dehmer, UmwG, UmwStG, § 20 UmwStG Rn. 155; aA Hübl, in: Herrmann/Heuer/ Raupach, EStG/KStG, § 20 UmwStG Anm. 214

[3] Blümich/Wolff, EStG, § 3 UmwStG Rz. 4; Schmidt, EStG, § 17 Rz. 215

[4] Luckey, Gewinnrealisierung, S. 355; Schindele, BB 1967, 1159

1. Vermögensübergang von einer Kapitalgesellschaft auf eine Personengesellschaft oder auf eine natürliche Person[1]

a) Situation vor Neuregelung des Umwandlungssteuerrechts

Schon vor der jüngsten Änderung des Umwandlungssteuerrechts im Jahre 1995 war die Umwandlung einer Kapital- in eine Personengesellschaft in Form des Vermögensübergangs in §§ 3 ff. UmwStG a.F. geregelt. Doch gewährten diese Vorschriften weder die Möglichkeit, eine Kapitalgesellschaft **gänzlich** steuerneutral in eine Personengesellschaft oder eine natürliche Person umzuwandeln, noch mußten die stillen Reserven **beider** Ebenen versteuert werden.

Man hatte sich für eine Zwischenlösung entschieden, indem die untergehende Kapitalgesellschaft in ihrer Schlußbilanz die Wirtschaftsgüter in jedem Fall mit dem Teilwert ansetzen mußte (§ 3 S. 1 UmwStG a.F.). Der so entstehende Übertragungsgewinn wurde von der Körperschaftsteuer befreit (§ 4 UmwStG a.F.). Damit wurden die stillen Reserven im Vermögen der Kapitalgesellschaft zwar aufgedeckt, so daß sie nicht auf einen Rechtsnachfolger überspringen konnten, auf ihre Besteuerung wurde aber verzichtet. Für den Ansatz des übertragenen Vermögens in der Bilanz der Personengesellschaft waren die Wertansätze in der Schlußbilanz der Kapitalgesellschaft relevant, also die Teilwerte (§ 5 Abs. 1 S. 1 UmwStG a.F.).

Daß die Vermögensübertragung nicht gänzlich steuerneutral vollzogen werden konnte, lag daran, daß das UmwStG nicht auf eine Besteuerung der stillen Reserven der Gesellschafterebene, d.h. auf diejenigen in den schwindenden Anteilen an der Kapitalgesellschaft, die sich auch betragsmäßig von den stillen Reserven der ersten Ebene unterscheiden[2], verzichtete. Ihre Besteuerung erfolgte in Form des Übernahmegewinns bei den Gesellschaftern der Personengesellschaft, soweit die Anteile als Betriebsvermögen oder wesentliche Anteile i.S.d. § 17 EStG steuerlich relevant waren[3]. Das von der Kapitalgesellschaft übernommene Vermögen, das in der Bilanz der Personengesellschaft mit dem der Schlußbilanz der Kapitalgesellschaft entsprechenden Wert anzusetzen ist, ersetzte die bisher in ihrem Betriebsvermögen ausgewiesenen Anteile an der untergehenden Kapitalgesellschaft. Damit ergab sich der Übernahmegewinn als

---

[1] Die Komplexität der steuerlichen Regelungen würde bei ausführlicher Darstellung den Rahmen der Arbeit überschreiten. Deshalb soll nur auf ihre Grundzügen, soweit diese für die Problematik des Überspringens stiller Reserven von Interesse sind, eingegangen werden. Zu Einzelheiten vgl. z.B. Dehmer, DStR 1994, 1713, 1715 ff.; ders., UmwG, UmwStG, § 3 UmwStG Rn. 1 ff.; Hügel, JDStJG 1994, S. 69, 86 ff.; Söffing, in: Goutier/Knopf/Tulloch, Umwandlungsrecht, § 3 UmwStG Rdnr. 1 ff.; Wochinger/Dötsch, DB-Beil. 14/1994, 6 ff.

[2] Widmann, JDStJG 1981, 163, 169

[3] Knobbe-Keuk, Bilanz- und Unternehmenssteuerrecht, S. 942; Widmann, JDStJG 1981, S. 163, 168

Differenz zwischen dem Buchwert der Kapitalanteile und dem Teilwert des übergegangenen Vermögens (§ 5 Abs. 5 UmwStG a.F.).

In § 6 UmwStG wurden schließlich die Fälle geregelt, in denen sich die Kapitalanteile am Übertragungsstichtag noch nicht im Betriebsvermögen der Personengesellschaft befanden. Soweit die untergehenden Anteile an der Kapitalgesellschaft in einem Betriebsvermögen eines Gesellschafters gehalten wurden, galten die Anteile als zum Buchwert am Übertragungsstichtag ins Betriebsvermögen der Personengesellschaft überführt.

Auch die stillen Reserven einer wesentlichen privaten Beteiligung i.S.d. § 17 EStG und die der einbringungsgeborenen Anteile i.S.d. § 21 UmwStG des Gesellschafters sollten als Übernahmegewinn nach zuvor beschriebenem Muster besteuert werden. Zu diesem Zweck fingierte das UmwStG für diese Anteile zum Umwandlungsstichtag eine Einlage zu Anschaffungskosten (nicht zum Teilwert) in das Betriebsvermögen der Personengesellschaft (§ 6 Abs. 3 UmwStG a.F. i.V.m. § 6 Abs. 1 Nr. 5 S. 1 Buchstabe b EStG bzw. § 22 Abs. 1 UmwStG a.F.)[1].

Die nicht steuerverhafteten, da nicht wesentlichen Beteiligungen des Privatvermögens galten dagegen als zum Teilwert eingelegt (§ 6 Abs. 3 UmwStG a.F.), so daß ihre stillen Reserven systemgerecht keiner Besteuerung unterlagen[2].

Der Besteuerung der in den untergehenden Anteilen ruhenden stillen Reserven liegt die Vorstellung zugrunde, daß die Umwandlung wie die Veräußerung steuerverhafteter Anteile zu behandeln ist, so daß hier - wie bei einer Veräußerung - die stillen Reserven in den Anteilen aufzudecken sind[3].

Immer wieder wurde das Konzept der §§ 3 ff. UmwStG a.F. als Bruch mit den Gedanken des UmwStG angeprangert[4]. Denn während alle anderen vom UmwStG erfaßten Umwandlungsformen durch Buchwertfortführung steuerneutral vonstattengehen konnten, wurde einzig für die Umwandlung von einer Kapital- in eine Personengesellschaft diese Möglichkeit ausgeschlossen. Zum einen mußten die stillen Reserven der Gesellschafterebene in Gestalt des Über-

---

[1]Christ, StVj. 1991, 361, 365; Felix/Stahl, Beihefter zu DStR Heft 3/1986, S. 6; Hübl, in: Herrmann/Heuer/Raupach, EStG/KStG, § 6 UmwStG Anm. 20 und 27; Hügel, JDStJG 1994, S. 69, 87

[2]Damit kommt es beim nicht wesentlich beteiligten Gesellschafter nicht zu einem Übernahmegewinn; die Umwandlung wird bei ihm aber wie eine Gewinnausschüttung besteuert (§ 9 UmwStG). Dazu und zu weiteren Einzelheiten vgl. Felix/Stahl, Beihefter zu DStR Heft 3/1986, S. 6; Hügel, JDStJG 1994, S. 69, 87 f.

[3]Hügel, JDStJG 1994, S. 69, 87; Krebs, BB 1994, 2115, 2116; Widmann, JDStJG 1981, S. 163, 169

[4]Herzig, StuW 1988, 343, 345; Hügel, JDStJG 1994, S. 69, 88 f.; Widmann/Mayer, Umwandlungsrecht, Ablageordner 3 Rz. 4405.2 jeweils m.w.N.

tragungsgewinns aufgedeckt werden[1]. Obgleich der Übertragungsgewinn von der Körperschaftsteuer befreit wurde, stellte diese Regelung jedoch keine steuerliche Begünstigung dar, sondern erfolgte lediglich, um die Umwandlung praktikabler zu gestalten[2]. Zudem verzichtete der Gesetzgeber nicht auf eine Besteuerung der stillen Reserven auf Gesellschafterebene, die in Form des Übernahmegewinns ungemildert der Einkommensteuer unterlagen[3]. Schlagkräftig bezeichnete man deshalb den Weg in die Kapitalgesellschaft als „Einbahnstraße"[4], da stille Reserven zwar steuerneutral in die Kapitalgesellschaft hinein, nicht aber wieder steuerneutral aus ihr heraus gelangen konnten.

b) Geltende Rechtslage

Mit der Neuregelung des UmwStG 1995 ergibt sich zunächst ein neues Verständnis der oben beschriebenen Vorgänge. In Anlehnung an die zivilrechtlichen Vorgaben wird der Vermögensübergang von einer Kapitalgesellschaft auf eine Personengesellschaft bzw. eine natürliche Person im Wege der Gesamtrechtsnachfolge gem. § 1 Abs. 2 UmwStG n.F. nunmehr als Verschmelzung eingeordnet[5]. Es gelten weiterhin die §§ 3 ff. UmwStG. Diese Neusystematisierung ist allerdings weniger entscheidend als die nachfolgend beschriebenen, inhaltlichen Änderungen.

Das UmwStG gestattet nun endlich auch für die Umwandlung einer Kapital- in eine Personengesellschaft auf *Gesellschaftsebene* die Buchwertfortführung. Das bedeutet, daß die übertragende Kapitalgesellschaft ihre Wirtschaftsgüter in der steuerlichen Schlußbilanz mit dem Buchwert ansetzen **kann** (§ 3 S. 1 UmwStG n.F.), weshalb sich bei ihr kein Übertragungsgewinn mehr ergibt[6]. Die übernehmende Personengesellschaft muß in ihrer Eröffnungsbilanz für die über-

---

[1]Herzig, StuW 1988, 343, 345; Hügel, JDStJG 1994, S. 69, 91 f.; Widmann, JDStJG 1981, S. 163, 168 ff.

[2]Herzig, StuW 1988, 343, 345

[3]Die Vergünstigungen der §§ 16 Abs. 4, 34 EStG sind nicht anwendbar; es besteht lediglich eine Stundungsmöglichkeit (§ 7 UmwStG a.F.).

[4]Haritz/Benkert/Brinkhaus, UmwStG, § 3 Rz. 1; Herzig/Ott, DB 1989, 2033, 2038 jeweils m.w.N.

[5]Vgl. dazu Abschn. „Gesellschaftsrechtliche Gestaltungsmöglichkeiten der Umwandlung von Unternehmen", S. 142

[6]Gleichzeitig ist die körperschaftsteuerliche Befreiung des Übertragungsgewinns (§ 4 UmwStG a.F.) entfallen, die früher dazu diente eine Doppelbelastung des Umstrukturierungsvorgangs abzuwenden, die sich aus der Pflicht zum Ansatz der Teilwerte in der Schlußbilanz der Kapitalgesellschaft und dem dadurch notgedrungen entstehenden Übertragungsgewinn ergeben hätte. Allerdings ist demzufolge auch ein Übertragungsgewinn, der entsteht, wenn sich die Kapitalgesellschaft für einen anderen als den Buchwertansatz entscheidet, uneingeschränkt steuerpflichtig.

gegangenen Wirtschaftsgüter den Wertansatz der Schlußbilanz der Kapitalgesellschaft - im hier interessierenden Fall die Buchwerte - übernehmen (§ 4 Abs. 1 UmwStG n.F.). Damit wird eine echte Steuerneutralität des Vorgangs erreicht; gleichzeitig werden aber auch die stillen Reserven im Vermögen der Kapitalgesellschaft als Ausnahme zu den gesetzlichen Gewinnrealisierungs- und Gewinnausweistatbeständen nicht mehr aufgedeckt. Sie springen folglich im Unterschied zur Lösung des UmwStG 1977 unter Verletzung des Subjektprinzips steuerneutral auf die Gesellschafter der Personengesellschaft über.

Derartige Ausnahmen sind nur für Umstrukturierungen gerechtfertigt, die sich durch die Kriterien der Sicherstellung der stillen Reserven bei gleichzeitiger Fortführung des unternehmerischen Engagements auszeichnen. Besagte Kriterien haben sich bislang immer in den gesetzlich geregelten Ausnahmefällen widergespiegelt[1]. Deshalb soll auch für den hier zu behandelnden zweiten Teil des UmwStG geprüft werden, inwieweit er diese Kriterien abbildet, so daß sich auch seine Vorschriften widerspruchslos in das gesetzliche Regel-Ausnahme-System einfügen[2].

Der Forderung nach Sicherstellung der stillen Reserven kommt der Gesetzgeber nach, indem er beim übernehmenden Rechtssubjekt die Fortführung der Buchwerte der übertragenden Kapitalgesellschaft anordnet (Buchwertverknüpfung)[3]. Wird dagegen das übertragene Vermögen bei der übernehmenden Personengesellschaft nicht Betriebsvermögen, verbietet sich auch die Buchwertfortführung (§ 8 UmwStG n.F.). In solchen Fällen muß bereits die übertragende Kapitalgesellschaft die Wirtschaftsgüter in ihrer Schlußbilanz mit dem gemeinen Wert ansetzen (vgl. § 16 Abs. 3 S. 3 EStG, wonach Wirtschaftsgüter, die anläßlich der Aufgabe eines Gewerbebetriebs Privatvermögen werden, mit dem gemeinen Wert anzusetzen sind). Der so entstehende Übertragungsgewinn ist steuerpflichtig[4].

Der Wechsel der stillen Reserven aus dem Bereich der Körperschaftsteuer in den der Einkommensteuer und die damit eventuell verbundene, veränderte Belastung durch zusätzliche Steuervergünstigungen (z.B. § 34 EStG) kann die

---

[1]Herzig/Ott, DB 1989, 2033, 2039

[2]Schon vor der Neuregelung des UmwStG 1995 wurde der Gedanke der Fortsetzung des unternehmerischen Engagements bei gleichzeitiger Sicherstellung der stillen Reserven als dogmatische Grundlage dafür angesehen, daß auch die Umwandlung einer Kapital- in eine Personengesellschaft im Wege der Buchwertfortführung steuerneutral ermöglicht werden sollte (vgl. Herzig/Ott, DB 1989, 2033, 2039 f.).

[3]Dehmer, UmwG, UmwStG, § 3 UmwStG Rn. 43ff.; Söffing, in: Goutier/Knopf/Tulloch, Umwandlungsrecht, § 3 UmwStG Rdnr. 5 ff.; Rödder, DStR 1993, 1349, 1352

[4]Dehmer, UmwG, UmwStG, § 3 UmwStG Rn. 29 ff.; Haritz/Benkert/Brinkhaus, UmwStG, § 3 Rz. 2; Knobbe-Keuk, Bilanz- und Unternehmenssteuerrecht, S. 943; Söffing, in: Goutier/Knopf/Tulloch, Umwandlungsrecht, § 3 UmwStG Rdnr. 6; Widmann/Mayer, Umwandlungsrecht, Bd. 3 Rz. S 222; Wochinger/Dötsch, DB-Beil. 14/1994, 10

grundsätzliche Sicherstellung der stillen Reserven nicht gefährden[1]. Da jedoch bei Personengesellschaften - im Unterschied zur Kapitalgesellschaft - ein Veräußerungs- oder Aufgabegewinn i.S.d. § 16 EStG nicht gewerbesteuerpflichtig ist[2], müssen die stillen Reserven für die Gewerbesteuer sichergestellt werden. § 18 Abs. 4 UmwStG legt insofern fest, daß ein Auflösungs- bzw. Liquidationsgewinn dann der Gewerbesteuer unterliegt, wenn der Betrieb der Personengesellschaft innerhalb von fünf Jahren nach dem Vermögensübergang aufgegeben oder veräußert wird.

Allerdings ist § 18 Abs. 4 UmwStG, der vielfach als Mißbrauchsverhinderungsvorschrift verstanden wird, nicht unbedingt geglückt. Denn anstatt nur das übergegangene Vermögen für die Gewerbesteuer zu verhaften, wie es seiner Zielsetzung entsprochen hätte, erfaßt § 18 Abs. 4 UmwStG das gesamte, also auch das nach der Übertragung erwirtschaftete Vermögen der Personengesellschaft[3]. Damit wird zwar die gesonderte Fortschreibung des Übertragungsvermögens und die Aufteilung des Veräußerungs- bzw. Aufgabegewinns vermieden, andererseits ist eine Verhaftung des gesamten Vermögens nicht gerechtfertigt. Das eigentliche aus der Verhaftung des gesamten Übertragungsvermögens resultierende Problem besteht in den zahlreichen Auslegungsschwierigkeiten, die sich anschließen und die in der Literatur kontrovers diskutiert werden[4].

Die sachliche Komponente der Fortführung des unternehmerischen Engagements bereitet keine Schwierigkeiten, da das Vermögen der Kapitalgesellschaft auf die Personengesellschaft übertragen wird, so daß es in wirtschaftlich uneingeschränkter Form als Gegenstand des Engagements zur Verfügung steht.

Die personelle Komponente der Fortführung des unternehmerischen Engagements zu erfüllen, erscheint zunächst unmöglich, da die Kapitalgesellschaft als bisherige Inhaberin des Vermögens mit der Umwandlung untergeht. Doch fragt es sich, ob sie tatsächlich die eigentliche Engagementträgerin war. Zwar ist sie selbständige juristische Person, doch hängt ihre Existenz letztlich von ihren Gesellschaftern ab, so daß diese als die eigentlichen Engagementträger anzuse-

---

[1]Vgl. dazu Abschn. „Sicherstellung der stillen Reserven", S. 100; vgl. zur Tatsache, daß die stillen Reserven bei der Übernehmerin nicht in derselben Weise besteuert werden müssen wie bei der Überträgerin auch Widmann/Mayer, Umwandlungsrecht, Bd. 3 Rz. S 222

[2]Vgl. dazu Dehmer, UmwG, UmwStG, § 18 UmwStG Rn. 3 ff.; Söffing, in: Goutier/Knopf/Tulloch, Umwandlungsrecht, § 18 UmwStG Rdnr. 3 ff.; Hörger, DStR 1995, 905

[3]Dehmer, UmwG, UmwStG, § 18 UmwStG Rn. 40; Hörger, DStR 1995, 905, 909 f.; Widmann/Mayer, Umwandlungsrecht, Bd. 3 Rz. S 284

[4]Vgl. dazu detailliert Hörger, DStR 1995, 905; Rödder, DStR 1995, 322, 323; Wochinger/Dötsch, DB-Beil. 14/1994, S. 31; nach Auffassung von Haritz/Benkert/Menner, UmwStG, § 18 Rz. 28 soll - beurteilt am eigentlichen Zweck der Norm - durch teleologische Reduktion der Anwendungsbereich des § 18 Abs. 4 UmwStG derart reduziert werden, daß nur die im Übertragungszeitpunkt vorhandenen stillen Reserven als Veräußerungs- bzw. Aufgabegewinn erfaßt werden.

hen sind. Damit kann man auch bei dieser Umwandlungsform von einer Fortführung des unternehmerischen Engagements in personeller Hinsicht sprechen, da die bisherigen Gesellschafter der Kapitalgesellschaft für ihre Kapitalbeteiligung eine mitunternehmerische Beteiligung an der übernehmenden Personengesellschaft erhalten.

Änderungen in der Beteiligungshöhe des **einzelnen** Gesellschafters sind unbeachtlich[1], da die Gesamtheit der Gesellschafter als Engagementträger anzusehen ist und somit Verschiebungen der Beteiligungsverhältnisse zwischen den Gesellschaftern die Fortführung des Engagements in seiner Gesamtheit nicht beeinträchtigen. Zudem erhalten die Gesellschafter anstelle des bisherigen Kapitalanteils eine mitunternehmerische Beteiligung, die ihnen nicht mehr nur eine mittelbare, sondern sogar eine unmittelbare Einflußnahme auf das übertragene Vermögen gewährt. Auch eine Steuerverhaftung der neuen Anteile ist nicht erforderlich, da es für den Inhaber einer mitunternehmerischen Beteiligung keine Möglichkeit gibt, sich steuerfrei von dieser zu lösen.

Wie oben schon erwähnt, können bei einer Kapitalgesellschaft nicht nur auf Gesellschaftsebene, sondern auch auf *Gesellschafterebene*, d.h. in den Anteilen an der Kapitalgesellschaft, stille Reserven entstehen. Anläßlich der Umwandlung der Kapitalgesellschaft auf eine Personengesellschaft ist auch die steuerliche Behandlung dieser stillen Reserven zu ermitteln.

Der Besteuerungssystematik folgend ist zunächst zu prüfen, ob die stillen Reserven in den Anteilen im Zeitpunkt der Umwandlung aufzudecken sind oder ob ausnahmsweise auf ihre Aufdeckung verzichtet werden kann. Vor Einführung des körperschaftsteuerlichen Anrechnungsverfahrens hätte der Verzicht auf die Erfassung der stillen Reserven der Gesellschafterebene eine systemdurchbrechende Steuerbefreiung bedeutet. Mit dem Anrechnungsverfahren gibt der Gesetzgeber aber zu erkennen, daß er auch bei der Kapitalgesellschaft im Ergebnis nur eine einmalige Belastung erreichen will[2]. Diese Einmalbelastung wird durch die Buchwertfortführung des Gesellschaftsvermögens erreicht. Daraus könnte man die Forderung ableiten, die stillen Reserven in den Anteilen gänzlich unbeachtet zu lassen.

Fraglich ist, ob der Gesetzgeber dieser Forderung nachkommt und auf die Besteuerung der stillen Reserven in den Anteilen verzichtet. Zunächst beläßt er es im wesentlichen bei der im vorhergehenden Abschnitt dargestellten, vor der Neuregelung 1995 geltenden Behandlung und Ermittlung des Übernahmegewinns. Dieser ergibt sich damit auch künftig aus der Differenz zwischen dem

---

[1]Vgl. dazu im Unterschied den umgekehrten Fall der Umwandlung einer Personen- in eine Kapitalgesellschaft Abschn. „Umwandlung eines Einzel- oder Personenunternehmens in eine Kapitalgesellschaft", S. 146

[2]Herzig/Ott, DB 1989, 2033, 2039; Hügel, JDStJG 1994, S. 69, 90

Buchwert der Anteile an der Kapitalgesellschaft und dem Wert, mit dem die übergehenden Wirtschaftsgüter zu übernehmen sind (§ 4 Abs. 4 UmwStG n.F.).

Auch für den Fall, daß die Kapitalanteile im Zeitpunkt der Umwandlung nicht zum Betriebsvermögen der Personengesellschaft gehören, wird grundsätzlich die bisherige Regelung übernommen[1]. Das bedeutet, daß Anteile, die in einem Betriebsvermögen des Gesellschafters gehalten wurden, als zu Buchwerten am Übertragungsstichtag ins Betriebsvermögen der Personengesellschaft eingelegt gelten (§ 5 Abs. 3 UmwStG n.F.). Wesentliche Beteiligungen an der Kapitalgesellschaft i.S.d. § 17 EStG sollen als zu den ursprünglichen Anschaffungskosten in das Betriebsvermögen eingelegt behandelt werden (§ 5 Abs. 2 UmwStG n.F.). Entsprechendes gilt für Anteile an der Kapitalgesellschaft, die als einbringungsgeboren i.S.d. § 21 UmwStG zu qualifizieren sind (§ 5 Abs. 4 UmwStG n.F.).

Dem so ermittelten Buchwert der Anteile war bislang der **Teilwert** des übernommenen Betriebsvermögens gegenüberzustellen. Die Differenz, d.h. die stillen Reserven in den Anteilen, wurden als Übernahmegewinn besteuert. Mit der Neuregelung der Umwandlung ist jedoch im Fall der Buchwertfortführung der Buchwert der Anteile nurmehr mit dem **Buchwert** des übernommenen Betriebsvermögens zu verrechnen (§ 4 Abs. 4 S. 1 UmwStG n.F.). Der Übernahmegewinn sinkt damit im Vergleich zur früheren Rechtslage in Höhe der Differenz zwischen Teilwert und Buchwert des Betriebsvermögens der Gesellschaft. Er entfällt jedoch nicht vollständig.

Beispiel[2]: Alleingesellschafter X der A-GmbH beschließt, die GmbH in ein gewerbliches Einzelunternehmen umzuwandeln. Die Bilanz der A-GmbH weist zum 31.12.01 folgendes Bild auf:

---

[1] Zu kleinen Unterschieden und Abweichungen vgl. Haritz/Benkert, UmwStG, § 4 Rz. 5 ff.; Wochinger/Dötsch, DB-Beil. 14/1994, S. 9; zusätzlich wurde mit § 5 Abs. 3 S. 1 lit. b UmwStG n.F. eine Mißbrauchsverhinderungsvorschrift eingefügt, damit die Besteuerung der stillen Reserven nicht durch eine Einlage der Anteile unmittelbar vor dem Umwandlungsstichtag umgangen werden kann (Dehmer, DStR 1994, 1713, 1717; Rödder, DStR 1993, 1349, 1354).

[2] Beispiel in Anlehnung an Ott, Inf. 1995, 300

Aktiva	Bilanz 31.12.01		Passiva
Aktiva	500	Stammkapital	100
		Rücklagen	100
		Gewinnvortrag	100
		Sonstige Passiva	200
	500		500

Die Anschaffungskosten der Anteile an der A-GmbH betragen 100 (= Bareinlage im Zeitpunkt der Gründung). Die Anteile werden im Privatvermögen gehalten.
Erfolgt die Umwandlung durch Buchwertverknüpfung i.S.d. §§ 3 S. 1, 4 Abs. 1 UmwStG n.F. ist der Übernahmegewinn folgendermaßen zu ermitteln:

Buchwert des Betriebsvermögens des künftigen Einzelunternehmens	Aktiva	500	
	./. sonstige Passiva	200	300
./. Buchwert der Anteile an der GmbH (Einlage der Anteile i.S.d. § 17 EStG erfolgt gem. § 5 Abs. 2 UmwStG zu den ursprünglichen Anschaffungskosten)			100
= Steuerpflichtiger Übernahmegewinn			200

Nach altem Recht hätte sich bei einem unterstellten Teilwert der Aktiva in Höhe von 800 TDM ein steuerpflichtiger Übernahmegewinn von 500 TDM ergeben. Dem Buchwert der Anteile an der GmbH (100) wäre ein Betriebsvermögen bewertet zu Teilwerten in Höhe von 600 TDM gegenüberzustellen gewesen.

Indem der Übernahmegewinn auch nach neuem Recht nicht vollständig entfällt, könnte der Eindruck entstehen, daß der Gesetzgeber die stillen Reserven in den Anteilen nicht gänzlich unbeachtet läßt, sondern einen Kompromiß der teilweisen Erfassung eingeht[1]. Zu diesem Verständnis gelangt man allerdings nur, wenn man sich nicht vor Augen führt, warum ein solcher Mehrbetrag trotz grundsätzlichem Verzicht auf die Erfassung der stillen Reserven der Gesellschafterebene zu besteuern ist. Um die eigentliche Ursache zu erkennen, muß man folgendes berücksichtigen:

Soweit sich stille Reserven in den Anteilen und im übertragenen Vermögen der Kapitalgesellschaft betraglich decken (in obigem Beispiel in Höhe von 300

[1] Die mit Neuregelung des UmwStG 1995 eingeführte Behandlung der Umwandlung einer Kapital- in eine Personengesellschaft wurde in Grundzügen bereits durch Luckey (Gewinnrealisierung, S. 375 ff.) entwickelt und von Widmann (JDStJG 1981, S. 163, 170) als „Kompromißlösung" bezeichnet.

TDM), wird im Übertragungszeitpunkt von einer Besteuerung vorläufig abgesehen, indem man dem Buchwert der Anteile nicht mehr wie bisher den Teilwert, sondern nurmehr den Buchwert des übernommenen Vermögens gegenüberstellt[1]. In Hinblick auf eine sachgerechte Einmalbelastung unberücksichtigt sind allerdings noch die in der umgewandelten Kapitalgesellschaft vorhandenen offenen Reserven (Rücklagen und Gewinnvortrag; im Beispiel in Höhe von 200 TDM). Auch diese spiegeln sich aber im Wert der Anteile wider. Folglich kann der Mehrbetrag, der sich durch Gegenüberstellung der Buchwerte des ursprünglichen Vermögens der Kapitalgesellschaft und dem Buchwert der Anteile ergibt und der den Übernahmegewinn ausmacht, nur auf diese offenen Reserven zurückzuführen sein[2].

Nach neuem Recht sind mit dem Übernahmegewinn damit nur die offenen Reserven zu versteuern[3]. Demzufolge muß ein Übernahmegewinn gänzlich entfallen, wenn die untergehende Kapitalgesellschaft keine offenen Reserven aufweisen kann[4]. Eine Auflösung und Versteuerung der stillen Reserven in den Kapitalgesellschaftsanteilen entfällt.

Für Anteile, die sich im Zeitpunkt der Übertragung noch nicht im Betriebsvermögen der Personengesellschaft befanden, wird – wie oben dargestellt – eine Einlage in das Betriebsvermögen der Personengesellschaft zu Anschaffungskosten fingiert. Andererseits werden die mit den Anteilen verbundenen stillen Reserven nicht aufgedeckt und besteuert. Zu prüfen ist, ob insofern ein Überspringen stiller Reserven auf ein anderes Rechtssubjekt stattfindet. In diesem Zusammenhang ist zunächst festzustellen, daß die Anteile durch das Vermögen der umgewandelten Kapitalgesellschaft ersetzt werden, so daß die Kapitalgesellschaftsanteile im Zuge der Umwandlung untergehen. Es können somit nur die

---

[1]Durch Buchwertverknüpfung bleibt aber trotzdem die Besteuerung der stillen Reserven im ursprünglichen Vermögen der Kapitalgesellschaft sichergestellt; sie wird nur zeitlich verschoben, nämlich bis zu einer Veräußerung o.ä. durch die Personengesellschaft.

[2]Vgl. dazu Dehmer, UmwG, UmwStG, § 4 UmwStG Rn. 67 f.; Hügel, JDStJG 1994, S. 69, 96; Sagasser/Bula, Umwandlungen, S. 166 f.; mit ausführlichem Beispiel Ott, Inf. 1995, 300, 303; Wochinger/Dötsch, DB-Beil. 14/1994, S. 7; die Erhöhung des Übernahmegewinns nach § 4 Abs. 5 UmwStG n.F. kann hier außer Betracht bleiben. Nicht-wesentliche private Anteile gelten - im Unterschied zu bisher - nichts als ins Betriebsvermögen der Personengesellschaft eingelegt; die Besteuerung der auf diese Anteile entfallenden offenen Reserven richtet sich nach §§ 7 bzw. 10 UmwStG; die stillen Reserven dagegen sind erst mit ihrer Auflösung bei der Personengesellschaft zu versteuern (Wochinger/Dötsch, DB-Beil. 14/1994, S. 10).

[3]Haritz/Benkert/Brinkhaus, UmwStG, § 3 Rz. 3 f.; Herzig/Ott, DB 1989, 2033, 2089; Hügel, JDStJG 1994, S. 69, 95 f.; Rödder, DStR 1993, 1349, 1353; Widmann/Mayer, Umwandlungsrecht, Bd. 3 Rz. S 237

[4]Ott, Inf. 1995, 300, 303

mit den Anteilen verbundenen stillen Reserven übertragen werden, dergestalt, daß andere Wirtschaftsgüter eine Werterhöhung erfahren.

Für eine Wertänderung kommt lediglich das Gesellschaftsvermögen in Frage. Da jedoch die stillen Reserven der Anteile die stillen Reserven des Gesellschaftsvermögens widerspiegeln, kann sich durch die fiktive Einlage der Wert dieses Gesellschaftsvermögens nicht ändern. Folglich wird zwar auf eine Aufdeckung und Besteuerung der stillen Reserven in den Kapitalgesellschaftsanteilen verzichtet. Es ergibt sich daraus aber keine Weiterleitung dieser stillen Reserven auf ein anderes Rechtssubjekt[1].

Mit der Neuregelung des UmwStG 1995 ist also für die Kapitalgesellschaft ein weitgehend steuerneutraler Weg aus der Einbahnstraße geschaffen worden. Dieser Weg ist auch trotz des damit verbundenen Überspringens stiller Reserven auf ein anderes Rechtssubjekt dadurch gerechtfertigt, daß die gesetzliche Regelung das Konzept der Fortführung des unternehmerischen Engagements bei gleichzeitiger Sicherstellung der stillen Reserven impliziert. Die vorstehenden Ausführungen gelten auch sinngemäß für den Vermögensübergang von einer Kapitalgesellschaft auf eine natürliche Person (§ 9 UmwStG n.F.).

2. Formwechsel einer Kapitalgesellschaft in eine Personengesellschaft

Das neue UmwG ermöglicht es, die Überführung einer Kapital- in eine Personengesellschaft als reinen Formwechsel zu gestalten (§§ 190 ff., 214 ff. UmwG). Dadurch findet kein Vermögensübergang statt und die rechtliche und wirtschaftliche Identität des umzuwandelnden Rechtsträgers wird aufrechterhalten[2]. Das Steuerrecht kann diesen handelsrechtlichen Vorstellungen aufgrund seiner unterschiedlichen Regelungen über die Besteuerung von Kapital- bzw. Personengesellschaften und dem mit der Umwandlung einhergehenden Steuersubjektwechsel nicht folgen[3]. Deshalb schafft das UmwStG auch für den Formwechsel von Kapital- in Personengesellschaften mit § 14 UmwStG n.F. eine Sondervorschrift, derzufolge die Regelungen der §§ 3 ff. UmwStG n.F. bezüglich des Vermögensübergangs auf eine Personengesellschaft entsprechend anzuwenden sind[4].

Infolgedessen ist auch die steuerneutrale Behandlung des mit dem Formwechsel einer Kapital- in eine Personengesellschaft **steuerlich** verbundenen

---

[1] So wohl Christ, StVj. 1991, 361, 364 f.

[2] Dehmer, UmwG, UmwStG, § 190 UmwG Rn. 5 ff.; Laumann, in: Goutier/Knopf/Tulloch, Umwandlungsrecht, § 190 UmwG Rdnr. 37; Schwarz, DStR 1994, 1694, 1699

[3] Vgl. dazu Abschn. „Formwechsel einer Personenhandelsgesellschaft in eine Kapitalgesellschaft", S. 173

[4] Dehmer, DStR 1994, 1753, 1754; Söffing, in: Goutier/Knopf/Tulloch, Umwandlungsrecht, § 14 UmwStG Rdnr. 1 f.; Wochinger/Dötsch, DB-Beil. 14/1994, 4

Überspringens stiller Reserven auf ein anderes Rechtssubjekt durch das Konzept der Fortführung des unternehmerischen Engagements bei gleichzeitiger Sicherstellung der stillen Reserven gerechtfertigt. Es kann insofern auf die Ausführungen des vorhergehenden Abschnitts verwiesen werden.

Insbesondere ist darauf hinzuweisen, daß eine Änderung der Beteiligungsverhältnisse keinen Einfluß auf die Frage der personellen Fortführung des unternehmerischen Engagements hat[1]. Deshalb ist es auch ohne Bedeutung, daß im Fall des Formwechsels die Beteiligungsverhältnisse an der umgewandelten Gesellschaft unverändert bleiben.

Ferner wird auch für den Formwechsel ein **Wahlrecht** zu steuerneutraler oder steuerwirksamer Behandlung eingeräumt. Dies mag zwar dem handelsrechtlichen Verständnis von der Identität des die Form wechselnden Unternehmens widersprechen[2], geht aber konform mit dem steuerlichen Verständnis, demgemäß von einem Steuersubjektwechsel ausgegangen werden muß.

VI. Umwandlung einer Kapitalgesellschaft in eine andere Kapitalgesellschaft

Nachfolgend soll für die verschiedenen steuerlichen Möglichkeiten der Umwandlung einer Kapitalgesellschaft in eine andere Kapitalgesellschaft festgestellt werden, ob ein Überspringen stiller Reserven stattfindet und inwieweit dieses gerechtfertigt ist.

1. Verschmelzung von Kapitalgesellschaften

Wird das Vermögen einer Kapitalgesellschaft im Wege der Verschmelzung auf eine andere Kapitalgesellschaft übertragen, so wird bei diesem Vorgang die übertragende Gesellschaft als selbständiger Rechtsträger aufgelöst[3]. Folglich müssen im Wege einer Schlußbesteuerung die bei der untergehenden Kapitalgesellschaft angesammelten stillen Reserven grundsätzlich aufgedeckt werden.

Doch bereits das UmwStG 1977 (§§ 14 bis 16 UmwStG a.F.) bot die Möglichkeit, die Verschmelzung von Kapitalgesellschaften ausnahmsweise steuerneutral zu gestalten[4]. Die Neuregelung des UmwStG im Jahr 1995 knüpft weit-

---

[1] Vgl. dazu Abschn. „Geltende Rechtslage", S. 183

[2] So Dehmer, DStR 1994, 1753, 1754; Söffing, in: Goutier/Knopf/Tulloch, Umwandlungsrecht, § 14 UmwStG Rdnr. 4

[3] Blümich/Wolff, EStG, § 11 UmwStG Rz. 4; K. Schmidt, Gesellschaftsrecht, S. 390; Schmidt, EStG, § 17 Rz. 215; Schwarz, DStR 1994, 1694, 1698 f.

[4] Vgl. z.B. Blümich/Wolff, EStG, § 11 UmwStG Rz. 3; Dehmer, UmwG, UmwStG, Vor §§ 11-13 UmwStG Rn. 1; Knobbe-Keuk, Bilanz- und Unternehmenssteuerrecht, S. 945 f.; Schmalz, in: Goutier/Knopf/Tulloch, Umwandlungsrecht, § 11 UmwStG Rdnr. 4

gehend daran an, indem sie durch § 11 Abs. 1 UmwStG n.F. der übertragenden Kapitalgesellschaft ein Wahlrecht zugesteht, in ihrer steuerlichen Schlußbilanz die Wirtschaftsgüter mit dem Buchwert oder dem Teilwert anzusetzen[1]. Beläßt es die übertragende Gesellschaft beim Buchwertansatz, entsteht mangels Aufdeckung der stillen Reserven kein Übertragungsgewinn; die stillen Reserven springen auf die übernehmende Kapitalgesellschaft über. Dadurch wird eine weitere Ausnahme zu den gesetzlichen Gewinnrealisierungsregeln und damit verbunden eine Verletzung des Subjektprinzips kodifiziert. Nachfolgend ist zu prüfen, ob auch die gesetzlichen Verschmelzungsregelungen nur für echte Umstrukturierungsvorgänge eine solche Ausnahme zulassen und dies durch Kodifizierung der Kriterien der Fortführung des unternehmerischen Engagements und der Sicherstellung der stillen Reserven zum Ausdruck bringen.

Was die Sicherstellung der überspringenden stillen Reserven angeht, schreibt § 12 Abs. 1 i.V.m. § 4 UmwStG n.F. vor, daß die übernehmende Kapitalgesellschaft hinsichtlich des übernommenen Vermögens dem Wertansatz in der Schlußbilanz der übertragenden Gesellschaft zu folgen hat. Sie muß also im hier interessierenden Fall die Buchwerte fortführen (Buchwertverknüpfung). Damit bleiben die stillen Reserven auch künftig und sogar innerhalb derselben Steuerart verhaftet. Zur Sicherstellung der stillen Reserven trägt auch § 11 Abs. 1 S. 1 Nr. 1 i.V.m. § 11 Abs. 2 UmwStG n.F. bei, der verhindert, daß stille Reserven steuerneutral z.B. auf steuerbefreite Körperschaften übertragen werden.

Das sachliche Element der Fortführung des unternehmerischen Engagements ist insofern unproblematisch, als bei einer Verschmelzung grundsätzlich das gesamte Vermögen übertragen wird.

Es bleibt noch die Frage nach der Einhaltung der personellen Komponente des unternehmerischen Engagements offen. Die Buchwertverknüpfung ist nur dann zulässig, wenn die Gegenleistung für die Vermögensübertragung in Gesellschaftsrechten besteht (§ 11 Abs. 1 S. 1 Nr. 2 UmwStG). Auf diese Weise stellt man sicher, daß die ehemaligen Engagementträger des Vermögens, die Anteilseigner, sich durch die Umwandlung nicht von dem übertragenen Vermögen lösen wollen, sondern auch in Zukunft damit verbunden bleiben. Auch tritt keine Änderung der Form des Engagements ein, da es sich weiterhin um eine Kapitalbeteiligung handelt.

---

[1] Dehmer, DStR 1994, 1713, 1720; Schmalz, in: Goutier/Knopf/Tulloch, Umwandlungsrecht, § 11 UmwStG Rdnr. 4; Wochinger/Dötsch, DB-Beil. 14/1994, S. 15; im Unterschied zur Vorgängerregelung (§ 14 Abs. 2 UmwStG a.F.) ist der Buchwertansatz jedoch nicht mehr antragsgebunden; zudem ist auch der Ansatz eines Zwischenwertes möglich. Die Vorschriften der §§ 11 bis 13 UmwStG n.F. finden auch auf die handelsrechtliche Vermögensübertragung auf eine andere Kapitalgesellschaft (§ 174 UmwG) Anwendung (vgl. dazu auch Abschn. „Gesellschaftsrechtliche Gestaltungsmöglichkeiten der Umwandlung von Unternehmen“, S. 142).

Schwierigkeiten könnten jedoch dann auftauchen, wenn sich im Zuge der Verschmelzung die Beteiligungsstrukturen derart verschieben, daß die Einflußmöglichkeiten, welche die Gesellschafter der einzelnen, an der Verschmelzung beteiligten Kapitalgesellschaften vor der Verschmelzung auf ihr jeweiliges Vermögen hatten, stark abnehmen. Beispielsweise könnte eine sehr kleine GmbH mit einer großen AG verschmolzen und den Gesellschaftern der GmbH nur eine Minderheitsbeteiligung an der AG gewährt werden. Die GmbH-Gesellschafter verlieren bei einer derartigen Gestaltung aus wirtschaftlicher Sicht die Möglichkeit der Einflußnahme auf ihren ehemaligen Betrieb fast gänzlich. Hier könnte auch nicht - wie z.B. bei der Umwandlung einer Kapital- in eine Personengesellschaft - ins Feld geführt werden, daß die Gesellschafter im Gegenzug eine direkte statt bisher nur indirekte Einflußnahme gewinnen. Folglich kann in solchen Fällen der Verschmelzung von Kapitalgesellschaften wohl kaum von einer Fortsetzung des unternehmerischen Engagements gesprochen werden[1].

Wie auch im Falle der Umwandlung einer Kapital- in eine Personengesellschaft kann von einer Erfassung der stillen Reserven der zweiten Ebene abgesehen werden, was das UmwStG durch den Verzicht auf die Besteuerung eines Übernahmegewinns zum Ausdruck bringt (§ 12 Abs. 2 UmwStG n.F.)[2]. Die Regelungen des § 13 UmwStG, die auf die Besteuerung eben der stillen Reserven der Gesellschafterebene - wenn auch zu einem späteren Zeitpunkt - ausgelegt zu sein scheinen, stehen auf den ersten Blick dazu in Widerspruch.

Allerdings hat man zu bedenken, daß die gesetzliche Regelung zur Verschmelzung eine Änderung in der Höhe der einzelnen Beteiligung zuläßt, ohne daß dadurch die Steuerneutralität des gesamten Vorgangs gefährdet wird. Die Verschmelzung könnte also als Instrument mißbraucht werden, sich steuerneutral von grundsätzlich steuerverhafteten Anteilen zu lösen[3]. Nur dieser Problematik will § 13 UmwStG n.F. begegnen, indem er festlegt, daß die neuen Anteile den gleichen steuerlichen Status erhalten wie die Altanteile und ferner die Anschaffungskosten bzw. Buchwerte der Altanteile fortgeführt werden müs-

---

[1]Mertens, AG 1994, 66, 76

[2]Widmann/Mayer, Umwandlungsrecht, Bd. 3 Rz. S 382; Wochinger/Dötsch, DB-Beil. 14/1994, S. 16; vgl. zur Begründung Abschn. „Vermögensübergang von einer Kapitalgesellschaft auf eine Personengesellschaft oder auf eine natürliche Person", S. 181

[3]Beispielsweise kann ein ehemals wesentlicher Anteil i.S.d. § 17 EStG durch die Verschmelzung zu einem nicht-wesentlichen Anteil des Privatvermögens werden. Dieses Problem taucht bei der Umwandlung einer Kapital- in eine Personengesellschaft nicht auf, weil die anläßlich der Umwandlung neu gewährte mitunternehmerische Beteiligung grundsätzlich steuerverhaftet ist.

sen [1]. Die Vorschrift dient damit der Verhinderung von Mißbräuchen. In der Fortführung der Anschaffungskosten bzw. Buchwerte kann kein Überspringen stiller Reserven auf ein anderes Rechtssubjekt gesehen werden, da die stillen Reserven auch künftig demselben Rechtssubjekt zugeordnet bleiben.

2. Formwechsel in eine Kapitalgesellschaft anderer Rechtsform

Der Formwechsel einer Kapitalgesellschaft in eine Kapitalgesellschaft anderer Rechtsform (z.B. Umwandlung einer GmbH in eine AG gem. §§ 190 ff. UmwG) bleibt auch ertragsteuerlich irrelevant. Denn hier kann das Steuerrecht - im Unterschied zum „kreuzenden" Formwechsel [2] - dem zivilrechtlichen Verständnis folgen und davon ausgehen, daß das Unternehmen nur sein „Rechtskleid" wechselt, die Identität des Steuersubjekts aber gewahrt bleibt [3]. Da somit der Tatbestand der Schlußbesteuerung nicht erfüllt ist und keine Aufdeckung der stillen Reserven stattfinden muß, bedarf es auch keiner Regelung, die ausnahmsweise eine steuerneutrale Behandlung ermöglichen und eine Überspringen der stillen Reserven rechtfertigen würde [4].

VII. Spaltung von Kapitalgesellschaften

1. Handelsrechtliche Ausgangslage

Für die Spaltung von Kapitalgesellschaften ist kennzeichnend, daß das Vermögen einer Kapitalgesellschaft auf mindestens zwei, selbständig fortführbare Gesellschaften aufgeteilt wird. Die Gesellschafter der übertragenden Gesellschaft erlangen dabei unmittelbare Beteiligungen an der übernehmenden Gesellschaft [5]. Die Durchführung dieses Vorgangs wäre dann weitgehend unproblematisch, wenn sie im Wege der Gesamtrechtsnachfolge vollzogen werden könnte. Da bei der Spaltung immer mehrere übernehmende Gesellschaften beteiligt sind, die jeweils nur in einen Teil der gesamten Rechtsposition der übertragenden Gesellschaft einrücken, spricht man von einer auf diesen Unternehmensteil

---

[1] Dehmer, UmwG, UmwStG, § 13 Rn. 3 f.; Krebs, BB 1994, 2115, 2119; Widmann/Mayer, Umwandlungsrecht, Bd. 3 Rz. S 414; aA und deshalb unzutreffenderweise für eine analoge Anwendung des § 13 UmwStG auf nicht steuerverhaftete Anteile des Privatvermögens plädierend Hill, in: Goutier/Knopf/Tulloch, Umwandlungsrecht, § 13 UmwStG Rdnr. 18

[2] Vgl. Abschn. „Formwechsel einer Personenhandelsgesellschaft in eine Kapitalgesellschaft", S. 173 und Abschn. „Formwechsel einer Kapitalgesellschaft in eine Personengesellschaft", S. 190

[3] Krebs, BB 1994, 2115, 2119

[4] Dehmer, DStR 1994, 1753, 1754; Sagasser/Bula, Umwandlungen, S. 360

[5] Dehmer, UmwG, UmwStG, Vor §§ 15, 16 UmwStG Rn. 1; Herzig, DB 1986, 1401, 1402; Ott, Realteilung einer Kapitalgesellschaft, S. 12

beschränkten Gesamtrechtsnachfolge (sog. Sonderrechtsnachfolge oder partielle Gesamtrechtsnachfolge)[1].

Bislang existierte nur für solche Kapitalgesellschaften, deren sämtliche Anteile mittelbar oder unmittelbar in der Hand der Treuhandanstalt lagen, eine gesetzliche Regelung (SpTrUG vom 5.4.1991[2]), welche die Vermögensübertragung anläßlich der Spaltung im Wege der (partiellen) Gesamtrechtsnachfolge eröffnete. Für alle anderen Unternehmen mußte man versuchen, die Rechtswirkung der Spaltung durch Umwegmodelle im Wege der Einzelrechtsnachfolge zu erreichen, was eine ebenso aufwendige wie kostspielige Vorgehensweise ist[3].

Deshalb ist es als bedeutendste Neuerung des UmwG 1995 anzusehen, daß die Spaltung im Wege der Sonderrechtsnachfolge für alle Kapitalgesellschaften eine gesetzliche Regelung erfahren hat (§§ 123 ff. UmwG n.F.). Vorgesehen sind dabei drei Formen der Spaltung[4]:

Bei der *Aufspaltung* (§ 123 Abs. 1 UmwG n.F.) teilt die zu spaltende Gesellschaft ihr gesamtes Vermögen auf und überträgt die Teile jeweils als Ganzes im Wege der partiellen Gesamtrechtsnachfolge auf mindestens zwei bereits bestehende oder neu gegründete Gesellschaften. Die übertragende Gesellschaft wird bei der Aufspaltung ohne Abwicklung aufgelöst. Die Anteilseigner der untergehenden Kapitalgesellschaft erhalten als Gegenleistung Anteile an den übernehmenden Gesellschaften.

Bei der *Abspaltung* (§ 123 Abs. 2 UmwG n.F.) werden nur Teile des Vermögens der zu spaltenden Gesellschaft im Wege der Sonderrechtsnachfolge auf ein oder mehrere bereits bestehende oder neu gegründete Gesellschaften übertragen. Auch hier erhalten die Anteilseigner der übertragenden Kapitalgesellschaft im Gegenzug Anteile an den übernehmenden Gesellschaften. Im Unterschied zur Aufspaltung besteht jedoch die übertragende Kapitalgesellschaft - wenn auch mit vermindertem Betriebsvermögen - fort.

Die *Ausgliederung* (§ 123 Abs. 3 UmwG n.F.) unterscheidet sich nur insofern von der Abspaltung, als die als Gegenleistung für die Vermögensübertra-

---

[1]Dehmer, UmwG/UmwStG, § 123 UmwG, Rn. 5; Hahn, GmbHR 1991, 242, 245 ff.; Hennrichs, AG 1993, 508, 509 ff.; Mayer, GmbHR 1992, 129; Mertens, AG 1994, 66, 67 ff.

[2]Gesetz über die Spaltung der von der Treuhandanstalt verwalteten Unternehmen v. 15.4.1992, BGBl. I 1991, 854

[3]Vgl. dazu Herzig, DB 1986, 1401, 1402; Mayer, GmbHR 1992, 129; Ott, Realteilung einer Kapitalgesellschaft, S. 15 ff.; Sagasser/Bula, Umwandlungen, S. 196 ff.; Widmann/ Mayer, Umwandlungsrecht, Ablageordner 3 Rz. 6552 ff.

[4]Vgl. zu folgendem Dehmer, UmwG/UmwStG, § 123 UmwG Rn. 6 ff.; Ganske, JDStJG 1994, S. 43, 46 f.; Goutier/Knopf/Tulloch, Umwandlungsrecht, § 123 UmwG Rdnr. 6 ff; Neye, DB 1994, 2069, 2070 f.; Sagasser/Bula, Umwandlungen, S. 200 ff.; Schwarz, DStR 1994, 1694, 1699; Schwedhelm/Streck/Mack, GmbHR 1995, 7 f.; Widmann/ Mayer, Umwandlungsrecht, Bd. 1 Rz. 2.5.2

gung gewährten Anteile an der/den übernehmenden Gesellschaften nicht in das Vermögen der Anteilsinhaber, sondern in das der übertragenden Kapitalgesellschaft selbst gelangen.

Geht das Vermögen beim Spaltungsvorgang auf einen schon bestehenden Rechtsträger über, so spricht man von Spaltung zur Aufnahme, bei einem Vermögensübergang auf einen neuen Rechtsträger von Spaltung zur Neugründung.

Von Bedeutung ist zudem, daß als übernehmende oder neue Rechtsträger an der Spaltung auch Personenhandelsgesellschaften beteiligt sein können (vgl. § 124 i.V.m. § 3 Abs. 1 UmwG n.F.).

2. Ertragsteuerliche Behandlung der Spaltung

a) Entwicklung zu einer steuerneutralen Spaltung nach UmwStG

Bevor Überlegungen zu einer steuerneutralen Behandlung der Spaltung angestellt werden können, ist zunächst die Frage der Gewinnrealisierung zu klären. Vor der Neuregelung des UmwG 1995, als noch keine Möglichkeit bestand, die Spaltung in einem einheitlichen Vorgang im Wege der (partiellen) Gesamtrechtsnachfolge zu vollziehen, wurden handelsrechtlich verschiedene, einen stufenweisen Ablauf der Spaltung betonende Umwegmodelle angeboten[1]. Diesen handelsrechtlichen Umwegmodellen folgend kam es auch steuerlich auf mehreren Stufen zu einer Gewinnrealisierung bzw. einem Gewinnausweis[2]. Erst anläßlich der Untersuchungen zur Steuerneutralität wurde ein insgesamt einheitlicher Vorgang angenommen[3].

Nachdem das UmwG nunmehr erlaubt, auch die Spaltung im Wege der Sonderrechtsnachfolge durchzuführen, kann man bereits für Fragen der Gewinnrealisierung von einem einheitlichen Vorgang ausgehen. Reduziert man die Einzelvorgänge des Spaltungsprozesses auf ihren Kern, wird auch bei der Spaltung Vermögen gegen Gewährung von Gesellschaftsrechten hingegeben; es handelt sich also um einen tauschähnlicher Vorgang, der grundsätzlich zur Gewinnrealisierung führt[4].

Wird auf die infolgedessen nötige Aufdeckung der stillen Reserven ausnahmsweise verzichtet und eine steuerneutrale Behandlung zugelassen, ist dafür eine Rechtfertigung erforderlich, die zudem auch die damit einhergehende Verletzung des steuerlichen Subjektprinzips einbeziehen muß.

---

[1]Vgl. dazu Abschn. „Handelsrechtliche Ausgangslage", S. 194

[2]Vgl. dazu ausführlich Ott, Realteilung einer Kapitalgesellschaft, S. 37 ff.; Sagasser/Bula, Umwandlungen, S. 197

[3]Dehmer, UmwG, UmwStG, Vor §§ 15, 16 UmwStG Rn. 41; Ott, Realteilung einer Kapitalgesellschaft, S. 58 ff.

[4]Vgl. dazu Abschn. „Anwendungsbereich", S. 80; die Spaltung ist unter den Typus der Umstrukturierungen auf betrieblicher Grundlage einzuordnen.

Vor Neuregelung des UmwStG 1995, als noch keine gesetzlichen Regelungen zur Spaltung existierten, wollte die Literatur deren Steuerneutralität mit einer umgekehrt analogen Anwendung der §§ 14 bis 16 UmwStG a.F. begründen, da in der Spaltung nichts anderes als der Umkehrfall der Verschmelzung zu sehen sei[1]. Stellt man so die Umkehrung in den Vordergrund, wird der eigentliche Grund für eine analoge Anwendung leicht übersehen. Er liegt darin, daß das Wesen der Spaltung ebenso wie das der Verschmelzung durch die Vermögensübertragung von einer Kapitalgesellschaft auf einen anderen Rechtsträger bestimmt ist[2]. Werden die Verschmelzungsregelungen auch auf die Spaltung ausgedehnt, bedeutet dies letztlich nichts anderes, als daß die Spaltung den anderen Vorgängen, denen das UmwStG Erfolgsneutralität zuweist, gleichgestellt wird. Sie ist also nicht als typischer Veräußerungsvorgang, sondern als Umstrukturierungsvorgang zu werten, für den die Rechtsfolge der Gewinnrealisierung nicht angemessen ist[3].

Auch die Finanzverwaltung entschied sich im sog. Spaltungserlaß[4] für die Möglichkeit der steuerneutralen Behandlung der Spaltung. Sie wollte jedoch nicht schon aus Rechtsgründen, sondern nur im Billigkeitswege die sinngemäße Anwendung der Verschmelzungsvorschriften (§§ 14 bis 16 und 19 UmwStG a.F.) gestatten. Dabei ist die Verwaltungsmeinung insofern widersprüchlich, als sie zunächst die direkte sowie die analoge Anwendung bestimmter Vorschriften für unzulässig hält, dieselben dann aber im Billigkeitsweg für anwendbar erklärt[5].

Parallel zur Neuregelung des Umwandlungsrechts fand die Spaltung aber auch Eingang ins UmwStG 1995 (§§ 15, 16 UmwStG n.F.)[6]. Wie zuvor die Literatur erkennt auch der Gesetzgeber die Gemeinsamkeiten von Spaltung und Verschmelzung an, die es erlauben die Verschmelzungsvorschriften (§§ 11 bis 13 UmwStG n.F.) auf die Spaltung entsprechend anzuwenden (§ 15 Abs. 1 S. 1 UmwStG n.F.)[7]. Dabei erstreckt sich die entsprechende Anwendung jedoch nur

---

[1]Herzig, DB 1986, 1401, 1404; Ott, Realteilung einer Kapitalgesellschaft, S. 70 ff.

[2]Thiel, DStR 1995, 237, 238

[3]Vgl. dazu auch Abschn. „Markteinkommenskonzept", S. 87

[4]BMF v. 9.1.1992 - IV B 7 - S 1978 - 37/91, BStBl. I 1992, 47

[5]Blumers, DB 1992, 1317, 1318; Knobbe-Keuk, Bilanz- und Unternehmenssteuerrecht, S. 953; Sagasser/Bula, Umwandlungen, S. 197 f.

[6]Durch die gesetzliche Regelung wird das BMF-Schreiben v. 9.1.1992 (IV B 7 - S 1978 - 37/91, BStBl. I 1992, 47), welches ausdrücklich bis zu der in Aussicht genommenen gesetzlichen Neuregelung des Umwandlungsrechts befristet war, abgelöst.

[7]Dehmer, UmwG, UmwStG, Vor §§ 15, 16 UmwStG Rn. 7; Herzig/Momen, DB 1994, 2157; Sagasser/Bula, Umwandlungen, S. 207 f.

auf das tatsächlich übertragene, nicht aber auch auf das im Falle der Abspaltung bei der übertragenden Kapitalgesellschaft verbleibende Vermögen[1].

Während die handelsrechtlichen Regelungen über die Spaltung (§§ 123 ff. UmwG n.F.) auch für die Ausgliederung (§ 123 Abs. 3 UmwG n.F.) gelten, ist der 5. Teil des UmwStG 1995 mit seinen Verweisungen ausdrücklich nur für die Auf- bzw. Abspaltung anwendbar (§ 1 Abs. 1 S. 2 i.V.m. Abs. 4 UmwStG n.F.). Die Ausgliederung dagegen wird wie bisher nach den Vorschriften zur Einbringung in eine Kapital- bzw. Personengesellschaft (§§ 20 bis 23 und 24 UmwStG n.F.) behandelt[2].

b) Überlegungen zur Steuerneutralität der Spaltung auf andere Kapitalgesellschaften

Mit der gesetzlichen Regelung der Spaltung im UmwStG wird die für den Steuerpflichtigen erfreuliche Rechtssicherheit geschaffen, die der Spaltungserlaß als Billigkeitsregelung noch vermissen ließ[3]. Zu prüfen bleibt allerdings, inwieweit das Gesetz, das nun die Spaltung in den Kreis der reinen Umstrukturierungen einreiht und deshalb eine steuerneutrale Behandlung mit Überspringen der stillen Reserven zuläßt, auch die Kriterien berücksichtigt, die den Umstrukturierungsvorgang von einer „normalen" Veräußerung abgrenzen sollen.

Auf die Spaltung einer Kapitalgesellschaft, bei welcher der/die übernehmenden Rechtsträger wieder Kapitalgesellschaften sind, werden die Verschmelzungsvorschriften (§§ 11 bis 13 UmwStG n.F.) entsprechend angewandt. Insofern kann zwar grundsätzlich auf die Ausführungen in Abschn. „Verschmelzung von Kapitalgesellschaften" (S. 191) verwiesen werden. Einige ergänzende Bedingungen der §§ 15, 16 UmwStG n.F. müssen aber hinsichtlich ihrer Vereinbarkeit mit den Kriterien der Fortführung des unternehmerischen Engagements bei gleichzeitiger Sicherstellung der stillen Reserven noch näher betrachtet werden. Von Interesse ist auch, inwieweit sich Abweichungen zu den Kriterien des Spaltungserlasses ergeben, der seinerseits ausdrücklich auf dem Engagementkonzept aufbaute[4].

Damit die Spaltung steuerneutral vollzogen werden kann, gewährt § 15 Abs. 1 UmwStG n.F. unter Verweis auf § 11 Abs. 1 UmwStG n.F. der zu spaltenden

---

[1]Dehmer, UmwG, UmwStG, § 15 UmwStG, Rn. 192; Hill, in: Goutier/Knopff/Tulloch, Umwandlungsrecht, § 15 UmwStG Rdnr. 65; Hörger, FR 1994, 765, 766; Thiel, DStR 1995, 237, 239

[2]Dehmer, DStR 1994, 1713, 1715; ders., UmwG, UmwStG, § 15 UmwStG Rn. 4; Sagasser/Bula, Umwandlungen, S. 260

[3]Hill, in: Goutier/Knopff/Tulloch, Umwandlungsrecht, § 15 UmwStG Rdnr. 1; Thiel, DStR 1995, 237, 238; Wochinger/Dötsch, DB-Beil. 14/1994, S. 23

[4]Vgl. BMF v. 9.1.1992- IV B 7 - S 1978 - 37/91, BStBl. I 1992, 47 Tz. 2d und f

Gesellschaft ein Wahlrecht, das übergehende Vermögen in ihrer steuerlichen Schlußbilanz entweder mit dem Buchwert, dem Teilwert oder einem Zwischenwert anzusetzen. Die übernehmende Kapitalgesellschaft ist an die in der Schlußbilanz der übertragenden Gesellschaft angesetzten Werte gebunden[1]. Ungeklärt ist allerdings, ob das Wahlrecht für jeden Teilbetrieb als Spaltgegenstand gesondert[2] oder nur einheitlich[3] ausgeübt werden kann. In Hinblick darauf, daß jeder Spaltgegenstand für sich gesehen engagementfähig ist, kann ersterer Auffassung gefolgt werden. Jedenfalls bewirkt die Entscheidung für den Ansatz der Buchwerte, daß die stillen Reserven des zu übertragenden Vermögens nicht aufgedeckt werden müssen, sondern steuerneutral auf die aufnehmende Kapitalgesellschaft übergehen (Buchwertverknüpfung). Was die Frage ihrer Sicherstellung für Besteuerungszwecke angeht, kann auf die Ausführungen in Abschn. „Verschmelzung von Kapitalgesellschaften" (S. 191) verwiesen werden.

Damit zudem auch das unternehmerische Engagement nach der Spaltung fortgeführt wird, sind weitere Bedingungen von Nöten. Aus diesem Grunde legt § 15 Abs. 1 S. 1 UmwStG n.F. ausdrücklich fest, daß auf die übernehmende Gesellschaft mindestens ein Teilbetrieb übertragen werden muß. Als Teilbetrieb gilt dabei auch ein Mitunternehmeranteil oder eine 100%-ige Beteiligung an einer Kapitalgesellschaft (§ 15 Abs. 1 S. 3 UmwStG n.F.). Die Beschränkung der Übertragungsgegenstände hat in Hinblick auf die sachliche Komponente der Fortführung des unternehmerischen Engagements, die sich im gesamten UmwStG widerspiegelt[4], an sich durchaus ihre Berechtigung. Sie soll gewährleisten, daß nur eigenständige, engagementfähige Organismen und nicht einzelne Wirtschaftsgüter übertragen werden[5].

---

[1]Da sich das Bewertungswahlrecht nach dem Gesetzeswortlaut nur auf das übertragene Vermögen bezieht, ist im Abspaltungsfall für das bei der übertragenden Kapitalgesellschaft verbleibende Vermögen die Buchwertfortführung zwingend (Herzig/Momen, DB 1994, 2157, 2158; Hörger, FR 1994, 765, 766; Thiel, DStR 1995, 237, 239).

[2]Dehmer, UmwG, UmwStG, § 15 Rn. 193; Haritz/Benkert, UmwStG, § 15 Rz. 165 ff.; Herzig/Momen, DB 1994, 2157, 2158; Hörger, FR 1994, 765, 766; Schwedhelm/Streck/Mack, GmbHR 1995, 100, 101

[3]Hill, in: Goutier/Knopff/Tulloch, Umwandlungsrecht, § 15 UmwStG Rdnr. 67; Sagasser/Bula, Umwandlungen, S. 264; Thiel, DStR 1995, 237, 239

[4]So auch Krebs, BB 1992, 184, 186

[5]Was die übertragbaren Gegenstände angeht, kann das Steuerrecht nicht mit dem Handelsrecht, demzufolge auch einzelne Vermögensgegenstände im Wege der partiellen Gesamtrechtsnachfolge abspaltbar sind, gleichziehen. Denn eine Ausnahme von der grundsätzlich notwendigen Aufdeckung der stillen Reserven ist nur in Nachfolge des Engagementkonzepts möglich, das seinerseits wiederum die Übertragung einer engagementfähigen Vermögensgesamtheit fordert (so auch Thiel, DStR 1995, 237, 240). Letzteres übersieht der Steuerrechtsausschuß des Deutschen Anwaltsvereins, wenn er fordert, daß die steuerneutrale Spaltung auch für einzelne Wirtschaftsgüter ermöglicht werden sollte (vgl. BB 1993, 1711, 1712).

Allerdings ist es bedauerlich, daß die gesetzliche Regelung insofern die Vorgaben des Spaltungserlasses[1] unverändert übernommen und den kritischen Stimmen zur Verwaltungsregelung[2] und allgemeinen Stellungnahmen kein Gehör geschenkt hat. Zum einen hätte der Gesetzgeber endlich klarstellen können, ob bezüglich des Verständnisses vom Teilbetrieb von den Bedingungen des § 16 EStG auszugehen ist oder ob für Umstrukturierungen eine weniger restriktive Betrachtung zulässig ist[3]. Ferner wäre es durchaus denkbar gewesen, nicht nur die 100%-ige Kapitalbeteiligung als Übertragungsgegenstand zuzulassen, sondern wenigstens noch eine Kapitalbeteiligung, die unmittelbar die Mehrheit der Stimmrechte vermittelt, da auch diese durchaus engagementfähig ist[4]. So wäre diesbezüglich zumindest der Gleichlauf mit § 20 Abs. 1 UmwStG n.F. hergestellt worden[5].

Während Mitunternehmeranteile oder 100%-ige Kapitalbeteiligungen grundsätzlich Gegenstand der Spaltung sein können, sind einzelne Wirtschaftsgüter nicht als Spaltgegenstand geeignet, da an ihnen kein unternehmerisches Engagement entfaltet werden kann. Um dennoch im Ergebnis eine Spaltung mit einzelnen Wirtschaftsgütern zu erreichen, könnten diese kurz vor der Spaltung in eine Mitunternehmerschaft oder Kapitalgesellschaft eingebracht werden, so daß spaltfähiges Vermögen entsteht[6]. Derartige Mißbräuche sollen verhindert werden. Deshalb ist gem. § 15 Abs. 3 S. 1 UmwStG n.F. eine steuerneutrale Gestaltung bezüglich dieser Spaltgegenstände[7] nicht möglich, wenn die Anteile innerhalb eines Zeitraums von drei Jahren vor dem Spaltungsstichtag durch Übertragung von Wirtschaftsgütern, die keinen Teilbetrieb darstellen, erworben oder aufgestockt wurden[8].

Zudem soll gem. § 15 Abs. 1 S. 2 UmwStG n.F. auch das im Falle der Abspaltung bei der Kapitalgesellschaft verbleibende Vermögen die Qualität

---

[1] BMF v. 9.1.1992- IV B 7 - S 1978 - 37/91, BStBl. I 1992, 47 Tz. 2e

[2] Z.B. Hörger, in: Herzig, Spaltung, S. 25, 28 f. und 31 f.; Knobbe-Keuk, Bilanz- und Unternehmenssteuerrecht, S. 951 ff.; Krebs, BB 1992, 184; Wochinger, DB 1992, 163

[3] Vgl. zum Meinungsstreit, der allgemein für alle Umstrukturierungsfälle besteht, Abschn. „Sachliches Element“, S. 93

[4] Vgl. dazu Abschn. „Sachliches Element“, S. 93

[5] So auch der Steuerrechtsausschuß des Deutschen Anwaltsvereins, BB 1993, 1711, 1712; Herzig/Momen, DB 1994, 2210, 2213

[6] Haritz/Benkert, UmwStG, § 15 Rz. 70; Hörger, FR 1994, 765, 766; Thiel, DStR 1995, 237, 241; Sagasser/Bula, Umwandlungen, S. 281

[7] Wird daneben auf andere Gesellschaften Spaltvermögen übertragen, das die Bedingungen des § 15 UmwStG erfüllt, ist insoweit eine Buchwertfortführung möglich (vgl. Schwedhelm/Streck/Mack, GmbHR 1995, 100, 102).

[8] So schon BMF v. 9.1.1992- IV B 7 - S 1978 - 37/91, BStBl. I 1992, 47 Tz. 2e Satz 4, das allerdings noch einen 5-Jahreszeitraum festlegte.

eines Teilbetriebs besitzen. Damit will man wohl - ähnlich wie durch § 15 Abs. 3 S. 1 UmwStG - unterbinden, daß im Ergebnis die steuerneutrale Behandlung der Abspaltung eines einzelnen Wirtschaftsgutes dadurch herbeigeführt wird, daß man dieses bei der abspaltenden Kapitalgesellschaft beläßt und das übrige Vermögen der übernehmenden Gesellschaft zuteilt.

§ 15 Abs. 1 S. 2 UmwStG n.F. wird in der Literatur[1] zu Recht kritisch betrachtet. Vor dem Hintergrund des Engagementkonzepts ist unklar, warum an das verbleibende Vermögen besondere Anforderungen gestellt werden, da nur für das übertragene Vermögen auf die an sich notwendige Aufdeckung der stillen Reserven verzichtet wird. Deshalb muß auch nur diesbezüglich geprüft werden, ob die Rechtfertigung in Gestalt der sachlichen Komponente der Fortführung des unternehmerischen Engagements erfüllt ist. Für das verbleibende Vermögen ist dagegen kein tauschähnlicher Vorgang gegeben, der überhaupt eine Realisierung der stillen Reserven erzwingen würde[2]; nicht einmal eine Veränderung im Status des Vermögens noch der Steuersubjektzuordnung ist zu verzeichnen. Zudem wird auch für die insofern gleichgelagerten Einbringungsfälle der §§ 20 und 24 UmwStG nicht gefordert, daß beim Einbringenden ein Teilbetrieb verbleibt[3]. Die Regelung des § 15 Abs. 1 S. 2 UmwStG n.F. ist somit überflüssig und nur aus dem allzeit gegenwärtigen Streben des Gesetzgebers verständlich, jegliche Art von Mißbrauch zu verhindern. Die neu in das UmwStG eingefügten Spaltungsvorschriften laufen also Gefahr wie schon der Spaltungserlaß[4], ein „Zeugnis geradezu magischer Angst vor Mißbrauch“[5] zu werden.

Will man auch die personelle Komponente der Fortführung des unternehmerischen Engagements sachgerecht durchführen, muß man sicherstellen, daß die eigentlichen Engagementträger, die Anteilseigner der übertragenden Kapitalgesellschaft, auch nach der Spaltung mit dem übergegangenen Vermögen verbunden bleiben. Dem dient zum einen, daß als Gegenleistung für die Vermögensübertragung anläßlich der Spaltung nur Gesellschaftsrechte gewährt werden dürfen (§ 15 Abs. 1 i.V.m. § 11 Abs. 1 S. 1 Nr. 2 UmwStG n.F.). Andererseits vernichten Gegenleistungen, die nicht in Gesellschaftsrechten bestehen (z.B. bare Zuzahlungen), nicht mehr die Steuerneutralität des gesamten Vorgangs[6]. Die

---

[1]Hügel, JDStJG 1994, S. 69, 108

[2]So zutreffend auch Hörger, FR 1994, 765, 767; Sagasser/Bula, Umwandlungen, S. 264; Thiel, DStR 1995, 237, 241

[3]Hügel, JDStJG 1994, S. 69, 108

[4]BMF v. 9.1.1992- IV B 7 - S 1978 - 37/91, BStBl. I 1992, 47

[5]So Knobbe-Keuk, Bilanz- und Unternehmenssteuerrecht, S. 953 zum Spaltungserlaß.

[6]So noch BMF v. 9.1.1992- IV B 7 - S 1978 - 37/91, BStBl. I 1992, 47 Tz. 2h

Buchwertfortführung ist nur insoweit ausgeschlossen, als derartige andere Zuzahlungen gewährt werden[1].

Ebenso darf sich im Zuge der Spaltung der Kreis der Gesellschafter insgesamt nicht wesentlich verändern. Im UmwStG 1995 wird dies im Unterschied zum Spaltungserlaß zwar nicht explizit erwähnt, ergibt sich jedoch bereits aus §§ 126 Abs. 1 Nr. 10, 131 Abs. 1 Nr. 3 UmwG[2]. Das bedeutet jedoch nicht, daß alle an der übertragenden Kapitalgesellschaft beteiligten Gesellschafter auch an jeder der übernehmenden Gesellschaften beteiligt sein müssen. Eine Spaltung zur Trennung von Gesellschafterstämmen ist vielmehr möglich, da für die Frage nach der Fortführung des unternehmerischen Engagements nicht auf den einzelnen, sondern auf die Gesamtheit der Gesellschafter abzustellen ist.

Auch für die Spaltung einer Kapitalgesellschaft in andere Kapitalgesellschaften muß man nicht nur den stillen Reserven der Gesellschaftsebene, sondern auch der Gesellschafterebene Beachtung schenken. Da die Spaltungsvorschriften insofern auf § 13 UmwStG a.F. verweisen, gelten die Ausführungen in Abschn. „Verschmelzung von Kapitalgesellschaften" (S. 191) entsprechend[3]. Es soll diesbezüglich allerdings nochmals betont werden, daß grundsätzlich von der Erfassung der stillen Reserven in den untergehenden Anteilen im Zeitpunkt der Spaltung abgesehen werden kann. Jedoch muß in Hinblick auf etwaige Mißbräuche sichergestellt sein, daß sie bei einer späteren Realisierung wie bisher der Besteuerung unterliegen.

An dieser Stelle muß der Gedanke wieder aufgegriffen werden, daß die Spaltung nur dann steuerneutral vonstattengehen darf, wenn sie einzig zur Fortführung des unternehmerischen Engagements in anderer Form führt. Der Anteilseigner wird zunächst durch die eben erwähnte, grundsätzlich fortbestehende Steuerverhaftung der stillen Reserven in den Kapitalanteilen gleichzeitig mit seinem ursprünglichen Engagement verbunden. Dennoch sind Fälle denkbar, in denen die Veräußerung der Anteile nicht zur Besteuerung der aufgedeckten stillen Reserven führt, z.B. wenn der Anteilseigner steuerbefreit oder nicht steuerpflichtig ist. Infolgedessen besteht die Gefahr, daß die Spaltung nicht zur

---

[1]Daraus ergeben sich aber keine größeren Probleme, da derartige bare Zuzahlungen ohne weiteres umgangen werden können, indem die zu trennenden Teilbetriebe vor der Spaltung durch Zuordnung z.B. liquider Mittel oder Schulden so ausgestattet werden, daß sie in ihren Wertverhältnissen den geplanten Beteiligungsverhältnissen nach der Spaltung entsprechen (Thiel, DStR 1995, 237, 239 f.). Auch was einen etwaigen Spitzenausgleich zwischen den Gesellschaftern angeht, gefährdet dieser nicht die Steuerneutralität der Spaltung an sich, sondern nur die erbrachte Ausgleichszahlung ist steuerpflichtig (Dehmer, DStR 1994, 1753, 1756).

[2]Herzig/Momen, DB 1994, 2157, 2160; Hügel, JDStJG 1994, S. 69, 104

[3]Vgl. dazu auch Herzig/Momen, DB 1994, 2157, 2161 f.; Thiel, in: Herzig, Spaltung, S. 1, 8; Schwedhelm/Streck/Mack, GmbHR 1995, 100, 104; Widmann/Mayer, Umwandlungsrecht, Bd. 3 Rz. S 501

Umstrukturierung benutzt wird, sondern dazu, die Veräußerung der Gesellschaftsanteile steuerneutral oder zumindest unter Ausnutzung steuerlicher Vergünstigungen zu gestalten[1]. Gerade aber für Veräußerungsfälle, bei denen sich die Gesellschafter endgültig von ihrem Engagement lösen, darf eine Steuerbefreiung nicht gewährt werden.

Dieser Gefahr soll für die Spaltung durch § 15 Abs. 3 S. 2 und 3 UmwStG n.F. begegnet werden, der die Möglichkeit der steuerneutralen Behandlung der Spaltung ausschließt, wenn damit die Veräußerung[2] an außenstehende Personen vollzogen oder eine solche vorbereitet wird[3]. Eine nur die Veräußerung vorbereitende und somit nicht begünstigte Spaltung liegt dann vor, wenn innerhalb von fünf Jahren nach dem Übertragungsstichtag Anteile an einer an der Spaltung beteiligten Kapitalgesellschaft in Höhe von mehr als 20% der vor der Spaltung an der übertragenden Gesellschaft bestehenden Anteile veräußert werden (15 Abs. 3 S. 2 bis 4 UmwStG n.F.)[4]. Ist der 5-Jahres-Zeitraum verstrichen, kann durchaus von einer die Steuerneutralität der Spaltung rechtfertigenden Fortführung des unternehmerischen Engagements gesprochen werden.

Die 20%-Grenze (Bagatellgrenze), die im Spaltungserlaß noch nicht vorgesehen war[5], soll vermeiden, daß gerade für große Publikumsgesellschaften, deren Minderheitsgesellschafter oft gar nicht bekannt sind, eine faktische Spaltungssperre entsteht[6]. Ob dieses Ziel aber erreicht wird, ist fraglich, da die Publikumsgesellschaften weiterhin damit rechnen müssen, daß mehr als 20% der Anteile übertragen werden. Die Steuerneutralität der Spaltung hängt für sie also auch künftig vom Verhalten ihrer Anteilseigner ab, das sie nicht beeinflussen können. Für kleine Gesellschaften dagegen wird anläßlich einer Spaltung ein erweiterter Gestaltungsspielraum eröffnet. Ferner heben auch Verfügungen über die Anteile, die durch unvorhersehbare Gründe (z.B. Tod eines Gesellschafters,

---

[1]Dehmer, DStR 1994, 1753, 1756 f.; Herzig/Momen, DB 1994, 2157, 2160; Thiel, in: Herzig, Spaltung, S. 1, 10 ff.; Thiel, DStR 1995, 237, 241 f. mit ausführlichem Beispiel

[2]Auch § 15 Abs. 3 UmwStG n.F. dürfte unter „Veräußerung" nur die entgeltliche Übertragung verstehen. Die unentgeltliche Übertragung kann mangels Entgelt keine Veräußerung sein (vgl. Abschn. „Gewinnrealisierungstatbestände", S. 52; Hörger, FR 1994, 765, 768).

[3]So auch schon BMF v. 9.1.1992- IV B 7 - S 1978 - 37/91, BStBl. I 1992, 47 Tz. 2f Satz 3 und 4

[4]Zu Fragen der Berechnung der 20%-Grenze vgl. z.B. Haritz/Benkert, UmwStG, § 15 Rz. 125; Hörger, FR 1994, 765, 769; Wochinger/Dötsch, DB-Beil. 14/1994, S. 23 f.

[5]Vgl. BMF v. 9.1.1992- IV B 7 - S 1978 - 37/91, BStBl. I 1992, 47 Tz. 2f

[6]Haritz/Benkert, UmwStG, § 15 Rz. 128; Herzig/Momen, DB 1994, 2157, 2160; Hill, in: Goutier/Knopf/Tulloch, Umwandlungsrecht, § 15 UmwStG Rdnr. 51; Wochinger/ Dötsch, DB-Beil. 14/1994, 22

Konkurs) erzwungen wurden, nicht mehr die Gewinneutralität des gesamten Vorgangs auf[1].

Zutreffend wird durch das UmwStG 1995 die Spaltung zur Aufnahme gestattet, denn auch bei der Spaltung auf eine bereits bestehende Gesellschaft kann das unternehmerische Engagement erhalten bleiben, wenn die empfangenen Beteiligungen weiterhin eine gewisse Einflußnahme auf das übertragene Vermögen vermitteln[2]. Schwierigkeiten könnte allerdings bereiten, daß die gesetzliche Regelung keine Mindestbeteiligungshöhen an der übernehmenden Gesellschaft vorsieht. Werden nun anläßlich der Spaltung einer sehr kleinen auf eine große, bereits bestehende Gesellschaft nur Minderheitsbeteiligungen an der aufnehmenden Kapitalgesellschaft eingeräumt, ist wohl eine Einflußnahme auf das übertragene Vermögen nicht mehr möglich. Ob in diesem Fall noch von einer Fortführung des unternehmerischen Engagements ausgegangen werden kann, ist mehr als fraglich, insbesondere wenn die neue Beteiligung wiederum eine Kapitalbeteiligung ist, die ohnehin nur eine mittelbare Einflußnahme gewährt[3].

Gerade die soeben angesprochene fehlende Mindestbeteiligungshöhe macht deutlich, daß die neu in das UmwStG aufgenommenen Spaltungsvorschriften nicht in allen Punkten dem Konzept der Fortführung des unternehmerischen Engagements bei gleichzeitiger Sicherstellung der stillen Reserven gerecht werden. Andererseits wurden auch Regelungen getroffen, die in Hinblick auf das Engagementkonzept überflüssig sind (§ 15 Abs. 1 S. 2 UmwStG n.F.). Dennoch grenzen die Spaltungsvorschriften insgesamt gesehen die steuerlich zu begünstigenden Umstruktrierungsvorgänge zutreffend von den reinen Veräußerungsgeschäften ab[4]. Insofern sind die durch §§ 15, 16 UmwStG n.F. geschaffenen gesetzlichen Ausnahmen zu den steuerlichen Vorschriften der Aufdeckung stiller Reserven gerechtfertigt. Spaltungsvorgänge, welche die Bedingungen der Spaltungsvorschriften nicht erfüllen und deshalb nicht als begünstigte Umstrukturierungen einzustufen sind, müssen dagegen notwendig eine Aufdeckung der stillen Reserven herbeiführen[5].

---

[1]Wochinger, DB 1992, 163, 169

[2]Hörger/Gronau, DStR 1992, 93, 95; Ott, Realteilung einer Kapitalgesellschaft, S. 106 f.; Wochinger, DB 1992, 163, 166; vgl. zur Spaltung im Konzern, wo die Spaltung zur Aufnahme auch ohne Kapitalerhöhung, d.h. ohne Gewährung von Gesellschaftsrechten zulässig ist, Hügel, JDStJG 1994, S. 69, 105 und 110; Thiel, DStR 1995, 276, 279

[3]Herzig/Momen, DB 1994, 2210, 2211; Mertens, AG 1994, 66, 76

[4]So auch Hörger, FR 1994, 765

[5]Vgl. dazu Dehmer, UmwG, UmwStG, § 15 UmwStG Rn. 173 ff.; Herzig/Förster, DB 1995, 338, 340; Sagasser/Bula, Umwandlungen, S. 269

c) Spaltung auf eine Personengesellschaft

Das neue UmwStG gewährt - im Unterschied zum bisher für die Spaltung gültigen BMF-Schreiben[1] - ein Bewertungswahlrecht und damit die Möglichkeit zu einer erfolgsneutralen Behandlung nicht nur für die Spaltung auf eine andere Kapitalgesellschaft, sondern gleichermaßen für die Auf- bzw. Abspaltung auf eine Personenhandelsgesellschaft (§ 16 UmwStG n.F.)[2].

Wird die Auf- oder Abspaltung einer Kapitalgesellschaft, bei der übernehmender Rechtsträger eine Personengesellschaft ist, erfolgsneutral behandelt, so springen die mit dem übergehenden Vermögen verbundenen stillen Reserven in Verletzung des Subjektprinzips ausnahmsweise von der Kapitalgesellschaft auf die übernehmende(n) Personengesellschaft(en) über. Diese Ausnahme zu den allgemeinen steuerlichen Vorschriften über die Aufdeckung der stillen Reserven ist gerechtfertigt, weil auch hier nur ein Umstrukturierungsvorgang vorliegt. Was die Frage angeht, ob die Spaltungsregelungen die Kriterien aufnehmen, die derartige Umstrukturierungsvorgänge von „normalen" Veräußerungsvorgängen unterscheiden, so gelten die Ausführungen des vorhergehenden Abschnitts entsprechend, da § 16 UmwStG n.F. insofern auf § 15 UmwStG n.F. verweist.

In Hinblick auf die Gesellschafterebene sind die Ausführungen des Abschn. „Vermögensübergang von einer Kapitalgesellschaft auf eine Personengesellschaft oder auf eine natürliche Person" (S. 181) maßgebend. § 16 S. 1 UmwStG n.F. zieht diesbezüglich die §§ 3 bis 8 UmwStG n.F. heran.

D. Betriebsaufspaltung

I. Erscheinungsformen der Betriebsaufspaltung

Die Betriebsaufspaltung bietet eine weitere Möglichkeit, ein Unternehmen derart umzustrukturieren, daß Funktionen, die normalerweise ein einziges Unternehmen wahrnehmen kann, auf zwei oder mehrere rechtlich selbständige Unternehmen mit gleichem Gesellschafterbestand aufgeteilt werden[3]. Im Unterschied zu den zuvor beschriebenen Umwandlungsformen des UmwStG hat die Betriebsaufspaltung bisher aber noch keine gesetzliche Regelung erfahren.

---

[1] BMF v. 9.1.1992- IV B 7 - S 1978 - 37/91, BStBl. I 1992, 47

[2] Vgl. ausführlich Dehmer, UmwG, UmwStG, § 16 UmwStG Rn. 1 ff.; Goutier/Knopf/Tulloch, Umwandlungsrecht, § 16 UmwStG Rdnr. 1 ff.; Sagasser/Bula, Umwandlungen, S. 279

[3] Knoppe, Betriebsverpachtung, Betriebsaufspaltung, S. 39

Von den verschiedenen möglichen Erscheinungsformen[1] ist zunächst der eigentliche Grundfall, die sog. *echte Betriebsaufspaltung,* zu nennen. Er zeichnet sich dadurch aus, daß die Träger des bisher einheitlichen Personenunternehmens eine Kapitalgesellschaft gründen (Bar- oder Sachgründung), deren Anteile wiederum die Gesellschafter der Personengesellschaft halten. Die Beteiligungsverhältnisse in beiden Unternehmen sind in der Regel gleich oder ähnlich. Während ein Teil des Betriebsvermögens, z.B. das bewegliche Anlagevermögen und/oder das Umlaufvermögen, auf die in Zukunft den Betrieb führende Kapitalgesellschaft (sog. Betriebskapitalgesellschaft) übertragen wird, bleibt die Personengesellschaft Eigentümerin mindestens einer der bisherigen wesentlichen Betriebsgrundlagen und vermietet oder verpachtet sie an die Betriebskapitalgesellschaft[2]. Die Personengesellschaft wird so zum reinen Besitzunternehmen.

Davon zu unterscheiden ist die *unechte Betriebsaufspaltung*, bei welcher Besitz- und Betriebsunternehmen nicht aus einem zuvor einheitlichen Unternehmen hervorgegangen sind, sondern von Anfang an als zwei getrennte Gesellschaften bestanden haben. Da hier kein Vermögen zwischen den Gesellschaften übertragen wird, ist diese Form der Betriebsaufspaltung für die Frage, ob es zu einem steuerneutralen Überspringen stiller Reserven kommen kann, nicht von Bedeutung.

Zu den Sonderformen der Betriebsaufspaltung zählt die *mitunternehmerische Betriebsaufspaltung*, bei der auch die Betriebsgesellschaft in der Rechtsform der Personengesellschaft geführt wird, weshalb sie für die hier zu untersuchende Thematik ebenfalls nicht von Interesse ist. Als weitere Sonderform ist die *kapitalistische Betriebsaufspaltung* erwähnenswert, bei der beide an der Betriebsaufspaltung beteiligten Unternehmen Kapitalgesellschaften sind. Damit bei dieser Gestaltung von einer Betriebsaufspaltung mit notwendiger personeller Verflechtung gesprochen werden kann, muß jedoch wegen der selbständigen Rechtsfähigkeit der Kapitalgesellschaft das Besitzunternehmen selbst die Mehrheit der Anteile an der Betriebskapitalgesellschaft halten (Mutter-Tochter-Verhältnis)[3]. Die Besonderheit der *umgekehrten Betriebsaufspaltung* besteht darin, daß nicht eine Personen-, sondern eine Kapitalgesellschaft aufgespalten wird. Die Kapitalgesellschaft verpachtet als Besitzunternehmen die wesentlichen

---

[1]Vgl. dazu Brandmüller, Betriebsaufspaltung, S. 32 ff.; Herrmann/Heuer/Raupach, EStG/KStG, § 15 EStG Anm. 13e (1); Knoppe, Betriebsverpachtung, Betriebsaufspaltung, S. 41 ff.; Littmann/Bitz/Hellwig, Einkommensteuerrecht, § 15 Rn. 150; Schmidt, EStG, § 15 Rz. 802 ff.; v. Wallis/Brandmüller/Schulze zur Wiesche, Besteuerung der Personen- und Kapitalgesellschaften, Rn. 551

[2]Es muß also keineswegs so sein, daß anläßlich einer Betriebsaufspaltung nur das Umlaufvermögen auf die Betriebsgesellschaft übertragen wird (vgl. Schmidt, EStG, § 15 Rz. 802).

[3]BFH v. 22.10.1986 - I R 180/82, BStBl. II 1987, 117, 118; Brandmüller, Betriebsaufspaltung, S. 41; Schmidt, EStG, § 15 Rz. 863; Tiedtke/Gareiss, GmbHR 1991, 202

Betriebsgrundlagen an die Betriebsgesellschaft, welche die Rechtsform einer Personengesellschaft hat.

Den folgenden Ausführungen ist der Grundfall der echten Betriebsaufspaltung zugrundezulegen. Die Besonderheiten der kapitalistischen und umgekehrten Betriebsaufspaltung sollen in einem eigenen Abschnitt[1] gewürdigt werden.

Das Motiv[2] einer echten Betriebsaufspaltung ist, die steuerlichen Vorteile des Personenunternehmens (z.B. keine Doppelbelastung mit Vermögensteuer, unmittelbare Verlustzurechnung) mit den steuerlichen Vorzügen der Kapitalgesellschaft (Abzugsfähigkeit der Geschäftsführergehälter für die Gewerbesteuer, Möglichkeit der Rückstellungsbildung für Pensionszusagen an Gesellschafter-Geschäftsführer, geringerer Körperschaftsteuersatz von 45 % bei Thesaurierung) zu vereinen. Ferner können bei dieser Gestaltungsmöglichkeit haftungsrechtliche Überlegungen eine Rolle spielen, die jedoch durch die Rechtsprechung zur eigenkapitalersetzenden Nutzungsüberlassung fragwürdig geworden sind[3].

II. Gewinneutralität der Betriebsaufspaltung?

1. Beurteilung der herrschenden Lehre von der Betriebsaufspaltung

Mit Begründung der Betriebsaufspaltung stellt die übertragende Personengesellschaft ihre gewerbliche Tätigkeit endgültig ein, da sie nach erfolgter Vermögensübertragung auf die Betriebsgesellschaft nur noch vermögensverwaltend tätig sein kann. Nach allgemeinen steuerlichen Grundsätzen liegt also eine Betriebsaufgabe i.S.d. § 16 Abs. 3 EStG vor, die zur Aufdeckung sowohl der mit dem übertragenen Vermögen als auch der mit dem bei der Personengesellschaft verbleibenden Vermögen verbundenen stillen Reserven führt[4].

Rechtsprechung[5] und Finanzverwaltung haben in zäher Ausdauer das „Rechtsinstitut“[1] der Betriebsaufspaltung geschaffen, mit dem entgegen diesen

---

[1]Vgl. Abschn. „Besonderheiten bei der kapitalistischen und der umgekehrten Betriebsaufspaltung“, S. 229

[2]Vgl. zu den Motiven einer Betriebsaufspaltung z.B. Brandmüller, Betriebsaufspaltung, S. 43 ff.; Crezelius, Steuerrecht II, S. 90; Knobbe-Keuk, Bilanz- und Unternehmenssteuerrecht, S. 863 f.; Schmidt, EStG, § 15 Rz. 804 f.

[3]BGH v. 14.12.1992 - II ZR 298/91, DStR 1993, 105; vgl. dazu auch Oppenländer, DStR 1993, 1523

[4]Crezelius, Steuerrecht II, S. 91; Donath, Die Betriebsaufspaltung, S. 88; Knobbe-Keuk, Bilanz- und Unternehmenssteuerrecht, S. 882; Littmann, DStR 1973, 391, 399

[5]Zur Entwicklung der Betriebsaufspaltung in der Rechtsprechung vgl. Knobbe-Keuk, Bilanz- und Unternehmenssteuerrecht, S. 866 ff.; Knoppe, Betriebsverpachtung, Betriebsaufspaltung, S. 176 ff.

Grundsätzen eine zwingend[2] erfolgsneutrale Behandlung des gesamten Vorgangs herbeigeführt werden soll. Sind die der Betriebsgesellschaft zur Nutzung überlassenen Wirtschaftsgüter als eine der wesentlichen Betriebsgrundlagen für diese Gesellschaft einzustufen (sachliche Verflechtung) und ist zudem bei den hinter beiden Gesellschaften stehenden Personen ein einheitlicher geschäftlicher Betätigungswille feststellbar (personelle Verflechtung)[3], dann soll die - eigentlich nur vermögensverwaltende - Tätigkeit der Besitzgesellschaft als solche gewerblicher Art i.S.d. § 15 EStG qualifiziert werden[4].

Indem die Besitzgesellschaft weiterhin als gewerblich tätig behandelt wird, kann es für die bei der Besitzgesellschaft verbleibenden Wirtschaftsgüter nicht zur Aufdeckung der stillen Reserven kommen. Obwohl das Schicksal dieser Vermögensbestandteile für die hier zu untersuchende Thematik eigentlich nicht von Bedeutung ist, da insofern die stillen Reserven weiterhin demselben Rechtssubjekt zugeordnet bleiben, ist doch jeder Einwand gegen die Gewerblichkeit des Besitzunternehmens zugleich Fundamentalkritik am „Rechtsinstitut" der Betriebsaufspaltung überhaupt. Deshalb sei nachfolgend auch auf einen Kritikpunkt hingewiesen[5], der das „Rechtsinstitut" der Betriebsaufspaltung aus methodologischer Sicht äußerst fragwürdig erscheinen läßt und der für die folgenden Ausführungen noch von Bedeutung ist.

Seit Aufgabe der Vorstellung von der Betriebsaufspaltung als einheitlichem Unternehmen[6] begründet man die Gewerblichkeit der Besitzgesellschaft mit dem hinter Besitz- und Betriebsgesellschaft stehenden, einheitlichen geschäftlichen Betätigungswillen. In diesem Zusammenhang führt Ludwig Schmidt[7] aus, die an der Betriebsaufspaltung beteiligten Gesellschaften seien „zwar rechtlich getrennte, aber eben von einem einheitlichen geschäftlichen Betätigungswillen

---

[1]Zur Bezeichnung der Betriebsaufspaltung als „Rechtsinstitut" vgl. kritisch Knobbe-Keuk, Bilanz- und Unternehmenssteuerrecht, S. 864

[2]BFH v. 16.4.1991 - VIII R 63/87, BStBl. II 1991, 832

[3]Der einheitliche geschäftliche Betätigungswille zeigt sich am deutlichsten bei Beteiligungsidentität, kann aber auch bei Beherrschungsidentität vorliegen. Zu weiteren Einzelheiten bezüglich personeller und sachlicher Verflechtung vgl. z.B. Biergans, Einkommensteuer, S. 133 ff.; Knobbe-Keuk, Bilanz- und Unternehmenssteuerrecht, S. 871 ff.; ; Knoppe, Betriebsverpachtung, Betriebsaufspaltung, S. 180 ff.; Schmidt, EStG, § 15 Rz. 808 ff.; Tiedtke/Gareiss, GmbHR 1991, 202, 206

[4]Außer den nachfolgend dargestellten Auswirkungen auf das Vermögen der Besitzgesellschaft wird durch diese Qualifikation die Besitzgesellschaft auch in den Bereich der Gewerbesteuer gebracht.

[5]Zu weiteren Kritikpunkten vgl. Donath, Die Betriebsaufspaltung, S. 20 ff.

[6]BFH v. 8.11.1971 - GrS 2/71, BStBl. II 1972, 63

[7]DStR 1979, 699, 706; die Ausführungen Schmidts und damit die geltende Rechtsprechung bejahend Tiedtke/Gareiss, GmbHR 1991, 202, 205; dazu m.w.N. Blümich/Stuhrmann, EStG, § 15 Rz. 417

getragene Unternehmen; als solche stehen sie einem (nicht nur wirtschaftlich, sondern) rechtlich einheitlichem Unternehmen in mancher Hinsicht näher als der Summe zweier einander fremder Unternehmen". Deutlich erkennbar bricht hier die für die Betriebsaufspaltung eigentlich verworfene Vorstellung eines einheitlichen Unternehmens wieder durch.

Doch fraglich ist, ob der so festgestellte „wirtschaftliche Befund einer Unternehmenseinheit" rechtlich Geltung erlangen kann. Auch für die insofern vergleichbare Konzernierungssituation ist der Gesetzgeber nicht so weit gegangen, die rechtliche Selbständigkeit der einzelnen Konzernunternehmen zu durchbrechen. Das Steuerrecht, das in dieser Hinsicht unselbständig ist, kann davon nicht abweichen[1]. Folglich kann auch für die an der Betriebsaufspaltung beteiligten Unternehmen die durch den einheitlichen geschäftlichen Betätigungswillen hergestellte wirtschaftliche Einheit nicht derart in den Vordergrund treten, daß für die steuerrechtliche Beurteilung des Sachverhalts nicht mehr von rechtlich selbständigen Unternehmen ausgegangen wird. Für die Frage der Gewerblichkeit des Besitzunternehmens ist damit ausschließlich auf dessen Tätigkeit abzustellen; allein die Tatsache, daß ihre Gesellschafter gleichzeitig noch Einfluß auf ein anderes Unternehmen ausüben, das seinerseits allerdings gewerblich tätig ist, kann die rechtlich selbständige Besitzgesellschaft nicht in die Gewerblichkeit führen[2].

Nur bezüglich des auf die Betriebsgesellschaft übertragenen Vermögens könnten überhaupt stille Reserven auf ein anderes Rechtssubjekt übergehen. Indem die Finanzverwaltung[3] von der an sich notwendigen Aufdeckung der stillen Reserven absieht und für das übertragene Vermögen eine Buchwertverknüpfung zuläßt, kommt es auch tatsächlich zu einem derartigen Überspringen. Solange man die an der Betriebsaufspaltung beteiligten Gesellschaften als einheitliches Unternehmen behandelte, war auch die steuerneutrale Behandlung der Vermögensübertragung unproblematisch. Seitdem aber von zwei rechtlich selbständigen Unternehmen ausgegangen werden muß, bedarf die Buchwertverknüpfung einer Rechtfertigung.

Eine Literaturmeinung[4] zieht als Rechtfertigung den einheitlichen geschäftlichen Betätigungswillen heran, der schon die Gewerblichkeit des Besitzunternehmens begründen sollte. Aufgrund der daraus entstehenden personellen Verflechtung sollen die an der Betriebsaufspaltung beteiligten Gesellschaften als zwei verschiedene Betriebe desselben Steuerpflichtigen bzw. derselben Perso-

---

[1]Crezelius, Rechtsanwendung, S. 409 f.

[2]Crezelius, Steuerrecht II, S. 92; ders., Rechtsanwendung, S. 405 ff.; Knobbe-Keuk, Bilanz- und Unternehmenssteuerrecht, S. 868; dies., StbJb. 1980/81, S. 335, 348 f.; Littmann, DStR 1973, 391, 399; ähnl. Groh, DB 1989, 748, 749

[3]Vgl. BMF v. 22.1.1985 - IV B 2 - S 1909 - 2/85, BStBl. I 1985, 97

[4]Lademann/Söffing/Brockhoff, EStG, § 15 Anm. 750 f.; Streck, KÖSDI 1984, 5409, 5411

nengruppe von Steuerpflichtigen anzusehen sein. Damit könnte die Buchwertfortführung mit dem von der Rechtsprechung[1] immer wieder zur Rechtfertigung der Erfolgsneutralität von Übertragungsvorgängen angeführten Gedanken der Überführung eines Wirtschaftsguts aus einem Betrieb in einen anderen Betrieb desselben Steuerpflichtigen begründet werden[2].

Mit dieser Argumentation setzt man sich jedoch nicht nur in völlig unzulässiger Weise über die Tatsache hinweg, daß die Kapitalgesellschaft auch aus steuerlicher Sicht ein selbständiges Rechtssubjekt und von ihren Gesellschaftern unabhängig ist, und degradiert sie zum „Betrieb" der Gesellschafter. Man wendet vielmehr den einheitlichen geschäftlichen Betätigungswillen, der - wie die Vertreter der angegriffenen Literaturmeinung paradoxerweise vorher selbst festgestellt haben - keine Grundlage für das „Rechtsinstitut" der Betriebsaufspaltung als solches liefern konnte[3], auch noch zur Rechtfertigung für den Verzichts auf Aufdeckung der anläßlich der Betriebsaufspaltung übergehenden stillen Reserven an.

Da es nicht um die Übertragung von Vermögen von einem Betrieb in einen anderen desselben Steuerpflichtigen, sondern um die Übertragung auf ein anderes Rechtssubjekt, die Kapitalgesellschaft, geht, liegt die Frage nach der Anwendbarkeit des in Abschn. „Gewinnrealisierungstatbestand als Ausgangspunkt" (S. 80) und Abschn. „Gewinnausweistatbestand als Ausgangspunkt" (S. 102) dargestellten Konzepts nahe. Demzufolge kann auf die eigentlich notwendige Aufdeckung infolge Erfüllung eines Gewinnrealisierungs- bzw. Gewinnausweistatbestandes dann verzichtet werden, wenn es sich nur um eine Umstrukturierung handelt[4]. Damit ein derartiger, die Erfolgsneutralität rechtfertigender Umstrukturierungsvorgang gegeben ist, müßte allerdings nicht nur das Kriterium der Sicherstellung der mit dem **übertragenen** Vermögen verbundenen stillen Reserven, sondern auch das der Fortsetzung des unternehmerischen Engagements erfüllt sein.

Unproblematisch ist die Sicherstellung der stillen Reserven, die durch Buchwertfortführung bei der übernehmenden Kapitalgesellschaft erreicht werden kann. Ohne größere Schwierigkeiten kann auch eine Fortsetzung des unternehmerischen Engagements hinsichtlich seiner personellen Komponente bejaht

---

[1]Vgl. z.B. BFH v. 17.8.1972 - IV R 26/69, BStBl. II 1972, 903; BFH v. 15.7.1976 - I R 17/74, BStBl. II 1976, 748 m.w.N.

[2]Lademann/Söffing/Brockhoff, EStG, § 15 Anm. 751

[3]Lademann/Söffing/Brockhoff, EStG, § 15 Anm. 750

[4]Es wird hier bewußt nicht auf §§ 20 ff. UmwStG, sondern auf den allgemeinen, hinter dieser Vorschrift stehenden Rechtsgedanken abgestellt, da die Vermögensübertragung bei einer Betriebsaufspaltung nicht notwendig gegen Gewährung von Gesellschaftsrechten - und damit i.S.d. §§ 20 ff. UmwStG - erfolgen muß, sondern auch eine unentgeltliche Übertragung möglich wäre.

werden, wenn die ursprünglichen Engagementträger an der das Vermögen übernehmenden Betriebsgesellschaft beteiligt werden. Dies ist bei der echten Betriebsaufspaltung regelmäßig der Fall. Dem Wandel von der mitunternehmerischen zur reinen Kapitalbeteiligung wurde schon bei den im UmwStG geregelten Umwandlungen einer Personen- in eine Kapitalgesellschaft keine Bedeutung beigemessen[1].

Was nun die Frage der Erfüllung der sachlichen Komponente, also den Gegenstand des fortgesetzten unternehmerischen Engagements angeht, kommt es darauf an, welcher Betriebsbegriff den Umstrukturierungsvorgängen zugrundezulegen ist. Die herrschende Meinung geht davon aus, daß die Übertragung eines Betriebs oder Teilbetriebs wie dessen Veräußerung gem. § 16 EStG zu beurteilen ist und folglich die eigentumsmäßige Mitübertragung aller wesentlichen Betriebsgrundlagen erfordert[2]. Würde man sich der herrschenden Meinung anschließen, so liegt bei der Betriebsaufspaltung kein steuerbegünstigter Umstrukturierungsvorgang vor, da hier mindestens eine wesentliche Betriebsgrundlage bei der Besitzgesellschaft verbleibt. Es kann sich dann nicht um einen reinen Umstrukturierungsvorgang handeln, für den eine ausnahmsweise erfolgsneutrale Behandlung gerechtfertigt wäre.

Im Unterschied dazu wird in jüngster Zeit in der Literatur - wohl zutreffend - auch die Auffassung vertreten, daß dem Betriebsbegriff der Umstrukturierungsvorgänge eine andere Funktion zukommt als dem des § 16 EStG[3]. Insofern kann von der Forderung der eigentumsmäßigen Mitübertragung aller wesentlichen Betriebsgrundlagen abgesehen werden, da diese nicht notwendige Bedingung für die Möglichkeit der Engagementfortführung ist. Nicht umhin käme man allerdings, anhand betriebswirtschaftlicher Kriterien und unter Berücksichtigung der Besonderheiten des jeweiligen Einzelfalls zu prüfen, ob tatsächlich eine engagementfähige Einheit übertragen wird und ob gegebenenfalls die langfristig gesicherte Nutzung der nicht mitübertragenen Betriebsgrundlagen zu fordern wäre. Sind diese Bedingungen erfüllt - und nur dann -, handelt es sich um einen reinen Umstrukturierungsvorgang, für den das mit der Buchwertverknüpfung verbundene Überspringen der stillen Reserven gerechtfertigt wäre[4]. Wird dage-

---

[1]Vgl. auch zur Änderung der Höhe der Beteiligung Abschn. „Sacheinlage i.S.d. § 20 UmwStG", S. 146

[2]Vgl. dazu Abschn. „Sachliches Element", S. 93

[3]Vgl. dazu Abschn. „Sachliches Element", S. 93

[4]GlA Dehmer, UmwG, UmwStG, § 20 UmwStG Rn. 468; es soll hier ausdrücklich betont werden, daß der Verfasser **nicht** dafür plädiert, daß auf die Vermögensübertragung anläßlich der Betriebsaufspaltung in jedem Fall - also auch dann wenn nur Einzelwirtschaftsgüter übertragen werden - die §§ 20 ff. UmwStG angewandt werden (so wohl Knobbe-Keuk, Bilanz- und Unternehmenssteuerrecht, S. 882).

gen nur eine Gruppe einzelner Wirtschaftsgüter übertragen, könnte man nicht von einer steuerlich zu begünstigenden Umstrukturierung ausgehen[1].

Die Finanzverwaltung folgt bezüglich des Verständnisses vom Betriebsbegriff der h.M. und lehnt die Anwendung der §§ 20 ff. UmwStG, d.h. die Einstufung der Vermögensübertragung anläßlich Betriebsaufspaltung als reinen Umstrukturierungsvorgang, ab[2]. Sie scheint die mit der Buchwertverknüpfung verbundene Verletzung des Subjektprinzips nur deshalb zu tolerieren, weil sie die Besteuerung der übergehenden stillen Reserven in doppelter Hinsicht sicherstellen kann: zum einen durch die Buchwertfortführung bei der Kapitalgesellschaft, zum anderen indem sie die Anteile an der Betriebskapitalgesellschaft bei den Gesellschaftern des Besitzunternehmens als Betriebsvermögen bzw. Sonderbetriebsvermögen behandelt und so zu einer von den Voraussetzungen des § 17 EStG unabhängigen Steuerverhaftung gelangt. Doch kann allein das Kriterium der Sicherstellung der Besteuerung der stillen Reserven - nicht einmal das der doppelten Sicherstellung - den Verzicht auf die an und für sich gebotene Aufdeckung der stillen Reserven rechtfertigen[3].

Folgt man - wie die Finanzverwaltung - nicht dem vom Verfasser vertretenen Verständnis des Betriebsbegriffs für Umstrukturierungsvorgänge, ist also immer noch ungeklärt, wie die gewinneutrale Behandlung und das damit verbundene Überspringen stiller Reserven zu rechtfertigen ist. Keinesfalls gelingt dies mit Hilfe der Gewerbesteuerpflicht des Besitzunternehmens[4]. Denn dabei geht es allein um die Frage der Einkünftequalifikation, wohingegen mit der Buchwertverknüpfung das Problem des Gewinnausweises angesprochen ist[5]. Die Betonung der Gewerblichkeit des Besitzunternehmens kann ferner nicht erklären, warum die Übertragung von Vermögen zu Buchwerten auf die Betriebskapitalgesellschaft nicht nach den Grundsätzen der sonst allgegenwärtigen verdeckten Einlage behandelt wird[6].

Deshalb ist als Zwischenergebnis festzuhalten, daß ohne ein geändertes Verständnis des Betriebsbegriffs für Umstrukturierungsvorgänge die erfolgsneutrale Behandlung der Vermögensübertragung auf die Betriebsgesellschaft anläßlich

---

[1]Vgl. zur Frage der steuerneutralen Einbringung einzelner Wirtschaftsgüter in eine Kapitalgesellschaft auch Abschn. „Sacheinlage eines Kapitalgesellschaftsanteils in eine andere Kapitalgesellschaft", S. 175

[2]BMF v. 22.1.1985 - IV B 2 - S 1909 - 2/85, BStBl. I 1985, 97; dem mit gleicher Argumentation folgend Donath, Die Betriebsaufspaltung, S. 100 ff.; Littmann/Bitz/Hellwig, Einkommensteuerrecht, § 15 Rn. 158; Luckey, Gewinnrealisierung, S. 389 f.; Widmann/Mayer, Umwandlungsrecht, Bd. 4 Rz.6804.0.8

[3]Vgl. dazu Abschn. „Unzulängliche Begründungen für die Gewinneutralität", S. 85

[4]So Brandmüller, Betriebsaufspaltung, S. 201; Tiedtke/Gareiss, GmbHR 1991, 202, 205 f.

[5]Donath, Die Betriebsaufspaltung, S. 73

[6]Groh, DB 1989, 748, 749; Knobbe-Keuk, Bilanz- und Unternehmenssteuerrecht, S. 882

einer Betriebsaufspaltung nicht vertretbar ist. Dennoch schließt sich der überwiegende Teil der Literatur[1] der Auffassung der Finanzverwaltung von der Möglichkeit der steuerneutralen Übertragung an, ohne jedoch dafür nach einer Begründung zu suchen.

2. Alternative Behandlungskonzepte für die Betriebsaufspaltung

Gegen die Kritik am ungerechtfertigten Verzicht auf die Aufdeckung der überspringenden stillen Reserven mag man zunächst einwenden, daß sich die Auswirkungen anscheinend in Grenzen halten. Die Wirtschaftsgüter, die mit den höchsten und langlebigsten stillen Reserven belastet sind (z.B. Betriebsgrundstücke), verbleiben als wesentliche Betriebsgrundlagen bei der Besitzgesellschaft. Es werden also nur stille Reserven übertragen, die sich ohnehin aufgrund von Abschreibungen rasch auflösen[2].

Allerdings kann darin keine Rechtfertigung für eine gewinneutrale Behandlung gesehen werden. Von einer „begrenzten" Übertragung stiller Reserven kann man ohnehin nur dann sprechen, wenn man davon ausgeht, daß der Geschäfts- oder Firmenwert bei der Besitzgesellschaft verbleibt[3]. Diese Annahme ist jedoch problematisch, da der Geschäftswert weder frei disponierbar noch bestimmten Teilen des Betriebsvermögens zurechenbar ist. Es spricht viel dafür, daß besonderes in Fällen, in denen das Besitzunternehmen nur das Betriebsgrundstück zurückbehält, der Geschäftswert, der z.B. mit dem Kundenstamm, dem Know-how diejenigen Sachverhalte repräsentiert, die zur Aufrechterhaltung des unternehmerischen Betriebs benötigt werden, auf das Betriebsunternehmen übergeht und mit ihm folglich erhebliche stille Reserven[4].

Diese Ausführungen und die heftige Kritik in der Literatur[5] am „Rechtsinstitut" Betriebsaufspaltung sowie an der Unbestimmtheit seiner sich ständig fortentwickelnden Tatbestandsmerkmale zeigen, daß es angemessen wäre, sich

---

[1] Vgl. die detaillierten Nachweise bei Biergans, Einkommensteuer, S. 145 und Widmann/Mayer, Umwandlungsrecht, Bd. 4 Rz. 6804.0.9, wobei nach überwiegender Meinung wohl sogar ein Wahlrecht zugestanden wird, die Wirtschaftsgüter mit dem Buchwert, Teilwert oder einem Zwischenwert anzusetzen (vgl. ebenfalls Widmann/ Mayer, Umwandlungsrecht, Bd. 4 Rz. 6804.1.1).

[2] Fichtelmann, GmbHR 1991, 369, 370; Littmann/Bitz/Hellwig, Einkommensteuerrecht, § 15 Rn. 101 m.w.N.

[3] BFH v. 28.6.1989 - I R 25/88, BStBl. II 1989, 982, 983; Schmidt, EStG, § 15 Rz. 878; aA Schneeloch, DStR 1991, 804 m.w.N.

[4] Schneeloch, DStR 1991, 804, 805; Tillmann, GmbHR 1989, 41, 49 ff.; Widmann/Mayer, Umwandlungsrecht, Bd. 4 Rz. 6805.0.3

[5] Vgl. zur Kritik Donath, Die Betriebsaufspaltung, S. 20 ff.; Groh, DB 1989, 748; Knobbe-Keuk, Bilanz- und Unternehmenssteuerrecht, S. 864 ff.; Littmann, DStR 1973, 391 jeweils m.w.N.

von dem schon wiederholt totgeglaubten Rechtsinstitut der Betriebsaufspaltung in obiger Form zu lösen. Dies betrifft insbesondere auch die gewinneutrale Behandlung des bei der Besitzgesellschaft verbleibenden Vermögens. Damit wäre der Weg frei, um ausgehend von der grundsätzlich vorliegenden Betriebsaufgabe i.S.d. § 16 Abs. 3 EStG nach einer neuen, rechtssystematisch zutreffenden Beurteilung der Betriebsaufspaltung zu suchen.

Die Literatur versucht diesbezüglich auch alternative Möglichkeiten anzubieten, die zunächst immer auf der Ablehnung des Status quo basieren, anschließend aber wieder versuchen, eine erfolgsneutrale Behandlung des **gesamten** Vorgangs zu erreichen. So beispielsweise Knobbe-Keuk[1], die sich von „der „Krücke" der Annahme einer gewerblichen Betätigung" des Besitzunternehmens lösen will und den Tatbestand der Betriebsaufgabe i.S.d. § 16 Abs. 3 EStG mit notwendigem Gewinnausweis verwirklicht sieht. Unter der Voraussetzung, daß die Besteuerung der stillen Reserven künftig sichergestellt ist, kann ihrer Meinung nach durch teleologische Reduktion der Betriebsaufgabevorschriften eine erfolgsneutrale Behandlung der Begründung der Betriebsaufspaltung - und zwar hinsichtlich des auf die Betriebsgesellschaft übergehenden und des bei der Besitzgesellschaft verbleibenden Vermögens - erreicht werden. Dazu muß allerdings die Besitzgesellschaft trotz Betriebsaufgabe weiterhin Einkünfte aus Gewerbebetrieb erzielen.

Ihre Argumentation ist zunächst insofern widersprüchlich, als sie sich im Ergebnis dennoch wieder der „Krücke" der Annahme einer gewerblichen Betätigung des Besitzunternehmens bedient. Außerdem wurde bereits in Abschn. „Untaugliche Begründungen" (S. 105) nachgewiesen, daß allein der Aspekt der künftigen Sicherstellung der Besteuerung der stillen Reserven eine teleologische Reduktion des Gewinnausweistatbestandes der Betriebsaufgabe nicht begründen kann.

Nach Auffassung Luckeys ist der Gedanke der wirtschaftlichen Einheit der an der Betriebsaufspaltung beteiligten Unternehmen, der oben abgelehnt wurde, für die Frage der Gewinnrealisierung ohnehin bedeutungslos[2]. Er sieht die Rechtfertigung der Gewinneutralität der Betriebsaufspaltung - und zwar bezüglich des bei der Besitzgesellschaft verbleibenden und des auf die Betriebsgesellschaft übertragenen Vermögens - im Konzept der Fortführung des unternehmerischen Engagements bei gleichzeitiger Sicherstellung der stillen Reserven[3]. Insofern besteht Konformität mit der in Abschn. „Anwendungsbereich" (S. 102)

[1]Bilanz- und Unternehmenssteuerrecht, S. 882 f.

[2]Luckey, Gewinnrealisierung, S. 398

[3]Luckey, Gewinnrealisierung, S. 405 f.; so auch Fichtelmann, GmbHR 1991, 369; Littmann/Bitz/Hellwig, Einkommensteuerrecht, § 15 Rn. 158, soweit es um das auf die Betriebsgesellschaft übertragene Vermögen geht.

angerissenen Überlegung, die Betriebsaufspaltung als Anwendungsfall der zweiten Konstellation zu begreifen.

Beim Konzept von Luckey tauchen allerdings Probleme hinsichtlich der sachlichen Komponente der Fortsetzung des unternehmerischen Engagements auf. Die organische Einheit, die Gegenstand der Fortsetzung des unternehmerischen Engagements ist, soll sich nach Luckey aus dem übertragenen Vermögen sowie den bei der Besitzgesellschaft verbleibenden Wirtschaftsgütern zusammensetzen. Diese Vermögensgesamtheit wird bei der Betriebsaufspaltung aber gerade auf zwei - rechtlich selbständige - Unternehmen aufgeteilt und dadurch eigentlich zerstört. Um dennoch auch künftig von einem einheitlichen und deshalb engagementfähigen Organismus ausgehen zu können, muß er sich des hinter beiden Unternehmen stehenden, einheitlichen geschäftlichen Betätigungswillens bedienen, der den Zugriff auf beide Teile des Organismus ermöglicht und sie so quasi zu der notwendigen Einheit verschweißt[1]. Mit seiner Argumentation gerät er jedoch in Konflikt mit der rechtlichen Selbständigkeit beider Unternehmen, die er durch den Rückgriff auf den einheitlichen geschäftlichen Betätigungswillen gänzlich vernachlässigt[2].

In diesem Zusammenhang muß auch die von der Rechtsprechung geforderte Verdoppelung der auf die Betriebskapitalgesellschaft übergehenden stillen Reserven hinterfragt werden. Sie wird dadurch erreicht, daß die Anteile an der Betriebskapitalgesellschaft als Betriebsvermögen bzw. Sonderbetriebsvermögen der Besitzgesellschaft unabhängig von der Beteiligungshöhe steuerverhaftet werden[3]. Kann also das Engagementkonzept - wie oben dargestellt - keine generelle Rechtfertigung für die gewinneutrale Behandlung der Betriebsaufspaltung liefern, ist auch unklar, worauf eine derartige Verdoppelung gestützt werden soll.

Zum einen wird die Besteuerung der übergehenden stillen Reserven an sich bereits durch die Buchwertfortführung bei der Kapitalgesellschaft sichergestellt. Auch die eine Verdoppelung im Rahmen von Einbringungssachverhalten der §§ 20 ff. UmwStG rechtfertigende Argumentation greift nicht. Denn da das Engagementkonzept bei der Betriebsaufspaltung eben keine Anwendung findet, müssen auch die Gesellschafter nicht durch die Steuerverhaftung ihrer Anteile mit ihrem ehemaligen Vermögen verbunden bleiben, um so ihr unternehmerisches Engagement fortzuführen[4]. Zudem werden den Gesellschaftern der

---

[1]Vgl. Luckey, Gewinnrealisierung, S. 421

[2]Vgl. Widmann, JDStJG 1981, S. 163, 178

[3]Vgl. z.B. BFH v. 23.7.1981 - IV R 103/78, BStBl. II 1982, 60; BFH v. 24.4.1991 - X R 84/88, BStBl. II 1991, 713; BFH v. 12.2.1992 - XI R 18/90, BStBl. II 1992, 723 jeweils m.w.N.

[4]Vgl. im Unterschied dazu Abschn. „Sonderproblematik des § 21 UmwStG“, S. 149; aA Littmann/Bitz/Hellwig, EStG, § 15 Rn. 158

Betriebskapitalgesellschaft Veräußerungen oder Übertragungen ihrer Anteile dadurch erschwert, daß damit einhergehende Veränderungen der personellen Verflechtung zur Beendigung der Betriebsaufspaltung und damit u.U. zur Aufdeckung sämtlicher stiller Reserven führen. Die generelle Steuerverhaftung der Anteile an der Betriebskapitalgesellschaft ist folglich als unbegründet abzulehnen[1].

Zusammenfassend ist festzuhalten, daß nach hier vertretener Meinung weder die oben dargestellte, geltende Auffassung der Rechtsprechung noch die Alternativlösungen der Literatur eine annehmbare Rechtfertigung liefern, von der Aufdeckung der stillen Reserven **des bei der Besitzgesellschaft verbleibenden Vermögens** infolge Erfüllung des Betriebsaufgabetatbestandes des § 16 Abs. 3 EStG abzusehen[2]. Da eine Betriebsaufgabe vorliegt, sind grundsätzlich auch die mit dem **auf die Betriebsgesellschaft übertragenen Vermögen** verbundenen stillen Reserven aufzudecken. Nur wenn bezüglich des zu übertragenden Vermögens ein Umstrukturierungsvorgang anzunehmen ist, der den Rechtsgrund für eine teleologische Reduktion der Rechtsfolge des § 16 Abs. 3 EStG liefert[3], kann ausnahmsweise auf eine Aufdeckung der stillen Reserven im übertragenen Vermögen verzichtet werden. Dazu müssen aber - wie oben dargestellt - die einen Umstrukturierungsvorgang kennzeichnenden Kriterien, insbesondere der hier als angemessen erachtete, betriebswirtschaftliche Teilbetriebsbegriff, erfüllt sein[4]. Es kann also keinesfalls der gesamte Vorgang der Betriebsaufspaltung steuerneutral gestaltet werden.

Einer der größten Nachteile des geltenden Verständnisses vom „Rechtsinstitut“ der Betriebsaufspaltung ist, daß die personelle oder sachliche Verflechtung möglicherweise sogar ohne Zutun der Beteiligten (z.B. Erbfall) entfallen kann, so daß es zur ungewollten Beendigung der Betriebsaufspaltung und damit zur zwangsweisen Aufdeckung der stillen Reserven kommt[5]. Dieser Nachteil würde mit der zuvor dargestellten Behandlung der Betriebsaufspaltung entfallen, da der personellen und sachlichen Verflechtung keine Bedeutung mehr beigemessen wird.

---

[1]Kritisch auch Knobbe-Keuk, Bilanz- und Unternehmenssteuerrecht, S. 884; aA Blümich/Stuhrmann, EStG, § 15 Rz. 440.

[2]So auch Crezelius, Rechtsanwendung, S. 405 ff.; Littmann, DStR 1973, 391, 399; Woerner, JbFASt. 1983/84, S. 429 f.

[3]Vgl. Abschn. „Begründung aus dem Zweck der Gewinnausweistatbestände“, S. 106

[4]Ähnl. Dehmer, UmwG, UmwStG, § 20 UmwStG Rn. 468

[5]Vgl. z.B. BFH v. 15.12.1988 - IV R 36/84, BStBl. II 1989, 363; BFH v. 25.8.1993 - XI R 6/93, BStBl. II 1994, 23; Abschn. 139 Abs. 2 S. 12 EStR; zu möglichen Gegenmaßnahmen vgl. Fichtelmann, GmbHR 1991, 431; Knobbe-Keuk, Bilanz- und Unternehmenssteuerrecht, S. 891 f.; Märkle, BB 1994, 831, 840 f.; Schmidt, EStG, § 15 Rz. 865 ff.

Derzeit zeigen aber weder Rechtsprechung noch Finanzverwaltung Neigung, von ihrer althergebrachten Auffassung bezüglich des „Rechtsinstituts" der Betriebsaufspaltung oder der Gleichstellung des Betriebsbegriffs des § 16 EStG mit dem der Umstrukturierungsvorgänge abzurücken. Auf dieser Basis ist in Hinblick auf die steuerrechtlichen Grundsätze weder eine Rechtfertigung für den Verzicht auf Gewinnausweis bezüglich des bei der Besitzgesellschaft verbleibenden Vermögens noch für die erfolgsneutrale Behandlung des Überspringens stiller Reserven auf die Betriebsgesellschaft ersichtlich. Dennoch hat der Steueranwender dies als Status quo hinzunehmen. Die steuerrechtliche Literatur wird sich also weiterhin damit, ebenso wie mit den Folgeproblemen, die nun aufgezeigt werden sollen, auseinanderzusetzen haben.

III. Folgeprobleme aus der gewinneutralen Behandlung der Betriebsaufspaltung

1. Einführende Überlegungen

Nicht nur die geltende, gewinneutrale Behandlung an sich, die Rechtsprechung und Finanzverwaltung für das „Rechtsinstitut" Betriebsaufspaltung vorsehen, sondern vor allem auch die daraus resultierenden Folgeprobleme sind einer Betrachtung wert. Folgeprobleme entstehen insbesondere dann, wenn an der Betriebs-Kapitalgesellschaft (nahestehende) dritte Personen beteiligt werden, die nicht zugleich auch Gesellschafter des Besitzunternehmens sind (sog. Nur-Betriebsgesellschafter) und die kein Aufgeld für ihnen zuwachsende stille Reserven zu leisten haben. Soweit ersichtlich wurde die angerissene Problemstellung erstmalig durch das BMF-Schreiben vom 22.1.1985[1] ins Bewußtsein gerückt. Es ist hier zu prüfen, wie mit den übergehenden stillen Reserven verfahren werden muß. Für die Untersuchungen kann zwischen folgenden Fallgestaltungen unterschieden werden:

Sämtliche Anteile an der Betriebs-Kapitalgesellschaft werden zunächst vom Besitzunternehmen oder dessen Inhabern übernommen. Der Dritte wird erst später an der Kapitalgesellschaft durch Anteilsübertragung oder Anteilsübernahme im Rahmen einer Kapitalerhöhung beteiligt, ohne daß er eine dem Wert des Anteils entsprechende Gegenleistung zu erbringen hat.

Dem Dritten wird es ermöglicht, Anteile an der durch Betriebsaufspaltung zu gründenden Kapitalgesellschaft gegen Leistung einer Bareinlage zu erwerben, die niedriger ist als der Wert der Anteile.

---

[1] IV B 2 - S 1909 - 2/85, BStBl. I 1985, 97

Die Kapitalgesellschaft wird zunächst mit einem Dritten als Gesellschafter im Wege der reinen Bargründung errichtet. Erst anschließend wird eine Betriebsaufspaltung begründet.

Während die erste Fallgestaltung nur im Verlauf der Betriebsaufspaltung vorkommen kann, treten die beiden anderen Sachverhaltsvarianten bereits bei Begründung derselben auf und sind folglich an erster Stelle abzuhandeln.

2. Übergang stiller Reserven bei Begründung der Betriebsaufspaltung

a) Beteiligung Dritter unmittelbar bei Gründung der Betriebsaufspaltung

Das BMF-Schreiben vom 22.1.1985[1] beschäftigt sich auch mit einer Gestaltungsvariante der Betriebsaufspaltung, bei der „die Inhaber des Besitzunternehmens es einer nahestehenden Person ermöglichen, Anteile an der aus einer Betriebsaufspaltung hervorgegangenen Kapitalgesellschaft gegen Leistung einer Einlage, die niedriger als der Wert der Anteile ist, zu erwerben". Es beschreibt damit die im vorangehenden Abschnitt als zweites dargestellte Fallkonstellation.

Beispiel: Das Einzelunternehmen des E ist mit dem Werkzeugbau für Industrieanlagen befaßt. Im Zuge der geplanten Betriebsaufspaltung sollen neben E (90%) auch dessen Ehefrau F zu 10% am Stammkapital (100.000 DM) der noch zu gründenden Betriebs-Kapitalgesellschaft beteiligt werden. E kommt seiner Einlageverpflichtung durch Buchwertübertragung eines Teils der bisher zum Betriebsvermögen des künftigen Besitzunternehmens gehörenden Wirtschaftsgüter nach; mit dem übergehenden Vermögen sind stille Reserven in Höhe von 50.000 DM verbunden, die auf die Betriebsgesellschaft übergehen. F dagegen erbringt eine Bareinlage. Durch die Buchwertübertragung ihres Ehemannes erfahren ihre Anteile eine Werterhöhung von 5.000 DM (= 10% von 50.000 DM), für die ihr kein Aufgeld abverlangt wird.

Um die Problematik dieser Gestaltung zu erkennen, muß daran erinnert werden, daß die Rechtsprechung die gewinneutrale Behandlung für den Normalfall der Betriebsaufspaltung, bei dem die Gesellschafter der Betriebsgesellschaft zugleich auch an der Besitzgesellschaft beteiligt sind, mit einer Verdoppelung der übergehenden stillen Reserven versieht. Die stillen Reserven werden nicht nur durch Buchwertfortführung bei der Betriebs-Kapitalgesellschaft dem Steuerzugriff erhalten, sondern zusätzlich auch auf die Anteile an derselben übertragen. Auch dort werden sie grundsätzlich steuerverhaftet, indem die Anteile an

[1] IV B 2 - S 1909 - 2/85, BStBl. I 1985, 97

der Betriebsgesellschaft Betriebsvermögen bzw. Sonderbetriebsvermögen des Besitzunternehmens darstellen[1].

Im obigen Beispiel können die Anteile der F allerdings nicht als Betriebsvermögen behandelt werden, da sie am Besitzunternehmen nicht beteiligt ist[2]. Soweit also stille Reserven, die nach Auffassung der Rechtsprechung eigentlich in den Anteilen des Besitzgesellschafters an der Betriebs-Kapitalgesellschaft verhaftet werden müßten, auf die Anteile des Nur-Betriebsgesellschafters übergehen, könnten diese gänzlich aus der Steuerverhaftung ausscheiden. Dies wäre insbesondere dann der Fall, wenn es sich - wie im obigen Beispiel - auch nicht um eine Beteiligung i.S.d. § 17 EStG handelt. Unabhängig davon, ob man die Doppelverhaftung im Zuge einer Betriebsaufspaltung an sich als gerechtfertigt erachtet[3], werden vor diesem Hintergrund die Bestrebungen der Finanzverwaltung verständlich. Die Finanzverwaltung versucht, eine steuerpflichtige Aufdeckung der auf den Nur-Betriebsgesellschafter übergehenden stillen Reserven - im obigen Beispiel in Höhe von 5.000 DM - herbeizuführen, bevor diese ihrem Zugriff endgültig entzogen werden.

Da die Übertragung der stillen Reserven auf die Anteile des Nur-Betriebsgesellschafters ohne Gegenleistung, d.h. unentgeltlich vonstattengeht, kommen von vorneherein nur die Gewinnausweistatbestände als Aufdeckungstatbestand in Frage. Dementsprechend will die Finanzverwaltung den Vorgang als Entnahme des Besitzunternehmers - für den obigen Beispielfall also des E - behandeln[4]. Die Höhe des Entnahmegewinns soll dem Betrag der übergehenden stillen Reserven (5.000 DM) entsprechen.

Grundsätzlich besteht die Möglichkeit, den Entnahmetatbestand für unentgeltliche Übertragungen auf ein anderes Steuersubjekt anzuwenden[5]. Dabei ist

---

[1]Vgl. z.B. BFH v. 23.7.1981 - IV R 103/78, BStBl. II 1982, 60 m.w.N.

[2]Vgl. dazu BFH v. 2.8.1972 - IV 87/65, BStBl. II 1972, 796, 798

[3]Kritisch dazu Knobbe-Keuk, Bilanz- und Unternehmenssteuerrecht, S. 884; vgl. auch Abschn. „Gewinneutralität der Betriebsaufspaltung?", S. 207

[4]BMF v. 22.1.1985 - IV B 2 - S 1909 - 2/85, BStBl. I 1985, 97; der Auffassung der Finanzverwaltung wohl zustimmend Brandenberg/Crezelius, JbFASt. 1990/91, S. 225, 235 f.; ein Großteil der Literatur gibt die Auffassung der Finanzverwaltung - zumindest was die Beteiligung Dritter unmittelbar bei Begründung der Betriebsaufspaltung angeht - zumeist kommentarlos wieder, so z.B. Dehmer, UmwG, UmwStG, § 20 UmwStG Rn. 469; Littmann/Bitz/Hellwig, Einkommensteuerrecht, § 15 Rn. 158

[5]Man muß hier eine Entnahme ins Privatvermögen des Übertragenden mit anschließender Weitergabe des entnommenen Wirtschaftsgutes auf das andere Rechtssubjekt annehmen (vgl. dazu Abschn. „Durchführung des Subjektprinzips bei unentgeltlichen Übertragungen", S. 64).

zu berücksichtigen, daß Gegenstand einer Entnahme nur Wirtschaftsgüter, d.h. Vermögensgegenstände i.S.v. § 246 Abs. 1 HGB sein können[1].

Aus den Ausführungen des BMF-Schreibens[2] geht nicht klar hervor, ob Gegenstand der Entnahme die Anteile an der Betriebsgesellschaft oder lediglich die übergehenden stillen Reserven sein sollen[3]. Was die Anteile an der Betriebsgesellschaft angeht, so sind diese zwar durchaus entnahmefähige Wirtschaftsgüter. Sie standen jedoch, soweit sie nach Gründung der Betriebs-Kapitalgesellschaft dem Nur-Betriebsgesellschafter zuzurechnen sind, zu keinem Zeitpunkt im Eigentum des E und können somit nicht von E entnommen werden. Der Nur-Betriebsgesellschafter hat seine Anteile vielmehr unmittelbar von der Betriebs-Kapitalgesellschaft erlangt[4].

Stellt man allein auf die übergehenden stillen Reserven ab, so sind diese von vorneherein nicht als entnahmefähiges Wirtschaftsgut einzustufen[5].

In der Literatur wird alternativ vorgeschlagen, von einer Entnahme des auf die Betriebskapitalgesellschaft übergehenden Betriebsvermögens auszugehen[6]. Allerdings wird das ehemalige Betriebsvermögen des Besitzunternehmens mit seinen stillen Reserven nicht auf den Nur-Betriebsgesellschafter, sondern auf die Betriebs-Kapitalgesellschaft als selbständiges Rechtssubjekt übertragen. Insofern ist diese Vorstellung verfehlt und würde einen unzulässigen Durchgriff auf die Gesellschafterebene bedeuten. Man darf also nicht übersehen, daß es sich bei den übergehenden stillen Reserven nicht um die originären, mit dem auf die Betriebsgesellschaft übertragenen Vermögen verbundenen stillen Reserven handelt, sondern um die fiktiv verdoppelten und nun mit den Anteilen an der Betriebsgesellschaft zusammenhängenden stillen Reserven[7].

Folglich kann die Aufdeckung der übergehenden stillen Reserven nicht damit begründet werden, daß der steuerliche Entnahmetatbestand erfüllt ist.

---

[1]Vgl. z.B. Blümich/Wacker, EStG, § 4 Rz. 179; Kirchhof/Söhn, EStG, § 4 Rdnr. 225; Littmann/Bitz/Hellwig, Einkommensteuerrecht, §§ 4, 5 Rn. 187; Schmidt/Heinicke, EStG, § 4 Rz. 301

[2]BMF v. 22.1.1985 - IV B 2 - S 1909 - 2/85, BStBl. I 1985, 97

[3]Ähnl. auch Gebel, DStR 1992, 1341; Patt, DStR 1993, 1389, 1392

[4]GlA Patt, DStR 1993, 1389, 1392

[5]GlA Patt, DStR 1993, 1389, 1392; vgl. dazu detailliert folg. Abschn. „Beteiligung Dritter unter Bargründung der Kapitalgesellschaft“, S. 223

[6]Widmann/Mayer, Umwandlungsrecht, Bd. 4 Rz. 6804.0.9

[7]Ähnl. Gebel, DStR 1992, 1341, 1344; mit entsprechender Begründung ist auch der Vorschlag Patts (DStR 1993, 1389, 1392 Fn. 26) abzulehnen, der hinsichtlich der auf die Anteile des Nur-Betriebsgesellschafters übergehenden stillen Reserven insoweit im Besitzunternehmen einen Aufgabegewinn nach § 16 Abs. 3 EStG annehmen will. Ferner ist die gewinneutrale Behandlung des „Rechtsinstituts“ Betriebsaufspaltung gerade dadurch gekennzeichnet, daß bei Begründung keine Betriebsaufgabe nach § 16 Abs. 3 EStG vorliegt.

Doch weist schon der Wortlaut des BMF-Schreibens darauf hin, daß die Entnahme nur vordergründig als Rechtfertigung für den Gewinnausweis dient, wenn es heißt: „In diesem Fall fehlt es zwar an einer unmittelbar auf die Anteile bezogenen Entnahmehandlung. Gleichwohl liegt eine Entnahme vor ...“[1]. Daran anschließend offenbart die Finanzverwaltung die eigentlichen Beweggründe, warum sie eine Aufdeckung der stillen Reserven herbeiführen will. Sie sieht stille Reserven, die eigentlich in den Anteilen der Besitzgesellschafter steuerverhaftet werden müßten, auf ein anderes Steuersubjekt - den Nur-Betriebsgesellschafter - übergehen, bei dem sie zudem dem Zugriff des Fiskus entzogen werden. Mit anderen Worten: die Finanzverwaltung befürchtet eine subjektive Steuerentstrickung. Da jedoch kein allgemeiner Grundsatz existiert, daß stille Reserven immer dann aufzudecken sind, wenn sie auf ein anderes Rechtssubjekt übergehen und dort nicht mehr steuerverhaftet sind[2], besteht im vorliegenden Fall kein Grund zu einem Gewinnausweis.

Die Finanzverwaltung bedient sich allerdings auch nicht eines solch allgemeinen Grundsatzes. Sie will vielmehr immer dann eine Entnahme annehmen, wenn „die gewählte rechtliche Gestaltung dazu führt, daß stille Reserven von den den Gesellschaftern der Besitzgesellschaft gehörenden Anteilen auf Personen übergehen, bei denen diese nicht zum Betriebsvermögen der Besitzgesellschaft gehören“[3], also nicht unabhängig von der Beteiligungshöhe steuerverstrickt bleiben.

Auf diese Weise würde man zwar die Einhaltung des steuerlichen Subjektprinzips herbeiführen, demzufolge stille Reserven bei dem Steuersubjekt erfaßt werden, dem sie auch zuzurechnen sind[4]. Allerdings würde gleichzeitig der Anwendungsbereich des gesetzlichen Entnahmetatbestandes ausgeweitet. Denn ausgehend von der gewünschten Rechtsfolge „Einhaltung des Subjektprinzips“ wird der Entnahmetatbestand als gegeben angenommen, obwohl sich sogar die Finanzverwaltung selbst durchaus bewußt ist, daß die an sich notwendigen Voraussetzungen dieses Tatbestandes nicht erfüllt sind[5]. Eine derartige Auslegung des Entnahmebegriffs, bei der Tatbestand und Rechtsfolge vermengt werden, wurde bereits in Abschn. „Aufdeckung aufgrund Ausdehnung des Anwendungsbereichs der gesetzlichen Gewinnausweistatbestände?“ (S. 116) als unzulässig verworfen.

---

[1]BMF v. 22.1.1985 - IV B 2 - S 1909 - 2/85, BStBl. I 1985, 97

[2]Vgl. dazu Abschn. „Subjektprinzip als Grundlage eines allgemeinen Prinzips der Steuersubjektentstrickung?“, S. 113

[3]BMF v. 22.1.1985 - IV B 2 - S 1909 - 2/85, BStBl. I 1985, 97

[4]Aus diesem Grund auch die Ansicht der Finanzverwaltung befürwortend Blümich/Stuhrmann, EStG, § 15 EStG Rz. 448

[5]Littmann/Bitz/Hellwig, Einkommensteuerrecht, § 15 Rn. 158 sprechen in diesem Zusammenhang von einer Entnahme**fiktion**, die von der Finanzverwaltung vorgenommen wird.

Die Behandlung der hier vorgestellten Sachverhaltsgestaltungen durch die Finanzverwaltung ist damit abzulehnen. Vielmehr muß hingenommen werden, daß stille Reserven in Verletzung des steuerlichen Subjektprinzips auf ein anderes Rechtssubjekt, den Nur-Betriebsgesellschafter, übergehen und bei diesem der Steuerverstrickung entzogen werden, falls er eine private Beteiligung hält, die die Wesentlichkeitsgrenze des § 17 EStG nicht überschreitet.

Abschließend soll noch auf die Auffassung Fichtelmanns[1] zu obiger Sachverhaltsvariante der Betriebsaufspaltung hingewiesen werden. Er versucht, aus einem Vergleich mit den Einbringungsfällen der §§ 20, 21 UmwStG abzuleiten, daß die übergehenden stillen Reserven nicht im Zeitpunkt des Übergangs durch Entnahme aufzudecken sind, sondern erst bei ihrer Veräußerung durch den unentgeltlichen Erwerber der Besteuerung unterworfen werden. Er will also in Anlehnung an § 21 UmwStG auch die Anteile des Nur-Besitzgesellschafters - sozusagen als betriebsaufspaltungsgeborenes oder als Quasi-(Sonder-) Betriebsvermögen - steuerverhaften.

Indem er vergleichbare Sachverhalte gleich behandelt, vertritt er zumindest eine konsequentere Haltung als die Finanzverwaltung[2]. Diese hat bei Sachgründungen anläßlich einer Betriebsaufspaltung den Übergang stiller Reserven auf einen Nur-Betriebsgesellschafter, der eine Bareinlage erbracht hat, als gewinnwirksame Entnahme behandelt. Für vergleichbare Sachgründungen einer Kapitalgesellschaft nach § 20 UmwStG, bei der ein Gesellschafter lediglich eine Bareinlage erbringt[3], ist die Finanzverwaltung dagegen von der sofortigen Besteuerung übergehender stiller Reserven abgerückt[4] und will statt dessen die Steuerverhaftung der stillen Reserven über § 21 UmwStG fortsetzen[5].

Die Schlußfolgerungen Fichtelmanns sind jedoch insofern unzutreffend, als bereits für die Sachgründung einer Kapitalgesellschaft nach § 20 UmwStG in Abschn. „Wertübergang im Zeitpunkt der Sacheinlage“ (S. 167) festgestellt wurde, daß eine Weiterverhaftung nur dann gerechtfertigt ist, wenn im Übertragungszeitpunkt grundsätzlich eine Aufdeckung notwendig gewesen wäre, aus der ein Steueranspruch des Fiskus resultiert. Auch war nicht ersichtlich, wie eine Steuerverhaftung der jungen Anteile desjenigen, der die Bareinlage erbringt und auf den stille Reserven überspringen, zustandekommen könnte[6]. Für den insofern vergleichbaren Fall einer Betriebsaufspaltung würden diese Bedenken entsprechend gelten.

---

[1]GmbHR 1991, 369, 371 f.

[2]Die Inkonsequenz der Finanzverwaltung aufzeigend Patt, DStR 1993, 1389, 1391 f.

[3]Vgl. Abschn. „Wertübergang im Zeitpunkt der Sacheinlage“,S. 167

[4]So noch nach BMF v. 16.6.1978 - IV B 2 - S 1909 - 8/78, BStBl. I 1978, 235 Tz. 66

[5]BMF v. 22.1.1993 - IV B 2 - S 1909 - 4/93, BStBl. I 1993, 185

[6]Vgl. zur Begründung Abschn. „Wertübergang im Zeitpunkt der Sacheinlage“,S. 167

Allerdings wurde bei dem dargestellten Einbringungsachverhalt auch eine Aufdeckung der stillen Reserven, die auf die Anteile des die Bareinlage erbringenden Gesellschafters übergehen, für unzulässig erachtet[1]. Will man also die Betriebsaufspaltung in Rechtsanalogie zu § 20 UmwStG beurteilen[2], wäre bei obiger, insofern dem Einbringungssachverhalt vergleichbarer Betriebsaufspaltungsvariante eben gerade der Verzicht auf Aufdeckung und nicht die Gewinnverwirklichung[3] denknotwendig die Folge. Also muß sowohl bei Sachgründung i.S.d. § 20 UmwStG unter Beteiligung eines fremden Dritten als auch bei Begründung der Betriebsaufspaltung unter Beteiligung eines Nur-Betriebsgesellschafters hingenommen werden, daß die stillen Reserven auf ein anderes Rechtssubjekt übergehen und bei diesem gegebenenfalls dem Zugriff des Fiskus entzogen werden.

b) Beteiligung Dritter unter Bargründung der Kapitalgesellschaft

Die Finanzverwaltung[4] und vereinzelt auch die Literatur[5] stellen Überlegungen an, die oben als unzulässig abgelehnten Grundsätze des BMF-Schreibens[6] auch auf Fälle auszudehnen, in denen die künftige Betriebs-Kapitalgesellschaft nicht erst anläßlich der Betriebsaufspaltung, sondern bereits zuvor unter Beteiligung eines Nur-Betriebsgesellschafters durch Bargründung errichtet wurde.

Beispiel: E, der im Rahmen des von ihm betriebenen Einzelunternehmens Werkzeuge für Industrieanlagen herstellt, gründet Ende 1994 gemeinsam mit seiner Ehefrau F die B-GmbH, an der er zu 90%, F zu 10% beteiligt ist. Beide erbringen ihre Einlage in bar. Zu Beginn des Jahres 1995 veräußert E Teile seines Einzelunternehmens, mit denen stille Reserven in Höhe von 50.000 DM verbunden sind, zu Buchwerten an die B-GmbH; die beim künftigen Besitzunternehmen verbleibenden Wirtschaftsgüter werden an die B-GmbH verpachtet.

Auch bei dieser Sachverhaltsgestaltung will also die Finanzverwaltung die im Zuge der Betriebsaufspaltung auf den Nur-Betriebsgesellschafter übergehenden stillen Reserven - im Beispiel in Höhe von 5.000 DM - als Entnahme beim Besitzunternehmer behandeln.

---

[1]Vgl. zur Begründung Abschn. „Wertübergang im Zeitpunkt der Sacheinlage“,S. 167

[2]Vgl. zur Möglichkeit, die steuerneutralen Behandlung der Betriebsaufspaltung durch Rechtsanalogie zu § 20 UmwStG zu beurteilen, Abschn. „Gewinneutralität der Betriebsaufspaltung?“, S. 207

[3]So allerdings Märkle, BB 1994, 831, 836 und 838

[4]OFD Münster v. 16.8.1990, DB 1990, 1797

[5]Brandenberg, JbFASt. 1990/91, S. 235 f.; Märkle, BB 1994, 831, 837 f.

[6]BMF v. 22.1.1985 - IV B 2 - S 1909 - 2/85, BStBl. I 1985, 97

Als der Rechtsprechung[1] ein vergleichbarer Sachverhalt zur Entscheidung vorgelegt wurde, urteilte man, daß die Variante mit vorangehenden Bargründung - entgegen der Auffassung des OFD Münster - nicht vom BMF-Schreiben vom 22.1.1985[2] erfaßt würde. Wenn die Rechtsprechung die Parallelität ablehnt, übersieht sie allerdings, daß es bei beiden Gestaltungen letztlich um ein Überspringen stiller Reserven auf einen Nur-Betriebsgesellschafter geht, bei dem sie keiner Steuerverhaftung mehr unterliegen[3]. Folglich gelten die Grundsätze des obigen BMF-Schreibens für beide Fallvarianten und hätten von der Rechtsprechung auf ihre Richtigkeit geprüft werden müssen.

Dennoch ist diese Fehleinschätzung der Rechtsprechung zu begrüßen, da sie infolgedessen völlig unvoreingenommen und ohne auf die Haltung der Finanzverwaltung Rücksicht zu nehmen, an den Sachverhalt herangeht. So geraten sowohl die Entscheidung des FG Rheinland-Pfalz als auch das Revisionsurteil des BFH zu einem Plädoyer gegen die Auffassung der Finanzverwaltung und unterstützen die oben vertretene Lösung des Verfassers.

So sieht auch die Rechtsprechung die Frage, ob eine die Aufdeckung der stillen Reserven herbeiführende Entnahme gegeben ist, in engem Zusammenhang mit der Existenz eines Entnahmegegenstandes. Man prüft gleichfalls, ob die Übernahme von Anteilen an der Betriebsgesellschaft, die an sich entnahmefähige Wirtschaftsgüter bilden, zu einer Entnahme beim Besitzgesellschafter führen kann. Doch gerade bei der Variante mit vorangegangener Bargründung wird besonders deutlich, daß die Anteile des Nur-Betriebsgesellschafters zu keinem Zeitpunkt etwas mit dem Betriebsvermögen des ehemaligen Einzelunternehmens zu tun hatten, sondern unmittelbar von der Betriebsgesellschaft erworben wurden.

Was die mit dem Betriebsvermögen der Besitzgesellschaft originär verbundenen stillen Reserven angeht, macht der BFH deutlich, daß diese nicht auf die Anteile an der Betriebsgesellschaft übergehen konnten. Sie bleiben entweder bei der Besitzgesellschaft verhaftet oder sie können - soweit es um das auf die Betriebsgesellschaft übertragene Vermögen geht - nur aufgedeckt werden, wenn das zugrundeliegende Vermögen zum Teilwert an die Betriebsgesellschaft veräußert oder die Betriebsaufspaltung beendet wird.

Das FG Rheinland-Pfalz stellt schließlich noch ausführliche Überlegungen dazu an, ob stille Reserven an sich als entnahmefähige Wirtschaftsgüter anzusehen sind. Gegebenenfalls käme es dann durch die Werterhöhung, welche die Anteile des Nur-Betriebsgesellschafters erfahren und die letztlich einen Über-

---

[1] FG Rheinland-Pfalz v. 16.6.1992 - 4 K 1940/89, EFG 1992, 580 und Revisionsurteil des BFH v. 12.5.1993 - XI R 58, 59/82, DStR 1993, 1174

[2] IV B 2 - S 1909 - 2/85, BStBl. I 1985, 97

[3] Für die Vergleichbarkeit beider Sachverhaltsvarianten wohl auch Bordewin, NWB Fach 17, 1339

gang stiller Reserven bedeutet, zu einer Entnahme. Zutreffend wird festgestellt, daß stille Reserven an sich kein Wirtschaftsgut i.S.d. § 246 Abs. 1 HGB sein können. Vielmehr sind sie als Eigenschaft des einzelnen Wirtschaftsgutes anzusehen, die dessen Wert beeinflußt[1]. Die stillen Reserven können erst dann Auswirkungen auf den Gewinn zeigen, wenn das Wirtschaftsgut, mit dem sie verbunden sind, Gegenstand eines Gewinnrealisierungs- oder Gewinnausweisvorgangs wird. Die stillen Reserven als solche, d.h. losgelöst von einem Wirtschaftsgut, können jedoch nicht Gegenstand einer Entnahme sein.

Dem Gedanken der subjektiven Steuerentstrickung, der unverhüllt im BMF-Schreiben vom 22.1.1985[2] zum Ausdruck kommt, schenkt die Rechtsprechung allerdings keine Beachtung. Derartige Überlegungen hätten aber auf die endgültige Beurteilung des Sachverhalts auch keine Auswirkung, da sie ohnehin abzulehnen sind[3]. Damit sind sowohl das Urteil des FG als auch das Revisionsurteil des BFH im Ergebnis zutreffend. Die Werterhöhung der Anteile des Nur-Betriebsgesellschafters muß ohne steuerliche Folgen bleiben, obwohl die Anteile - im Unterschied zu denen eines Auch-Besitzgesellschafters - nicht unabhängig von der Beteiligungshöhe steuerverhaftet werden können und deshalb die stillen Reserven nach ihrem Übergang aus der Steuerverstrickung herausfallen. Auch die Literatur schließt sich überwiegend der von der Rechtsprechung vertretenen Auffassung an[4].

Bemerkenswert ist die Entscheidung des BFH vom 12.5.1993[5] aber nicht nur, weil sie zu dem Ergebnis kommt, daß von einer Aufdeckung der übergehenden stillen Reserven im Übertragungszeitpunkt abgesehen werden muß. Interessant ist insbesondere auch, daß der XI. Senat es nicht in Betracht gezogen hat, die künftige Besteuerung der stillen Reserven durch deren Weiterverhaftung beim Übernehmenden sicherzustellen. Denn daß man dazu tendiert, bei Gestaltungen, in denen kein Besteuerungstatbestand erfüllt ist, aber dennoch stille Reserven auf ein anderes Rechtssubjekt übergehen, die stillen Reserven durch deren Weiterverhaftung nach der Übertragung dem Steuerzugriff zu erhalten,

---

[1]Das FG Rheinland-Pfalz lehnt sich in seiner Entscheidung an das Urteil des BFH v. 26.10.1987 - GrS 2/86, BStBl. II 1988, 348, 352 an.

[2]IV B 2 - S 1909 - 2/85, BStBl. I 1985, 97

[3]Vgl. dazu Abschn. „Beteiligung Dritter unmittelbar bei Gründung der Betriebsaufspaltung“, S. 218

[4]Littmann/Bitz/Hellwig, Einkommensteuerrecht, § 15 Rn. 158; Patt, DStR 1993, 1389, 1392; Schmidt, EStG, § 15 Rz. 876; Lademann/Söffing/Brockhoff, EStG, § 15 Anm. 756; ohne eigene Stellungnahme Brandmüller, Betriebsaufspaltung, S. 204 f.

[5]XI R 58, 59/82, DStR 1993, 1174

zeigen die vorangegangenen Ausführungen[1]. Daraus könnte deutlich werden, wie wenig schlüssig eine Weiterverhaftung ist, wenn nicht vorgeschaltet eine Aufdeckung im Übertragungszeitpunkt zwingend erforderlich ist[2].

Auch Fichtelmann[3] vertritt die Auffassung, daß die aus dem Übergang stiller Reserven resultierende Werterhöhung der Anteile des Nur-Betriebsgesellschafters keine steuerlichen Folgen zeitigen sollte. Zu diesem Ergebnis kommt er, weil er in der nach abgeschlossener Bargründung erfolgten Vermögensübertragung vom Besitz- auf das Betriebsunternehmen eine verdeckte Einlage des Besitzunternehmers sieht, soweit den übertragenen stillen Reserven keine Gegenleistung gegenübersteht. Bei Einlagen sollen aber - auch wenn sie verdeckt erfolgen - die „Auswirkung in Ansehung der Anteile der anderen Gesellschafter"[4] unberücksichtigt bleiben. Diese Argumentation ist jedoch solange nicht schlüssig, als die h.M. anläßlich der Begründung einer Betriebsaufspaltung auf Vermögensübertragungen zum Buchwert auf die Betriebskapitalgesellschaft die sonst so sehr verteidigten Grundsätze über verdeckte Einlagen gerade nicht anwendet[5].

3. Übergang stiller Reserven im Verlauf der Betriebsaufspaltung

Es wurde bereits erwähnt, daß die Anteile an der Betriebsgesellschaft grundsätzlich zum Betriebsvermögen bzw. Sonderbetriebsvermögen beim Besitzunternehmen gezählt werden. Wenn auch diese Einordnung und die daraus resultierende Verdopplung der auf die Betriebsgesellschaft übergehenden stillen Reserven dem Grunde nach nicht gerechtfertigt erscheint[6], so ist sie doch unumgänglicher Bestandteil des derzeitigen Umgangs mit dem „Rechtsinstitut" Betriebsaufspaltung. Folglich muß die Betriebsvermögenseigenschaft der Anteile an der Betriebsgesellschaft hingenommen werden. Ausgehend von dieser Basis sind Fallgestaltungen zu beurteilen, bei denen im Verlauf der

---

1 Vgl. dazu in. Abschn. „Beteiligung Dritter unmittelbar bei Gründung der Betriebsaufspaltung", S. 218 die Auffassung Fichtelmanns (GmbHR 1991, 369, 371 f.) und in Abschn. „Stellungnahme zu den BFH-Urteilen vom 8.4.1992", S. 161 und in Abschn. „Wertübergang im Zeitpunkt der Sacheinlage", S. 167 die Auffassung des BFH (v. 8.4.1992 - I R 128/88, BStBl. II 1992, 761; v. 8.4.1992 - I R 160/90, BStBl. II 1992, 763; v. 8.4.1992 - I R 162/90, 764).

2 Vgl. dazu ausführlich auch Abschn. „Beibehaltung der Steuerverhaftung der übergehenden stillen Reserven als zutreffende Entscheidung?", S. 110

3 GmbHR 1991, 369, 372

4 Fichtelmann, GmbHR 1991, 369, 372

5 Vgl. Abschn. „Gewinneutralität der Betriebsaufspaltung?", S. 207

6 Vgl. dazu Abschn. „Gewinneutralität der Betriebsaufspaltung?", S. 207

Betriebsaufspaltung Nur-Betriebsgesellschafter beteiligt werden, die keine Gegenleistung für die auf sie übergehenden stillen Reserven zu leisten haben.

Eine erste derartige Konstellation, die auch dem BMF-Schreiben vom 22.1.1985 zugrundeliegt, wäre, daß sämtliche Anteile an der Betriebsgesellschaft zunächst von Inhabern des Besitzunternehmens übernommen werden[1]. Erst im weiteren Verlauf werden die Anteile teilweise auf nicht am Besitzunternehmen beteiligte Dritte (meist nahe Angehörige) unentgeltlich übertragen[2].

Da die Anteile bei ihrem ehemaligen Inhaber als (Sonder-)Betriebsvermögen gegolten haben, müssen sie - wie bereits in Abschn. „Durchführung des Subjektprinzips bei unentgeltlichen Übertragungen" (S. 64) erwähnt - zunächst in dessen Privatvermögen entnommen werden (§§ 4 Abs. 2 S. 1, 6 Abs. 1 Nr. 1 EStG). Aus dem Privatvermögen können sie schließlich ohne weitere Steuerfolge unentgeltlich auf den Nur-Betriebsgesellschafter weiterübertragen werden. Wird nicht unentgeltlich, sondern verbilligt übertragen, liegt eine Entnahme nur in Höhe des Unterschiedsbetrags zwischen erzielbarem und vereinbartem Kaufpreis vor. Eine solche Behandlung ist bereits aus allgemeinen steuerlichen Vorschriften ableitbar, so daß das BMF-Schreiben vom 22.1.1985[3] diesbezüglich keine Neuerungen festsetzt[4]. Auf diese Weise wird verhindert, daß die mit den Anteilen verbundenen stillen Reserven auf ein anderes Rechtssubjekt überspringen.

Die Beteiligung Dritter als Nur-Betriebsgesellschafter während Bestehens der Betriebsaufspaltung kann ferner dadurch herbeigeführt werden, daß ihnen im Zuge einer Kapitalerhöhung Neuanteile an der Betriebskapitalgesellschaft unter Wert zugewiesen werden. Dabei gehen stille Reserven in Höhe der Differenz zwischen dem Wert der übernommenen Anteile und der geleisteten Einlage von den Anteilen der Besitzgesellschafter auf die Nur-Betriebsgesellschafter über.

Als der BFH über einen derartigen Sachverhalt zu entscheiden hatte, behandelte er ihn ebenfalls als Entnahme aus dem (Sonder-)Betriebsvermögen der Besitzgesellschafter beim Besitzunternehmen[5]. Zwar können die stillen Reserven als solche mangels Wirtschaftsgutqualität nicht Gegenstand einer Entnahme

---

[1]Der entscheidende Unterschied zu den in den beiden vorangegangenen Abschnitten besprochenen Fallgestaltungen, der hier besonders betont werden muß, da er die divergierende Behandlung rechtfertigt, liegt darin, daß die Anteile bei ihrer Entstehung nicht sofort vom Nur-Betriebsgesellschafter, sondern zunächst von den Inhabern des Besitzunternehmens übernommen werden.

[2]Dabei soll davon ausgegangen werden, daß trotz der Beteiligung Dritter die personelle Verflechtung bestehenbleibt.

[3]BMF v. 22.1.1985 - IV B 2 - S 1909 - 2/85, BStBl. I 1985, 97

[4]So auch Fichtelmann, GmbHR 1991, 369, 371; Gebel, DStR 1992, 1341, 1342; Märkle, BB 1994, 831, 837; Schoor, DStZ 1992, 788, 790

[5]BFH v. 16.4.1991 - VIII R 63/87, BStBl. II 1991, 832

sein, wohl aber das Bezugsrecht, in dem sich die stillen Reserven verkörpern. Da das Bezugsrecht bei einer Kapitalerhöhung dem bisherigen Gesellschafter zusteht und folglich wie die Anteile an der Betriebskapitalgesellschaft selbst zu dessen (Sonder-)Betriebsvermögen zählt, muß es zum Zwecke der unentgeltlichen Übertragung auf den Nur-Betriebsgesellschafter entnommen werden; die stillen Reserven sind aufzudecken[1].

Auffallend ist dieses Ergebnis in Hinblick auf die Beurteilung der Kapitalerhöhung in Anschluß an eine Sacheinlage nach § 20 UmwStG, bei welcher der Inhaber der (einbringungsgeborenen) Altanteile einem Dritten den verbilligten Erwerb der jungen Anteile ermöglicht. Für diesen Sachverhalt wurde in Abschn. „Stellungnahme zu den BFH-Urteilen vom 8.4.1992“ (S. 161) festgestellt, daß es gerade zu **keiner** gewinnwirksamen Aufdeckung der übergehenden stillen Reserven kommen kann. Doch darf nicht voreilig die identische Behandlung anscheinend völlig gleichartiger Gestaltungen gefordert werden. Denn der entscheidende Unterschied, auf dem die differierenden Ergebnisse beruhen, liegt darin, daß auf die Betriebsaufspaltungskonstellation die allgemeinen steuerlichen Vorschriften, also auch die Entnahmeregeln anzuwenden sind. Die Sacheinlage i.S.d. § 20 UmwStG dagegen kennt eigene, von den allgemeinen steuerlichen Vorschriften unabhängige und abschließend geregelte Gewinnrealisierungs- und Gewinnausweisvorschriften (vgl. § 21 Abs. 1 und Abs. 2 UmwStG). Diese enthalten **keinen** Entnahmetatbestand. Deshalb ist bei der Einbringungsvariante eine die Aufdeckung der übergehenden stillen Reserven begründende Entnahme des Bezugsrechts unmöglich[2].

Soweit also im Verlauf der Betriebsaufspaltung ein Nur-Betriebsgesellschafter beteiligt wird, sind die auf ihn übergehenden stillen Reserven durch Entnahme aufzudecken, so daß die Einhaltung des Subjektprinzips gewährleistet ist. Dennoch könnte es in der Beziehung zwischen Besitzunternehmen und Betriebsgesellschaft zu einem Überspringen stiller Reserven kommen. Man müßte diesbezüglich der in der Literatur vertretenen Meinung[3] folgen, daß auch **im Rahmen einer bereits bestehenden Betriebsaufspaltung** die Übertragung von Wirtschaftsgütern ohne Aufdeckung der mit ihnen verbundenen stillen Reserven von der Besitz- auf die Betriebsgesellschaft zulässig ist. Eine derartige Behandlung ist jedoch in Hinblick darauf abzulehnen, daß die für den Verzicht

---

[1] Auch die h.M. in der Literatur schließt sich diesen Ergebnissen der Rechtsprechung an, vgl. Gebel, DStR 1992, 1341, 1342; Märkle, BB 1994, 831, 837; Schmidt, EStG, § 15 Rz. 876; Schoor, DStZ 1992, 788, 790

[2] Vgl. dazu auch Schmidt, Anm. zu BFH v. 16.4.1991, DStR 1991, 1215 f.

[3] Dehmer, Betriebsaufspaltung, Rz. 1008; ders., UmwG, UmwStG, § 20 UmwStG Rn. 471; Schmidt, EStG, § 15 Rz. 877; Widmann/Mayer, Umwandlungsrecht, Bd. 4 Rz. 6804.1.0; aA Littmann/Bitz/Hellwig, Einkommensteuerrecht, § 15 Rn. 158; Woerner, in: Festschrift Döllerer, S. 741, 754

auf Aufdeckung stiller Reserven bei Vermögensübertragungen zu Beginn der Betriebsaufspaltung aufgeführten Rechtfertigungsgründe nach hier vertretener Auffassung nicht stichhaltig waren. Findet die Übertragung erst im Verlauf der Betriebsaufspaltung statt, existieren keine neuen Argumente, die nun eine erfolgsneutrale Behandlung plausibel erscheinen lassen.

IV. Besonderheiten bei der kapitalistischen und der umgekehrten Betriebsaufspaltung

Wie bereits erwähnt[1] zeichnet sich die umgekehrte Betriebsaufspaltung dadurch aus, daß das Besitzunternehmen nicht eine Personen- sondern eine Kapitalgesellschaft ist, dafür jedoch das Betriebsunternehmen in der Rechtsform der Personengesellschaft gegründet wird. Bei der kapitalistischen Betriebsaufspaltung sind beide beteiligten Unternehmen Kapitalgesellschaften. Mit diesen Sonderformen sind notwendig auch gewisse Besonderheiten verbunden.

Zunächst ist bei beiden Sonderformen mit Begründung der Betriebsaufspaltung nicht der Tatbestand der Betriebsaufgabe nach § 16 Abs. 3 EStG erfüllt. Denn eine Kapitalgesellschaft erzielt bereits kraft Rechtsform gewerbliche Einkünfte (§ 8 Abs. 2 KStG), so daß die von ihr ausgeübte Tätigkeit, die sich mit Begründung der Betriebsaufspaltung von der gewerblichen zur nurmehr vermögensverwaltenden ändert, ohnehin keinen Einfluß auf die Einkünftequalifikation ausübt. Somit gäbe es, was das bei der Besitzkapitalgesellschaft verbleibende Vermögen angeht, auch ohne die durch den einheitlichen geschäftlichen Betätigungswillen erreichte Umqualifikation der Tätigkeit des Besitzunternehmens in eine gewerbliche keinen Grund, die mit dem verbleibenden Vermögen verbundenen stillen Reserven aufzudecken[2].

Bezüglich des auf die Betriebsgesellschaft übertragenen Vermögens resultiert die eigentlich erforderliche Gewinnrealisierung anläßlich der Begründung der Betriebsaufspaltung daraus, daß die Hingabe des Vermögens an die Betriebsgesellschaft gegen Anteile an derselben als tauschähnlicher Vorgang einzustufen ist[3].

Unter Berufung auf das „Rechtsinstitut“ der Betriebsaufspaltung könnte allerdings der Verzicht auf Gewinnrealisierung gefordert werden[4]. Allerdings ist

---

[1] Vgl. Abschn. „Erscheinungsformen der Betriebsaufspaltung“, S. 205

[2] Die Umqualifikation der Tätigkeit des Besitzunternehmens von einer vermögensverwaltenden in eine gewerbliche hat allerdings Auswirkungen auf die Gewerbesteuer (vgl. dazu Ebeling, in: Festschrift für Ludwig Schmidt, S. 471).

[3] Knobbe-Keuk, JbFASt 1983/84, S. 425 f.

[4] Brandmüller, Betriebsaufspaltung, S. 41; Hauber/Hofbauer, JbFASt. 1983/84, S. 413, 419 f. m.w.N.

die Anwendung der von der Rechtsprechung entwickelten Betriebsaufspaltungsgrundsätze auf Fälle, in denen die Besitzgesellschaft die Rechtsform einer Kapitalgesellschaft hat, nur dann möglich, wenn die Besitzgesellschaft selbst und nicht deren Gesellschafter die Mehrheit der Anteile an der Betriebsgesellschaft halten[1]. Diese Bedingung wird verständlich, wenn man die selbständige Rechtsfähigkeit einer Kapitalgesellschaft berücksichtigt. Die von den Gesellschaftern der Besitzgesellschaft gehaltenen Anteile an der Betriebsgesellschaft müssen für Fragen der personellen Verflechtung außer Betracht bleiben, denn eine Einbeziehung würde einen unzulässigen Durchgriff auf die hinter der Besitzkapitalgesellschaft stehenden Personen bedeuten.

Gegen einen auf diese Weise herbeigeführten Verzicht auf Aufdeckung der stillen Reserven, die mit dem auf die Besitzgesellschaft übertragenen Vermögen verbundenen sind, müssen allerdings die gleichen Bedenken vorgebracht werden wie bei einer echten Betriebsaufspaltung[2]. Insbesondere ist auch hier der Gedanke ausschlaggebend, daß es sich - seitdem die Rechtsprechung die an der Betriebsaufspaltung beteiligten Gesellschaften als selbständige, voneinander unabhängige Unternehmen einstuft - um eine Übertragung zwischen unterschiedlichen Steuersubjekten handelt. Soweit dabei einzelne Wirtschaftsgüter übertragen werden sollen - und dies wird nicht selten der Fall sein -, ist eine gewinneutrale Behandlung nicht mit den allgemein für Umstrukturierungen angewandten Grundsätzen konform[3]. Damit besteht auch für die Sonderformen der Betriebsaufspaltung in vielen Fällen keine Rechtfertigung, von der grundsätzlich notwendigen Aufdeckung der übergehenden stillen Reserven abzusehen[4].

---

[1]BFH v. 1.8.1979 - I R 111/78, BStBl. II 1980, 77, 79; BFH v. 22.10.1986 - I R 180/82, BStBl. II 1987, 117, 118; Brandmüller, Betriebsaufspaltung, S. 41; Schmidt, EStG, § 15 Rz. 863; Tiedtke/Gareiss, GmbHR 1991, 202; aA Dehmer, Betriebsaufspaltung, S. 68 m.w.N.

[2]Vgl. Abschn. „Gewinneutralität der Betriebsaufspaltung?", S. 207

[3]So auch Sarrazin, JbFASt. 1983/84, S. 424; was die umgekehrte Betriebsaufspaltung angeht, ist § 24 UmwStG m.E. ebensowenig auf die Einbringung einzelner Wirtschaftsgüter in eine Personengesellschaft anwendbar (aA z.B. Knobbe-Keuk, JbFASt. 1983/84, S. 426 f.; Schulze zur Wiesche, BB 1989, 815, 816), wie § 20 UmwStG auf die Einbringung einzelner Wirtschaftsgüter in eine Kapitalgesellschaft, da beide Vorschriften die Übertragung einer engagementfähigen Einheit voraussetzen, ein Kriterium, das ein Einzelwirtschaftsgut eben nicht erfüllen kann (vgl. dazu Abschn. „Sacheinlage eines Kapitalgesellschaftsanteils in eine andere Kapitalgesellschaft", S. 175).

[4]GlA Woerner, JbFASt. 1983/84, S. 429 f.

E. Sonstige Vorgänge im Leben der Kapitalgesellschaft

I. Verschleierte Sacheinlagen bei Gründung oder Kapitalerhöhung

1. Gesellschaftsrechtlicher Hintergrund

Von einer „verdeckten" oder „verschleierten" Sacheinlage[1] spricht man, wenn in engem zeitlichen und sachlichen Zusammenhang mit Bargründung oder Kapitalerhöhung einer Kapitalgesellschaft ein Betrieb, Teilbetrieb oder einzelne Wirtschaftsgüter eines Gesellschafters i.d.R. zu Buchwerten auf die Kapitalgesellschaft übertragen werden. Die Kaufpreisverpflichtung der Gesellschaft wird dabei entweder mit der der Gesellschaft zugeflossenen Bareinlage beglichen oder - um derartige Hin- und Herzahlungen zu vermeiden - gleich mit der Einlageforderung verrechnet[2]. Ziel einer solchen Gestaltung ist es, die Erschwernisse, die das Gesellschaftsrecht aus Gläubigerschutzgründen der Sacheinlage im Vergleich zur Bareinlage auferlegt (z.B. § 5 Abs. 4 S. 2 GmbHG Sachgründungsbericht, § 9c S. 2 GmbHG Prüfung der Werthaltigkeit der Sacheinlage durch das Registergericht), zu umgehen und so Kosten und Verzögerungen der Eintragung der Gesellschaft in das Handelsregister zu vermeiden[3].

Die verschleierte Sacheinlage ist jedoch in Hinblick auf die gesellschaftsrechtlichen Regelungen mit Schwierigkeiten behaftet. Wird der Weg der Aufrechnung zwischen Einlageforderung und Kaufpreisanspruch gewählt, so erfolgt eine Befreiung des Gesellschafters von seiner Einlageverpflichtung gem. § 19 Abs. 5 GmbHG durch die Sachleistung nur dann, wenn im Gesellschaftsvertrag die Berechtigung des Gesellschafters, die Stammeinlage durch Sacheinlage zu erbringen, auch von vorneherein vorgesehen wurde (§ 5 Abs. 4 S. 1 GmbHG). Ist dies nicht der Fall, unterliegt der Gesellschafter zudem dem Aufrechnungsverbot des § 19 Abs. 2 S. 2 GmbHG; die Gestaltung ist unwirksam[4]. Desgleichen führen Hin- und Herzahlungen nicht zum gewünschten Ergebnis, da § 19 Abs. 5 GmbHG - obwohl er lediglich die Aufrechnung mit einer Forderung erwähnt - nach h.M. auch auf diese Fälle Anwendung findet[5].

Folglich bleibt die Bareinlageverpflichtung des Gesellschafters bestehen und wird - ausgehend vom Regelfall, daß die GmbH selbst die Einzahlung nicht fordert- spätestens im Falle des Konkurses der GmbH durch den Konkursver-

---

[1]Nachweise zur Begrifflichkeit vgl. Dehmer, UmwG, UmwStG, § 20 UmwStG Rn. 202; Priester, DB 1990, 1753; Widmann/Mayer, Umwandlungsrecht, Rz. 1724

[2]BGH v. 18.2.1991 - II ZR 104/90, BGHZ 113, 335

[3]Heidemann, Inf. 1994, 289; Priester, DB 1990, 1753; Widmann/Mayer, Umwandlungsrecht, Rz. 1724

[4]Carlé, GmbHR 1983, 203, 204; Priester, DB 1990, 1753

[5]BGH v. 18.2.1991- II ZR 104/90, BGHZ 113, 335; Heidemann, Inf. 1994, 289 f.; Widmann/ Mayer, JbFASt. 1986/87, S. 191; Oppermann, DB 1989, 753, Priester, DB 1990, 1753

walter geltend gemacht. In diesem Fall sehen sich die betroffenen Gesellschafter einer Doppelbelastung gegenüber, da sie zum einen ihre Bareinlageverpflichtung erfüllen müssen, zum anderen aber das Äquivalent, das sie aus der Masse herausverlangen können, nur eine im Zweifel wertlose Masseforderung ist[1].

Zu gleichen Ergebnissen kommt man gem. § 56 GmbHG bei einer Kapitalerhöhung. Im Aktienrecht sind entsprechende Folgerungen aus §§ 27 Abs. 3, 183 AktG ableitbar, wobei jedoch die Vereinbarkeit mit EG-Recht umstritten ist[2].

Um solche mißlichen Folgen zu verhindern, werden in der Literatur verschiedene Lösungsmöglichkeiten diskutiert, um Fälle der verschleierten Sachgründung, die rechtzeitig vor Konkurs als solche erkannt werden, im nachhinein zu heilen[3]. Für künftige Gründungsfälle wird, will man die mit dem sicheren Weg der Sachgründung verbundenen Verzögerungen und Kosten vermeiden, folgender Weg empfohlen: Die GmbH wird im Wege der Bargründung errichtet und die Bareinlage, die danach der Gesellschaft zur freien Verfügung steht und nicht wieder an die Gesellschafter zurückfließt, tatsächlich geleistet. Anschließend kauft die Gesellschaft die betreffenden Wirtschaftsgüter von ihrem Gesellschafter, wobei die Kaufpreisverpflichtung der GmbH in ein Darlehen umgewandelt wird, das zukünftig aus freien Mitteln der Gesellschaft getilgt werden kann. Damit ist die Bareinlage erfüllt; der Gesellschafter kann nicht mehr zur Einlageleistung herangezogen werden. Es besteht „nur noch" die Gefahr, daß das Darlehen als eigenkapitalersetzend qualifiziert wird[4].

2. Steuerliche Behandlung

Zu allen zivilrechtlichen Problemen kommt außerdem hinzu, daß auch die steuerliche Behandlung der verschleierten Sacheinlage strittig ist.

Man könnte - betrachtet man nur den Vorgang der Sacheinlage - davon ausgehen, daß eine Veräußerung vorliegt, soweit die Übertragung eines Betriebs oder Teilbetriebs im Wege der verschleierten Sacheinlage entgeltlich erfolgt. Soweit unentgeltlich übertragen wird, ist die Zuwendung durch das Gesellschaftsverhältnis veranlaßt, so daß eine verdeckte Einlage anzunehmen ist. Damit wäre der gesamte Vorgang - legt man für die Behandlung der verdeckten

[1] Zu Einzelheiten, insbesondere der Art des Anspruchs gegen die Gesellschaft vgl. Crezelius, DB 1990, 2458; Kiethe/Imbeck, DStR 1994, 209 f.; Knobbe-Keuk, Bilanz- und Unternehmenssteuerrecht, S. 835; Priester, DB 1990, 1753, 1754 f.

[2] Dazu näher BGH v. 15.1.1990, BGHZ 110, 47, 68 ff.; Kiethe/Imbeck, DStR 1994, 209, 210; Knobbe-Keuk, Bilanz- und Unternehmenssteuerrecht, S. 835 f.

[3] Carlé, GmbHR 1983, 203, 204; Kiethe/Imbeck, DStR 1994, 209; Priester, DB 1990, 1753, 1756 ff.

[4] Heidemann, Inf. 1994, 289, 290; Knobbe-Keuk, Bilanz- und Unternehmenssteuerrecht, S. 837

Einlage die Auffassung der Rechtsprechung zugrunde[1] - erfolgswirksam und würde die Aufdeckung der stillen Reserven mit sich bringen[2].

Demgegenüber befürwortet eine andere Meinung in der Literatur die erfolgsneutrale Behandlung der verschleierten Sacheinlage unter Anwendung des § 20 UmwStG, was ein Überspringen stiller Reserven auf die Kapitalgesellschaft zur Folge hätte[3]. Der Gedanke der Anwendung des § 20 UmwStG ist naheliegend, da im Unterschied zum Normalfall der verdeckten Einlage der einbringende Gesellschafter in unmittelbarem zeitlichen und sachlichen Zusammenhang mit der Übertragung neue Gesellschaftsrechte gewährt bekommt. Deshalb kann man davon ausgehen, daß hinter Bargründung und anschließendem Verkauf des Betriebs bzw. Teilbetriebs als verbindendes Element die Absicht der Einbringung des Vermögens gegen Gewährung von Gesellschaftsrechten steht, so daß beide Teilvorgänge als eine Einheit zu sehen sind[4]. Damit würde das tauschähnliche Rechtsgeschäft der Vermögensübertragung gegen Gewährung von Gesellschaftsrechten als Gewinnrealisationstatbestand in Frage kommen; der Anwendung des § 20 UmwStG stünde insofern nichts im Wege[5].

Von einer solchen Einheit beider Vorgänge ist gem. § 41 Abs. 2 i.V.m. § 42 Abs. 1 S. 1 AO insbesondere dann auszugehen, wenn die Beteiligten aus der zivilrechtlichen Unwirksamkeit der getroffenen Vereinbarungen keine Folgerungen ziehen. Damit ist das hinter den Scheingeschäften stehende wirtschaftliche Ergebnis für Besteuerungszwecke gewollt[6].

Sicherlich scheidet eine unmittelbare Anwendung des § 20 UmwStG aus, da der Einbringende die Gesellschaftsrechte nicht erst bei Einbringung, sondern

---

[1]Vgl. zu den divergierenden Meinungen über den Gewinnausweis in Verbindung mit einer verdeckten Einlage Abschn. "Verdeckte Einlage in eine Kapitalgesellschaft", S. 236

[2]Eine derartige erfolgswirksame Behandlung der verschleierten Sacheinlage befürwortend Oppermann, DB 1989, 753; Schmidt, EStG, § 16 Rz. 202; Uelner, JbFASt. 1986/87, S. 203

[3]FG Düsseldorf v. 19.12.1985 - VI/I 237/76 F, U, EFG 1986, 375; FG Düsseldorf v. 16.10.1991 - 5 K 109/88 G, EFG 1992, 231; Carlé, GmbHR 1983, 203; Heidemann, Inf. 1994, 289, 290 f.; Heinemann, DStZ 1984, 37 ff; Knobbe-Keuk, Bilanz- und Unternehmenssteuerrecht, S. 837 f.; Merkert, in: Hartmann/Böttcher/Nissen/Bordewin, EStG, § 20 UmwStG Rz. 66; Widmann, in: Festschrift Döllerer, S. 721, 727 f.

[4]FG Düsseldorf v. 19.12.1985 - VI/I 237/76 F, U, EFG 1986, 375; Carlé, GmbHR 1983, 203, 205; Knobbe-Keuk, StbJb. 1986/87, S. 129, 144; Tillmann, GmbHR 1989, 41, 48

[5]AA Oppermann, DB 1989, 753, 754

[6]Heinemann, DStZ 1984, 37; Merkert, in: Hartmann/Böttcher/Nissen/Bordewin, EStG, § 20 UmwStG Rz. 66; Widmann, in: Festschrift Döllerer, S. 721, 727 f.; aA BFH v. 1.7.1992 - I R 5/92, BStBl. II 1993, 131, 132 f., der anführt, daß bei Umgehungsgeschäften wie der verschleierten Sachgründung die „Scheingeschäfte" gerade gewollt seien, jedoch unberücksichtigt läßt, daß die Beteiligten anschließend nicht angemessen auf die Rechtsfolgen der Scheingeschäfte reagieren.

bereits im Zeitpunkt der Bargründung erhält[1]. In Hinblick auf die hinter beiden Teilvorgängen stehende und diese vereinende Absicht der Vermögensübertragung gegen Gewährung von Gesellschaftsrechten kann eine analoge Anwendung des § 20 UmwStG befürwortet werden[2].

Rechtsprechung[3] sowie ein Teil der Literatur[4] dagegen lehnen sowohl eine direkte als auch eine analoge Anwendung des § 20 UmwStG ab. Die hier befürwortete analoge Anwendung des § 20 UmwStG verwirft der BFH mit Hinweis darauf, daß eine für die analoge Anwendung nötige, planwidrige, mit dem Gesetzeszweck nicht zu vereinbarenden Unvollständigkeit des Gesetzes fehlt[5]. Dabei übersieht der BFH, daß „das Umwandlungssteuergesetz nicht auf einem großartigen originellen Plan des Gesetzgebers beruht“[6], sondern letztlich nur eine noch unvollständige gesetzliche Sammlung bereits durch die Rechtsprechung als erfolgsneutral akzeptierter Fälle bildet. Deshalb kann natürlich schwerlich eine planwidrige Lücke vorliegen. Beleg für die Unvollständigkeit ist insbesondere auch das UmwStG 1995, welches zahlreiche neue Umstrukturierungsfälle aufgenommen hat.

Zieht man außerdem in Erwägung, daß sich alle durch das UmwStG erfaßten Umstrukturierungsfälle durch die Kriterien der Sicherstellung der stillen Reserven und der Fortführung des unternehmerischen Engagements in anderer Rechtsform auszeichnen, so muß man zugestehen, daß diese Kriterien auch auf die verschleierte Sacheinlage zutreffen[7]. Zum einen ist durch die Fortführung der Buchwerte des übernommenen Vermögens bei der Kapitalgesellschaft die Besteuerung der mit dem übertragenen Vermögen verbundenen stillen Reserven sichergestellt.

Da der Einbringende zugleich Gesellschafter der Kapitalgesellschaft ist, kann zum anderen die personelle Komponente des unternehmerischen Engagements als erfüllt angesehen werden. Der Einwand, der Gesellschafter erhalte im Zuge der Einbringung keine neuen Gesellschaftsrechte[8], ist als unbegründet

---

[1]Heidemann, Inf. 1994, 289, 290; Oppermann, DB 1989, 753

[2]Knobbe-Keuk, Bilanz- und Unternehmenssteuerrecht, S. 669; Tillmann, GmbHR 1989, 41, 48; Tipke/Lang, Steuerrecht, § 5 Rn. 77

[3]BFH v. 1.7.1992 - I R 5/92, BStBl. II 1993, 131

[4]Blümich/Ehmcke, EStG, § 6 EStG, Rz. 139; Oppermann, DB 1989, 753; Schmidt, EStG, § 16 Rz. 202; Uelner, JbFASt. 1986/87, S. 203; Widmann/Mayer, Umwandlungsrecht, Rz. 6917 m.w.N.

[5]BFH v. 1.7.1992 - I R 5/92, BStBl. II 1993, 131, 133

[6]Knobbe-Keuk, Bilanz- und Unternehmenssteuerrecht, S. 838; auch andere Autoren weisen auf die Unvollständigkeit des UmwStG hin (vgl. Heidemann, Inf. 1994, 289, 291)

[7]GlA FG Düsseldorf v. 19.12.1985 - VI/I 237/76 F, U, EFG 1986, 375; Heidemann, Inf. 1994, 289, 290 f.; Tillmann, GmbHR 1989, 41, 48

[8]So z.B. Oppermann, DB 1989, 753, 754

abzulehnen. Denn Bargründung und Verkauf müssen letztlich als einheitlicher Vorgang mit dem Ziel der Einbringung gegen Gesellschaftsrechte betrachtet werden, so daß der Einbringende durch die Bargründung sehr wohl Inhaber neuer Anteile wird[1].

Will man die Vorschriften über die Einbringung eines Betriebs in eine Kapitalgesellschaft entsprechend auch auf die verschleierte Sacheinlage anwenden, müssen auch die im Verlauf der verschleierten Sacheinlage erworbenen Gesellschaftsrechte an der aufnehmenden Kapitalgesellschaft ähnlich den einbringungsgeborenen Anteilen steuerverhaftet werden[2]. Nur so wird der Einbringende auch künftig mit seinem Engagement verbunden. Dies übersieht der BFH[3], wenn er anführt, daß § 20 UmwStG keine entsprechende Anwendung auf die verschleierte Sacheinlage finden kann, da ansonsten dem (vordergründigen) Zweck der Regelung - der Verdoppelung der stillen Reserven - nicht genügt würde. Bezüglich der eigentlichen Funktion der Verdoppelung und der daraus resultierenden Probleme kann auf die Ausführungen in Abschn. „Sonderproblematik des § 21 UmwStG“ (S. 149) verwiesen werden.

Die sachliche Komponente - Einbringung einer Organisationseinheit - ist auch bei der verschleierten Sacheinlage dann als erfüllt anzusehen, wenn ein Betrieb, Teilbetrieb, Mitunternehmeranteil oder eine 100%-ige betriebliche Kapitalbeteiligung[4] übertragen wird. Die verschleierte Sacheinlage einzelner Wirtschaftsgüter, zu denen auch die Beteiligung an einer Kapitalgesellschaft zählt, muß dagegen zur Gewinnrealisierung führen.

II. Verdeckte Einlage in eine Kapitalgesellschaft

1. Grundsätzliche Anmerkungen

In Abschn. „Anteilsübertragungen“ (S. 122) wurden Fragen des Überspringens stiller Reserven anläßlich der unentgeltlichen bzw. teilentgeltlichen Übertragungen von Anteilen an der Kapitalgesellschaft zwischen den Gesellschaften behandelt. Im folgenden soll nun der Frage nachgegangen werden, ob es auch bei Übertragungen, welche die Gesellschafter auf ihre Gesellschaft vornehmen, zu einem Überspringen stiller Reserven kommen kann. Die Frage kann nur deshalb überhaupt Bedeutung erlangen, weil aufgrund des Trennungsprinzips die Kapitalgesellschaft als selbständiges Rechtssubjekt in allgemein-

---

[1]GlA Carlé, GmbHR 1983, 203, 205; Heinemann, DStZ 1984, 37 f.

[2]GlA Heidemann, Inf. 1994, 289, 291

[3]BFH v. 1.7.1992 - I R 5/92, BStBl. II 1993, 131, 133

[4]Zur Frage, inwieweit auch Beteiligungen an einer Kapitalgesellschaft, die nicht das gesamte Nennkapital umfassen, Gegenstand unternehmerischen Engagements sein können, vgl. Abschn. „Sachliches Element“, S. 93

schuldrechtliche Rechtsbeziehungen zu ihren Gesellschaftern treten kann. Diese werden steuerlich prinzipiell anerkannt[1]. Die Grenze der Anerkennung ist dann überschritten, wenn der Leistung des Gesellschafters keine oder keine angemessene Gegenleistung der Gesellschaft gegenübersteht, die Vermögenszuwendung letztlich also nicht auf den behaupteten schuldrechtlichen Vertrag, sondern auf das Gesellschaftsverhältnis zurückzuführen ist.

Damit wären bereits die Kennzeichen der sog. verdeckten Einlage umschrieben, die dann vorliegt, wenn ein Gesellschafter oder auch eine diesem nahestehende Person der Kapitalgesellschaft einen einlagefähigen Vermögensvorteil zuwendet, der seine Ursache im Gesellschaftsverhältnis hat, den also ein Nicht-Gesellschafter bei Anwendung der Sorgfalt eines ordentlichen Kaufmanns nicht eingeräumt hätte[2]. Da eine Definition in dieser Weise gleichermaßen auch für die offene Einlage Gültigkeit beanspruchen könnte, ist ein ergänzendes Kriterium erforderlich: Die verdeckte Einlage wird nicht offen in der Bilanz als Eigenkapitalzugang ausgewiesen und berührt die Gewinn- und Verlustrechnung nicht. Sie ist vielmehr verdeckt im Gewinn der Gesellschaft enthalten[3].

Die verdeckte Einlage kann in vielfältiger Weise erbracht werden[4]. Für die folgenden Ausführungen ist nur die Variante der verdeckten **Sach**einlage von Interesse. Gegenstand der verdeckten Sacheinlage ist ein Einzelwirtschaftsgut - also auch die Beteiligung an einer Kapitalgesellschaft[5] - oder auch eine Sachgesamtheit (z.B. Betrieb, Teilbetrieb). Das Vermögen wird dabei unentgeltlich oder zu einem unangemessen niedrigen Preis auf die Kapitalgesellschaft übertragen[6].

Nur bei dieser Variante können überhaupt stille Reserven unaufgedeckt bleiben und auf die Gesellschaft überspringen. Findet die Übertragung zu einem unangemessen niedrigen Preis statt, muß das Geschäft in einen entgeltlichen und

---

[1]Vgl. Abschn. „Besonderheiten bezüglich der Aufdeckung stiller Reserven bei Kapitalgesellschaften", S. 68

[2]BFH v. 9.3.1983 I R 182/78, BStBl. II 1983, 744, 745 m.w.N.; Abschn. 36a Abs. 1 S. 1 KStR 1990; Döllerer, Verdeckte Gewinnausschüttung, S. 173; Wrede, in: Herrmann/ Heuer/Raupach, EStG/KStG, § 8 KStG Anm. 19

[3]Wismeth, FR 1990, 275 f.; Thiel, DStR 1992, 1 f., der ferner ausführt, daß aus handelsrechtlicher Sicht auch § 272 Abs. 2 Nr. 4 HGB nur dann zu einem anderen Ergebnis führt, wenn auch tatsächlich eine Leistung ins Eigenkapital der Gesellschaft gewollt ist (handelsrechtliches Gestaltungswahlrecht); in allen anderen Fällen bleibt es bei der Gewinnerhöhung (so auch Groh, BB 1990, 379).

[4]Vgl. dazu z.B. Döllerer, Verdeckte Gewinnausschüttung, S. 173 ff.; Seibold, DStR 1990, 719; Thiel, DStR 1992, 1

[5]BFH v. 26.7.1967 - I 138/65, BStBl. III 1967, 733; BFH v. 12.2.1980 - VIII R 114/77, BStBl. II 1980, 494

[6]Vgl. zum Begriff der verdeckten **Sach**einlage Blümich/Ehmcke, EStG, § 6 EStG, Rz. 137; Wismeth, FR 1990, 275 f.

einen unentgeltlichen Teil zerlegt werden; nur letzterer wird nach den Vorschriften über die verdeckte Sacheinlage behandelt[1].

Beispiel: Einzelunternehmer E ist zugleich Gesellschafter der im Jahre 1990 gegründeten X-GmbH. Ende des Jahres 1994 veräußert er sein Einzelunternehmen (Buchwert 500 TDM, Verkehrswert 1 Mio) zum Preis von 500 TDM an die X-GmbH. Hier muß von einer verdeckten Einlage in Höhe von 500 TDM ausgegangen werden, da E seiner Gesellschaft in Höhe der Differenz des unangemessen niedrigen Veräußerungspreises zum tatsächlichen Vermögenswert einen Vermögensvorteil zuwendet, der seine Ursache im Gesellschaftsverhältnis hat.

Während dem Gesellschafter bei den in Abschn. „Sacheinlage eines Kapitalgesellschaftsanteils in eine andere Kapitalgesellschaft" (S. 175) besprochenen Fällen der offenen Sacheinlage eine Gegenleistung in Form von Gesellschaftsrechten gewährt wird, erhält er bei einer verdeckten Sacheinlage keinen Gegenwert für das übertragene Vermögen, insbesondere keine Gesellschaftsrechte[2]. Eine Aufdeckung der stillen Reserven infolge des Realisationsprinzips, welches gerade eine Gegenleistung voraussetzt, käme deshalb nur in Frage, wenn die Werterhöhung, welche die Anteile des Gesellschafters durch seine Einlage erfahren, eine solche Gegenleistung darstellen würde.

In diesem Zusammenhang ist zunächst zu bedenken, daß sich die verdeckte Einlage nur dann in einer ihr entsprechenden Werterhöhung niederschlägt, wenn der einlegende Gesellschafter zu 100% an der Kapitalgesellschaft beteiligt ist. Nur in diesem Fall könnte also eine Gewinnrealisierung in vollem Umfang angenommen werden[3]. Entscheidend jedoch ist, daß - wie der BFH in mehreren Urteilen ausführt[4] - die Wertsteigerung der Beteiligung nur eine Reflexwirkung der verdeckten Einlage darstellt, aber **keine** Gegenleistung, die er der Gesellschaft zu verdanken hätte. Folglich können die stillen Reserven mangels marktmäßigem Umsatzakt nicht in Anwendung des Realisationsprinzips aufge-

---

[1]Vgl. dazu BFH v. 17.7.1980 - IV R 15/76, BStBl. II 1981, 11; Wismeth, FR 1990, 275 ff.

[2]BFH v. 24.3.1987 - I R 202/83, BStBl. II 1987, 705, 707; BFH v. 27.7.1988 - I R 147/83, BStBl. II 1989, 271, 273; Blümich/Ehmcke, EStG, § 6 Rz. 137

[3]BFH v. 24.3.1987 - I R 202/83, BStBl. II 1987, 705, 707

[4]Vgl. BFH v. 18.12.1990 - VIII R 17/85, BStBl. II 1991, 512, 513 m.w.N.

deckt werden. Die verdeckte Einlage ist somit als unentgeltlicher Vorgang einzustufen[1].

Mit dieser unentgeltlichen Übertragung geht gleichzeitig ein Steuersubjektwechsel - vom Gesellschafter auf die Kapitalgesellschaft als eigenständiges Rechtssubjekt - einher. Deshalb ist weiterhin zu prüfen, ob und nach welchen Regeln die mit dem übertragenen Vermögen verbundenen stillen Reserven gemäß dem Subjektprinzip bei dem, dem sie zuzurechnen sind, dem Gesellschafter, der Besteuerung unterworfen werden müßten. Ferner ist auch die steuerliche Behandlung des Vorgangs bei der Gesellschaft von Interesse. Eine Systematisierung muß danach erfolgen, ob der Anteil des einlegenden Gesellschafters an der übernehmenden Gesellschaft zum Betriebs- oder zum Privatvermögen zählt, sowie danach, ob das übertragene Vermögen seinerseits als betrieblich oder privat einzustufen ist.

2. Betriebsvermögen als Gegenstand der verdeckten Einlage

a) Beteiligung im Privatvermögen

Bei der ersten zu betrachtenden Konstellation soll der Anteil des einlegenden Gesellschafters an der übernehmenden Kapitalgesellschaft zum Privatvermögen zählen. Gehört nun das übertragene Vermögen zum Betriebsvermögen, so müssen die damit verbundenen stillen Reserven beim Gesellschafter grundsätzlich nach den Gewinn**ausweis**vorschriften versteuert werden, da bei einer unentgeltlichen Übertragung die Überführung zu betriebsfremden Zwecken erfolgt und dafür keine Gegenleistung gewährt wird[2]. Die Entnahmevorschriften finden demgemäß bei Übertragung eines einzelnen betrieblichen Wirtschaftsguts, die Regeln der Betriebsaufgabe bei Übertragung einer Vermögensgesamtheit (z.B. eines Teilbetriebs) Anwendung[3].

---

[1]Hörger, in: Littmann/Bitz/Hellwig, Einkommensteuerrecht, § 16 Rn. 18; Knobbe-Keuk, Bilanz- und Unternehmenssteuerrecht, S. 218; Schmidt/Weber-Grellet, EStG, § 5 Rz. 201; Thiel, DStR 1992, 1, 5; aA Kirchhof/Söhn/Reiß, EStG, § 16 Rdnr. B 45, der in seinen Ausführungen übersieht, daß dem Einlegende bei der offenen gesellschaftsrechtlichen Sacheinlage (im Unterschied zur verdeckten Sacheinlage) eben gerade eine Gegenleistung aus dem Vermögen der Kapitalgesellschaft in Gestalt von Gesellschaftsrechten gewährt wird.

[2]Vgl. auch Abschn. „Konkretisierung bezüglich der Person", S. 60

[3]BFH v. 24.3.1987 - I R 202/83, BStBl. II 1987, 705, 707; BFH v. 27.7.1988 - I R 147/83, BStBl. II 1989, 271, 273; BFH v. 18.12.1990 - VIII R 17/85, BStBl. II 1991, 512, 513; Blümich/Ehmcke, EStG, § 6 Rz. 139; Hörger, in: Littmann/Bitz/Hellwig, Einkommensteuerrecht, § 16 Rn. 18c; Lademann/Söffing/Brockhoff, EStG, § 16 Anm. 113; Schmidt/Weber-Grellet, EStG, § 5 Rz. 201; Wismeth, FR 1990, 275, 277; aA Seibold, DStR 1990, 719, 722

Beispiel: Der Gesellschafter X (Beteiligung zu 10% im Privatvermögen) der Y-GmbH betreibt gleichzeitig ein Einzelunternehmen. Aus Altersgründen überträgt er das Einzelunternehmen (Buchwert 500 TDM, Verkehrswert 1 Mio) unentgeltlich auf die Y-GmbH.

Der Vorgang ist aus der Sicht des X zunächst als Betriebsaufgabe i.S.d. § 16 Abs. 3 EStG mit Aufdeckung und Versteuerung stiller Reserven in Höhe von 500 einzustufen, da X seine Teilnahme am allgemeinen wirtschaftlichen Verkehr in Zusammenhang mit diesem Betrieb endgültig einstellt. Ausnahmsweise kann jedoch unter Anwendung des § 7 Abs. 1 EStDV auf die Aufdeckung der stillen Reserven verzichtet werden. Da es sich um die unentgeltliche Übertragung einer Vermögensgesamtheit (dem Einzelunternehmen) handelt, sind die Anwendungsvoraussetzungen des § 7 Abs. 1 EStDV gegeben. Die Y-GmbH als Rechtsnachfolger hat die Buchwerte des Einzelunternehmens fortzuführen, so daß die Besteuerung der stillen Reserven sichergestellt ist[1].
Weiteres Kriterium für den ausnahmsweisen Verzicht auf Besteuerung der stillen Reserven ist die Fortführung des unternehmerischen Engagements. Dies ist in sachlicher Hinsicht erfüllt, da eine Vermögensgesamtheit übertragen wird. Doch auch in personeller Hinsicht wird das Engagement aufrechterhalten, indem nämlich die Y-GmbH als Rechtsnachfolger auch das Engagement des ehemaligen Betriebsinhabers fortsetzt[2].

Demgegenüber findet nach Auffassung des BFH die Vorschrift des § 7 Abs. 1 EStDV auf die im Beispiel dargestellte Variante der verdeckten Einlage keine Anwendung[3]. Zunächst stuft der BFH die verdeckte Einlage des Betriebs eines Gesellschafters in eine GmbH zwar ebenfalls als Betriebsaufgabe i.S.d. § 16 Abs. 3 EStG ein. Eine Betriebsübertragung zu Buchwerten gem. § 7 Abs. 1 EStDV soll jedoch dann nicht möglich sein, wenn eine (Total-)Entnahme zwangsläufig vorausgeht. Hier zeigt sich, daß auch der BFH § 7 Abs. 1 EStDV nur als Durchführungsvorschrift zu § 16 EStG begreift. § 7 Abs. 1 EStDV kann damit nur Anwendung finden, wenn keine Aufdeckung nach § 16 EStG vorangeht. Im Unterschied dazu ist nach der in dieser Arbeit vertretenen Auffassung die Aufdeckung der stillen Reserven nach § 16 Abs. 3 EStG gerade notwendige

---

[1] GlA Hörger, in: Littmann/Bitz/Hellwig, Einkommensteuerrecht, § 16 Rn. 18c

[2] Vgl. dazu auch Abschn. „Unentgeltliche Übertragung eines betrieblichen Kapitalgesellschaftsanteils", S. 125

[3] BFH v. 18.12.1990 - VIII R 17/85, BStBl. II 1991, 512, 513; dem folgend Lademann/Söffing/Brockhoff, EStG, § 16 Anm. 138; Schmidt, EStG, § 16 Rz. 14; kritisch Knobbe-Keuk, Bilanz- und Unternehmenssteuerrecht, S. 791; die Anwendung des § 7 Abs. 1 EStDV ebenfalls ablehnend Reiß (in: Kirchhof/Söhn, EStG, § 16 Rdnr. B 41 ff., insbes. B 45 ff.), jedoch basierend auf der Annahme, die verdeckte Einlage sei ein **entgeltlicher** Rechtsvorgang.

Voraussetzung, damit unter bestimmten Bedingungen die Ausnahmeregelung des § 7 Abs. 1 EStDV greifen kann[1].

Die ablehnende Haltung des BFH hat allerdings noch eine tiefere Ursache. Er sieht die Besteuerung der mit dem eingebrachten Betriebsvermögen verbundenen stillen Reserven bei dem Steuersubjekt, das sie erwirtschaftet hat, gefährdet, falls es sich bei der privaten Beteiligung nicht um eine wesentliche im Sinne des § 17 EStG handelt[2]. Eine Besteuerung nach dem Subjektprinzip könnte nur aufrechterhalten werden, indem die privaten Anteile einer Steuerverhaftung ähnlich der einbringungsgeborenen Anteile i.S.d. § 21 UmwStG unterworfen würden.

Mit einer derartigen Behandlung würde man das Kriterium der Fortsetzung des unternehmerischen Engagements hinsichtlich seiner persönlichen Komponente unmodifiziert auch auf Fälle der unentgeltlichen Übertragung anwenden. Dazu verleitet die Tatsache, daß bei der unentgeltlichen Übertragung im Wege der verdeckten Einlage der Vermögensübergeber ausnahmsweise auch nach der Übertragung mit dem Vermögen verbunden bleibt. Es wird übersehen, daß sich normalerweise der Übergeber mit der unentgeltlichen Übertragung endgültig von seinem Vermögen löst und der Gesetzgeber dennoch die Buchwertfortführung gestattet, obwohl nach der Übertragung keine Möglichkeit mehr besteht, dem Subjektprinzip entsprechend eine Besteuerung beim Übergeber vorzunehmen. Dies liegt daran, daß der Rechtsnachfolger - im Fall der verdeckten Einlage also die Kapitalgesellschaft - an die Stelle des Übertragenden tritt und dessen Engagement fortsetzt[3]. Nicht anders kann deshalb bei Fallgestaltungen vorgegangen werden, bei denen der Übergeber ausnahmsweise auch nach der Übertragung durch seine Beteiligung mit dem übergegangenen Vermögen verbunden bleibt. Eine Steuerverhaftung eben dieser Beteiligung ist bei **unentgeltlichen** Übertragungen nicht notwendig[4].

Preis der Anwendung des § 7 Abs. 1 EStDV, also einer vorübergehenden Steuerverschonung in den Fällen, in denen der Gesellschafter eine wesentliche private Beteiligung an der aufnehmenden Gesellschaft hält, ist die zwangsweise Verdoppelung der stillen Reserven. Denn als nachträgliche Anschaffungskosten seiner Beteiligung kann der Gesellschafter nur die Buchwerte des übertragenen Vermögens ansetzen, da er nur diese tatsächlich aufgewandt hat. Diese Verdop-

---

[1] Vgl. Abschn. „Gewinnausweistatbestand als Ausgangspunkt", S. 102

[2] BFH v. 18.12.1990 - VIII R 17/85, BStBl. II 1991, 512, 513 f.; dazu auch kritisch Knobbe-Keuk, Bilanz- und Unternehmenssteuerrecht, S. 791 und 838, die eben diese BFH-Entscheidung als rein auf das Ergebnis - nämlich für die fragwürdige Verdoppelung der stillen Reserven zu sorgen - ausgerichtet ansieht.

[3] Vgl. Abschn. „Unentgeltliche Übertragung eines betrieblichen Kapitalgesellschaftsanteils", S. 125

[4] GlA Hörger, in: Littmann/Bitz/Hellwig, Einkommensteuerrecht, § 16 Rn. 18c

pelung, zu der es im „Normalfall“ der unter § 7 Abs. 1 EStDV einzuordnenden unentgeltlichen Übertragung nicht kommt, ist Folge der Besonderheit der verdeckten Einlage, bei welcher der Gesellschafter auch künftig mit dem übertragenen Vermögen verbunden bleibt. Der sich aus der Verdoppelung ergebende Nachteil wird dadurch abgemildert, daß eine Besteuerung erst dann erfolgt, wenn auch tatsächlich liquide Mittel zur Begleichung der Steuerschuld zur Verfügung stehen[1].

Es muß darauf hingewiesen werden, daß der BFH, der wie dargestellt die Anwendbarkeit des § 7 Abs. 1 EStDV auch auf die verdeckte Einlage von Vermögensgesamtheiten ablehnt, ersatzweise prüft, ob das Ergebnis einer erfolgsneutralen Behandlung nicht über § 20 UmwStG erreicht werden kann[2]. Er kommt zutreffend zu dem Schluß, daß die verdeckte Einlage seit ihrer Einstufung als unentgeltlicher Vorgang nicht mehr - auch nicht analog - dem Anwendungsbereich des § 20 UmwStG unterfällt, der eben gerade eine Gegenleistung in Gestalt von Gesellschaftsrechten voraussetzt[3].

Wenn Hügel, der § 7 Abs. 1 EStDV als Alternative gar nicht erst in Betracht zieht, dies als „Diskriminierung“ einstuft, die „jeglicher sachlicher Rechtfertigung“ entbehrt[4], so übersieht er dabei den grundlegend verschiedenen Charakter von gesellschaftsrechtlicher und verdeckter Einlage. Während erstere aufgrund ihrer Ähnlichkeit zum Tausch einen Gewinn**realisierungs**tatbestand erfüllt[5], erfolgt bei der verdeckten Einlage die Aufdeckung der stillen Reserven infolge eines Gewinn**ausweis**tatbestandes. Aufgrund dieser unterschiedlichen Ausgangspunkte kann der Verzicht auf die Aufdeckung der stillen Reserven nicht nach derselben Ausnahmevorschrift erfolgen.

§ 7 Abs. 1 EStDV ist nicht auf die unentgeltliche Übertragung von Einzelwirtschaftsgütern zugeschnitten. Für den Gesellschafter bleibt es in einem solchen Fall bei der Aufdeckung der stillen Reserven durch Entnahme und anschließender verdeckter Einlage aus dem Privatvermögen. Allerdings kann der Gesellschafter hier nachträgliche Anschaffungskosten in Höhe des versteuerten Entnahmewertes (= Teilwert) auf seine Beteiligung geltend machen, da er diesen Wert auch tatsächlich auf seine Beteiligung aufwendet[6]. Die Gesellschaft

---

[1]Zur Abwägung von Vor- und Nachteilen der Buchwertfortführung gegenüber der Sofortversteuerung vgl. Abschn. „Einführende Überlegungen“, S. 121

[2]BFH v. 18.12.1990 - VIII R 17/85, BStBl. II 1991, 512, 514

[3]GlA Blümich/Ehmcke, EStG, § 6 EStG Rz. 138; Hörger, in: Littmann/Bitz/Hellwig, Einkommensteuerrecht, § 16 Rn. 18c; Kirchhof/Söhn/Reiß, EStG, § 16 Rdnr. B 39 ff.; Schmidt, EStG, § 16 Rz. 201

[4]Hügel, Verschmelzung und Einbringung, S. 692

[5]Vgl. Abschn. „Anwendungsbereich“, S. 80

[6]Widmann/Mayer, Umwandlungsrecht, Rz. 6807.1; Wismeth, FR 1990, 275, 277

setzt das empfangene Vermögen mit dem Teilwert (§§ 8 Abs. 1 KStG, 6 Abs. 1 Nr. 5 EStG) an.

Abschließend sei noch auf das Problem der verdeckten Einlage immaterieller Wirtschaftsgüter hingewiesen, wobei aufgrund der mit ihm verbundenen, hohen stillen Reserven der Geschäftswert, der einem eingelegten Betrieb oder Teilbetrieb anhaften kann, von besonderem Interesse ist. Es ist äußerst umstritten, ob auf die verdeckte Einlage immaterieller Wirtschaftsgüter, die prinzipiell bilanzierungsfähig sind, bei der Kapitalgesellschaft das Aktivierungsverbot des § 5 Abs. 2 EStG Anwendung findet. Der BFH vertritt hierzu die Auffassung, daß das Aktivierungsverbot des § 5 Abs. 2 EStG im Falle der verdeckten Einlage zurücktreten muß und die Gesellschaft das immaterielle Wirtschaftsgut mit dem Teilwert anzusetzen hat[1].

Auf diese Weise wird eklatant gegen das Vorsichts- und Realisationsprinzip verstoßen, da gerade bei der unentgeltlichen Übertragung das immaterielle Wirtschaftsgut keinem Markttest ausgesetzt wurde, so daß eine erhebliche Unsicherheit hinsichtlich seiner Existenz und Bewertung besteht[2]. Indem der BFH folgert, daß alles, was offen gegen Gewährung von Gesellschaftsrechten eingelegt werden kann, sich notwendig auch als Gegenstand einer verdeckten Einlage eignet[3], übersieht er, daß bei der offenen Einlage gegen Gewährung von Gesellschaftsrechten das Aktivierungsverbot nicht gilt, weil es sich im Unterschied zur verdeckten Einlage um einen entgeltlichen Erwerb handelt[4].

Der Verstoß gegen das Vorsichtsprinzip kann im oben beschriebenen Fall auch nicht damit begründet werden, daß infolge der verdeckten Einlage die mit dem immateriellen Wirtschaftsgut verbundenen stillen Reserven nicht mehr bei dem Steuersubjekt zu erfassen sind, das sie erwirtschaftet hat[5]. Denn es macht gerade das Wesen der durch § 7 Abs. 1 EStDV erfaßten unentgeltlichen Übertragung aus, daß die stillen Reserven auf den Rechtsnachfolger überspringen.

b) Beteiligung im Betriebsvermögen

Die Konstellation, daß sowohl übertragenes Vermögen als auch der Kapitalgesellschaftsanteil zum Betriebsvermögen gehören, ist in ihrer steuerlichen Behandlung umstritten. Die Gegenpositionen bestehen darin, daß die einen

---

[1]BFH v. 24.3.1987 - I R 202/83, BStBl. II 1987, 705; glA Blümich/Ehmcke, EStG, § 6 EStG Rz. 138; Sarrazin, Wpg. 1985, 625, 630 f.; Schmidt/Weber-Grellet, EStG, § 5 Rz. 200

[2]Knobbe-Keuk, Bilanz- und Unternehmenssteuerrecht, S. 218; Siegers, DStR 1992, 1570, 1572 ff.

[3]BFH v. 24.3.1987 - I R 202/83, BStBl. II 1987, 705, 706

[4]Knobbe-Keuk, Bilanz- und Unternehmenssteuerrecht, S. 583; Siegers, DStR 1992, 1570, 1575

[5]So BFH v. 24.3.1987 - I R 202/83, BStBl. II 1987, 705, 706

den Vorgang grundsätzlich gewinnwirksam behandeln[1], die anderen es ablehnen, einen Gewinnausweis überhaupt in Betracht zu ziehen[2].

Zunächst stimmen beide Auffassungen darin überein, daß der Buchwert des ausgeschiedenen Vermögensgegenstandes als nachträglicher Aufwand auf dem Beteiligungskonto aktivierbar ist, da sein Ausscheiden nicht zu einer Gewinnminderung beim Gesellschafter führen darf[3]. Strittig ist dagegen, ob durch Aktivierung eines höheren Wertes als dem Buchwert ein Gewinn ausgewiesen werden kann.

Nach handelsrechtlichem Verständnis ist ein solcher Gewinnausweis mangels Gewinnrealisierung durch marktmäßigen Umsatzakt unzulässig; nachträgliche Anschaffungskosten entstehen nur in Höhe des Buchwertes[4]. Nach Auffassung des BFH[5], der auch die Literatur teilweise zustimmt[6], muß steuerrechtlich dagegen von einer Gewinnrealisierung ausgegangen werden. Der gemeine Wert des übertragenen Vermögens bzw. bei Veräußerung zu einem unangemessenen Preis der Differenzbetrag zwischen Veräußerungspreis und gemeinem Wert ist auf dem Beteiligungskonto zu aktivieren. Dabei ist nicht geklärt, auf welche Grundlage der Gewinnausweis gestützt wird.

Allein das Ziel eine Besteuerungslücke zu vermeiden und die Realisierung nicht auf unbestimmte Zeit aufzuschieben, kann die Aufdeckung der stillen Reserven nicht rechtfertigen[7]. Vielmehr muß dieselbe aus den Gewinnermittlungsregeln abgeleitet werden.

Die Gewinnrealisierungstatbestände der Veräußerung oder des Tausches scheiden mangels Gegenleistung aus. Auch in der Werterhöhung der Anteile kann - wie in Abschn. „Grundsätzliche Anmerkungen" (S. 236) ausgeführt - keine Gegenleistung gesehen werden. Ebensowenig ist der Ansatz des gemeinen Wertes mit der steuerlichen Bewertungsvorschrift des § 6 Abs. 1 Nr. 1 und 2

---

1 Groh, FR 1990, 528; Schmidt/Weber-Grellet, EStG, § 5 Rz. 201; Wassermeyer, DB 1987, 1113, 1115

2 Knobbe-Keuk, Bilanz- und Unternehmenssteuerrecht, S. 217 f.; Seifried, DB 1990, 1473

3 Knobbe-Keuk, Bilanz- und Unternehmenssteuerrecht, S. 217

4 Groh, FR 1990, 528, 530; Kirchhof/Söhn/Reiß, EStG, § 16 Rdnr. B 42; Knobbe-Keuk, Bilanz- und Unternehmenssteuerrecht, S. 217 m.w.N.; Seibold, DStR 1990, 719, 721; Seifried, DB 1990, 1473, 1477 f.

5 BFH v. 26.7.1967 - I 138/65, BStBl. III 1967, 733

6 Blümich/Ehmcke, EStG, § 6 EStG Rz. 139; Döllerer, Verdeckte Gewinnausschüttung, S. 215; Groh, FR 1990, 528, 530; Herrmann/Heuer/Raupach, EStG/KStG, § 6 EStG Anm. 823; Schmidt/Weber-Grellet, EStG, § 5 Rz. 201

7 AA Groh, FR 1990, 528, 530; ähnl. Schmidt/Weber-Grellet, EStG, § 5 Rz. 639

EStG begründbar, da diese nur eine Aktivierung der tatsächlich aufgewandten Kosten - also des Buchwertes - zuläßt[1].

Naheliegend wäre es, die Aufdeckung der mit dem verdeckt eingelegten Vermögen verbundenen stillen Reserven auf den Gewinnausweistatbestand der Entnahme bzw. - wenn eine Vermögensgesamtheit Gegenstand der Einlage ist - der Betriebsaufgabe zu stützen[2]. Entscheidende Voraussetzung beider Gewinnausweistatbestände ist jedoch nicht, daß das Vermögen ohne Gewährung eines Entgelts aus dem Betriebsvermögen ausscheidet, sondern daß das Vermögen zu betriebsfremden Zwecken verwendet wird[3]. Da es aber Ziel der Zuwendung ist, die Kapitalgesellschaft und damit letztlich die **zum eigenen Betriebsvermögen zählende** Beteiligung an derselben zu stärken, kann wohl kaum von „betriebsfremden Zwecken" die Rede sein[4]. Eine Aufdeckung der stillen Reserven infolge der Anwendung eines gesetzlich geregelten Gewinnausweistatbestandes scheidet somit ebenfalls aus.

Auch der Ansatz des verdeckt eingelegten Vermögens bei der Kapitalgesellschaft ist ungeklärt. Sie erwirbt das Vermögen von ihrem Gesellschafter unentgeltlich. Die Unentgeltlichkeit hat aus der Sicht der Gesellschaft jedoch keine betriebliche Ursache, sondern ist Ausfluß des Gesellschaftsverhältnisses. Deshalb ist - soweit einzelne Wirtschaftsgüter übertragen werden - § 7 Abs. 2 EStDV nicht von Bedeutung. Da es sich vielmehr um eine Einlage handelt, ist es schlüssig, das Vermögen auch nach Einlageregeln (§§ 8 Abs. 1 KStG, 6 Abs. 1 Nr. 5 EStG) zu behandeln und mit dem Teilwert anzusetzen[5].

Der Buchwertansatz gemäß § 7 Abs. 1 EStDV kann für die zu untersuchende Gestaltung der verdeckten Einlage nicht gewährt werden[6], da diese Regelung - nach hier vertretener Auffassung - als Ausnahmevorschrift zu § 16 Abs. 3 EStG zu verstehen ist. Sie könnte deshalb nur greifen, wenn dem Grundsatz nach auch eine Betriebsaufgabe vorliegen würde, was hier gerade nicht der Fall ist.

Zuletzt ist zu untersuchen, ob durch diese Gestaltung der verdeckten Einlage die Besteuerung der stillen Reserven bei dem Steuersubjekt, das sie erwirtschaftet hat, also dem einlegenden Gesellschafter, gefährdet ist, so daß eine Verletzung des steuerlichen Subjektprinzips vorliegt, aus der gegebenenfalls

---

[1]Seibold, DStR 1990, 719, 721; wenn Thiel (DStR 1992, 1, 6) die Bemessung der nachträglichen Anschaffungskosten mit dem gemeinen Wert der Beteiligung aus §§ 1, 9 Abs. 1 BewG ableitet, übersieht er dabei die Möglichkeit der Anwendung des § 6 Abs. 1 Nr. 2 EStG, der als spezielle Bewertungsvorschrift der allgemeinen Regel des BewG vorgeht.

[2]So Wassermeyer, DB 1987, 1113, 1115; ders. DB 1990, 855, 858

[3]Vgl. Abschn. „Gewinnausweistatbestände", S. 56

[4]GlA Knobbe-Keuk, Bilanz- und Unternehmenssteuerrecht, S. 218; Seibold, DStR 1990, 719, 721; Thiel, DStR 1992, 1, 5 f.; Wismeth, FR 1990, 275, 277 f.

[5]Wismeth, FR 1990, 275, 278

[6]AA Schmidt, EStG, § 16 Rz. 201

eine Aufdeckung der stillen Reserven abgeleitet werden könnte. Dazu müßten sich die stillen Reserven vom einlegenden Gesellschafter gelöst haben. In diesem Zusammenhang ist von Bedeutung, daß der einlegende Gesellschafter nur nachträgliche Anschaffungskosten in Höhe des Buchwertes des ausscheidenden Vermögens auf dem Beteiligungskonto aktivieren kann, da ihm auch nur in dieser Höhe tatsächliche Aufwendungen entstehen. Folglich werden die mit dem übertragenen Vermögen verbundenen stillen Reserven letztlich nicht vom einlegenden Gesellschafter gelöst, sondern sie werden lediglich innerhalb seines Betriebsvermögens umgeschichtet, und zwar vom eingelegten Vermögen auf die Beteiligung an der Kapitalgesellschaft. Eine Verletzung des Subjektprinzips liegt also nicht vor[1]. Die auf die Beteiligung übertragenen stillen Reserven schlagen sich bei Veräußerung der Beteiligung in einem höheren Veräußerungspreis nieder und müssen damit nachversteuert werden.

Nimmt man hinzu, daß die Kapitalgesellschaft das übernommene Vermögen mit dem Teilwert anzusetzen hat, so bleibt es auch bei der Einmalbesteuerung der stillen Reserven. Im Unterschied dazu würde der Vorschlag, auf dem Beteiligungskonto des Gesellschafters die Buchwerte des übertragenen Vermögens als nachträgliche Anschaffungskosten zu aktivieren und für den Ansatz bei der Kapitalgesellschaft gleichzeitig § 7 Abs. 1 EStDV anzuwenden[2], zu einer nicht sachgerechten Verdoppelung der stillen Reserven führen.

3. Verdeckte Einlage von einbringungsgeborenen Anteilen

Mit Hilfe des § 21 UmwStG, der den sog. einbringungsgeborenen Anteil ins Leben ruft, soll die Bindung des ursprünglichen Engagementträgers mit seinem Vermögen, das er durch Sacheinlage auf ein anderes Steuersubjekt, die Kapitalgesellschaft, übertragen hat, aufrechterhalten und so u.a. die Steuerneutralität des Einbringungsvorgangs begründet werden[3]. Deshalb muß immer dann, wenn sich ein Anteilsinhaber anschickt, die Bindung endgültig aufzuheben (z.B. im Veräußerungsfall), eine Besteuerung der mit den Anteilen verbundenen stillen Reserven erfolgen. Da den einbringungsgeborenen Anteilen ein Sonderstatus zukommt, können dafür nicht die allgemeinen, für betriebliche oder private Kapitalgesellschaftsanteile geltenden Aufdeckungstatbestände herangezogen werden. Vielmehr kennt § 21 UmwStG eigene Gewinnrealisierungs- und Gewinnausweisvorschriften.

So wird beispielsweise für die unentgeltliche Übertragung eines einbringungsgeborenen Anteils keine Aufdeckung stiller Reserven angenommen,

---

[1]Ähnl. Seibold, DStR 1990, 719, 721 allerdings mit Wahlrecht; Wismeth, FR 1990, 275, 277 f.

[2]So Kirchhof/Söhn/Reiß, EStG, § 16 Rdnr. B 42; Schmidt, EStG, § 16 Rz. 201

[3]Vgl. auch Abschn. „Sonderproblematik des § 21 UmwStG“, S. 149

obwohl sich auch hier der Anteilsinhaber endgültig von seinem Engagement löst. Vielmehr springen diese stillen Reserven verbunden mit den Anteilen ausnahmsweise auf den Rechtsnachfolger über, der insofern auch als Engagementnachfolger agiert, und bleiben bei diesem steuerverhaftet[1].

Diese Ausnahme gilt jedoch nicht für die verdeckte Einlage in eine Kapitalgesellschaft, obwohl auch sie als unentgeltliche Übertragung einzustufen ist. Hier entspricht § 21 UmwStG vielmehr der grundsätzlichen Überlegung, daß in Fällen, in denen der Anteilsinhaber die Bindung zu seinem ursprünglichen Engagement endgültig löst, eine Besteuerung der stillen Reserven zu erfolgen hat. Deshalb ordnet § 21 Abs. 2 S. 1 Nr. 4 UmwStG an, daß auch für die verdeckte Einlage die Rechtsfolge des § 21 Abs. 1 UmwStG, also Aufdeckung der stillen Reserven, eintritt. An die Stelle des Veräußerungspreises tritt der gemeine Wert der Anteile (§ 21 Abs. 2 S. 2 UmwStG)[2].

Diese Behandlung ist insofern zutreffend, als derzeit § 21 UmwStG keine untere Beteiligungsgrenze für steuerneutral zu übertragende einbringungsgeborene Anteile vorsieht. Das Engagementkonzept, das bei der erfolgsneutralen Gestaltung der unentgeltlichen Vermögensübertragung zu beachten ist, könnte somit hinsichtlich seiner sachlichen Komponente unterlaufen werden[3].

4. Privatvermögen als Gegenstand der verdeckten Einlage, insbesondere Sonderfall des § 17 EStG

Schon an früherer Stelle[4] wird betont, daß Wertsteigerungen des Privatvermögens grundsätzlich keine Einnahmen i.S.d. §§ 2 Abs. 2 Nr. 2, 8 EStG darstellen. Die zugrundeliegenden Wirtschaftsgüter können also sowohl entgeltlich als auch unentgeltlich auf andere Steuersubjekte übertragen werden, ohne daß sich dadurch Steuerfolgen ergeben oder das Subjektprinzip verletzt ist. Infolgedessen ist es auch sachgerecht, wenn die unentgeltliche Übertragung eines privaten Wirtschaftsgutes oder eines privaten Anteils an einer Kapitalgesellschaft auf eine andere Kapitalgesellschaft im Wege der verdeckten Einlage grundsätzlich keine Steuerfolgen beim Gesellschafter auslöst. Die übernehmende Kapitalgesellschaft setzt den empfangenen Anteil mit dem Teilwert (§ 6 Abs. 1 Nr. 5

---

[1] Vgl. Abschn. „Unentgeltliche Übertragung eines Anteils i.S.d. § 21 UmwStG", S. 153

[2] Vgl. dazu Merkert, in: Hartmann/Böttcher/Nissen/Bordewin, EStG, § 21 UmwStG Rz. 88; Widmann/Mayer, Umwandlungsrecht, Rz. 6807.3

[3] Vgl. dazu insbesondere auch Abschn. „Unentgeltliche Übertragung eines Anteils i.S.d. § 21 UmwStG", S. 153

[4] Vgl. Abschn. „Besonderheiten der steuerlichen Erfassung stiller Reserven auf Gesellschafterebene", S. 72

EStG) an, damit Wertsteigerungen, die dem Gesellschafter zuzurechnen sind, auch bei ihr keiner Besteuerung unterworfen werden[1].

Wichtige Ausnahme dazu bildet die Regelung des § 17 EStG, die sich auf **wesentliche** private Beteiligungen bezieht, d.h. auf Fälle, in denen der Gesellschafter zu mehr als einem Viertel beteiligt ist. Hier werden Wertsteigerungen des Privatvermögens ausnahmsweise zu Einkommen erhoben (§ 17 Abs. 1 EStG), so daß bei Übertragungsvorgängen durch die Besteuerung der stillen Reserven die Einhaltung des Subjektprinzips gewahrt werden muß. Eine derartige Umqualifikation von Wertsteigerungen in steuerpflichtige stille Reserven erfolgt jedoch nur für **entgeltliche** Übertragungen. Für die unentgeltliche Variante gilt weiterhin der Grundsatz, daß Wertsteigerungen des Privatvermögens nicht steuerbar und damit unumschränkt übertragbar sind. § 17 Abs. 1 S. 5 EStG, der i.V.m. § 17 Abs. 2 S. 3 EStG festsetzt, daß der unentgeltliche Erwerber durch die Fortführung der Anschaffungskosten seines Rechtsvorgänger die Wertsteigerungen des Anteils bei Veräußerung versteuern muß, ist insofern nur als Mißbrauchsverhinderungsvorschrift zu verstehen[2].

Wie einleitend erwähnt, ist auch die verdeckte Einlage als unentgeltlicher Vorgang einzustufen. Damit werden grundsätzlich auch durch die verdeckte Einlage einer wesentlichen Beteiligung in eine Kapitalgesellschaft die mit der Beteiligung verbundenen Wertsteigerungen nicht zu Einkommen erhoben. Die Übertragung der Wertsteigerungen auf die Kapitalgesellschaft kann mangels ihrer Einkommensqualität nicht als ein das Subjektprinzip verletzende Überspringen stiller Reserven angesehen werden.

Wie sich damit allerdings der durch das Steueränderungsgesetz 1992 neu eingefügte § 17 Abs. 1 S. 2 EStG, der die verdeckte Einlage von Anteilen an einer Kapitalgesellschaft in eine Kapitalgesellschaft der Veräußerung der Anteile gleichstellt, vereinbaren läßt, erscheint zunächst fragwürdig. Als Ergebnis dieser Regelung werden die mit dem eingebrachten Anteil verbundenen Wertsteigerungen beim Gesellschafter der Besteuerung unterworfen, indem der Gesellschafter für die Ermittlung des „Veräußerungsgewinns" den gemeinen Wert der Beteiligung anzusetzen hat (§ 17 Abs. 2 S. 2 EStG).

§ 17 Abs. 1 S. 2 EStG erklärt sich daraus, daß vor seiner Einführung immer wieder auf die Gefahr eines Steuersparmodell hingewiesen wurde. Dieses basierte auf der Annahme, daß dem verdeckt einlegenden Gesellschafter nachträgliche Anschaffungskosten in Höhe des gemeinen Wertes der wesentlichen Beteiligung entstünden[3].

---

[1]Vgl. dazu Seibold, DStR 1990, 719, 721 f.; zu Einzelfragen vgl. Groh, FR 1990, 528, 530

[2]Vgl. dazu Abschn. „Unentgeltliche Übertragung eines Anteils i.S.d. §§ 17, 23 EStG", S. 129

[3]Döllerer, DStR 1989, 331, 337; Felix, DStZ 1989, 206, 208; Wassermeyer, DStR 1990, 158, 163

Beispiel: Gesellschafter G ist zu 35% an der X-GmbH beteiligt (Anschaffungskosten der Beteiligung 200, Verkehrswert 500). Im Jahr 1994 gründet er als Alleingesellschafter die G-GmbH (Anschaffungskosten = Verkehrswert = 100) und legt seine Beteiligung an der X-GmbH verdeckt in die neu gegründete Gesellschaft ein.
Gemäß obiger Annahme hat er damit nachträgliche Anschaffungskosten auf die Beteiligung an der G-GmbH in Höhe des gemeinen Wertes der verdeckt eingelegten Beteiligung, also in Höhe von 500. Veräußert G im Anschluß an die verdeckte Einlage die Anteile an der G-GmbH zu ihrem neuen Verkehrswert von 600, erzielt er dadurch keinen Veräußerungsgewinn. Er kann sich auf diese Weise steuerfrei von den mit den Anteilen an der X-GmbH verbundenen stillen Reserven lösen.

Allerdings wurde die dem Modell zugrundeliegende Annahme und damit die Existenz des Steuersparmodells selbst stark angezweifelt. Federführend plädierte Knobbe-Keuk für nachträgliche Anschaffungskosten nur in Höhe der ursprünglichen Anschaffungskosten der eingelegten Anteile[1]. Damit würden in Zusammenhang mit einer verdeckten Einlage eigentlich steuerlich irrelevante Wertsteigerungen zwar beim Einlegenden steuerverhaftet, das obige Steuersparmodell wäre aber ausgeschaltet. Umstritten war ferner, ob die Kapitalgesellschaft die übernommenen Anteile in ihrer Bilanz mit dem Teilwert[2] oder mit den ursprünglichen Anschaffungskosten des einlegenden Gesellschafters[3] anzusetzen hat. Letzteres hätte eine völlig unsachgemäße Doppelerfassung der steuerlich unbeachtlichen Wertsteigerungen zur Folge gehabt.

Der Gesetzgeber hat der Steuersparbranche die Möglichkeiten, die sich aus der strittigen Rechtslage ergaben, kurzerhand mit der Einführung des § 17 Abs. 1 S. 2 EStG genommen. Das Einkommensteuergesetz ist so um eine Vorschrift reicher, die nur der Verhinderung von Mißbräuchen dient und nicht in Einklang mit den einkommensteuerlichen Grundgedanken steht. Danach wären im Bereich des § 17 EStG Wertsteigerungen des Privatvermögens solange steuerlich unbeachtet zu lassen, als diese unentgeltlich übertragen werden. Indem die Kapitalgesellschaft die durch verdeckte Einlage empfangene Beteiligung korrespondierend mit der Behandlung beim Einlegenden mit ihrem gemeinen Wert

---

[1]Knobbe-Keuk, Bilanz- und Unternehmenssteuerrecht, 8. Aufl., 1991, S. 828 f.; glA Groh, FR 1990, 528, 531; Schmidt, FR 1989, 113

[2]Frotscher/Maas, KStG, § 8 Anm. 47; Knobbe-Keuk, Bilanz- und Unternehmenssteuerrecht, 8. Aufl., 1991, S. 829

[3]Döllerer, DStR 1989, 331 ff., 337; Groh, FR 1990, 528, 531; Wassermeyer, DB 1990, 855, 859; Wismeth, FR 1990, 275, 276

anzusetzen hat[1], verhindert § 17 Abs. 1 S. 2 EStG jedoch zumindest eine Doppelerfassung der mit den Anteilen verbundenen Wertsteigerungen.

5. Kapitalgesellschaft als Erbin ihres Gesellschafters

Aus der Rechtssubjekteigenschaft der Kapitalgesellschaft ergibt sich, daß eine Kapitalgesellschaft auch Erbin ihres Gesellschafters sein kann. Auf derartige Erbfälle könnten nur dann die für den Erbfall unter Beteiligung von natürlichen Personen geltenden Grundsätze angewandt werden[2], wenn man der Kapitalgesellschaft eine Privatsphäre zugestehen würde. Deshalb setzte man, als der BFH Gelegenheit fand, über einen Sachverhalt zu entscheiden, bei dem eine Kapitalgesellschaft als Erbin ihres Gesellschafters auftrat, berechtigte Hoffnungen darauf, daß der BFH gleichzeitig zur Frage der Privatsphäre der Kapitalgesellschaft Stellung beziehen würde[3]. Doch umging der BFH die Problematik auch diesmal[4], indem er auf die Besonderheit des Sachverhalts abstellte, daß der Erblasser ein Gesellschafter der Kapitalgesellschaft war. Da folglich die Ursache für die unentgeltliche Übertragung im Gesellschaftsverhältnis zu suchen war, lag die Anwendung der Grundsätze zur verdeckten Sacheinlage nahe.

Nur sehr knapp äußert sich der BFH dazu, welche Ergebnisse die Anwendung dieser Grundsätze z.B. für die Variante, daß ein Betrieb oder Teilbetrieb Gegenstand des Nachlasses ist, zeitigen würde. Er stellt diesbezüglich fest: „Erbt dagegen die Kapitalgesellschaft Betriebsvermögen des Erblassers, so ist § 7 Abs. 1 EStDV anzuwenden, wenn der Betrieb als solcher auf die oder den Erben übergeht und keine Gewinnrealisation zum Zeitpunkt des Todes des Erblassers anzunehmen ist“[5].

Mit den hier vertretenen Grundsätzen ist diese Behandlung durchaus vereinbar. Da der Tod des Betriebsinhabers als intensivste Form der Betriebsaufgabe anzusehen ist, sind die Anwendungsvoraussetzungen des § 7 Abs. 1 EStDV als Ausnahmeregelung zu § 16 Abs. 3 EStG erfüllt und zwar unabhängig davon, ob die Beteiligung des Erblassers bei diesem zum Betriebs- oder zum Privatvermögen zählt[6]. Gem. § 7 Abs. 1 EStDV hat die Kapitalgesellschaft für das über-

---

[1] Knobbe-Keuk, Bilanz- und Unternehmenssteuerrecht, S. 921; Schmidt, EStG, § 17 Rz. 90 und 139; Thiel, DStR 1992, 1, 6

[2] Vgl. Abschn. „Anteilsübertragungen“, S. 122

[3] BFH v. 24.3.1993 - I R 131/90, BStBl. II 1993, 799

[4] Wie beispielsweise auch schon in den Urteilen des BFH v. 4.2.1987 - I R 58/86, BStBl. II 1988, 215; BFH v. 31.10.1990 - I R 47/88, BStBl. II 1991, 255; BFH v. 28.11.1991 - I R 13/90, BStBl. II 1992, 359

[5] BFH v. 24.3.1993 - I R 131/90, BStBl. II 1993, 799, 801

[6] Vgl. im Unterschied dazu Abschn. „Beteiligung im Betriebsvermögen“, S. 243

nommene Vermögen die Buchwerte des Erblassers fortzuführen, so daß stille Reserven auf sie überspringen.

Allerdings steht der BFH mit oben dargestellter Auffassung zu seinen eigenen Grundsätzen zur verdeckten Einlage in Widerspruch, hat er doch noch im Urteil vom 18.12.1990[1] festgestellt, daß der verdeckten Einlage eine (Total-) Entnahme zwangsläufig vorangeht. Da der BFH zudem davon ausgeht, daß die Anwendung des § 7 Abs. 1 EStDV dann nicht mehr möglich ist, wenn ein Gewinnausweis vorangegangen ist[2], könnte die Kapitalgesellschaft eigentlich nicht nach § 7 Abs. 1 EStDV die Buchwerte ansetzen.

Für den Fall der verdeckten Einlage unter Lebenden hat der BFH eine Anwendung des § 7 Abs. 1 EStDV demzufolge auch abgelehnt[3]. Mutmaßlich sah der BFH im vorliegenden Fall der verdeckten Einlage von Todes wegen im Unterschied zur verdeckten Einlage unter Lebenden die Besteuerung der stillen Reserven bei dem Rechtssubjekt, das sie erwirtschaftet hat, nicht als gefährdet an, da zugleich auch die Beteiligung an der Kapitalgesellschaft auf diese als Gesamtrechtsnachfolgerin übergeht[4]. Doch wurde bereits bei der verdeckten Einlage von Betriebsvermögen unter Lebenden mit einer Beteiligung, die zum Privatvermögen des Gesellschafters zählt, festgestellt, daß das Subjektprinzip eben aufgrund der Anwendung des § 7 Abs. 1 EStDV ausnahmsweise vernachlässigt werden kann, und zwar selbst dann, wenn die übergehenden stillen Reserven nicht in der Beteiligung des Einlegenden verhaftet werden. Demgemäß sollten beide Fälle gleichermaßen nach § 7 Abs. 1 EStDV behandelt werden.

Ergänzend sei darauf hingewiesen, daß noch ungeklärt ist, wie der BFH die Schenkung oder den Erbanfall von einem Nichtgesellschafter beurteilen würde[5]. Mangels eines Gesellschaftsverhältnis sind die geltenden Einlageregeln nicht direkt anwendbar. Allerdings ist zu vermuten, daß der Nichtgesellschafter im Ergebnis nicht die Kapitalgesellschaft als juristische Person, sondern die an dieser beteiligten Gesellschafter bereichern will. Deshalb kann man gedanklich von einer unentgeltlichen Übertragung des Nichtgesellschafters auf die Gesellschafter ausgehen, die wiederum das empfangene Vermögen verdeckt in die Kapitalgesellschaft einlegen. Bei der Übertragung einer betrieblichen Vermögensgesamtheit könnte man so durch Anwendung des § 7 Abs. 1 EStDV zu einer steuerneutralen Behandlung des Vorgangs und zu einem gerechtfertigten Überspringen der stillen Reserven kommen.

---

[1] VIII R 17/85, BStBl. II 1991, 512, 513

[2] Vgl. Abschn. „Beteiligung im Privatvermögen", S. 238

[3] Vgl. Abschn. „Beteiligung im Privatvermögen", S. 238

[4] Thiel/Eversberg, DStR 1993, 1881, 1886

[5] Vgl. dazu auch Thiel/Eversberg, DStR 1993, 1881, 1887

III. Übertragungen der Kapitalgesellschaft auf ihre Gesellschafter

Wie schon im Falle der Übertragung von Vermögen vom Gesellschafter auf die Gesellschaft ist das kapitalgesellschaftsrechtliche Trennungsprinzip die Ursache dafür, daß auch der Umkehrfall, die Vermögensübertragung von der Gesellschaft auf den Gesellschafter, grundsätzlich wie ein Rechtsgeschäft unter fremden Dritten behandelt wird. Die Grenze der Anerkennung wird hier durch die verdeckte Gewinnausschüttung gezogen[1]. Erfolgt also die Vermögensübertragung unentgeltlich oder zu einem unangemessen niedrigen Preis und hat die damit verbundene Vermögensminderung bei der Kapitalgesellschaft ihre Ursache nicht im behaupteten schuldrechtlichen Vertrag, sondern im Gesellschaftsverhältnis, so liegt eine verdeckte Gewinnausschüttung vor. Auf Ebene der Gesellschaft ist der Betrag der verdeckten Gewinnausschüttung bei der Ermittlung des Einkommens hinzuzurechnen und die Ausschüttungsbelastung herzustellen. Beim Gesellschafter führen verdeckte Gewinnausschüttungen zu Einnahmen nach § 20 Abs. 1 Nr. 1 S. 2 EStG[2].

Fraglich ist nur, mit welchen Anschaffungskosten der Gesellschafter, der die Beteiligung an der Kapitalgesellschaft in einem Betriebsvermögen hält[3], das empfangene Vermögen anzusetzen hat[4]. Man findet dazu verschiedene Auffassungen, die am Beispiel der Übertragung eines einzelnen Wirtschaftsgutes zu einem unangemessen niedrigen Preis dargestellt werden sollen.

Beispiel: Die X-GmbH veräußert eine Maschine ihres Anlagevermögens (Buchwert 100, Verkehrswert 500) zum Preis von 300 an ihren Gesellschafter G. Damit ist von einer verdeckten Gewinnausschüttung in Höhe von 200 auszugehen.

Die ursprünglich von der h.M.[5] vertretene Fiktionstheorie behandelte den Vorgang zum Zwecke der Besteuerung so, als wäre das Geschäft zu angemesse-

---

[1] Vgl. dazu Abschn. „Abweichungen zur einkommensteuerlichen Gewinnermittlung auf Gesellschaftsebene", S. 68

[2] Vgl. auch dazu Abschn. „Abweichungen zur einkommensteuerlichen Gewinnermittlung auf Gesellschaftsebene", S. 68

[3] Vgl. zum Ansatz eines Gesellschafters, der eine private Beteiligung hält, Döllerer, Verdeckte Gewinnausschüttung, S. 150

[4] Zur Frage, inwieweit eine verdeckte Gewinnausschüttung den Ansatz der Anschaffungskosten des übertragenen Vermögens beeinflussen kann, ist zu unterscheiden zwischen der hier darzustellenden Variante, daß Vermögen von der Gesellschaft unentgeltlich oder zu einem unangemessen niedrigen Preis übertragen wird, und dem umgekehrten Fall, daß die Gesellschaft Vermögen überteuert von ihrem Gesellschafter erwirbt (vgl. zu letzterem Fall Wassermeyer, FR 1993, 793 m.w.N.).

[5] BFH v. 14.8.1975 - IV R 30/71, BStBl. II 1976, 88, 91; Herrmann/Heuer/Raupach, EStG/KStG, § 6 KStG a.F. Anm. 73 m.w.N.; Kläschen, Körperschaftsteuer, § 8 Rz. 69

nen Bedingungen abgeschlossen worden, als würde also der Veräußerungspreis 500 betragen. Der Gesellschafter könnte damit als Anschaffungskosten der Maschine 500 geltend machen. In Höhe des Betrags der verdeckten Gewinnausschüttung (200) soll anschließend eine offene Ausschüttung stattgefunden haben, da dieser Betrag nicht tatsächlich im Vermögen der Kapitalgesellschaft vorhanden ist[1].

Die Besteuerung aufgrund einer derartigen Sachverhaltsfiktion wird jedoch nicht nur in der Literatur[2], sondern mittlerweile auch von der Rechtsprechung[3] abgelehnt. Es würde damit gegen den Grundsatz der Tatbestandsmäßigkeit der Besteuerung verstoßen, demzufolge nur ein wirklicher, nicht aber ein fiktiver Sachverhalt der Besteuerung zugrundegelegt werden darf[4]. Vielmehr will man den Mischcharakter der Übertragung im Sinne einer Aufteilungstheorie[5] berücksichtigen. Soweit der Gesellschafter entgeltlich erworben hat, hat er in Höhe seiner Gegenleistung (300) tatsächliche Anschaffungskosten, die er geltend machen kann. Ungeklärt ist dagegen noch die Behandlung des Teils der Übertragung, die durch das Gesellschaftsverhältnis veranlaßt ist.

Knobbe-Keuk geht davon aus, daß es sich, wenn der Gesellschafter diesen Teil als Ausschüttung erhält, um einen entgeltlichen Erwerb handelt, weshalb er zusätzliche Anschaffungskosten in Höhe des Betrags der verdeckten Gewinnausschüttung (200) ansetzen kann[6]. Dieser Ansicht kann m.E. nicht gefolgt werden, da sich die verdeckte Gewinnausschüttung gerade dadurch auszeichnet, daß sie durch das Gesellschaftsverhältnis veranlaßt ist und der Gesellschafter dafür

---

[1]Frotscher/Maas, KStG, Anhang zu § 8 Anm. 96; Kläschen, Körperschaftsteuer, § 8 Rz. 100

[2]Döllerer, Verdeckte Gewinnausschüttung, S. 137 f.; Knobbe-Keuk, Bilanz- und Unternehmenssteuerrecht, S. 647; Wassermeyer, DB 1994, 1105, 1109; Wrede, in: Herrmann/Heuer/Raupach, EStG/KStG, § 8 KStG Anm. 37

[3]BFH v. 19.3.1975 - I R 137/73, BStBl. II 1975, 722; BFH v. 26.10.1987 - GrS 2/86, BStBl. II 1988, 348, 354 f.

[4]Döllerer, Verdeckte Gewinnausschüttung, S. 137; vgl. zum Grundsatz der Tatbestandsmäßigkeit auch Abschn. „Subjektprinzip als Grundlage eines allgemeinen Prinzips der Steuersubjektentstrickung?“, S. 113

[5]Döllerer, Verdeckte Gewinnausschüttung, S. 137; Frotscher/Maas, KStG, Anhang zu § 8 Anm. 97; Knobbe-Keuk, Bilanz- und Unternehmenssteuerrecht, S. 647

[6]Knobbe-Keuk, Bilanz- und Unternehmenssteuerrecht, S. 663 (infolge der Einstufung des durch das Gesellschaftsverhältnis veranlaßten Teils der Übertragung als entgeltlicher Vorgang findet nach ihrer Auffassung auch das Aktivierungsverbot für immaterieller Wirtschaftsgüter gem. §§ 248 Abs. 2, 255 Abs. 4 HGB, 5 Abs. 2 EStG auf diesen Teil keine Anwendung, da es sich eben nur auf den unentgeltlichen Erwerb bezieht).

keine Gegenleistung zu erbringen hat. Die Übertragung erfolgt also unentgeltlich[1].

Auch § 7 Abs. 2 EStDV kann nicht angewandt werden, da aus Sicht der Kapitalgesellschaft die unentgeltliche Übertragung nicht betrieblich, sondern durch das Gesellschaftsverhältnis veranlaßt ist[2].

Vielmehr hat der Ansatz zum Verkehrswert mangels steuerlicher Sondervorschrift seine Ursache im Handelsrecht. Dort ist zwar ungeklärt, ob für den unentgeltlichen Erwerber eine Pflicht oder ein Wahlrecht zur Aktivierung des Verkehrswertes des Vermögensgegenstandes besteht[3]. Dies ist jedoch für das Steuerrecht ohne Bedeutung, da bereits ein handelsrechtliches Aktivierungswahlrecht steuerlich eine Aktivierungspflicht begründet[4].

Fiktions- und Aufteilungstheorie führen, solange es sich um die unentgeltliche oder teilweise unentgeltliche Übertragung eines einzelnen Wirtschaftsgutes handelt, hinsichtlich des Ansatzes in der Bilanz des Gesellschafters zum gleichen Ergebnis, nämlich zu Anschaffungskosten insgesamt in Höhe des tatsächlichen Wertes. Werden dagegen Vermögensgesamtheiten (z.B. ein Teilbetrieb) unentgeltlich oder zu einem unangemessen niedrigen Preis übertragen, hätte die oben abgelehnte Fiktionstheorie, die von einer Veräußerung zu einem angemessenen Preis ausgeht, zur Folge, daß der Gesellschafter den angemessenen Preis auch als Anschaffungskosten anzusetzen hat. Für ihn scheidet die Anwendung des nur für unentgeltliche Übertragungen geltenden § 7 Abs. 1 EStDV aus, da insgesamt eine fiktiv entgeltliche Übertragung vorliegt[5].

Der Aufteilungstheorie zufolge, die - soweit die Übertragung durch das Gesellschaftsverhältnis veranlaßt ist - den unentgeltlichen Charakter des Rechtsgeschäfts berücksichtigt, kann dagegen § 7 Abs. 1 EStDV angewandt werden[6]. Dabei sollte auch hier die Behandlung des teils entgeltlichen, teils unentgeltli-

---

[1]Für unentgeltlichen Erwerb beim Erwerb im Rahmen einer verdeckten Gewinnausschüttung auch BFH v. 25.11.1976 - IV R 38/73, BStBl. II 1977, 477; Blümich/Ehmcke, EStG, § 6 EStG Rz. 375; Hörger, in: Littmann/Bitz/Hellwig, Einkommensteuerrecht, § 17 Rn. 47; Schmidt/Weber-Grellet, EStG, § 5 Rz. 197

[2]AA Frotscher/Maas, KStG, Anhang zu § 8 Anm. 97; Döllerer, Verdeckte Gewinnausschüttung, S. 151, der zwar ausführt, daß die Tatsache, daß die verdeckte Gewinnausschüttung ihre Ursache im Gesellschaftsverhältnis hat, den betrieblichen Anlaß i.S.d. § 7 Abs. 2 EStDV nicht verdrängt, aber nicht angibt, worin der betriebliche Anlaß eigentlich bestehen soll.

[3]Groh, StuW 1984, 217, 221; Knobbe-Keuk, Bilanz- und Unternehmenssteuerrecht, S. 178 f. jeweils m.w.N.

[4]BFH v. 3.2.1969 - GrS 2/68, BStBl. II 1969, 291

[5]§ 7 Abs. 1 EStDV ist über § 8 Abs. 1 KStG auch für Körperschaftsteuersubjekte anwendbar (vgl. Abschn. 26 Abs. 1 Nr. 2 KStR 1985).

[6]So auch BFH v. 29.10.1991 - VIII R 2/86, BStBl. II 1992, 832

chen Vorgangs nicht an der Einheitstheorie[1], sondern aus den bereits in Abschn. „Teilentgeltliche Anteilsübertragungen“ (S. 131) dargestellten Gründen an der Trennungstheorie ausgerichtet sein.

Wenn der Gesellschafter die Buchwerte und damit - gerechtfertigt durch § 7 Abs. 1 EStDV - die auf ihn als Rechtsnachfolger übergesprungenen stillen Reserven der Kapitalgesellschaft fortführt, kann aber nicht auf die Rechtsfolgen der verdeckten Gewinnausschüttung auf Seiten der Gesellschaft verzichtet werden. Denn das Institut der verdeckten Gewinnausschüttung verfolgt - im Unterschied zur Entnahme - nicht nur den Zweck, zur „richtigen“ betrieblichen Gewinnermittlung beizutragen, so daß bei Anwendung des § 7 Abs. 1 EStDV ausnahmsweise auf die Aufdeckung der stillen Reserven verzichtet werden könnte. Vielmehr soll die verdeckte Gewinnausschüttung die körperschaftsteuerlichen Folgen herbeiführen, die sich aus der Qualifikation als Gewinnverteilung ergeben (Herstellung der Ausschüttungsbelastung und damit verbundene Veränderungen der Eigenkapitalstruktur)[2]. Dies zeigt sich schon darin, daß der Betrag der verdeckten Gewinnausschüttung, der den gesamten zugewendeten Vermögensvorteil umfaßt, i.d.R. nicht mit den übertragenen stillen Reserven übereinstimmt.

Denkbar wäre, da aufgrund der Hinzurechnung des Wertes der verdeckten Gewinnausschüttung zum Einkommen der Gesellschaft im Ergebnis nachträglich doch eine Aufdeckung der stillen Reserven bei der Gesellschaft erfolgt, dies durch eine Korrektur des Ansatzes beim Gesellschafter zu berücksichtigen. Hier zeigen sich aber wiederum die Nachteile, die sich aus dem zwingenden Buchwertansatz des § 7 Abs. 1 EStDV ergeben und die einen anderen als den Buchwertansatz bei der unentgeltlichen Übertragung einer Vermögensgesamtheit nicht gestatten. Damit kann umgekehrt aber auch die verdeckte Gewinnausschüttung den Ansatz im Rahmen des § 7 Abs. 1 EStDV nicht beeinflussen. Die unentgeltliche Übertragung rein um des Ergebnisses willen in eine entgeltliche umzuqualifizieren[3], kann nicht sachgerecht sein.

---

[1]BFH v. 29.10.1991 - VIII R 2/86, BStBl. II 832, 833

[2]Vgl. Crezelius, Steuerrecht II, S. 257; Knobbe-Keuk, Bilanz- und Unternehmenssteuerrecht, S. 644

[3]So Knobbe-Keuk, Bilanz- und Unternehmenssteuerrecht, 663 f. für die Übertragung eines einzelnen Wirtschaftsgutes zu einem unangemessen niedrigen Preis.

IV. Einziehung von GmbH-Gesellschaftsanteilen

1. Entgeltliche Einziehung betrieblicher Anteile und Anteile i.S.d. § 17 EStG

Sowohl bei einer Aktiengesellschaft als auch bei der GmbH können Gesellschaftsrechte eingezogen werden. Die Einziehung führt jeweils zur Vernichtung des Geschäftsanteils, ohne daß zuvor ein Erwerb des Anteils durch die Gesellschaft selbst oder durch die Mitgesellschafter stattfindet[1].

Werden Anteile einer Aktiengesellschaft eingezogen, ist damit immer eine Kapitalherabsetzung verbunden (§ 237 AktG). Insofern greifen für die Besteuerung die Vorschriften ein, die für die Kapitalherabsetzung gelten[2].

Bei der Einziehung des Geschäftsanteils einer GmbH gem. § 34 GmbHG findet dagegen nicht notwendigerweise eine Kapitalherabsetzung statt. Das Stammkapital der Gesellschaft bleibt vielmehr durch die Einziehung unberührt. Da die eingezogenen Anteile untergehen, ist nach der Einziehung die Summe der Geschäftsanteile nicht mehr gleich dem Stammkapital der Gesellschaft. Die Rechte und Pflichten aus den untergegangenen Anteilen wachsen den übrigen Gesellschaftern im Verhältnis ihrer Anteile an der Gesellschaft zu. Somit erhöht sich ihr Gewinnanteil und ihre Liquidationsquote durch die Einziehung[3].

Die Einziehung kann sowohl Anteile betreffen, die zuvor von der Gesellschaft erworben wurden (sog. eigene Anteile), als auch solche Anteile, die sich nicht im Eigentum der Gesellschaft befinden. Im letzteren Fall kann die Einziehung entgeltlich oder unentgeltlich erfolgen[4].

Für Fragen des Überspringens stiller Reserven im Fall der Einziehung der Geschäftsanteile kann nur die Variante von Bedeutung sein, daß sich die einzuziehenden Anteile noch nicht im Vermögen der Gesellschaft befinden. Ansonsten könnten keine stillen Reserven von einem Rechtssubjekt (Gesellschafter) auf ein anderes Rechtssubjekt (Gesellschaft) überspringen. Das Schicksal der stillen Reserven im Zeitpunkt des Übergangs ist dabei abhängig von der Qualität der Anteile und davon, ob die Einziehung entgeltlich oder unentgeltlich erfolgt.

---

1 Vgl. u.a. auch BFH v. 17.3.1970 – II 106/65, BStBl. II 1970, 498; BFH v. 1.7.1992 – II R 20/90, BStBl. II 1992, 912, 914

2 Döllerer, StbJb. 1981/82, S. 195, 213 f. und 215 f.; Scholtz, in: Hartmann/Böttcher/Nissen/Bordewin, EStG, § 20 Rz. 216; ausführlich auch Engl, BB 1979, 566; Hübl, DStZ 1963, 164, 165;Jünger/Lademann, KStG, § 29 Am. 74 ff., insbes. Anm. 89

3 BFH v. 28.1.1966 – VI 89/65, BStBl. II 1966, 245; BFH v. 17.3.1970 – II 106/65, BStBl. II 1970, 498; Döllerer, StbJb. 1981/82, S. 195, 215 f.; Engl, BB 1979, 566, 567; Lademann/Jünger, KStG, § 29 Anm. 75; Ossendorf, BB 1979, 40; Paus, Inf. 1979, 149

4 Jünger/Lademann, KStG, § 29 Anm. 75

Zunächst soll die entgeltliche Einziehung von Anteilen des Betriebsvermögens und wesentlichen Anteilen des Privatvermögens i.S.d. § 17 EStG betrachtet werden, wobei vom Normalfall der Einziehung ohne nachfolgende Kapitalherabsetzung ausgegangen wird. Dabei könnten die stillen Reserven im Zeitpunkt der Einziehung aufgrund eines gesetzlich geregelten Gewinnrealisierungs- oder Gewinnausweistatbestandes aufzudecken sein.

Die h.M. wertet die entgeltliche Einziehung als Veräußerung, so daß eine Aufdeckung stiller Reserven infolge dieses Gewinnrealisierungstatbestandes erfolgen müßte[1]. Unter „Veräußerung" ist steuerlich die entgeltliche Übertragung des wirtschaftlichen Eigentums auf ein anderes Rechtssubjekt zu verstehen[2]. Bei der Einziehung gehen die Anteile jedoch ersatzlos unter, so daß sie nicht auf einen anderen (Gesellschaft oder Gesellschafter) übertragen werden können. Folglich sind die Voraussetzungen einer Veräußerung nicht erfüllt[3].

Für Anteile des Betriebsvermögens käme als Aufdeckungstatbestand ersatzweise die Entnahmeregelung in Frage[4]. Infolge der Einziehung werden Wirtschaftsgüter (Gesellschaftsanteile) vom betrieblichen Bereich des Gesellschafters in einen betriebsfremden Bereich transferiert, so daß die Kriterien der Entnahme erfüllt sind[5]. Die Entnahmeregeln finden ebenfalls Anwendung bei der unentgeltlichen Einziehung eines betrieblichen Kapitalgesellschaftsanteils.

§ 17 EStG, der die steuerliche Behandlung wesentlicher Beteiligungen regelt, verfügt über keinen der Entnahme vergleichbaren Aufdeckungstatbestand.

L. Schmidt[6] versucht deshalb, die Einziehung einer Beteiligung i.S.d. § 17 EStG als Teilliquidation einzustufen. Dies dürfte jedoch m.E. nicht zutreffend sein, da sich durch die Einziehung keine Veränderungen im Betrieb der Kapitalgesellschaft ergeben. Es erfolgt insbesondere keine (teilweise) Auflösung der Gesellschaft.

Fraglich ist jedoch, ob die Einziehung gegen Entgelt nicht **wie** eine Veräußerung behandelt werden könnte. Sinn und Zweck des § 17 EStG soll sein, den wesentlich beteiligten Kapitalgesellschafter dem Mitunternehmer gleichzustellen, soweit ein Anteil i.S.d. § 17 EStG entgeltlich übertragen wird[7]. Wenn auch

---

1 Engl, BB 1979, 566, 568; Herrmann/Heuer/Raupach, EStG/KStG, § 17 EStG Anm. 56; Hübl, DStZ 1963, 164, 165 f.; m.w.N. Döllerer, StbJb. 1981/1982, S. 195, 217

2 Vgl. Abschn. „Gewinnrealisierungstatbestand als Ausgangspunkt", S. 80

3 Breuninger, DStR 1991, 420, 424 f.; Paus, Inf. 1979, 149, 150; L. Schmidt, EStG, § 17 Rz. 104

4 Paus, Inf. 1979, 149

5 Vgl. dazu ausführlich Abschn. „Gewinnausweistatbestände", S. 56

6 L. Schmidt, EStG, § 17 Rz. 104; glA Streck, KStG, § 27 Anm. 9

7 Vgl. Abschn. „Sonderfall des § 17 EStG", S. 75 und Abschn. „Unentgeltliche Übertragung eines Anteils i.S.d. §§ 17, 23 EStG", S. 129

die Anteile im Zuge der Einziehung untergehen, so daß keine Veräußerung im eigentlichen Sinne vorliegt, so muß die Einziehung dennoch der Veräußerung nach § 17 EStG gleichgestellt werden, da ein entgeltlicher Vorgang gegeben ist[1].

Damit hat sowohl in Fällen der entgeltlichen und unentgeltlichen Übertragung eines betrieblichen Anteils als auch der entgeltlichen Übertragung eines Anteils i.S.d. § 17 EStG eine Aufdeckung der stillen Reserven im Zeitpunkt der Übertragung zu erfolgen. Ein Überspringen stiller Reserven auf ein anderes Rechtssubjekt findet infolgedessen nicht statt.

2. Unentgeltliche Einziehung eines Anteils i.S.d. § 17 EStG

Für Fragen des intersubjektiven Übergangs stiller Reserven von Interesse ist dagegen die unentgeltliche Einziehung einer wesentlichen privaten Beteiligung[2]. Auch hier wäre es denkbar die übergehenden stillen Reserven mittels § 17 EStG aufzudecken. Jedoch kann die Einziehung im vorliegenden Fall mangels Entgelt nicht der Veräußerung nach § 17 EStG gleichgestellt werden. Auch eine verdeckte Einlage (§ 17 Abs. 1 S. 2 EStG) als Aufdeckungstatbestand ist nicht gegeben, weil die Anteile mit der Einziehung ersatzlos untergehen und so von der Gesellschaft nicht aktiviert werden können[3]. Können somit die stillen Reserven nicht über § 17 EStG aufgedeckt werden, ist zu prüfen, ob sie in Verletzung des steuerlichen Subjektprinzips auf ein anderes Rechtssubjekt überspringen und sich daraus Rechtsfolgen ableiten lassen.

Festzustellen ist zunächst, auf wen die stillen Reserven des Anteils übergegangen sind. Mit der unentgeltlichen Einziehung gehen die betreffenden Anteile unter. Das Vermögen der Gesellschaft und die damit verbundenen stillen Reserven bleiben unberührt, so daß nicht von einem Übergang der stillen Reserven des eingezogenen Anteils auf die Gesellschaft ausgegangen werden kann.

Infolge der unentgeltlichen Einziehung ändern sich allerdings rechnerisch die Beteiligungsverhältnisse auf Gesellschafterebene, weil der Betrag des Stammkapitals nicht mehr mit der Summe der Nennwerte der Gesellschaftsanteile übereinstimmt[4]. Die Anteile der Mitgesellschafter erfahren folglich eine Werterhöhung. Damit sind die stillen Reserven in den eingezogenen Anteilen auf die Anteile der Mitgesellschafter übergegangen.

---

[1] Döllerer, StbJb. 1981/1982, S. 195, 215; Jünger/Lademann, KStG, § 29 Anm. 79; Paus, Inf. 1979, 149, 150 f.; Scholtz, in: Hartmann/Böttcher/Nissen/Bordewin, EStG, § 20 Rz. 216

[2] Bei einer teilweise unentgeltlichen Einziehung wäre der Vorgang in einen entgeltlichen und einen unentgeltlichen Teil aufzuspalten und jeder Teil gesondert nach den für ihn geltenden Regeln zu behandeln.

[3] Döllerer, StbJb. 1980/81, S. 195, 217

[4] Gebel, DStR 1996, 685, 690

Um die stillen Reserven im Zeitpunkt des Übergangs auf die Mitgesellschafter aufzudecken, müßte ein gesetzlich geregelter Aufdeckungstatbestand erfüllt sein. Daß dies nicht der Fall ist, wurde bereits dargestellt.

Ergänzend kommt hinzu, daß ein Aufdeckungstatbestand – auch wenn ihm das Prinzip der Steuersubjektentstrickung zugrundeliegt – als Anknüpfungspunkt eines Wirtschaftsguts bedarf[1]. Im vorliegenden Fall jedoch geht der Anteil im Zuge der Einziehung unter. Die Werterhöhung der Anteile der Mitgesellschafter ist lediglich als Reflexwirkung der unentgeltlichen Übertragung anzusehen, die die Werterhöhung des Gesellschaftsvermögens widerspiegelt. Diese Werterhöhung allein stellt jedoch kein Wirtschaftsgut dar, das einem wie auch immer geartetem Aufdeckungstatbestand zugrundegelegt werden könnte[2].

Somit muß hingenommen werden, daß die stillen Reserven im Zeitpunkt der Einziehung nicht aufzudecken sind und auf ein anderes Rechtssubjekt - die Mitgesellschafter - übergehen.

Denkbar wäre, eine Weiterverhaftung der stillen Reserven – vergleichbar anderer Fälle des Überspringens stiller Reserven - beim übernehmenden Gesellschafter zu konstruieren, um die künftige Besteuerung sicherzustellen.

So will ein Teil der Literatur die Anteile des nicht wesentlich beteiligten Mitgesellschafters, die eine Wertsteigerung erfahren, der Vorschrift des § 17 Abs. 1 S. 5 EStG unterwerfen[3]. Dem kann nicht gefolgt werden, da auf die Mitgesellschafter lediglich stille Reserven und nicht - wie es § 17 Abs. 1 S. 5 EStG fordert - ein Anteil an einer Kapitalgesellschaft unentgeltlich übertragen werden.

Infolgedessen werden die übergehenden stillen Reserven weder im Zeitpunkt der Einziehung aufgedeckt noch bei den übernehmenden Gesellschaftern weiterverhaftet. Dies entspricht dem bereits in Abschnitt „**Unentgeltliche Übertragung eines Anteils i.S.d. §§ 17,** 23 EStG“ (S. 129) dargestellten Regelungsgehalt des § 17 EStG. § 17 EStG soll grundsätzlich nur für entgeltliche Übertragungen eines wesentlichen privaten Anteils dessen Wertsteigerungen zu Einkommen erheben. Für die unentgeltliche Einziehung muß dagegen der allgemeine Grundsatz der Überschußeinkunftsarten gelten, demzufolge die Wertsteigerungen des zur Einkunftserzielung eingesetzten Vermögens keiner Steuerverstrickung unterworfen sind. Somit stellen die Wertsteigerungen kein (potentielles) Einkommen dar, weshalb für deren Übertragung das Subjektprinzip unbeachtlich ist[4]. Allgemeine Entstrickungsprinzipien, die auf dem Subjektprinzip aufbauen und die für eine

---

[1] Vgl. dazu Abschn. „Wertübergang im Zeitpunkt der Sacheinlage“, S. 167

[2] So für Fragen der Erbschaft- und Schenkungsteuer BFH v. 25.10.1995 – II R 67/93, BStBl. II 1996, 160, 161; Gebel, DStR 1996, 685, 690; Hübl, DStZ 1963, 164, 169 f.

[3] So Paus, Inf. 1979, 149, 151; ähnl. Döllerer, StbJb. 1981/82, S. 195, 217 f.

[4] Vgl. dazu auch ausführlich Abschn. „Dualismus der Einkunftsarten und seine Folgen für die Behandlung stiller Reserven in Kapitalgesellschaftsanteilen“, S. 72

Aufdeckung im Zeitpunkt der Einziehung herangezogen werden könnten, sind damit von vorneherein nicht anwendbar [1].

Vor dem Hintergrund der Systematik des § 17 EStG kann § 17 Abs. 1 S. 5 EStG nur als Mißbrauchsverhinderungsvorschrift verstanden werden, so daß auch eine analoge Anwendung ausscheiden sollte.

Im Ergebnis werden damit die mit dem eingezogen Anteil verbundenen Wertsteigerungen im Fall der unentgeltlichen Einziehung nicht zu Einkommen erhoben. Sie können deshalb – der Systematik der Überschußeinkunftsarten folgend – ohne Verletzung des Subjektprinzips auf ein anderes Rechtssubjekt übertragen werden. Aus diesem Übergang sind keine steuerlichen Folgen abzuleiten.

[1] Vgl. dazu Abschn. „Zwingende Aufdeckung stiller Reserven im Zeitpunkt des Übergangs?“, S. 112

5. Teil: Zusammenfassung

Anstoß zu den Untersuchungen zum Übergang stiller Reserven im Steuerrecht der Kapitalgesellschaften gab - wie schon einleitend erwähnt[1] - das Urteil des BFH vom 8.4.1992[2]. Der Urteilssachverhalt betraf die Kapitalerhöhung einer GmbH, anläßlich derer stille Reserven von Gesellschaftsanteilen, die durch Sacheinlage gem. § 20 Abs. 1 UmwStG erworben worden waren, unentgeltlich auf junge, nicht durch Sacheinlage erworbene Anteile eines Dritten übergingen. Es handelte sich somit um einen Fall des Überspringens stiller Reserven auf ein anderes Rechtssubjekt. Da die Kapitalerhöhung ihrerseits in engem Zusammenhang mit einer zeitlich vorangehenden Einbringung in die GmbH gegen Gewährung von Gesellschaftsrechten zu sehen war, klang in obigem Urteil mit dieser Einbringungsgestaltung ein weiterer Anwendungsfall des Überspringens stiller Reserven an.

Es wurde die Frage aufgeworfen, ob beide Fälle tatsächlich dergestalt gleichzubehandeln seien, daß die stillen Reserven jeweils auch nach ihrem Übergang bei dem neuen Inhaber unabhängig von dessen tatsächlicher Besteuerungssituation steuerverhaftet bleiben müssen. Um eine ausreichende Basis für derartige Untersuchungen zu schaffen, wurde zunächst das steuerrechtliche System zur Bildung bzw. Aufdeckung der stillen Reserven dargestellt.

Diesbezüglich konnte gezeigt werden, daß infolge der Maßgeblichkeit (§ 5 Abs. 1 S. 1 EStG) die Steuerbilanz nur ein aus der Handelsbilanz abgeleitetes Rechenwerk ist, weshalb auch die stillen Reserven in der Steuerbilanz einer Kapitalgesellschaft zunächst weitestgehend aus dem Handelsrecht übernommen werden. Das Steuerrecht kennt darüber hinaus eigene Regeln zur Bildung stiller Reserven, mit deren Hilfe subventionelle Steuervergünstigungen gewährt werden sollen und die über die umgekehrte Maßgeblichkeit (§ 5 Abs. 1 S. 2 EStG) Rückwirkung auf die Handelsbilanz entfalten. Ferner wurde darauf hingewiesen, daß über die Bildung und Auflösung stiller Reserven nicht unbedingt im Sinne bilanzieller Zielsetzungen Einfluß auf das Bilanzergebnis genommen werden kann.

Als Ausgangspunkt für die Aufdeckung der stillen Reserven im Steuerrecht wurde das Totalitätsprinzip vorgestellt, demgemäß alle Vermögensmehrungen zu erfassen sind. Es mußte durch eine zeitliche, sachliche und personelle Komponente dahingehend konkretisiert werden, daß innerhalb einer Besteuerungsperiode von den Vermögensmehrungen, die dem betreffenden Steuersubjekt zuzuordnen sind, diejenigen besteuert werden, die durch einen gesetzlich geregelten Gewinnrealisierungs- bzw. Gewinnausweistatbestand aufgedeckt wurden.

---

[1] Vgl. Abschn. „Einführung und Gang der Untersuchung“, S. 15

[2] I R 128/88, BStBl. II 1992, 761

Für das Überspringen stiller Reserven von besonderer Bedeutung ist dabei die personelle Konkretisierung durch das Subjektprinzip, das zu seiner Durchführung wiederum der Aufdeckungstatbestände der sachlichen Komponente bedarf.

Aufbauend auf diesen grundlegenden Erörterungen konnten die Aufdeckungstatbestände des Steuerrechts als Kriterium herangezogen werden, um Konstellationen des Überspringens stiller Reserven zu unterscheiden, denen später die Einzelfälle zugeordnet wurden. Für jede einzelne Konstellation wurde anschließend nach der zutreffenden steuersystematischen Behandlung gesucht. Hier zeichnete sich bereits ab, daß die eingangs erwähnte Gleichbehandlung der Kapitalerhöhung und der Einbringung fragwürdig ist, da diese Gestaltungen jeweils verschiedenen Konstellationen angehören.

Die Einbringungsgestaltung war der als erstes beschriebenen Konstellation zuzuordnen, nach der ein - wenn auch nicht unbedingt typischer - Gewinnrealisierungstatbestand erfüllt ist, der grundsätzlich die steuerwirksame Aufdeckung der stillen Reserven nach sich zieht. Auf diese Rechtsfolge kann - wie nachgewiesen wurde - immer dann ausnahmsweise verzichtet werden, wenn der Vorgang vor dem Hintergrund des Markteinkommenskonzepts anhand der Kriterien der Fortführung des unternehmerischen Engagements und der Sicherstellung der stillen Reserven als reine Umstrukturierung identifiziert wird. Durch die in Folge davon gestattete Buchwertverknüpfung springen die stillen Reserven auf ein anderes Rechtssubjekt über.

Die Einzelbetrachtungen ergaben, daß eine derartige Ausnahme für die erwähnte Einbringungsgestaltung und für viele andere Anwendungsfälle der ersten Konstellation durch das UmwStG gesetzlich festgelegt ist. Zusammenfassend kann für diese Anwendungsfälle festgehalten werden, daß es auch das Gesetz nur im Fall der reinen Unternehmensumstrukturierung für gerechtfertigt erachtet, ausnahmsweise von der Aufdeckung und Besteuerung der stillen Reserven abzusehen. Besonders erfreulich ist, daß durch die Neuregelung des UmwStG im Jahr 1995 auch die schon bisher geregelten Fälle der Umwandlung einer Kapitalgesellschaft in ein Personenunternehmen als reine Umstrukturierungen erkannt wurden und ihnen mit Recht die Steuerneutralität zugesprochen wurde (§§ 3 ff., 14 UmwStG n.F.). Auf diese Weise stellt auch der Weg in die Kapitalgesellschaft keine steuerliche Einbahnstraße mehr da.

Desgleichen ist die Aufnahme der Spaltung von Kapitalgesellschaften in das UmwStG zu begrüßen (§§ 15 f. UmwStG n.F.), und hier insbesondere die bisher noch nicht begünstigte Variante der rechtsformenübergreifenden Spaltung (§ 16 UmwStG n.F.), anläßlich derer aus einer Kapitalgesellschaft nur oder auch Personengesellschaften entstehen. Für die erfolgsneutrale Behandlung der Spaltung wurde somit die notwendige Rechtssicherheit geschaffen, die das zuvor gültige BMF-Schreiben[1] als Verwaltungsanweisung noch nicht gewährleisten konnte[1].

---

[1]BMF v. 9.1.1992 - IV B 7 - S 1978 - 37/91, BStBl. I 1992, 47

Es konnte nachgewiesen werden, daß sich in den Gesetzesvorschriften auch weitgehend die Kriterien widerspiegeln, die an die Identifikation eines Umstrukturierungsvorgangs zu knüpfen sind. Was allerdings die sachliche Komponente der Fortführung des unternehmerischen Engagements anbelangt, sind die Vorschriften des UmwStG zu eng gefaßt. Nach hier vertretener Auffassung sind bereits 25%-ige Beteiligungen engagementfähig. Zudem dürften die Anforderungen, die an einen Teilbetrieb zu stellen sind, nicht an den strengen Bedingungen des § 16 EStG ausgerichtet werden.

Manche Vorschriften des UmwStG - insbesondere im Bereich der Spaltung - erschienen in Hinblick auf das Engagementkonzept auch überflüssig (z.B. § 15 Abs. 3 S. 1 UmwStG). Sie lassen sich nur mit dem Bestreben des Gesetzgebers erklären, jeglicher Art von Mißbrauch vorzubeugen, können aber dennoch nicht verhindern, daß die Literatur neue Möglichkeiten der Umgehung findet[2].

Ferner mußte für eingangs erwähnte Einbringungsgestaltung die in der Literatur immer wieder angeführte Kritik an der Verdoppelung der stillen Reserven aufgegriffen werden. Die angestrebte Verhaftung des Einbringenden mit seinem ursprünglichen Engagement könnte ohne weiteres auch über eine Mindestbeteiligungsgrenze erreicht werden. Eine derartige Grenze wäre auch bei anderen Umstrukturierungen wünschenswert, um zu verhindern, daß ein sehr kleines in ein sehr großes Unternehmen umgewandelt wird und als Gegenleistung nur Minderheitsbeteiligungen gewährt werden, die keine Fortführung des Engagements erlauben.

Es kann folglich auch noch am neugefaßten UmwStG Kritik geübt werden. Blickt man aber auf das, was durch die Reform bereits bewältigt wurde, sollte es dem Gesetzgeber ein Leichtes sein, auch diese Unstimmigkeiten zu beseitigen. Insgesamt kann also das neue UmwStG vor dem Konzept, das hier zur Rechtfertigung einer erfolgsneutralen Behandlung aller Anwendungsfälle der ersten Konstellation erarbeitet wurde, durchaus bestehen. Indem es die Steuerneutralität derartiger Umstrukturierungen und ihre Rahmenbedingungen gesetzlich festschreibt, gewährleistet es den Unternehmen Flexibilität hinsichtlich der Unternehmensstruktur und erleichtert eine Anpassung an veränderte Marktverhältnisse. Das UmwStG leistet so einen wichtigen Beitrag zur Sicherung der Wettbewerbsfähigkeit des Wirtschaftsstandorts Deutschland. Darüber darf man allerdings nicht vergessen, daß der Erfolg des UmwStG wesentlich auch durch die Reform des UmwG mitgetragen wird.

Gewisse Ähnlichkeiten mit der vorstehend beschriebenen Konstellation konnten in Hinblick auf die steuerliche Behandlung bei der zweiten Konstellation festgestellt werden. Zwar fordert bei dieser Konstellation nicht ein Gewinnrealisierungstatbestand, sondern ein Gewinnausweistatbestand grundsätzlich die

---

[1] Vgl. dazu Hörger/Gronau, DStR 1992, 93, 94

[2] Vgl. beispielhaft Goldenbaum/Strunk, DStR 1995, 1773 m.w.N.

Aufdeckung der stillen Reserven. Doch auch hier kann nur dann ausnahmsweise von dieser Rechtsfolge abgesehen und eine Buchwertverknüpfung zugelassen werden, wenn es sich um eine reine Umstrukturierung handelt, die nicht vom Zweck der Gewinnausweistatbestände erfaßt wird. Eine Umstrukturierung wird ebenfalls anhand der Kriterien der Fortführung des unternehmerischen Engagements und der Sicherstellung der stillen Reserven identifiziert.

Als Anwendungsfall dieser Konstellation kam § 7 Abs. 1 EStDV in Betracht. Auch diese Vorschrift spiegelt - den angestellten Untersuchungen zufolge - den Umstrukturierungsgedanken und die damit verbundenen Kriterien weitgehend zutreffend wider. Das mit der unentgeltlichen Übertragung einer Vermögensgesamtheit verbundene Überspringen der stillen Reserven ist insofern systemgerecht. Allerdings ist auch § 7 Abs. 1 EStDV, der nur die Übertragung eines Betriebs, Teilbetriebs oder Mitunternehmeranteils zum Gegenstand hat, hinsichtlich seiner sachlichen Komponente zu eng gefaßt. Außerdem gewährt die Vorschrift kein Wahlrecht zur Weiterverhaftung der stillen Reserven. Zu kritisieren ist in Verbindung mit § 7 Abs. 1 EStDV ferner die Behandlung der teilentgeltlichen Übertragung, da die Rechtsprechung für die Aufteilung dieses Vorgangs von der hier nicht für sachgerecht erachteten Einheitstheorie ausgeht. Zudem sollten die Widersprüche und Unklarheiten beseitigt werden, die bestehen, wenn § 7 Abs. 1 EStDV in Verbindung mit einer verdeckten Einlage, einer verdeckten Gewinnausschüttung und in Fällen, in denen eine Kapitalgesellschaft als Erbin ihres Gesellschafters auftritt, angewandt wird.

Für alle bislang angesprochenen Einzelfälle war der Verzicht auf die Aufdeckung der übergehenden stillen Reserven und das damit verbundene Überspringen auf ein anderes Rechtssubjekt vor dem Hintergrund des in dieser Arbeit vorgestellten Konzept dem Grunde nach gerechtfertigt. Nur die Rahmenbedingungen sind im Einzelfall korrekturbedürftig. Gleiches gilt jedoch nicht für das „Rechtsinstitut" der Betriebsaufspaltung, das bislang noch keine gesetzliche Regelung erfahren hat. Da die Begründung der Betriebsaufspaltung grundsätzlich den Tatbestand der Betriebsaufgabe i.S.d. § 16 Abs. 3 EStG erfüllt, könnte sie als Anwendungsfall der zweiten Konstellation begriffen werden. Die zwingend erfolgsneutrale Behandlung des gesamten Vorgangs - wie ihn die Rechtsprechung annimmt - erscheint aber mehr als fragwürdig.

Insbesondere hinsichtlich des auf die Betriebsgesellschaft übertragenen Vermögens kann - wie dargelegt - der Übergang nicht in jedem Fall steuerneutral vollzogen werden. Der Verzicht auf die Aufdeckung der übergehenden stillen Reserven ist vielmehr nur dann gerechtfertigt, wenn diesbezüglich ein Umstrukturierungsvorgang anzunehmen ist, der den Rechtsgrund für eine teleologische Reduktion der Rechtsfolge des § 16 Abs. 3 EStG liefert. Ein derartiger Umstrukturierungsvorgang kann auch bei der Betriebsaufspaltung nur dann vorliegen, wenn die Anforderungen der sachlichen Komponente der Fortführung des Engagements, die Übertragung einer Vermögensgesamtheit, erfüllt sind. Um die davon abweichende Behandlung durch die Rechtsprechung aufrechtzuerhalten, werden immer strengere Anforderungen an die sachliche und personelle Verflechtung von Besitz- und Betriebsunternehmen erforderlich. Bedauerlicherweise ist derzeit nicht abzusehen, daß dies die Betriebsaufspaltung tatsächlich in die Selbstauflösung führt[1], so daß der Weg zu einer neuen, steuerlich zutreffenden Behandlung eröffnet wäre.

Die eingangs erwähnte Gestaltung der Kapitalerhöhung schließlich mußte - ebenso wie vergleichbare Fälle des Wertübergangs im Zeitpunkt einer Sacheinlage - als Anwendungsfall der dritten Konstellation eingeordnet werden, da im Übertragungszeitpunkt kein gesetzlich geregelter Besteuerungstatbestand erfüllt ist, aber dennoch stille Reserven in Verletzung des Subjektprinzips auf ein anderes Rechtssubjekt übertragen werden. War die steuerliche Behandlung der ersten beiden Konstellationen noch in Grundzügen vergleichbar, wurde für diese dritte Konstellation ein völlig anderes Ergebnis abgeleitet. Zu einer Weiterverhaftung entsprechend den beiden ersten Konstellationen bestünde nur Anlaß, wenn im Übertragungszeitpunkt die Aufdeckung der stillen Reserven zwingend erforderlich wäre. Eine Aufdeckung der stillen Reserven konnte aber weder über einen gesetzlichen Aufdeckungstatbestand - denn ein solcher ist gerade nicht gegeben - noch ersatzweise über ein allgemeines Prinzip der Subjektsteuerentstrickung herbeigeführt werden. Desgleichen war eine Aufdeckung infolge einer erweiterten Auslegung der Gewinnausweistatbestände sowie infolge einer analogen Anwendung derselben abzulehnen. Deshalb muß hingenommen werden, daß die stillen Reserven unter Umständen dem Zugriff des Fiskus endgültig entzogen werden.

Wenn die Rechtsprechung dennoch für obige Kapitalerhöhungsvariante - vergleichbar der Einbringung gegen Gewährung von Gesellschaftsrechten - eine Weiterverhaftung der stillen Reserven bei ihrem neuen Inhaber unabhängig von dessen tatsächlicher Besteuerungssituation annimmt, ist sie von unterschiedlichen, nicht vergleichbaren Bedingungen ausgegangen. Beurteilt man diese Gestaltung einer Kapitalerhöhung anhand der hier vertretenen Grundsätze, fehlt der Lösung des BFH die Rechtsgrundlage, weshalb er nicht an seiner Auffassung festhalten sollte.

Bedenklich stimmt auch, daß Rechtsprechung und Finanzverwaltung keine einheitliche Behandlung für alle Anwendungsfälle der dritten Konstellation vorsehen, sondern sich einmal für Weiterverhaftung, ein andermal für Aufdeckung im Übertragungszeitpunkt entscheiden. Dies zeigt sich insbesondere mit Blick auf die ebenfalls dieser Konstellation zuzuordnenden Betriebsaufspaltungsvarianten, bei denen bei Begründung oder im Verlauf der Betriebsaufspaltung an der Betriebs-Kapitalgesellschaft Dritte beteiligt werden, die nicht zugleich auch Gesellschafter des Besitzunternehmens sind und die kein Aufgeld für ihnen

---

[1]So noch Knobbe-Keuk, Bilanz- und Unternehmenssteuerrecht, S. 871

zuwachsende stille Reserven zu leisten haben. Für derartige Gestaltungen ordnet die Finanzverwaltung keine Weiterverhaftung der übergehenden stillen Reserven an, sondern fordert trotz fehlendem gesetzlichen Besteuerungstatbestand ihre Aufdeckung im Übertragungszeitpunkt. Doch da auch hier die Forderung der Finanzverwaltung nach Aufdeckung keinen Rückhalt im Gesetz findet, sondern sich letztlich nur auf ein allgemeines Prinzip zur Subjektsteuerentstrickung stützt, ist sie abzulehnen. Vielmehr ist zu betonen, daß der intersubjektive Übergang der stillen Reserven keine steuerlichen Folgen zeitigt.

Nicht nur die Widersprüchlichkeit in der geltenden Behandlung durch Rechtsprechung und Finanzverwaltung für die Anwendungsfälle der dritten Konstellation, sondern vor allem die Tatsache, daß dem Steuerpflichtigen eine Steuerlast [1] auferlegt wird, die nicht aus dem Gesetz abgeleitet werden kann, verschärft den Handlungsbedarf. Rechtsprechung und Finanzverwaltung müssen die gemeinsamen Kennzeichen all dieser Fälle, die darin bestehen, daß gerade kein Aufdeckungstatbestand erfüllt ist und dennoch stille Reserven überspringen, zur Kenntnis nehmen und akzeptieren, daß die stillen Reserven gegebenenfalls auch der Besteuerung entzogen werden können.

Letztlich wäre es jedoch im Interesse der Rechtssicherheit Sache des Gesetzgebers, in diesem Bereich Klarheit zu schaffen. Die Gelegenheit, die sich ihm, angeregt durch die - wenn auch aufgrund ihrer Ausgestaltung nicht unbedingt zu befürwortenden - Empfehlung des Bundesrates [2] bei der Reform des UmwStG 1995 bot, hat er verstreichen lassen. Da das UmwStG aber - wie sich in der Vergangenheit gezeigt hat - ein durchaus bewegliches Rechtsgebiet ist, bleibt zu hoffen, daß dieses Versäumnis in nicht allzu ferner Zukunft und möglichst nicht nur beschränkt auf den Anwendungsfall der Kapitalerhöhung nachgeholt wird.

---

[1] Zu Fragen der Steuerbelastung, insbesondere einer etwaigen Doppelbelastung vgl. Patt, DStR 1996, 361

[2] Empfehlung des Bundesrates v. 27.6.1994, BR-Drucks. 587/1/94, S. 9 ff.

Literaturverzeichnis

Adler, Hans/Düring, Walther/Schmaltz, Kurt, Rechnungslegung und Prüfung der Unternehmen. Kommentar, 5. Aufl., Stuttgart 1987 (Loseblatt), zit. als: Rechnungslegung

Albach, Horst, Gewinnrealisierung im Ertragsteuerrecht, StbJb. 1970/71, S. 287

Baetge, Jörg, Bilanzen, 3. Aufl., Düsseldorf 1994

Barth, Kuno, Kann eine wesentliche Beteiligung an einer Kapitalgesellschaft ein Gewerbebetrieb sein?, GmbHR 1964, 89

Barz, Carl Hans (Hrsg.), Das Frankfurter Publizitätsgespräch, Frankfurt a.M. 1962

Beisse, Heinrich, Gewinnrealisierung - Ein systematischer Überblick über Rechtsgrundlagen, Grundtatbestände und grundsätzliche Streitfragen, in: Ruppe, Hans Georg (Hrsg.), Gewinnrealisierung im Steuerrecht, JDStJG Köln 1981

Bering, Stefan, Die Änderung der §§ 16 und 17 durch das JStG 1996, DStR 1995, 1820

Biergans, Enno, Einkommensteuer und Steuerbilanz, 6. Aufl., München 1992, zit. als: Einkommensteuer

Biergans, Enno, Überlegungen zur Zurechnung latenter Einkünfte im Einkommensteuerrecht, FR 1982, 525

Biergans, Enno/Koller, Andreas, Vermögensübertragungen gegen private Versorgungsleistungen, DStR 1993, 741

Biermeier, Alfons/Bongen, Wolfgang/Renaud, Werner, Zur Aufdeckung stiller Reserven bei der Aufstockung einbringungsgeborener GmbH-Geschäftsanteile, BB 1987, 1998

Birk, Dieter, Gleichheit und Gesetzmäßigkeit der Besteuerung, StuW 1989, 212

Blumers, Wolfgang, Ausgliederung und Spaltung und wesentliche Betriebsgrundlagen, DB 1995, 496

Blumers, Wolfgang, Erste Erfahrungen mit dem Spaltungserlaß, DB 1992, 1317

Blumers, Wolfgang/Kramer, Andreas, Ausgliederung und Spaltung mit Teilbetrieben, DB 1993, 852

Blümich, - , Einkommensteuergesetz, Körperschaftsteuergesetz, Gewerbesteuergesetz, 14. Aufl., München 1994, Stand März 1996 (Loseblatt), zit. als: EStG

Bordewin, Arno, Rechtsprechung der Finanzgerichte zum Bilanzsteuerrecht 1993, NWB Fach 17, S. 1339

Brandenberg, Hermann Bernwart/Crezelius, Georg, Entwicklungen zu Kernfragen der Gestaltungspraxis bei Personengesellschaften, JbFASt. 1990/91, S. 225

Brandenburg, Hans-Friedrich, Die teleologische Reduktion, Göttingen 1983

Brandmüller, Gerhard, Die Betriebsaufspaltung nach Handels- und Steuerrecht, 6. Aufl., Heidelberg 1994, zit. als: Betriebsaufspaltung

Brönner, Herbert/Bareis, Peter, Die Bilanz nach Handels- und Steuerrecht, 9. Aufl., Stuttgart 1991

Budde, Wolfgang Dieter u.a., Beck'scher Bilanzkommentar, 3. Aufl., München 1995

Busse von Colbe, Walther, Bilanzen, 5. Aufl., Wiesbaden 1988

Carlé, Dieter, Verschleierte Sachgründung einer GmbH und § 20 UmwStG, GmbHR 1983, 203

Charlier, Rudolf, Gewinnrealisierung bei Entnahmen?, StbJb. 1969/70, S. 361

Christ, Jürgen, Steuerrechtliche Folgen einer Veräußerung von Anteilen an Kapitalgesellschaften im Zusammenhang mit der Umwandlung, StVj. 1991, 361

Clemm, Hermann, Grundprobleme der Gewinn- und Verlustrealisation bei langfristiger Auftragsfertigung und langfristiger Vermietung, in: Ruppe, Hans Georg (Hrsg.), Gewinnrealisierung im Steuerrecht, JDStJG Köln 1981

Coenenberg, Adolf G., Jahresabschluß und Jahresabschlußanalyse, 15. Aufl., Landsberg/Lech 1994, zit. als: Jahresabschluß

Costede, Jürgen, Erben und Erwerben in einkommensteuerlicher Sicht, StVj 1989, 41

Costede, Jürgen, Gestaltungsmöglichkeiten bei der Umgründung von Einzelfirmen und Personengesellschaften in Kapitalgesellschaften, GmbHR 1980, 13, 43

Crezelius, Georg, Bilanzrecht, Köln 1988

Crezelius, Georg, Das sogenannte schwebende Geschäft in Handels-, Gesellschafts- und Steuerrecht, in: Festschrift Döllerer, Düsseldorf 1988, S. 81

Crezelius, Georg, Sicherung der Unternehmensnachfolge und Besteuerung, in: Wassermeyer, Franz (Hrsg.), Grundfragen der Unternehmensbesteuerung, JDStJG Köln 1994

Crezelius, Georg, Steuerrechtliche Rechtsanwendung und allgemeine Rechtsordnung, Herne/Berlin 1983, zit. als: Rechtsanwendung

Crezelius, Georg, Zu den Rechtsfolgen verdeckter Sacheinlagen im GmbH-Recht, DB 1990, 2458

Crezelius, Georg/Haarmann, Wilhelm/Haug, Wolfgang, Fallbesprechungen, JbFASt. 1985/86, S. 437

Crezelius, Georg, Steuerrecht II. Die einzelnen Steuerarten, 2. Aufl., München 1994, zit. als: Steuerrecht II

Dehmer, Hans, Das Umwandlungssteuergesetz 1994, DStR 1994, 1713, 1753

Dehmer, Hans, Umwandlungsgesetz, Umwandlungssteuergesetz, 2. Aufl., München 1996, zit. als: UmwG, UmwStG

Deutsches Steuerberaterinstitut e.V., Steuerberater-Handbuch 1994, Bonn 1994

Döllerer, Georg, Die wesentliche Beteiligung im Ertragsteuerrecht, StbJb. 1981/82, S. 195
Döllerer, Georg, Handelsbilanz und Steuerbilanz nach den Vorschriften des Bilanzrichtlinien-Gesetzes, BB-Beil. 12/1987
Döllerer, Georg, Verdeckte Gewinnausschüttung, verdeckte Einlagen - neue Rechtsprechung, neue Fragen, DStR 1989, 331
Döllerer, Georg, Verdeckte Gewinnausschüttungen und verdeckte Einlagen bei Kapitalgesellschaften, 2. Aufl., Heidelberg 1990, zit. als: Verdeckte Gewinnausschüttung
Donath, Roland, Die Betriebsaufspaltung, Heidelberg 1991
Dürr, Ulrich, Zur Frage der Gewinnrealisierung durch Sachwertabfindung an ausscheidende Gesellschafter, FR 1974, 25
Ebeling, Jürgen, Keine Betriebsaufspaltung bei Pachtverträgen zwischen Kapitalgesellschaften, in: Festschrift für Ludwig Schmidt, München 1993, S. 471
Endres, Dieter, Die Besteuerung gesellschaftsrechtlicher Vermögensübertragungen, Frankfurt a.M. 1982, zit. als: Vermögensübertragungen
Engl, Richard, Kein Körperschaftsteuer-Anrechnungsverfahren bei der Einziehung von Anteilen an Kapitalgesellschaften, BB 1979, 566
Fasold, -, Die steuerbegünstigte Einbringung eines Betriebes im Entwurf eines neuen Umwandlungssteuergesetzes, DB 1968, 1771
Federmann, Rudolf, Bilanzierung nach Handelsrecht und Steuerrecht, 10. Aufl., Berlin 1994
Felix, Günther, Anmerkung zum Urteil des BFH v. 27.7.1988, DStZ 1989, 206
Felix, Günther, Einkommensteuer und vorweggenommene Erbfolge: Die neue Rechtslage, KÖSDI 1991, 8426
Felix, Günther, Teilentgeltliche Rechtsgeschäfte in der Einkommensteuer, FR 1987, 601
Felix, Günther, Überholte und weitergeltende Steuerrechtsprechung zur Einkommensteuer der vorweggenommenen Erbfolge, KÖSDI 1991, 8638
Felix, Günther, Zur Gewinnrealisierung - insbesondere zur Veräußerung, Aufgabe, Entstrickung und Wechsel der Einkunftsart, StKongRep. 1980, 129
Felix, Günther/Stahl, Rudolf, Steuer- und zivilrechtliche Erwägungen zur Umgründung von Gesellschaften mbH in Personengesellschaften oder Einzelunternehmen, Beihefter zu DStR Heft 3/1986
Fichtelmann, Helmar, Probleme der Gewinnrealisierung bei der Betriebsaufspaltung, GmbHR 1991, 369, 431
Flume, Werner, Der gesetzliche Steuertatbestand und die Grenztatbestände in Steuerrecht und Steuerpraxis, StbJb. 1967/68, S. 63
Flume, Werner, Die „Steuerbegünstigung" der Umwandlung, DB 1957, 804
Förster, Guido/Heyeres, Ralf, Vorweggenommene Erbfolge im Zivilrecht, Erbschaftsteuerrecht und Einkommensteuerrecht, BB 1991, 1458

Fratz, Wolfgang, Steuerliche Behandlung einbringungsgeborener Anteile bei Kapitalerhöhungen, DStR 1993, 47

Friauf, Karl-Heinrich, Gewinnrealisierung und Entnahme. Zur neueren Rechtsprechung des Bundesfinanzhofs, StbJb. 1975/76, S. 369

Friauf, Karl-Heinrich, Möglichkeiten und Grenzen der Rechtsfortbildung im Steuerrecht, in: Tipke, Klaus (Hrsg.), Grenzen der Rechtsfortbildung durch Rechtsprechung und Verwaltungsvorschriften im Steuerrecht, JDStJG Köln 1982

Friedrich, Werner, Zur Realisierung stiller Reserven bei der Einbringung von Betriebsvermögen in eine Kapitalgesellschaft, DB 1962, 313

Frotscher, Gerrit/Maas, Ernst, Kommentar zum Körperschaftsteuergesetz, Freiburg i.Br. 1978 ff., Stand Juni 1994 (Loseblatt), zit. als: KStG

Ganske, Joachim, Die Reform des Umwandlungsrechts, in: Wassermeyer, Franz (Hrsg.), Grundfragen der Unternehmensbesteuerung, JDStJG Köln 1994

Gebel, Dieter, Gesellschaftliche Leistungsbeziehungen und Schenkungsteuer, DStR 1996, 685

Gebel, Dieter, Schenkung von Anteilen an der Betriebskapitalgesellschaft im Zuge einer Betriebsaufspaltung, DStR 1992, 1341

Glade, Anton, Kapitalerhöhung als Besteuerungs-Ersatztatbestand im Sinne von § 21 des Umwandlungssteuergesetzes, BB 1980, 145

Goldenbaum, Gunnar/Strunk, Günther, Zusammenwirken von UmwStG 1995 und Mitunternehmererlaß, DStR 1995, 1773

Goutier, Klaus/Knopf, Rüdiger/Tulloch, Anthony, Kommentar zum Umwandlungsrecht, Heidelberg 1995, zit. als: Umwandlungsrecht

Groh, Manfred, Anschaffungskosten aus Sacheinlagen, FR 1990, 528

Groh, Manfred, Die Betriebsaufspaltung in der Selbstauflösung, DB 1989, 748

Groh, Manfred, Die vorweggenommene Erbfolge - ein Veräußerungsgeschäft?, DB 1990, 2187

Groh, Manfred, Einkommensteuerliche Wirkung der Einbringung von Unternehmen in Kapitalgesellschaften, StuW 1963, Sp. 449

Groh, Manfred, Gemischte Schenkung und gemischte Sacheinlage im Ertragsteuerrecht, StuW 1984, 217

Groh, Manfred, Verdeckte Einlagen unter dem Bilanzrichtlinien-Gesetz, BB 1990, 379

Habich, Jürgen, Die Entscheidungen des Bundesfinanzhofes zur gemischten Schenkung im Rahmen der §§ 16, 17 EStG - ein Widerspruch?, FR 1988, 16

Hahn, Hartmut, Zum Gläubigerschutz bei der Spaltung von Kapitalgesellschaften, GmbHR 1991, 242

Haritz, Detlef/Benkert, Manfred, Umwandlungssteuergesetz. Kommentar, München 1996, zit. als: UmwStG

Hartmann, Bernhard/Walter, Norbert, Auslegung und Anwendung von Steuergesetzen, Berlin 1984

Hartmann/Böttcher/Nissen/Bordewin, Kommentar zum Einkommensteuergesetz, Heidelberg 1955, Stand Mai 1995 (Loseblatt), zit. als: EStG

Hauber, Bruno/Hofbauer, Max A., Dezentralisation von Unternehmen bei Kapitalgesellschaften und Personengesellschaften, JbFASt. 1983/84, S. 413

Heidemann, Otto, Verschleierte Sachgründung der GmbH, Inf. 1994, 289

Heinemann, Peter, Beratungsspezifische Fragen des GmbH-Rechts in der aktuellen Steuerpraxis, DStZ 1984, 37

Heinen, Edmund, Handelsbilanzen, 12. Aufl., Wiesbaden 1986

Heinen, Edmund, Industriebetriebslehre, 9. Aufl., Wiesbaden 1991

Heinhold, Michael, Der Jahresabschluß, 3. Aufl., München 1995

Heinhold, Michael, Grundfragen der Bilanzierung, 2. Aufl., München 1987

Hellwig, Peter, Die „Steuerentstrickung“ in der Rechtsprechung des Bundesfinanzhofs und der Finanzgerichte, FR 1976, 129

Hennrichs, Joachim, Wirkung der Spaltung, AG 1993, 508

Henscheid, Matthias, Die Umkehrung des Maßgeblichkeitsprinzips, BB 1992, 98

Herrmann, Carl/Heuer, Gerhard/Raupach, Arndt, Einkommensteuer- und Körperschaftsteuergesetz mit Nebengesetzen. Kommentar, 20. Aufl., Köln 1992, Stand Mai 1996 (Loseblatt), zit. als: EStG/KStG

Herzig, Norbert (Hrsg.), Besteuerung der Spaltung von Kapitalgesellschaften, Köln 1992, zit. als: Spaltung

Herzig, Norbert, Ausgewählte Schwachstellen des Körperschaftsteuerrechts, GmbHR 1987, 140

Herzig, Norbert, Die Realteilung von Kapitalgesellschaften im Ertragsteuerrecht, DB 1986, 1401

Herzig, Norbert, Rechtsformneutralität der Besteuerung bei Rechtsformwechsel, StuW 1988, 342

Herzig, Norbert/Förster, Guido, Problembereiche bei der Auf- und Abspaltung von Kapitalgesellschaften nach neuem Umwandlungssteuerrecht, DB 1995, 338

Herzig, Norbert/Momen, Leila, Die Spaltung von Kapitalgesellschaften im neuen Umwandlungssteuergesetz, DB 1994, 2157, 2210

Herzig, Norbert/Ott, Hans, Das Steuerrecht als Umwandlungs- und Spaltungsbremse, DB 1989, 2033

Heymann, Ernst/Emmerich, Volker, Handelsgesetzbuch. Kommentar, Berlin 1989, zit. als: HGB

Hofbauer, Max A./Kupsch, Peter, Bonner Handbuch der Rechnungslegung, Bonn 1986/92 (Loseblatt), Stand März 1995, zit. als: Bonner Handbuch

Hoffmann, Fritz, Gewinnrealisierung bei der Verschmelzung von Genossenschaften und Versicherungsvereinen auf Gegenseitigkeit, DStZ 1962, 309

Hörger, Helmut, Die neue Gewerbesteuerpflicht bei Betriebsveräußerung und -aufgabe nach § 18 Abs. 4 UmwStG 1995, DStR 1995, 905

Hörger, Helmut, Ertragsteuerliche Brennpunkte der Spaltungspraxis unter Berücksichtigung der neuen Bundesländer, in: Herzig, Norbert (Hrsg.), Besteuerung der Spaltung von Kapitalgesellschaften, Köln 1992

Hörger, Helmut, Spaltung von Kapitalgesellschaften, FR 1994, 765

Hörger, Helmut/Gronau, Franz-Stephan, Spaltung von Kapitalgesellschaften - Anmerkungen zum BMF-Schreiben vom 9.1.1992, DStR 1992, 93

Hübl, Leo, Bemerkungen zur Einbringung von Betrieben in eine Kapitalgesellschaft, JbFASt. 73/74, S. 130

Hübl, Leo, Erwerb und Einziehung eigener Anteile, DStZ 1963, 164

Hügel, Hanns F., Verschmelzung und Einbringung: Unternehmensübertragung auf verbandsrechtlicher Grundlage im österreichischen und deutschen Gesellschafts-, Bilanz- und Ertragsteuerrecht der Kapitalgesellschaften, Köln 1993, zit. als: Verschmelzung und Einbringung

Hügel, Hanns, Reform des Umwandlungssteuerrechts, in: Wassermeyer, Franz (Hrsg.), Grundfragen der Unternehmensbesteuerung, JDStJG Köln 1994

IDW (Hrsg.), Bericht über die Fachtagung 1980 - Das Steuerrecht im Wandel, Düsseldorf 1980

Jacobs, Horst Heinrich, Die Spekulationssteuerpflicht bei der Veräußerung von Nachlaßgegenständen, DB 1970, 1099

Kemmer, Michael, Teilentgeltliche Rechtsgeschäfte in der Einkommensteuer, Oldenbourg 1987, zit. als: Teilentgeltliche Rechtsgeschäfte

Keuk, Brigitte, Die Einbringung eines Personenunternehmens in eine Kapitalgesellschaft, DB 1972, 1643

Keuk, Brigitte, Ertragsbesteuerung der Personengesellschaften, StuW 1974, 177

Kiethe, Kurt/Imbeck, Martin, Die Heilung verdeckter Sacheinlagen im GmbH-Recht, DStR 1994, 209

Kirchhof, Paul, Leitsätze zu „Besteuerung und Eigentum“, StuW 1980, 366

Kirchhof, Paul/Söhn, Hartmut, Einkommensteuergesetz. Kommentar, Stand Dezember 1995 (Loseblatt), zit. als: EStG

Kläschen, Kay, Körperschaftsteuer. Kommentar, Siegburg 1976, Stand September 1993 (Loseblatt)

Klein, Franz/Laube, Konrad/Schöberle, Horst, Handbuch des Körperschaftsteuerrechts, Stand Januar 1994 (Loseblatt)

Knobbe-Keuk, Brigitte, Aktuelle Rechts- und Steuerprobleme der mittelständischen Unternehmen, StbJb. 1986/87, S. 129

Knobbe-Keuk, Brigitte, Bilanz- und Unternehmenssteuerrecht, 8. Aufl., Köln 1991

Knobbe-Keuk, Brigitte, Bilanz- und Unternehmenssteuerrecht, 9. Aufl., Köln 1993
Knobbe-Keuk, Brigitte, Die Betriebsauspaltung - ein „Rechtsinstitut"?, StbJb. 1980/81, S. 335
Knoppe, Helmut, Betriebsverpachtung, Betriebsaufspaltung, 7. Aufl., Düsseldorf 1985
Kraft, Cornelia, Entwicklungstendenzen in der Besteuerungskonzeption für Personengesellschaften, DStR 1995, 921
Krebs, Hans-Joachim, Änderungen des Umwandlungssteuerrechts, BB 1994, 2115
Krebs, Hans-Joachim, Ertragsteuerliche Behandlung der Spaltung von Kapitalgesellschaften, BB 1992, 184
Kruse, Heinrich Wilhelm, Steuerrechtsfolgen gemischter Schenkungen - Ertragsteuerrechtlicher Teil, JbFASt. 1982/83, S. 165
Kruse, Heinrich Wilhelm, Zur Anwendung der §§ 16, 17 EStG, § 7 Abs. 1 EStDV bei gemischten Schenkungen und anderen Sonderformen der Schenkung, StuW 1982, 345
Kruse, Heinrich Wilhem (Hrsg.), Die Grundprobleme der Personengesellschaft im Steuerrecht, JDStJG Köln 1979
Kübler, Friedrich, Gesellschaftsrecht, 4. Aufl., Heidelberg 1994
Küting, Karlheinz/Weber, Claus-Peter, Handbuch der Rechnungslegung, 4. Aufl., Stuttgart 1995
Lademann/Söffing/Brockhoff, Kommentar zum Einkommensteuergesetz, München/Hannover 1964, Stand Dezember 1995 (Loseblatt), zit. als: EStG
Lang, Joachim, Die Bemessungsgrundlage der Einkommensteuer, Köln 1981/88, zit. als: Bemessungsgrundlage
Lang, Joachim, Gewinnrealisierung - Rechtsgrundlagen, Grundtatbestände und Prinzipien im Rahmen des Betriebsvermögensvergleichs nach § 4 Abs. 1 EStG, in: Ruppe, Hans Georg (Hrsg.), Gewinnrealisierung im Steuerrecht, JDStJG Köln 1981
Lang, Joachim, Gewinnrealisierung bei Personengesellschaften, StuW 1978, 215
Larenz, Karl, Methodenlehre der Rechtswissenschaft, 6. Aufl., Berlin 1991, zit. als: Methodenlehre
Leffson, Ulrich, Die Grundsätze ordnungsmäßiger Buchführung, 7. Aufl., Düsseldorf 1987
Littmann, Eberhard, Auswirkung der Rechtsprechung des Großen Senats des BFH zur Betriebsaufspaltung, DStR 1973, 391
Littmann, Eberhard/Bitz, Horst/Hellwig, Peter, Das Einkommensteuerrecht. Kommentar, 15. Aufl., Düsseldorf/Köln 1988, Stand März 1996 (Loseblatt), zit. als: Einkommensteuerrecht
Loritz, Karl-Georg, Einkommensteuerrecht, Heidelberg 1988

Luckey, Günter, Gewinnrealisierung bei Unternehmensumwandlung und bei Übertragung einzelner Wirtschaftsgüter, StuW 1979, 129
Luckey, Günter, Steuerliche Gewinnrealisierung bei Umwandlung von Unternehmungen und Übertragung einzelner Wirtschaftsgüter, Wiesbaden 1977; zit. als: Gewinnrealisierung
Lüders, Jürgen, Realisationszeitpunkt und wirtschaftliche Betrachtungsweise, DB 1986, 1944
Luik, Hans, Grundprobleme des Realisationszeitpunktes, dargestellt an den Fällen der Lieferung mit Rückgaberecht, des Umtauschgeschäfts und der Liquidation, in: Ruppe, Hans Georg (Hrsg.), Gewinnrealisierung im Steuerrecht, JDStJG Köln 1981
Maas, Ernst, Die Erhöhung des Stammkapitals bei „einbringungsgeborenen" Gesellschaften mbH, BB 1980, 1791
Märkle, Rudi, Die teilentgeltliche Betriebsübertragung im Rahmen der vorweggenommenen Erbfolge, DStR 1993, 1005
Märkle, Rudi, Neue Rechtsprechung zur Betriebsaufspaltung (Stand 1.1.1994), BB 1994, 831
Märkle, Rudi, Teilentgeltlichkeit bei der Übertragung von Betrieben, Mitunternehmeranteilen und betrieblichen Einzelwirtschaftsgütern, StbJb. 1987/88, S. 309
Märkle, Rudi/Franz, Roland, Die Erbauseinandersetzung über Betriebsvermögen und die vorweggenommene Erbfolge, BB-Beil. 5/1991
Maunz, Theodor/ Dürig, Günther u.a., Grundgesetz. Kommentar, München 1994, Stand Mai 1994 (Loseblatt)
Mayer, Dieter, Zivilrechtliche Möglichkeiten und Haftungsrisiken bei der ertragsteuerlich neutralen Spaltung einer GmbH, GmbHR 1992, 129
Mayer, Robert/Widmann, Siegfried, Schwerpunkte steuer- und gesellschaftsrechtlicher Praxis bei Einbringung - Umwandlung und Verschmelzung, JbFASt. 1986/87, S. 189
Meilicke, Heinz, Entgeltliche und unentgeltliche Rechtsgeschäfte zwischen Familienmitgliedern in zivilrechtlicher und steuerrechtlicher Sicht, StbJb. 1976/77, S. 289
Mellerowicz, Konrad/Brönner, Herbert, Rechnungslegung und Gewinnverwendung der Aktiengesellschaft, Berlin 1970
Menges, Jürgen, Ökonomische Analyse des Umwandlungssteuerrechts, Bergisch Gladbach 1991, zit. als: Ökonomische Analyse
Mertens, Kai, Zur Universalsukzession in einem neuen Umwandlungsrecht, AG 1994, 66
Meyer, Axel, Die Besteuerung von Gewinnen aus der Veräußerung von GmbH-Anteilen nach unentgeltlichem Übergang stiller Reserven, BB 1994, 516
Moxter, Adolf, Bilanzlehre, Bd. 2. Einführung in das neue Bilanzrecht, 3. Aufl., Wiesbaden 1986

Moxter, Adolf, Zum neuen Bilanzrechtsentwurf, BB 1985, 1101
Neeb, Helmut, Die Besteuerung von Spekulationsgewinnen, StuW 1991, 52
Neye, Hans-Werner, Die Reform des Umwandlungsrechts, DB 1994, 2069
Obermüller, A., Teilentgeltliche Veräußerung von Betrieben, Teilbetrieben und Mitunternehmeranteilen unter Buchwert, Inf. 1991, 409
Oppenländer, Frank, Eigenkapitalersatz durch Gebrauchs- oder Nutzungsüberlassung an die GmbH, DStR 1993, 1523
Oppermann, Robert, Verschleierte Sachgründung und § 20 UmwStG, DB 1989, 753
Ossendorf, Herbert, Körperschaftsteuer-Anrechnung bei der Einziehung von Geschäftsanteilen an einer GmbH, BB 1979, 40
Ott, Hans, Die Realteilung einer Kapitalgesellschaft im Ertragsteuerrecht, Köln 1989, zit. als: Realteilung einer Kapitalgesellschaft
Ott, Hans, Einkommensteuerliche Behandlung der vorweggenommenen Erbfolge bei GmbH-Anteilen, GmbHR 1994, 524
Ott, Hans, Umwandlung einer GmbH in ein Einzelunternehmen nach neuem Umwandlungs- und Umwandlungssteuerrecht, Inf. 1995, 300
Pape, M., Auswirkungen der Teilentgeltlichkeit bei Betriebsübertragungen im Wege der vorweggenommenen Erbfolge, Inf. 1991, 221, 245
Patt, Joachim, Anwendung des § 21 UmwStG nach Kapitalerhöhung - Auswirkung der neueren BFH-Rechtsprechung, DStR 1993, 600
Patt, Joachim, Doppelte Steuerbelastung bei Veräußerung einbringungsgeborener Anteile an Kapitalgesellschaften nach Kapitalerhöhung?, DStR 1996, 361
Patt, Joachim, Steuerentstrickung ohne Ertragsteuerbelastung mit Hilfe des UmwStG?, DStR 1993, 1389
Patt, Joachim/Rasche, Ralf, Steuerrechtliche Buchwertverknüpfung für Sacheinlagen im Sinne des § 20 Abs. 1 UmwStG in Abweichung von der Handelsbilanz, DStR 1994, 841
Patt, Joachim/Rasche, Ralf, Aktuelle Fragen zu den Einbringungstatbeständen des Umwandlungssteuerrechts, FR 1995, 432
Paus, Bernhard, Auslegung des § 17 EStG gegen seinen Wortlaut?, FR 1994, 350
Paus, Bernhard, Einkommensteuerliche Behandlung gemischter Schenkungen, FR 1987, 299
Paus, Bernhard, Fällt die Einziehung von GmbH-Anteilen unter § 17 EStG, Inf. 1979, 149
Paus, Bernhard, Schuldübernahme bei wesentlichen Beteiligungen, DStZ 1992, 309
Pelka, -, Einheitsbewertung des Grundbesitzes unter verfassungsrechtlichem Aspekt, StuW 1975, 208

Perridon, Louis/Steiner, Manfred, Finanzwirtschaft der Unternehmung, 7. Aufl., München 1993
Polzer, Rudolf/Vogel, Klaus, Bonner Kommentar zum Grundgesetz, Heidelberg 1988; Stand Dezember 1995 (Loseblatt)
Priester, Hans-Joachim, Das gesetzliche Bezugsrecht bei der GmbH, DB 1980, 1925
Priester, Hans-Joachim, Die Heilung verdeckter Sacheinlagen im Recht der GmbH, DB 1990, 1753
Probst, Ulrich, Kapitalerhöhung und einbringungsgeborene Anteile, BB 1992, 1395
Raupach, Arndt, Einschlägige Prinzipienfragen der Gewinnrealisierung - Zweitreferat, in: Kruse, Heinrich Wilhem (Hrsg.), Die Grundprobleme der Personengesellschaft im Steuerrecht, JDStJG Köln 1979
Raupach, Arndt, Grundprobleme der Gewinnverwirklichung im Steuerrecht, JbFASt. 1973/74, S. 112
Raupach, Arndt, Koreferat zum Referat Dr. Woerner, JbFASt. 1977/78, S. 177
Rehkugler, Heinz/Schindel, Volker, Finanzierung, 6. Aufl., München 1994
Reich, Markus, Die Realisation stiller Reserven im Bilanzsteuerrecht, Zürich 1983
Reiss, Wolfram, Ertragsteuerliche Behandlung von Gesamthandsbeteiligungen und Beteiligungserträgen, StuW 1986, 232
Robisch, Martin, Die Umkehrung des Maßgeblichkeitsprinzips, DStR 1993, 998
Rödder, Thomas, DStR-Fachliteratur-Auswertungen: Umwandlungssteuergesetz, DStR 1995, 322
Rödder, Thomas, DStR-Fachliteratur-Auswertungen: Umwandlungssteuergesetz, DStR 1995, 837
Rödder, Thomas, Vermögensübergang von Kapitalgesellschaften auf Personengesellschaften und natürliche Personen im Referentenentwurf des neuen UmwStG, DStR 1993, 1349
Rose, Gerd, Die Ertragsteuern, 14. Aufl., Wiesbaden 1995
Ruppe, Hans Georg (Hrsg.), Gewinnrealisierung im Steuerrecht, JDStJG Köln 1981
Ruppe, Hans Georg, Möglichkeiten und Grenzen der Übertragung von Einkunftsquellen als Problem der Zurechnung von Einkünften, in: Tipke, Klaus (Hrsg.), Übertragung von Einkunftsquellen im Steuerrecht, JDStJG Köln 1978, S. 7
Sagasser, Bernd/Bula, Thomas, Umwandlungen, München 1995
Salditt, Franz, Die Einbringung eines Personenunternehmens in eine Kapitalgesellschaft, StuW 1972, 353
Sarrazin, Viktor, Ertragsteuern bei der Unternehmensnachfolge durch Erbfall oder vorweggenommene Erbfolge, StbJb. 1992/93, S. 83

Sarrazin, Viktor, Neue Entwicklungen bei der steuerlichen Behandlung verdeckter Gewinnausschüttungen und verdeckter Einlagen, Wpg. 1985, 625
Sarrazin, Viktor, Steuerentstrickung ohne Ertragsteuerbelastung mit Hilfe des UmwStG - Anmerkung zu Patt -, DStR 1993, 1393
Sauer, -, Unentgeltliche Betriebsübertragung, StBp. 1974, 249
Schaumburg, Harald, Spezielle Gewinnrealisierungsprobleme im außensteuerlichen Kontext, in: Ruppe, Hans Georg (Hrsg.), Gewinnrealisierung im Steuerrecht, JDStJG Köln 1981
Schildbach, Thomas, Der handelsrechtliche Jahresabschluß, 5. Aufl., Herne/Berlin 1997
Schindele, Wilhelm, Übertragung stiller Reserven bei Auflösung, Umwandlung oder Kapitalherabsetzung, BB 1967, 1159
Schmalz, Dieter, Methodenlehre für das juristische Studium, 2. Aufl., Baden-Baden 1990, zit. als: Methodenlehre
Schmidt, -, Diskussionsbeitrag, JbFASt. 1971/72, S. 218
Schmidt, Karsten, Gesellschaftsrecht, 3. Aufl., München 1997
Schmidt, Ludwig, Anmerkung zum Urteil des BFH v. 16.4.1991, DStR 1991, 1215
Schmidt, Ludwig, Anmerkung zum Urteil des BFH v. 27.7.1988, FR 1989, 113
Schmidt, Ludwig, Die Kooperation von Unternehmen in steuerrechtlicher Sicht, StuW 1970, Sp. 429
Schmidt, Ludwig, Einkommensteuergesetz, 16. Aufl., 1997, zit. als: EStG
Schmidt, Ludwig, In den Grenzbereichen von Betriebsaufgabe, Betriebsverpachtung, Betriebsaufspaltung und Mitunternehmerschaft, DStR 1979, 671, 699
Schmidt, Ludwig, Wesentliche Beteiligungen an einer GmbH als Gegenstand einer gemischten Schenkung, GmbHR 1980, 247
Schneeloch, Dieter, Besteuerung und betriebliche Steuerpolitik, Bd. 2 Betriebliche Steuerpolitik, München 1994
Schneeloch, Dieter, Betriebsaufspaltung - Voraussetzungen und Steuerfolgen, DStR 1991, 761, 804
Schneeloch, Dieter, Die Grundsätze der Maßgeblichkeit, DStR 1990, 51
Schneider, Dieter, Betriebswirtschaftslehre. Bd. 1. Grundlagen, München 1993
Schneider, Dieter, Investition, Finanzierung und Besteuerung, 7. Aufl., Wiesbaden 1992
Schoor, Hans Walter, Betriebsübertragung gegen wiederkehrende Bezüge, DStZ 1993, 225
Schoor, Hans Walter, Steuerfolgen einer Anteilsübertragung bei Betriebsaufspaltung, DStZ 1992, 788
Schuhmann, Helmut, Realteilung von Personengesellschaften, StBp. 1983, 269

Schulze zur Wiesche, Dieter, Betriebsveräußerung, Gesellschafterwechsel und Betriebsaufgabe im Steuerrecht, 5. Aufl., Heidelberg 1993, zit. als: Betriebsveräußerung

Schulze zur Wiesche, Dieter, Die umgekehrte Betriebsaufspaltung, BB 1989, 815

Schulze zur Wiesche, Dieter, Teilentgeltliche Betriebs- und Anteilsübertragungen, DB 1987, 1554

Schulze zur Wiesche, Dieter, Teilentgeltliche Rechtsgeschäfte im Ertragsteuerrecht, FR 1984, 213

Schulze zur Wiesche, Dieter, Vorweggenommene Erbfolge und Erbauseinandersetzung von Betriebsvermögen, Mitunternehmeranteilen und Beteiligungen an Kapitalgesellschaften, Wpg. 1993, 593, 629

Schwarz, Hans-Detlef, Das neue Umwandlungsrecht, DStR 1994, 1694

Schwedhelm, Rolf/Streck, Michael/Mack, Alexandra, Die Spaltung der GmbH nach neuem Umwandlungsrecht, GmbHR 1995, 7, 100

Seibold, Felix, Die ertragsteuerliche Behandlung sogenannter verdeckter Einlagen, DStR 1990, 719

Seifried, Max, Zur Frage der Gewinnrealisierung bei Ausgliederung einzelner Wirtschaftsgüter, DB 1990, 1473, 1525

Selchert, Friedrich, W., Grundlagen der betriebswirtschaftlichen Steuerlehre - Übersichtsdarstellungen, 2. Aufl., München 1989

Siegers, Dirk, Die verdeckte Einlage immaterieller Wirtschaftsgüter - Ansatz in der Steuerbilanz und Gewinnrealisierung, DStR 1992, 1570

Söhn, Hartmut, Erwerbsbezüge, Markteinkommenstheorie und Besteuerung nach der Leistungsfähigkeit, in: Lang, Joachim (Hrsg.), Die Steuerrechtsordnung in der Diskussion. Festschrift für Klaus Tipke zum 70. Geburtstag, Köln 1995

Söhn, Hartmut (Hrsg.), Die Abgrenzung der Betriebs- oder Berufssphäre von der Privatsphäre im Einkommensteuerrecht, JDStJG Köln 1980

Speich, G., Aktuelle Zweifelsfragen der Gewinnverwirklichung, DB 1969, 2103

Speich, Günter, Entnahmen im Einkommensteuerrecht, NWB Fach 3, S. 9073

Spiegelberger, Sebastian, Nachfolge von Todes wegen bei Einzelunternehmen und Gesellschaftsanteilen, DStR 1992, 584, 618

Steichen, Alain, Die Markteinkommenstheorie: Ei des Kolumbus oder rechtswissenschaftlicher Rückschritt?, in: Lang, Joachim (Hrsg.), Die Steuerrechtsordnung in der Diskussion. Festschrift für Klaus Tipke zum 70. Geburtstag, Köln 1995

Steinberg, Wilhelm, Zur Frage der Einkunftsquelle und ihrer Zurechnung, DStZ 1988, 315

Steuerrechtsausschuß des Deutschen Anwaltvereins e.V., Zum Entwurf eines Gesetzes zur Änderung des Umwandlungssteuerrechts, BB 1993, 1711

Stobbe, Thomas, Das Verhältnis von handels- und steuerrechtlicher Rechnungslegung unter Berücksichtigung der Neuregelung des § 5 Abs. 1 Satz 2 EStG, DStR 1991, 53, 162

Stoll, Gerold, Ertragsbesteuerung der Personengesellschaft, Köln 1977, zit. als: Ertragsbesteuerung

Stoll, Gerold, Grundfragen des Gewinnausweises ohne Umsatzakt - Entnahme, Betriebsaufgabe, Strukturwandel, Änderung der Gewinnermittlungsart, in: Ruppe, Hans Georg (Hrsg.), Gewinnrealisierung im Steuerrecht, JDStJG Köln 1981

Streck, Michael, Die Steueränderungsgesetze 1984 - Teil II, KÖSDI 1984, 5403

Thiel, Jochen, Aufschub der Gewinnrealisierung durch §§ 6b, 6c EStG sowie durch das Auslandsinvestitionsgesetz und das Entwicklungsländersteuergesetz - Eine systemkritische Untersuchung, in: Ruppe, Hans Georg (Hrsg.), Gewinnrealisierung im Steuerrecht, JDStJG Köln 1981

Thiel, Jochen, Der Spaltungserlaß - gelöste Probleme und offene Fragen, in: Herzig, Norbert (Hrsg.), Besteuerung der Spaltung von Kapitalgesellschaften, Köln 1992

Thiel, Jochen, Die Spaltung (Teilverschmelzung) im Umwandlungsgesetz und im Umwandlungssteuergesetz - neue Möglichkeiten zur erfolgsneutralen Umstrukturierung von Kapitalgesellschaften, DStR 1995, 237, 276

Thiel, Jochen, Einlagen in Kapitalgesellschaften - Aktuelle Steuerfragen bei der Gesellschaft und beim Gesellschafter, DStR 1992, 1

Thiel, Jochen/Eversberg, Horst, Die Privatsphäre der Kapitalgesellschaft - Das Atlantis des Körperschaftsteuerrechts, DStR 1993, 1881

Thiel, Rudolf, Die Gewinnverwirklichung bei gesellschaftsrechtlichen Vorgängen, DB 1958, 1281

Thiel, Rudolf, Die Gewinnverwirklichung, StKongRep. 1968, 273

Thiel, Rudolf, Die schwindende Kapitalgesellschaft im Körperschaftsteuer- und Einkommensteuerrecht, DB 1957, 28

Tiedtke, Klaus/Gareiss, Thomas, Die Betriebsaufspaltung im Spiegel der neueren Rechtsprechung, GmbHR 1991, 202

Tillmann, Bert, Geschäftswert bei Unternehmensänderung, GmbHR 1989, 41

Tipke, Klaus (Hrsg.), Übertragung von Einkunftsquellen im Steuerrecht, JDStJG Köln 1978

Tipke, Klaus, Die Grundprobleme der Personengesellschaft im Steuerrecht, StuW 1978, 193

Tipke, Klaus, Rechtfertigung des Themas; Ziel der Tagung, in: Ruppe, Hans Georg (Hrsg.), Gewinnrealisierung im Steuerrecht, JDStJG Köln 1981

Tipke, Klaus, Steuerrecht - Chaos, Konglomerat oder System?, StuW 1971, 2

Tipke, Klaus, Über Grenzen der Auslegung und Analogie, behandelt am Beispiel der „Entstrickung", StuW 1972, 264

Tipke, Klaus/Lang, Joachim, Steuerrecht, 15. Aufl., Köln 1996

Trazaskalik, Christoph, Gewinnrealisierung bei unentgeltlichen Übertragungen (Erbfall, Schenkung) von Betrieben, Teilbetrieben und Mitunternehmeranteilen auf andere Steuerrechtssubjekte - § 7 EStDV im System des Einkommensteuerechts, in: Ruppe, Hans Georg (Hrsg.), Gewinnrealisierung im Steuerrecht, JDStJG Köln 1981

Trazaskalik, Christoph, Personal gebundene Einkommensteuerpflicht und Gesamtrechtsnachfolge, StuW 1979, 97

Troll, Max, GmbH-Anteile als Gegenstand gemischter Schenkungen bei der Einkommen- und bei der Schenkungsteuer, GmbHR 1984, 205

Uelner, Adalbert, Die steuerfreie Übertragung stiller Reserven - Der neue § 6b EStG, DStR 1964, 667

Uelner, Adalbert, Die Veräußerung von Anteilen an Kapitalgesellschaften bei wesentlicher Beteiligung, DStZ 1965, 136

Uelner, Adalbert, Probleme der Gewinnrealisierung, insbesondere auch bei grenzüberschreitenden Vorgängen, in: IDW (Hrsg.), Bericht über die Fachtagung 1980 - Das Steuerrecht im Wandel, Düsseldorf 1980, S. 131

Uelner, Adalbert, Diskussionsbeitrag, JbFASt. 1986/87, S. 203

v. Wallis, Hugo, Das Verhältnis von Gesetz und Rechtsprechung im Steuerrecht, DStZ 1973, 58

v. Wallis, Hugo, Die Umwandlung von Personengesellschaften in Kapitalgesellschaften, StuW 1970, Sp. 465

v. Wallis, Hugo, Fragen der Gewinnverwirklichung bei Veränderung der Unternehmensform, DStZ 1963, 161

v. Wallis, Hugo, Zur Gewinnrealisierung im Steuerrecht, DStZ 1981, 487

v. Wallis, Hugo/Brandmüller, Gerhard/Schulze zur Wiesche, Dieter, Besteuerung der Personen- und Kapitalgesellschaften, 4. Aufl., Heidelberg 1991

Vangerow, Friedrich, Erläuterungen zur Rechtsprechung, StuW 1961, Sp. 123

Vogel, Horst, Zur steuerlichen Behandlung ausländischer Einkünfte und Vermögensteile bei den Steuern vom Einkommen und Ertrag, StbJb. 1962/63, S. 269

Wasmer, Claudius, Die Zurechnung von Einkünften bei der unentgeltlichen Übertragung von BV durch Erbfall und Schenkung, Köln 1985, zit. als: Zurechnung von Einkünften

Wassermeyer Franz, Der Fremdvergleich als Tatbestandsmerkmal der verdeckten Gewinnausschüttung, DB 1994, 1105

Wassermeyer, Franz (Hrsg.), Grundfragen der Unternehmensbesteuerung, JDStJG Köln 1994

Wassermeyer, Franz, Die Abgrenzung des Betriebsvermögens vom Privatvermögen, in: Söhn, Hartmut (Hrsg.), Die Abgrenzung der Betriebs- oder Berufssphäre von der Privatsphäre im Einkommensteuerrecht, JDStJG Köln 1980

Wassermeyer, Franz, Die Konkurrenz zwischen verdeckter Gewinnausschüttung und Bilanzrecht, FR 1993, 793
Wassermeyer, Franz, Einige grundsätzliche Überlegungen zur verdeckten Gewinnausschüttung, DB 1987, 1113
Wassermeyer, Franz, Erbauseinandersetzung - ertragsteuerlich gesehen, DStR 1986, 771
Wassermeyer, Franz, Tausch und Einlage von Anteilen an Kapitalgesellschaften über die Grenze, DB 1990, 855
Wassermeyer, Franz, Verdeckte Gewinnausschüttungen und verdeckte Einlagen, DStR 1990, 158
Weilbach, Erich A., Stille Reserven - nur ein Vorteil? Die Wirkung stiller Reserven in betriebswirtschaftlicher Sicht, Stuttgart 1960, zit. als: Stille Reserven - nur ein Vorteil?
Wellkamp, Ludger, Das gesetzliche Bezugsrecht in der GmbH, Inf. 1994, 562
Widmann, Siegfried, Aufschub der Gewinnrealisierung bei Verschmelzung und Umwandlung, Einbringung von Betrieben, Teilbetrieben und Mitunternehmeranteilen, Betriebsaufspaltung, Sacheinlagen, in: Ruppe, Hans Georg (Hrsg.), Gewinnrealisierung im Steuerrecht, JDStJG Köln 1981
Widmann, Siegfried, Das Verhältnis von Handels- und Steuerrecht bei Wechsel der Rechtsform eines Unternehmens, in: Festschrift Döllerer, Düsseldorf 1988, S. 721
Widmann, Siegfried/Mayer, Dieter, Umwandlungsrecht, 3. Aufl., Bonn 1995 (Loseblatt) , einschließlich Ablageordner, Stand März 1996
Wismeth, Siegfried, Ertragsteuerliche Auswirkungen von offenen und verdeckten Sacheinlagen in eine Kapitalgesellschaft, FR 1990, 275
Wochinger, Peter, Realteilung (Spaltung) von Kapitalgesellschaften, DB 1992, 163
Wochinger, Peter/Dötsch, Ewald, Das neue Umwandlungssteuergesetz und seine Folgeänderungen bzw. Auswirkungen bei der Einkommen-, Körperschaft- und Gewerbesteuer, DB-Beil. 14/1994
Woerner, Lothar, Die „korrespondierende Bilanzierung“ von Wirtschaftsgütern bei der Betriebsaufspaltung - Zur Problematik einer wertenden Betrachtungsweise bei der Auslegung von Gesetzen -, in: Festschrift Döllerer, Düsseldorf 1988, S. 741
Woerner, Lothar, Die Steuerrechtsprechung zwischen Gesetzeskonkretisierung, Gesetzesfortbildung und Gesetzeskorrektur, in: Tipke, Klaus (Hrsg.), Grenzen der Rechtsfortbildung durch Rechtsprechung und Verwaltungsvorschriften im Steuerrecht, JDStJG Köln 1982
Woerner, Lothar, Die Tragweite des Beitragsgedankens bei der Auslegung des § 15 Abs. 1 Nr. 2 EStG, DStZ 1977, 299
Woerner, Lothar, Die Tragweite des Beitragsgedankens bei der Auslegung des § 15 Abs. 1 Nr. 2 EStG, JbFASt. 1977/78, S. 150

Wöhe, Günter, Bilanzierung und Bilanzpolitik, 8. Aufl., München 1992
Wöhe, Günter, Bildung, Auflösung und Übertragung stiller Rücklagen im Steuerrecht aus der Sicht der betriebswirtschaftlichen Steuerlehre, ZbF 1966, 98
Wöhe, Günter, Die Handels- und Steuerbilanz, 2. Aufl., München 1990
Wöhe, Günter, Die Steuern des Unternehmens, 6. Aufl., München 1991
Wöhe, Günter, Einführung in die allgemeine Betriebswirtschaftslehre, 18. Aufl., München 1993
Wollny, Paul, Gewinnlosigkeit im Körperschaftsteuerrecht, DStZ 1964, 113
Wollny, Paul, Grund und Boden beim Wechsel der Gewinnermittlungsart oder Einkunftsart und Gewinnverwirklichung, DStR 1967, 6
Wollny, Paul, Unternehmens- und Praxisübertragungen, 4. Aufl., Ludwigshafen 1996